Wilhelm Hauff oder Die Virtuosität der Einbildungskraft

Wilhelm Hauff.
Kreidezeichnung von J. Behringer (1826).

Wilhelm Hauff
oder
Die Virtuosität der Einbildungskraft

In Verbindung mit der
Deutschen Schillergesellschaft
herausgegeben von Ernst Osterkamp,
Andrea Polaschegg und Erhard Schütz

WALLSTEIN VERLAG

Redaktion: Janika Gelinek

Inhalt

ANDREA POLASCHEGG
Hauff im Fokus. Eine Einleitung   7

PETER VON MATT
Wilhelm Hauff oder Der Weg in die Klarheit 21

GERHARD PLUMPE
Motto und Mode.
   Anmerkungen zum literarhistorischen Ort Wilhelm Hauffs . . 38

CLAUDIA STOCKINGER
Verkehrungen der Romantik.
   Hauffs Erzählungen im Kontext frührealistischer Verfahren . . 52

GÜNTER OESTERLE
Die Wiederkehr des Virtuosen? Wilhelm Hauffs Anschluß an das
   Eklektizismus-Konzept der Pariser Zeitschrift *Le Globe* 83

ERNST OSTERKAMP
Der Autor als Teufel oder Die Inszenierung der Einbildungskraft.
   Über Wilhelm Hauffs *Mitteilungen aus den Memoiren des Satan* 100

ERHARD SCHÜTZ
Die Parabel vom angenehmen Mann.
   Hauffs Clauren und die Strategie des Namens 115

ANDREA POLASCHEGG
Biedermeierliche Grenz-Tänze. Hauffs Orient 134

WOLF-DANIEL HARTWICH
Tragikomödien des Judentums. Wilhelm Hauffs *Mitteilungen aus
   den Memoiren des Satan* und der romantische Antisemitismus . 160

INHALT

Roland Berbig
»diesem schönen Landtag unseres Freundschaftslandes«. Literarische Zirkel und Geselligkeit bei Wilhelm Hauff 174

Rüdiger Steinlein
Belustigung für Söhne und Töchter gebildeter Stände. Komik und Phantastik im kinderliterarischen Werk Wilhelm Hauffs 197

Helmuth Mojem
Held und Handlung.
Fluchtpunkte im Erzählen Wilhelm Hauffs und Karl Mays . . . 214

Marc Silberman
Hauff-Verfilmungen der 50er Jahre.
Märchen und postfaschistischer Medienwandel.
Mit einem Anhang »Hauff-Verfilmungen« 238

Hans-Christoph Dittscheid
Erfindung als Erinnerung. Burg Lichtenstein zwischen Hauffs poetischer Fiktion und Heideloffs künstlerischer Konkretisierung 263

Abbildungen 299

Wilhelm Hauff
Aus teutscher Lektüre 1822 u. 23.
Kommentiert und mit einer Nachbemerkung versehen von Helmuth Mojem 323

Andy Hahnemann und David Oels
Heun vs. Hauff. Die *Kontrovers-Predigt* vor dem preußischen Oberzensurkollegium. 363

Abbildungsnachweise 380
Dank 381
Die Autorinnen und Autoren 382

Andrea Polaschegg

Hauff im Fokus
Eine Einleitung

Die wissenschaftliche Beschäftigung mit Wilhelm Hauff ist und bleibt ein Wagnis. Zwar tun sich in seiner Prosa auf den ersten Blick keine menschlichen Abgründe auf, in die man stürzen, keine Labyrinthe des Sinns, in denen man sich verlaufen könnte, und auch die ästhetischen Lichtverhältnisse in den Romanen, Erzählungen, Phantasien und Märchen lassen alles Nachtseitige vermissen. Doch gerade weil den Texten Hauffs so wenig Widerständiges, Dunkles oder Tiefgründiges eignet, läuft die akademische Auseinandersetzung stets Gefahr, zusammen mit diesen Werken in die Waagschale literarischer Wertung geworfen und für zu leicht befunden zu werden. Und der Versuch, die Gefahr abzuwenden, sieht sich neuen Fährnissen ausgesetzt. Denn jetzt drohen die wissenschaftlichen Bemühungen um Wilhelm Hauff ihren Gegenstand über Gebühr aufzuwerten und so die »Reihe von Ehrenrettungen« fortzusetzen, als welche die Geschichte der Hauff-Forschung nicht zu Unrecht gelesen worden ist.[1] Und schließlich ist es der Autor selbst mit seinen ungemein erfolgreichen literarischen Schreib- und Markt-Strategien, der Fallstricke des Zweifels über den forscherischen Weg spannt: Denn wer garantiert, daß sich die akademische Aufmerksamkeit nicht letztlich als Effekt desselben dichterischen Kalküls entpuppt, mit dem Wilhelm Hauff schon vor 200 Jahren sein Publikum an sich band? Wer verbürgt sich dafür, daß die Forschung, sobald sie diesen Autor zu ihrem Gegenstand macht, nicht selbst zu einem Teil jenes literarischen Spiels wird, das zu analysieren sie angetreten ist?

Da betritt im Spätsommer 1825 ein kaum 23jähriger Autor aus dem Schwäbischen das literarische Feld und beginnt ebenso unverfroren wie virtuos auf der Klaviatur der literarischen Formen und Institutionen, des

---

[1] Schmitz, Walter: »Mutabor«. Alterität und Lebenswechsel in den Märchen von Wilhelm Hauff, in: W. Bunzel (Hrsg.): Schnittpunkt Romantik. Text- und Quellenstudien zur Literatur des 19. Jahrhunderts. Festschrift für Sibylle von Steinsdorff, Tübingen 1997, S. 81-117, hier: S. 81.

Marktes und des Publikumsgeschmacks zu spielen, so als hätte er dieses Instrument gebaut.[2] Seinen Erstling veröffentlicht er anonym, versieht ihn mit dem modisch-pikanten Titel *Mittheilungen aus den Memoiren des Satan* und fährt umgehend die erwartete Ernte dieser Neugier weckenden Publikationsstrategie ein: die in Gulden gemünzte Aufmerksamkeit des Publikums. Doch inzwischen ist mit *Der Mann im Mond oder der Zug des Herzens ist des Schicksals Stimme* bereits ein zweiter Roman Hauffs auf dem Markt, der gegen das Prinzip der Originalität so vielfach verstößt, daß dieses Prinzip selbst zum Spielball literarischer Strategie wird: Untertitelt mit einem Zitat aus Schillers *Wallenstein*, publiziert unter dem Pseudonym des Berliner Erfolgsschriftstellers Carl Gottlieb Heun und in dessen Manier geschrieben, gelangt *Der Mann im Mond* im Herbst 1825 in den Handel, wo er als neuestes Werk von »H. Clauren« dankbare Abnehmer findet. Deren Begeisterung und Kauflust potenziert sich freilich, als der Betrug ruchbar wird und Heun gegen Hauff und dessen Verleger Franckh vor Gericht zieht. Der mit einem Schlage bekannt gewordene schwäbische Jungautor ergreift diese Gelegenheit, läßt den zweiten Teil seiner *Mittheilungen aus den Memoiren des Satan* mit einer Satire dieses Rechtsstreits beginnen, um den unfreiwilligen Leihgeber seines kostbaren Künstlernamens schließlich in der *Controverspredigt über H. Clauren* an den ästhetischen Pranger zu stellen und dadurch einmal mehr die Aufmerksamkeit der literarischen Öffentlichkeit auf sich zu konzentrieren. Im Windschatten dieses Skandals hatte sich *Die Karawane*, der erste von Hauffs bis heute berühmten drei *Märchen-Almanachen für Söhne und Töchter gebildeter Stände*, sehr gut verkauft. Dessen Eingangsallegorie *Märchen als Almanach* entlarvt diese Publikationsform als Kostümierung, mit deren Hilfe die bescheidene Gattung an den kritischen Literatur-Wächtern vorbei zu den Kindern geschmuggelt werden soll. Doch auch diese vermeintliche Enthüllung ist nichts anderes als Maskerade: Denn sowenig wie das Märchen bei Literaturkritik und Lesepublikum der 1820er Jahre tatsächlich – wie es in Hauffs Allegorie heißt – von der »bösen Muhme« Mode verleumdet[3] und zu einer Gat-

---

2 Zu Hauffs literarischer Biographie sind nach wie vor einschlägig: Hinz, Ottmar: Wilhelm Hauff, Reinbek 1989; Pfäfflin, Friedrich: Wilhelm Hauff. Der Verfasser des ›Lichtenstein‹. Chronik seines Lebens und Werkes, Stuttgart 1999.
3 Wilhelm Hauffs Sämtliche Werke in drei Bänden. Nach den Originaldrucken und Handschriften. Textredaktion u. Anmerkungen v. Sybille von Steinsdorff. Mit einem Nachwort u. einer Zeittafel von Helmut Koopmann. München 1970, Bd. 2, S. 9; im folgenden zitiert als Hauff SW mit Band- und Seitenangabe.

tung non grata geworden war, sondern sich im Gegenteil auf der Höhe ihres Erfolges befand, sowenig enthielt Hauffs Almanach naive Kinderlektüre.[4] Statt dessen werden hier Hände abgehackt und Hälse durchgeschnitten, kehren kleinwüchsige Reisende mit Namen Muck von ihrer Wanderschaft in die Einsamkeit zurück, eine rabenschwarze Anthropologie im Gepäck.

Einen solchen Autor – das lehrt schon dieser kursorische Überblick über ein Jahr seiner Tätigkeit – zu unterschätzen ist ein Fehler. Doch ebendieser Fehler – das lehrt der kursorische Überblick über die bisherige Forschung – ist einer der treuesten Begleiter der wissenschaftlichen Auseinandersetzung mit Wilhelm Hauff. Im irrigen und unvorsichtigen Glauben, es mit kinderleichter Literatur zu tun zu haben, erging es vielen Literaturwissenschaftlern wie dem neugierigen Kalif Storch und seinem Wesir. Eingetaucht in die Erzählwelten des Dichters, der Mahnung zur Ernsthaftigkeit nicht mehr eingedenk, lachten sie, und das Zauberwort verschwand aus ihrem Gedächtnis, das sie von Teilnehmern in Beobachter hätte zurückverwandeln können.

Gemessen an der seit zwei Jahrhunderten ungebrochenen Präsenz seiner Märchenalmanache auf dem literarischen Markt[5] und deren poetischen Landschaften in der Topographie kollektiver Erinnerungs- und Phantasiewelten führt Wilhelm Hauff innerhalb der Germanistik noch immer ein Schattendasein. Seine Novellen, Phantasien und Romane konnten sich trotz ihres Stoff- und Formenreichtums nie als seriöse Gegenstände der Literaturwissenschaft etablieren. Und selbst auf die Märchen fiel das Licht forscherischen Interesses nur vereinzelt und kaum je mehrfach aus derselben Quelle. Friedrich Pfäfflin[6] und Johannes

---

4 Diese Irreführung der Leser durch die Allegorie hat auch Ulrich Kittstein bemerkt. Vgl. Kittstein, Ulrich: »Das literarische Werk Wilhelm Hauffs im Kontext seiner Epoche«, in: ders. (Hrsg.): Wilhelm Hauff. Aufsätze zu seinem poetischen Werk, St. Ingbert 2002, S. 9-43, hier S. 16f.

5 Wie weit diese Prominenz tatsächlich reicht, hat das Hauff-Jubiläumsjahr 2002 gezeigt, das den Buchmarkt um eine ganze Reihe neuer Ausgaben der Märchen bereichert hat. Vgl. u.a. Hauff, Wilhelm: Märchen und Novellen. Ausw. u. Nachw. v. O. Heuschele. Illustrationen v. W. M. Busch, Zürich 2002; ders.: Die Karawane. Märchen. Vollständige Ausgabe. Mit 6 Illustrationen von M. Reach u. einem Nachwort v. T. Spreckelsen, Berlin 2002.

6 Pfäfflin, Wilhelm Hauff. Der Verfasser des ›Lichtenstein; ders.: »Wilhelm Hauff«, in: B. Zeller/W. Scheffler (Hrsg.): Literatur im deutschen Südwesten, Stuttgart 1987, S. 182-191, 359-390; Wilhelm Hauff und der Lichtenstein. Bearb. v. F. Pfäfflin, hrsg. v. B. Zeller, Marbach 1981 (= Marbacher Magazin 18 (1981)).

Barth[7] sind die einzigen Germanisten, die sich Hauff wiederholt zuwandten; für alle anderen blieb die Beschäftigung mit diesem Dichter Episode. Entsprechend existieren zwar eine ganze Reihe von Einzelbeiträgen zum Thema, doch fehlt es an Kontinuität und systematischem wie personellem Zusammenhang zwischen den Studien, weshalb nicht ernsthaft von der Existenz einer Hauff-Forschung gesprochen werden kann.[8]

Die immense literarische Produktivität des Dichters, seine Virtuosität im Spiel mit literarischen Genres, in Aufnahme und Verarbeitung märchenhafter, phantastischer, historischer und zeitgeschichtlicher Stoffe, seine Vorreiterrolle auf dem Feld des deutschen histori(sti)schen Romans sowie seine Leichtigkeit im Umgang mit den Institutionen und Bedürfnissen des literarischen Marktes sind der Literaturwissenschaft indes nicht entgangen. Nur forderte Hauffs skandalträchtige Vermarktungsstrategie und bereitwillige Orientierung am Geschmack seiner Zeit bei gleichzeitiger ästhetischer Qualität und anhaltender Popularität seines Werks die Forschung bislang offenbar eher zur Bewältigung als zur Bearbeitung heraus.

So wurden Deutungs- und Wertungsmuster wie das »Konzept der Arrivierung«, mit welchem Helmut Bachmaier 1979 das biographische Leitbild und poetologische Prinzip des Autors gleichermaßen faßte,[9] von einer gesamten germanistischen Generation als Mittel zur Komplexitätsreduktion dankbar aufgenommen und fortgeschrieben. Und noch in den neunziger Jahren ist in der wissenschaftlichen Auseinandersetzung mit dem Dichter eine Tendenz zu klassisch literatursoziologischen und psychoanalytischen Erklärungsansätzen deutlich sichtbar, in deren Licht die ästhetische Spezifik Hauffs ins kollektive außen- oder innenweltliche Ganze diffundiert und seine Texte als historische Phänomene konturlos

---

7 Barth, Johannes: »*Der Zwerg Nase* und *Der gebackene Kopf.* Bemerkungen zu Wilhelm Hauffs zweitem Märchenalmanach«, in: Wirkendes Wort 42 (1992), S. 33-42; ders.: »Neue Erkenntnisse zu den Quellen von Wilhelm Hauffs Märchen«, in: Wirkendes Wort 91 (1991), S. 170-183; ders.: »Vom *Fortunatus* zum *Kleinen Muck.* Zur Quellenfrage der Hauffschen Märchen«, in: Fabula 33 (1992), S. 66-76; ders.: »Neues zum *Fliegenden Holländer*«, in : Fabula 35 (1994), S. 310-315.

8 Die bislang vollständigste Hauff-Bibliographie haben Cornelia Schaub und Stefan Neuhaus zusammengestellt: Neuhaus, Stefan: Das Spiel mit dem Leser. Wilhelm Hauff: Werk und Wirkung, Göttingen 2002, S. 218-237.

9 Bachmaier, Helmut: »Die Konzeption der Arrivierung. Überlegungen zum Werke Wilhelm Hauffs«, in: Jahrbuch der deutschen Schillergesellschaft 23 (1979), S. 309-343.

werden.¹⁰ Das größte Irritationsmoment, welches dieser Autor für die Literaturwissenschaft bislang bereithielt, bestand jedoch in seiner bis ins 21. Jahrhundert reichenden Wirksamkeit, die vor allem angesichts der engen ästhetischen, weltanschaulichen und sozialen Einbindung des Dichters in seine Epoche erstaunen muß. Diese transhistorische Präsenz Hauffs verträgt sich nicht mit dem Bild des Dichters als »repräsentative[m] Autor der frühen Biedermeierzeit«¹¹ oder als Prisma »alle[r] literarischen Moden der zwanziger Jahre«,¹² wie es in der Germanistik bis heute immer wieder entworfen wird. So verwundert es nicht, daß gerade die vielschichtige und multimediale Rezeptionsgeschichte dieses Autors konsequent außerhalb der Betrachtung blieb.¹³ Weder der Bau der Burg Lichtenstein¹⁴ nach seiner Roman-Vorlage in den 1840er Jahren noch die Fortsetzung der *Mittheilungen aus den Memoiren des Satan* durch andere Autoren,¹⁵ sein gemeinsam mit Hans-Christian Andersen bis heute gehaltenes Kunstmärchen-Monopol oder die zahlreichen ost- und westdeutschen Verfilmungen der Märchenstoffe sind bislang systematisch aufgearbeitet worden.

Die nicht bearbeiteten Felder innerhalb der Forschungen zu Wilhelm Hauff erweisen sich also bei näherer Betrachtung als derart umfangreich, daß sie kaum noch als »Lücken« zu bezeichnen sind. Und angesichts der zahlreichen literatur- und rezeptionsgeschichtlichen, erzähl- und wissenstheoretischen, diskurs- und medienanalytischen Fragelinien, welche

---

10 Vgl. exemplarisch: Wild, Reiner: »Wer ist Räuber Orbasan?«. Überlegungen zu Wilhelm Hauffs Märchen, in: Athenäum 4 (1994), S. 349-364; Borissova, Bagrelia: »Gedanken zum Phantastischen in Hauffs Märchen *Das kalte Herz*, in: »... einen Stein für den großen Bau behauen«. Studien zur deutschen Literatur, Wroclaw 1993 (= Acta Uniwersitatis Wratislaviensis No. 1436), S. 203-213.
11 So bringt Walter Schmitz die bis auf Friedrich Sengle und Fritz Martini zurückgehende Kategorisierung Hauffs auf den Begriff. Schmitz, »Mutabor«, S. 82.
12 Kittstein, Das literarische Werk Wilhelm Hauffs im Kontext seiner Epoche, S. 13.
13 Ausnahmen bilden allein die Studien: Kramer, Thomas: »Ein Schwabe im DDR-Comic. Wilhelm Hauff im MOSAIK«, in: Schwäbische Heimat 4 (1996), S. 387-395; Hammer, Wolfgang: »Karl May als Wilhelm Hauff-Leser?«, in: Mitteilungen der Karl-May-Gesellschaft 25 (1993), H. 95, S. 27-31.
14 Wichtige Vorarbeiten hat hier Friedrich Pfäfflin geleistet (vgl. Anm. 7).
15 Etwa durch H. v. Canitz: *Mittheilungen aus den Memoiren des Satans von W. Hauff.* Fortgesetzt von H. von Canitz. Viertes Bändchen: Streifereien des Satans auf der Erde. Aus dem diabolischen übersetzt von H. von Canitz, Bunzlau 1839. Zu den *Memoiren* selbst existiert nur eine einzige wissenschaftliche Arbeit: Sommermeyer, Edwin: Hauffs *Memoiren des Satan,* Berlin 1932 (= Germanistische Studien 129), Neudr. Nendeln 1967.

in Hauff zusammenlaufen, von ihm in mehrfacher Brechung reflektiert werden und sich dabei als letztlich unbeantwortete erweisen, ist der vorliegende Band durch weit mehr motiviert als durch Abenteuerlust oder gar den Versuch, einen Autor zu rehabilitieren. Vielmehr lassen sich die Beiträge von einigen systematischen und literaturgeschichtlichen Problemzusammenhängen leiten, die im Lichte des Hauffschen Werks besonders deutlich hervortreten und ihrerseits die Texte erhellen.

1. *Ästhetik und ihre Umwelt: Markt, Recht, Wissen*

Wie Niels Werber 1995 formulierte, liegt im Alltagsverständnis

> die Vorstellung, der Künstler handele als ein *homo oeconomicus* rational am Markt, so weit entfernt wie jene nahe, daß er von seiner Begabung, seiner Bestimmung, seiner Inspiration zur ästhetischen Mitteilung getrieben wird, die daher im Wortsinne »interesselos« genannt werden darf.[16]

Entsprechend galt und gilt das Ergebnis einer sichtbar marktorientierten Text-, Musik- oder Bildproduktion eben nicht im emphatischen Sinne als Kunst, sondern erscheint – mit einem despektierlichen ›U‹ versehen – als populär und (somit) trivial. In Form dieser so eingängigen wie abenteuerlichen Lesart von Kants *Kritik der Urteilskraft* hat sich das normative Konzept ökonomisch »interesseloser« Autorschaft auch in den Literaturwissenschaften bis heute behaupten können. Mit diesem unmittelbaren Rückschluß von Produktionsmechanismen auf Wesen und Qualität der produzierten Gegenstände und von Leserzahlen auf den ästhetischen Gehalt von Texten aber verlängert die Wissenschaft letztlich die Regeln des literarischen Marktes, indem sie sie unter umgekehrtem Vorzeichen fortschreibt und es sich dadurch unmöglich macht, die tatsächlichen Konstitutionsbedingungen von Literatur in den Blick zu nehmen. Wie der Fall Hauff eindrücklich dokumentiert, hält der analytische Rückgriff auf die Größen ›Mode‹ oder ›Marktorientierung‹ jedoch letztlich nur sehr wenig klärendes Potential bereit, wenn man nach den spezifischen Gründen für den Erfolg seiner literarischen Werke fragt oder nach dessen Bedingungen in der konkreten Gestaltung und Komposition der Texte.

---

16 Werber, Niels: »Der Markt der Musen. Die Wirtschaft als Umwelt der Literatur«, in: G. Plumpe/N. Werber (Hrsg.): Beobachtungen der Literatur. Aspekte einer polykontextualen Literaturwissenschaft, Opladen 1995, S. 183-216.

Zwar hat bereits vor geraumer Zeit die Systemtheorie auf sozialgeschichtlich geebneten Wegen Einzug in die Literaturwissenschaft gehalten,[17] den Markt als systemkonstitutive ›Umwelt‹ der Literatur ausgewiesen und ihn somit wieder zu einem interessanten und ehrenwerten Forschungsgegenstand gemacht. Doch selbst in diesen Arbeiten läßt sich eine deutliche Tendenz zur Analyse solcher Autoren erkennen, die sicher unter dem Schutz des literarischen Kanons stehen und über ästhetische Zweifel in einem Maße erhaben sind, daß sie trotz ihrer inzwischen nachgewiesenen professionellen Marktstrategien – eben aufgrund ihrer unbestrittenen Begabung, Bestimmung und Inspiration – der oben zitierten Doktrin noch immer vollständig gerecht werden.

Ein Autor wie Wilhelm Hauff, dessen Produktions- und Vermarktungsverfahren aufgrund ihres Umfangs wie ihrer Programmatik[18] – nach Einschätzung sowohl seiner Zeitgenossen als auch der Forschung – die Normalität literarischer System-Umwelt-Relation überschreiten, erweist sich auch aus der Perspektive dieses theoretischen Ansatzes als möglicherweise unbequemer, aber zweifellos interessanter Gegenstand. Dabei ist die kurze Karriere dieses Dichters nicht allein maßgeblich durch die enge Koppelung von Literatur und Markt geprägt, sondern ebenso nachhaltig durch die Wechselwirkung zwischen Literatur und Recht, und zwar zu einer Zeit, in der rechtliche Instanzen und Institutionen der Literatur wie das Copyright oder der Schutz etablierter Autornamen oder Pseudonyme erst entstehen. Die Clauren-Hauff-Kontroverse mit ihren juristischen, ökonomischen und literarischen Folgen macht die Komplexität dieser Wechselwirkungen sichtbar und zeigt Hauff einmal mehr als scharfen Beobachter von Publikum, Markt und konkurrierenden Mitspielern. Dies erweist sich als besonders interessant angesichts des Umstandes, daß der Autor diese System-Umwelt-Interferenzen nicht nur strategisch ein-, sondern in seinen Texten auch narrativ umgesetzt hat, besonders prominent in den Erzählungen *Die letzten Ritter von Marienburg*, *Die Bücher und die Lesewelt* und den *Mittheilungen aus den Memoiren des Satan*, was – im Falle der *Memoiren* – wiederum rechtliche und ökonomische Konsequenzen hatte. Eine ganz ähnliche reflexive Struktur zwischen gesell-

---

17 Vgl. exemplarisch die Bände: S. J. Schmidt (Hrsg.): Systemtheorie und Literaturwissenschaft, Opladen 1993; J. Fohrmann/H. Müller (Hrsg.): Systemtheorie der Literatur, München 1996; Schwanitz, Dietrich: Systemtheorie und Literatur. Ein neues Paradigma, Opladen 1990.
18 Vgl.: Fischer, Susanne: »Wilhelm Hauffs Korrespondenz mit Autoren, Verlegern und Herausgebern. Aspekte sozialer Tauschbeziehungen im literarischen Leben um 1825«, in: Archiv für Geschichte des Buchwesens 37 (1992), S. 99-166.

schaftlichen Institutionen und literarischem Text läßt sich am Beispiel literarischer Zirkel, Zeitschriften, Vereine und Geselligkeitsformen zeigen, die ebenso eine Bedingung der Möglichkeit von Hauffs autorschaftlicher Existenz darstellten, wie sie Gegenstand seiner Erzählungen und Romane sind. So bietet die Auseinandersetzung mit diesem Autor also gerade aufgrund seiner vielfach unternommenen Grenzüberschreitungen einen Beobachterstandpunkt an, von dem aus besagte Norm- und Normalitätsgrenzen der Beziehung zwischen Ästhetik und ihrer Umwelt tatsächlich aus dem blinden Fleck wissenschaftlicher Betrachtung (und Wertung) auf die Gegenstandsebene gerückt und möglicherweise einige überkommene Aporien gelöst werden können.

2. In der Zwischen-Zeit

Hauffs literarisches Schaffen liegt mit den Jahren 1825-27 – darüber herrscht in allen historisch arbeitenden Wissenschaften Konsens – in geschichtlichem Ödland. Es fällt in eine Epoche, die aus ästhetischer, politischer und sozialer Sicht gleichermaßen konturlos erscheint und der bestenfalls eine Existenz historischer Zwischen-Zeit zugebilligt wird. So hat die Germanistik zwar den von Friedrich Sengle wiedereingeführten Begriff der »Biedermeierzeit«[19] als terminus technicus aufgenommen, aber letztlich nie recht mit Inhalt gefüllt. Ungleich häufiger wird bei der literaturgeschichtlichen Verortung Wilhelm Hauffs auf ein Interimskonzept zurückgegriffen: »Zwischen Romantik und Realismus«,[20] so heißt es, stehe seine Literatur, in einem Raum also, der im Irgendwo zwischen ›nicht mehr‹ und ›noch nicht‹ angesiedelt ist. Dabei läßt die heutige Literaturgeschichtsschreibung grundsätzlich eine deutliche Tendenz erkennen, die »Spätromantik« so weit in die erste Hälfte des 19. Jahrhunderts hineinzuverlängern und den Beginn des »Vormärz« so weit zurückzudatieren, daß sich ein eigener historischer Raum dieser Zwischen-Zeit immer mehr reduziert und schließlich fast gänzlich verschwindet. In diesem Verschwindenlassen unterscheidet sich die Literatur- nicht nennenswert von der Geschichtswissenschaft. Auch aus ihrer Perspektive mangelt

---

19 Sengle, Friedrich: Biedermeierzeit. Deutsche Literatur im Spannungsfeld zwischen Restauration und Revolution 1815-1848, 3 Bde., Stuttgart 1971-1980.
20 Vgl. auch den Untertitel von Sengles Studie (s.o.) und zudem: Jaschek, Agnes: Wilhelm Hauffs Stellung zwischen Romantik und Realismus. Diss., Frankfurt/M. 1957; Romane und Erzählungen zwischen Romantik und Realismus, hrsg. v. P. M. Lützeler, Stuttgart 1983.

es der Zeit zwischen Wiener Kongreß und Märzrevolution in der Rückschau an Ereignissen, herausragenden Personen und sogar Daten in einem Maße, daß selbst der historisch geschärfte Blick durch ein unterdeterminiertes Labyrinth wandert – und sich bald abwendet. Bettina Clausen skizziert das Ergebnis wie folgt:

> Das notorische Desinteresse der Forschung scheint die langweilige Windstille dieser Jahre äußerster politischer, ökonomischer und kultureller Stagnation eher noch zu unterstreichen: Gleichsam als verspräche wissenschaftliches Engagement hier keine namhaften Erträge, konzentrierte sich die Forschung vornehmlich auf die historisch bewegteren Zonen.[21]

Und tatsächlich lesen sich – aus der Perspektive der Goethezeit betrachtet, die ihr Ende zwar erst auf das Jahr 1832 datiert, deren Leitbilder sich aber sämtlich aus der Zeit vor und kurz nach 1800 rekrutieren – die Veränderungen auf den Feldern der Ästhetik, des Wissens und des Marktes, wie sie sich in den 1820er Jahren zeigen, als Verlustgeschichte: Historische Kontingenz bringt überzeitliche Normativitäten und Objektivitäten zum Verschwinden, das Humboldtsche Bildungsideal kann sich nur mehr als synthetisierendes Korrektiv zur Ausdifferenzierung von Wissen und Praktiken begreifen, und mit der Originalitätsästhetik treten auch die Originale von der ästhetischen Bühne ab. Als Karl Leberecht Immermann in den frühen zwanziger Jahren die Arbeit an seinem großen zeitkritischen Roman begann, lautete sein Arbeitstitel noch *Die Zeitgenossen* – bis zu seinem Erscheinen 1836 waren daraus *Die Epigonen* geworden.

Doch es gilt, und die Beiträge dieses Bandes haben sich dies zur Aufgabe gemacht, hinter diese Selbstwahrnehmung zu blicken und nach den konkreten poetischen Verfahren zu fragen, die sich in jenem scheinbaren ästhetischen Vakuum entwickeln. Dies zu tun ist um so wichtiger, als die hier zur Verhandlung stehende literaturgeschichtliche Zwischen-Zeit von der Forschung gemeinhin »zwischen Romantik und Realismus« aufgespannt und damit durch zwei Epochenbegriffe gerahmt wird, die selbst bereits mehr Fragen aufwerfen, als sie beantworten. Bei näherem Hinsehen allerdings erweist sich jedoch eine gängige Konnotation dieser assoziationsreichen Dichotomie als aufschlußreicher, als der erste Eindruck

---

21 Clausen, Bettina: »Schriftstellerarbeit um 1825, Autonomes und kopiertes Wert-Verständnis am Muster Wilhelm Hauff«, in: Vom Wert der Arbeit. Zur literarischen Konstitution des Wertkomplexes »Arbeit« in der deutschen Literatur (1770-1930). Dokumentation einer interdisziplinären Tagung in Hamburg vom 16. bis 18. März 1988, hrsg. v. H. Segeberg, Tübingen 1991, S. 159-193, hier: S. 159.

dies vermuten läßt: Denn während jener Jahre stehen tatsächlich Fragen der ›Wirklichkeit‹ zur Verhandlung – der politischen, nationalen, historischen und poetischen Wirklichkeit in den deutschen Ländern, denen sich die Kontingenz von Herrschaftsformen, Gesellschaftsordnungen, Staatsgrenzen und Sinnkonzepten in den ersten eineinhalb Jahrzehnten des Jahrhunderts irreversibel eingeschrieben hat. Selbst die um 1800 noch fieberhaft betriebene Suche nach vor- oder besser außergeschichtlichen Wurzeln von Sprache, Kultur und Poesie – wie sie sich in den Mythen- und Symbolgeschichten von Joseph Görres und Friedrich Creutzer oder in Friedrich Schlegels Sprachtheorie findet – ist angesichts einer umfassenden Historisierung der Lebenswelt ziel- und gegenstandslos geworden. An ihre Stelle tritt eine offensive und nicht selten extensive literarische Auseinandersetzung mit Geschichtlichem als Stoff und Erzählstrategie. Auch auf diesem Feld ist die Rückkehr ins klassische oder romantische Zeitalter inzwischen verbaut, ohne daß jedoch diese ästhetischen Traditionen abgerissen oder ganz verlorengegangen wären. Vielmehr sind Texte und Debatten der Zeit durch breite Diskussion und konkrete Umsetzung von romantischen Formen gezeichnet – vornehmlich solchen der Narrativik. So oszillieren die Erzählformen und Stoffe Wilhelm Hauffs – wie die vieler Zeitgenossen – zwischen den Marksteinen des ›Wunderbaren‹, des ›Geschichtlichen‹ und des ›Wirklichen‹, wobei die Gattungsfrage ebenso neu gestellt und ästhetisch beantwortet wird wie die nach ästhetischer Originalität. Betrachtet man Hauff und sein Werk konsequent in bezug auf seine Position im literarischen System, bezieht man also Autoren wie Willibald Alexis, Friedrich de la Motte Fouqué oder Karl Leberecht Immermann in die Analyse mit ein und nimmt zudem die biedermeierlichen Organisationsformen des literarischen Lebens in den Blick, dann öffnet sich eine literaturgeschichtliche Perspektive, die nicht mehr im nostalgischen und epigonalen Gestus ihres Objekts befangen ist. Auch verspricht sie Aufschluß über Regeln und Effekte des literarischen Kanons, dessen Zufälle angesichts der Restaurationsepoche deutlich sichtbar werden. Die wissenschaftliche Haltbarkeit des gängigen Interimkonzepts wird dabei mehr als einmal zur Diskussion stehen, wobei eine Revision nicht ausgeschlossen ist. Das gilt auch für die in der restaurativen »Windstille« entstehenden Poetologien. Die Schriftstellergeneration, welcher – wie es in Hauffs Vorrede *Vertrauliches Schreiben an Herrn W.A. Spöttlich, Vizebataillons-Chirurgen a.D. und Mautbeamten in Tempelhof bei Berlin*[22] heißt – »jene magische Springwurzel, die nicht nur die unsichtbaren Wege der Phantasie erschließt, sondern auch die festen

---

22 In: Hauff, SW 2: Märchen, Novellen, S. 331-335.

und undurchdringlichen Pforten der menschlichen Brust aufreißt, nicht zuteil wurde«²³, begibt sich notgedrungen auf die Suche nach alternativen Quellen der Dichtung und stößt dabei auf bereits vorhandene Texte und Narrationen. Die ästhetischen Verfahren von Zitat, Kopie und Spionage – sei es in den Texten anderer Autoren, in Stadtchroniken, Weinkellern oder Boudoirs –, wie sie sich programmatisch bei Hauff und E.T.A. Hoffmann finden,²⁴ gemahnen nicht grundlos an Umberto Ecos Entwürfe postmoderner Literatur. Zugleich aber birgt diese Strategie Gefahren. Denn so problematisch der ästhetische Wahrheitsbegriff drei Jahrzehnte nach der Ausdifferenzierung literarischer Kommunikation²⁵ auch (noch oder wieder) ist, können die Autoren einer Auseinandersetzung mit der Kategorie der ›Wahrheit‹ dennoch nicht entgehen. Eine Dichtung nämlich, die nicht mehr – ihren berühmten Vorläufern gleich – »wie Mahomeds Sarg [...] in der schönen, lieben, blauen Luft zwischen Himmel und Erde schweben« kann, sondern ihre »Wahrheit« auf historischem Feld suchen muß, sieht sich in kontinuierlicher Beweisnot und nicht selten dem Anwurf ausgesetzt, »eine rechtswidrige Täuschung des Publikums«²⁶ zu sein. Es ist nicht zuletzt die neue Qualität des Zusammen- und Gegeneinanderspiels von ästhetischem und historischem Wahrheitsbegriff, welche die Hauffschen Texte bestimmt und sie mit den ästhetischen Debatten jener Jahre verbindet.

3. Medialität

Die Rezeptionsgeschichte der Erzählungen, Märchen und Romane Hauffs ist – wie bereits angesprochen – von bemerkenswerter Länge und Breite.²⁷ Zwar konnte Hauff seinen während des gesamten 19. Jahrhun-

---

23 Ebd., S. 331.
24 Vgl. das Gespräch der Serapionsbrüder als Prolog zu der Erzählung *Die Brautwahl*, in: Hoffmann, E.T.A.: Gesammelte Werke in Einzelausgaben, Bd. 5: Die Serapionsbrüder. Gesammelte Erzählungen und Märchen II, Berlin 1994, S. 27.
25 Zu dieser inzwischen in den wissenschaftlichen *common sense* eingesickerten Datierung vgl.: Werber, Niels: Literatur als System. Zur Ausdifferenzierung literarischer Kommunikation. Opladen 1992; Plumpe, Gerhard: Ästhetische Kommunikation der Moderne, 2 Bde., Opladen 1993; ders.: Epochen moderner Literatur, Opladen 1995.
26 Hauff, SW 2, S. 335.
27 Vgl. dazu Neuhaus, Stefan: »Wilhelm Hauff und der Kanon. Probleme literarischer Wertung am Beispiel des Romans *Der Mann im Mond*«, in: Wirkendes Wort 51 (2001), S. 4-25; noch einmal zusammengefaßt in: ders., Das Spiel mit dem Leser, S. 18-22.

derts unbestrittenen Status als Klassiker im 20. Jahrhundert nicht mehr halten. Auch trat die Popularität seiner Romane deutlich hinter die seiner Märchen zurück, welche in der Rezeption des 19. Jahrhunderts nur eine untergeordnete Rolle gespielt hatten. Doch die Wirkung dieses Dichters reicht nichtsdestoweniger bis in die heutige Zeit, genauer gesagt: die Wirkung seiner Literatur. Denn die Spezifik der Rezeptionsgeschichte Hauffscher Texte seit dem 20. Jahrhundert liegt gerade darin, daß sie zu einem erheblichen Teil unabhängig und sogar gänzlich losgelöst von der ihres Autors verlief. Während die Kunstmärchen Tiecks, Brentanos, Fouqués oder Novalis' und selbst die Kinder- und Hausmärchen der Brüder Grimm rezeptionsgeschichtlich stets mit den Namen ihrer Verfasser verbunden blieben, haben sich Hauffs *Kalif Storch*, *Der kleine Muck*, *Zwerg Nase* oder *Das kalte Herz* tatsächlich zu modernen Volksmärchen gewandelt und sich so weit von ihrem Autor emanzipiert, daß sie einen Platz im kollektiven Erzählschatz der Deutschen erstreiten konnten. Eine ganz ähnliche Geschichte hat Hauffs historischer Roman *Der Lichtenstein* durchlaufen, auch er ist – zumindest in Schwaben – zu einem Bestandteil kollektiver Erinnerung geworden, was das Vergessen-Machen seines Autors selbstverständlich zur Bedingung hat.

Die Gründe für diese bemerkenswerte Kollektivierung der Hauffschen Literatur im Laufe ihrer Rezeption sind allerdings nicht allein in den Texten selbst zu finden. Ein entscheidender Faktor liegt vielmehr in der konkreten Medialität ihrer Verbreitung, die im Falle von Hauffs Märchen und des *Lichtenstein* eine ganz spezifische und durchaus ungewöhnliche ist. Ohne die Manifestation der Texte in Kunst, Architektur und Film in den Blick zu nehmen, ist ihre breite Rezeption weder beschreib- noch erklärbar. Der tatsächliche Bau der fiktiven Burg Lichtenstein nach Hauffs historischem Roman[28] ist das aparteste und komplexeste Beispiel dafür. Denn es läßt sowohl die narratologischen Effekte historisierender Architektur als auch den monumentalen Charakter historisierender Literatur in beeindruckender Deutlichkeit sichtbar werden, es setzt die biedermeierliche Konkurrenz historischer und literarischer Erzählung anschaulich ins Bild und zeigt Dynamik und Sinnstiftungspotential solcher kontinuierlichen Medienwechsel samt ihrer gesamtkunstwerkhaften Verdichtung auf. Der steingewordenen Burg aus dem Roman eignet eine Präsenz, die real begehbar und erfahrbar ist und dadurch neue, vom Text und seinem Autor losgelöste Gebrauchszusammenhänge eröffnet.

---

28 Schuster, Max: Der geschichtliche Kern von Hauffs Lichtenstein, Stuttgart 1904; Pfäfflin, Wilhelm Hauff und der Lichtenstein.

Der *Lichtenstein* in Text und Architektur erweist sich somit als historisches Phänomen, dessen Untersuchung Aufschluß sowohl über Fragen von Inter- und Multimedialität verspricht als auch über Historismuskonzepte des 19. Jahrhunderts und ihre Bedingungen in der Kunst. Genauere Erkenntnisse über die erzählstrukturalen Bedingungen für den Transfer der Hauffschen Texte in ein anderes Medium stellt ferner die Analyse der Märchenverfilmungen in Aussicht, die einen nicht geringen Beitrag zur Verbreitung der Hauffschen Stoffe und Szenen geleistet und ihren Eingang in kollektive Bildwelten und Phantasielandschaften nachhaltig befördert haben. Nicht zuletzt die Verfilmung der Geschichte vom *Wirtshaus im Spessart* durch Kurt Hoffmann 1958 mit Liselotte Pulver in der Hauptrolle koppelte die Rezeption der Rahmenerzählung zu Hauffs drittem Märchenalmanach fast vollständig von ihrem Autor ab.

Der Sinn neuer Forschungen zu Wilhelm Hauff – so die Schlußfolgerung aus diesem Rundgang durch die mit dem Dichter und seinem Werk verbundenen Phänomen- und Problemkomplexe – hängt wahrlich nicht von einer ästhetischen Rehabilitierung dieses Autors ab oder von der Behauptung seiner Symptomatik für eine gesamte Epoche. Sein facettenreiches literarisches Werk, dessen Genese, Rezeption und Einbindung in zeitgenössische literarische Strömungen und poetologische Entwicklungen selbst halten zahlreiche Aspekte bereit, die eine genauere Beschäftigung lohnen. Wie fruchtbar eine wissenschaftliche Auseinandersetzung mit diesem Autor tatsächlich sein kann, hat sich bereits auf der internationalen Fachkonferenz *Wilhelm Hauff. Zur Signifikanz eines Autors für eine unterbestimmte Epoche* gezeigt, die anläßlich seines 200. Geburts- und 225. Todesjahres vom 10. bis 13. Oktober 2002 im Deutschen Literaturarchiv Marbach und auf Burg Lichtenstein stattfand. Finanziert von der Deutschen Forschungsgemeinschaft, unter der Leitung der Herausgeber dieses Bandes und in direktem Kontakt sowohl zu Hauffs Autographen als auch zu den architektonischen Spuren seiner Rezeptionsgeschichte bot sich den Beiträgern hier die Möglichkeit, ihre Forschungen und Beobachtungen zu präsentieren und mit großem Gewinn zu diskutieren. Die Ergebnisse der Arbeiten und Diskussionen bilden die wissenschaftliche Grundlage dieser Publikation. Angereichert ist sie mit bislang unveröffentlichtem Archivmaterial, das die wissenschaftliche Auseinandersetzung mit Wilhelm Hauff auf eine neue Grundlage stellt: Das im Rahmen der Tagung entdeckte und von Helmut Mojem editorisch bearbeitete Exzerpte-Heft Hauffs bietet erstmalig die Möglichkeit, zumindest einen Teil der extensiven Lektüre des Autors, die auf mannigfaltigen Wegen Eingang in seine Literatur gefunden hat, tatsächlich mit Sicherheit nachvollziehen zu können. Für das Verständnis der Genese eines Werks, dessen erhaltene Autographen keinerlei Spuren der Be- und Überarbeitung aufweisen und in denen man Streichungen, Umstellungen und Randbemerkungen vergeblich sucht, ist Wilhelm Hauffs Zusammenstellung »Aus teutscher Lektüre« ein wahres Geschenk. Gleiches gilt für das von Hans-Christoph Dittscheid aufgefundene und ausgewertete Skizzenbuch des Lichtenstein-Architekten Carl Alexander Heideloff, das nicht allein tiefe Einblicke in die architektonische und ikonographische Komposition und Entstehung des Bauwerks gewährt, sondern darüber hinaus auch die bislang nicht geklärten Einflüsse des Romans auf Genese und Gestalt der Burg Lichtenstein offenlegt. Und schließlich erlauben die von David Oels und Andy Hahnemann transkribierten und kommentierten Zeugnisse aus dem Umfeld des Rechtsstreits zwischen Carl Heun und Wilhelm Hauff ebenfalls eine neue und vor allem eine weniger enge Perspektive auf die Zusammenhänge, als die Forschung sie bislang eingenommen hat. Die Versammlung dieser Materialien und ihre Kombination mit den thematisch breitgestreuten, untereinander aber auf vielen Ebenen vernetzten Beiträgen zwischen den Buchdeckeln des vorliegenden Bandes wird – so bleibt zu hoffen – zugleich Anlaß und Grundlage sein für eine weiterführende, ernsthafte, aber keineswegs humorlose Beschäftigung mit Wilhelm Hauff.

Peter von Matt

Wilhelm Hauff oder Der Weg in die Klarheit

Robert Walser hat Wilhelm Hauff geliebt. Er hat ihm ein frühes Prosastück gewidmet, später ein etwas verrücktes Gedicht. Beide Texte drücken die unbedingte Verehrung für Hauffs Märchen aus. In dem Prosastück verdeutlicht Walser seine Bewunderung auf eine Art, die zur skurrilsten Lobrede eines deutschen Autors auf einen andern deutschen Autor führt:

> Hauffs Märchen! Man nehme mir alles weg und lasse mir nur Hauffs Märchen, so bin ich immer noch ein beneidenswerter Mensch, ein reicher Mensch, ein glücklicher Mensch, denn wenn ich Hauffs Märchen lese, so bin ich glücklich. Man gebe mir Hiebe, verabfolge mir meinetwegen eine wohlabgewogene und gehörige Tracht Prügel, steche, zwicke, haue und klemme mich nach Noten, lasse mich aber währenddessen nur Hauffs Märchen lesen, und so spüre ich von den Hieben nicht das geringste und bin für die derbe, tüchtige Portion von Schlägen völlig unempfindlich; die Lektüre von Hauffs Märchen macht mich vergessen, daß man mich zwickt und sticht, macht mich gänzlich übersehen, daß man mich klemmt und haut, macht mich alles vergessen und überwinden, macht, daß ich für alles Äußere unempfindlich bin.[1]

Die Vorstellung, daß einer selbstvergessen in einem Buch liest, während er geprügelt wird, ist so merkwürdig, aber auch wieder so einzigartig, daß man nicht weiß, soll man ihren Erfinder eher neben Johann Peter Hebel oder neben Franz Kafka rücken. Nur bei diesen beiden wäre eine solche Szene denkbar, wenn auch jeweils ganz anders intoniert. Die alte Vorstellung von der Heilkraft der Poesie wird hier auf eine höchst überraschende Weise abgewandelt.[2]

---

1 Walser, Robert: Hauff, in: Robert Walser. Das Gesamtwerk, hrsg. v. J. Greven, Band 2: Kleine Dichtungen, Prosastücke, Kleine Prosa, Genf und Hamburg 1971, S. 284. Das Gedicht *Hauff* findet sich in Band 11: Gedichte und Dramolette, S. 335.
2 Verwandt im Grotesken der Vorstellung und gleichermaßen ein ernsthaftes poetologisches Aperçu ist die Notiz in Friedrich Hebbels Tagebuch von 1846: »Einer spielt die Violine: vor den Hintern wird er gepeitscht und spielt, statt zu schreien.«

Tatsächlich sind die Märchen und märchenähnlichen Geschichten das eigentliche Mirakel in Hauffs Gesamtwerk. So wichtig der Lichtenstein-Roman für die Tradition des deutschen historischen Erzählens in der Scott-Nachfolge ist, sowenig findet Hauff dort eine Sprache, die in Klang und Form ganz die seine wäre. Es ist Handwerk von erstaunlicher Qualität, viel mehr aber nicht, wenn man von der sekundären Bedeutung des Buches für das kulturelle Gedächtnis des Landes Württemberg absieht. In den Märchen aber gewinnt Hauff einen Duktus der erzählenden Rede, der eines der höchsten ästhetischen Ziele, die es überhaupt gibt, wie spielend erreicht: den Zusammenfall von Einfachheit in der Gestalt und Komplexität in der Bedeutung. Während er im historischen Roman einen großen Aufwand treibt mit Requisiten und Kulissen, mit kulturgeschichtlichen Dekorationen und antiquarischem Sprachmaterial, ist sein Märchenerzählen bestimmt von einer frappanten Ökonomie der poetischen Mittel.

Als ob sein Sensorium für das Ökonomische im eigentlichen Sinn, für das Geld und den Umgang mit ihm, als ob das durchaus bürgerliche Finanzbewußtsein, das in seinem Werk so vielfach spürbar wird, durchschlüge auch in den Umgang mit den Wörtern, erreicht er in den Märchen ein Schreiben, das, so will es einem scheinen, jedes Wort zweimal umdreht, bis es ausgegeben wird. Das hat aber keinen knickrigen Einschlag, sondern wird zu einem eminenten künstlerischen Gewinn. Jetzt gilt jedes Wort ganz und gar. Die Tendenz zum inflationären Reden, die bei Jean Paul zu einer barocken Kunst sui generis, bei E.T.A. Hoffmann zu einem dissonanten Verhältnis zwischen der strengen erzählerischen Erfindung und der verbalen Orchestrierung werden konnte, weicht beim Märchenerzähler Hauff einer Genauigkeit, die sich ausnimmt, als würde jedes Wort auf die Waage eines Goldhändlers gelegt. Damit hängt das eigentümliche Licht zusammen, das in seinen Märchen herrscht. Es ist eine Klarheit, die sich aus der Trennschärfe jedes Wortes, jedes Klanges, jeder Farbe, jedes Dinges ergibt, aus der ästhetischen Ökonomie eben als einem Pendant zur wirtschaftlichen Ökonomie des finanziell umsichtigen Bürgers. Der Märchenerzähler Hauff ist einer der ersten, wenn nicht der schlechthin erste aus der goethekritischen, durch Jean Paul und Hoffmann bis ins Mark gezeichneten Erzählergeneration, der sich wieder der Simplizität von Goethes Prosa nähert. Was Stifter und Keller später

---

Während in Walsers Groteske die Denktradition von der Heilung durch die Kunst steckt, steckt in Hebbels Groteske die Denktradition von der Genese der Kunst aus den Leiden des Künstlers. Hebbel, Friedrich: Werke, hrsg. v. G. Fricke, W. Keller und K. Pörnbacher, Band 4, München 1966, S. 750.

in langen Arbeitsjahren lernen mußten, das wurde ihm wie von einem seiner Zauberkräutlein geschenkt. Dieser Vorgang spiegelt sich im bekannten Satz des 19jährigen Gottfried Keller über Hauff: »*Hauff* scheint mir ein wahres Genie, ein *Dichter* zu sein. Er hat jenen einfachen, naiven und doch so tiefen und bezaubernden Stil, der an Goethe so hinreißt, wenigstens mich.«[3] Etwas Ähnliches muß Robert Walser berührt haben, als er sein Prosastück schrieb, bei dem er die Märchen sehr deutlich vom übrigen Werk Hauffs abhob: »Sein Roman mag gut sein; seine Novellen mögen stellenweise ausgezeichnet sein, die Märchen jedoch sind fabelhaft schön.«[4]

Natürlich gibt es für die heutige Literaturwissenschaft viele gute Gründe, Hauff weit über seine Märchen hinaus zu studieren und auch der krassen Bevorzugung der Märchen, wie ich selbst sie eben betrieben habe, kritisch zu begegnen. Persönlich halte ich aber daran fest, daß, rein künstlerisch betrachtet, die Prosa der Märchen unvergleichlich, ihre Klarheit durchaus mirakelhaft ist. Was mich daher interessiert, ist die Frage, ob sich der Prozeß von Hauffs Absetzbewegung weg von der Ästhetik E.T.A. Hoffmanns und hin zu einer neuen Simplizität der Erzählerrede, irgendwo im einzelnen studieren läßt, so genau wie unter Laborbedingungen. Wie kann ich Klarheit gewinnen über Hauffs Weg in die Klarheit?

Ich greife dafür zurück auf eine berühmte Geschichte, *Der Affe als Mensch,* aus Hauffs zweitem Märchenalmanach von 1827. Sie gehört zu der Handvoll kleiner Klassiker, die Hauff geschaffen hat, Texte von einer überraschenden Unsterblichkeit auf begrenztem Grundriß – *Zwerg Nase, Kalif Storch, Die Geschichte von dem kleinen Muck, Die Geschichte von dem Gespensterschiff, Das kalte Herz.*

Wie so oft ist auch hier Hauffs Sensorium für die aktuellen literarischen Trends, ist sein Geschick als Literaturunternehmer spürbar. Die Affengeschichten waren damals im Schwange, nicht nur in der erzählenden Literatur, sondern vor allem auf dem Theater, wo Stücke mit Affen Furore machten und exquisite Möglichkeiten für virtuose Schauspieler, u.a. auch für Nestroy, boten.[5]

---

3 Gottfried Kellers Leben. Mit Benutzung von Jakob Baechtolds Biographie dargestellt von Emil Ermatinger. Vierte und fünfte Auflage, Stuttgart/Berlin 1920, S. 98. Die Notiz stammt aus dem Juli 1839.
4 Walser, Hauff, Band 2, S. 284.
5 Einen kommentierten Überblick über die Affengeschichten bietet Gerigk, Horst-Jürgen: Der Mensch als Affe in der deutschen, französischen, russischen, englischen und amerikanischen Literatur des 19. und 20. Jahrhunderts, Hürtgenwald 1989.

Was mich beschäftigt an Hauffs Affengeschichte, ist nun aber nicht das Affenthema als solches, sondern die auffällige strukturelle Analogie zwischen dieser Erzählung und einer der berühmtesten Novellen E.T.A. Hoffmanns. Würde mich der Affe als solcher interessieren, könnte ich bekanntlich ebenfalls auf Hoffmann zurückgreifen, auf dessen *Nachricht von einem gebildeten jungen Mann*, eine Philistersatire aus den *Kreisleriana*. Daß von diesem Text eine Linie zu Kafka führt, eine Linie aus der Romantik in die Kernzone der Moderne, wurde in jüngerer Zeit vielfach untersucht.[6] Nie aber wurden bisher die Entsprechungen näher studiert, die zwischen Hauffs Affenerzählung und Hoffmanns Spitzenwerk *Der Sandmann* festzustellen sind. Der intertextuelle Bezug, der auch als direkter Einfluß funktioniert haben dürfte, wird manifest, sobald man sich von der spektakulären Dominanz des Affenmotivs nicht mehr blenden läßt und die gesamte erzähldramaturgische Anlage ins Auge faßt.

In beiden Erzählungen begegnen wir, verkürzt gesprochen, einem geheimnisvollen fremden Mann und Wissenschaftler, der ein Wesen in die bessere Gesellschaft seiner Stadt einführt, welches präsentiert wird als schöner und eleganter Mensch, in Wahrheit jedoch kein Mensch ist, sondern, im Falle von Hoffmann, eine lebensgroße automatische Puppe, eine Roboterfrau, und, im Falle von Hauff, ein dressierter Orang-Utan.

Natürlich drängt sich jetzt die Frage auf, was denn das Roboterweibchen mit dem Affen gemeinsam habe, inwiefern hier Maschine und Tier nebeneinanderrücken in ihrer gemeinsamen Gegensätzlichkeit zum Menschen. Das wäre eine attraktive Spur, die sich sehr wohl verfolgen ließe. Um aber den Weg ins Blickfeld zu bekommen, der Wilhelm Hauff von E.T.A. Hoffmann weg in seine neue Klarheit führte, kümmere ich mich hier nicht um Tier und Maschine und auch nicht um die möglichen Berührungen beider etwa in den Theorien vom Maschinentier und Maschinenmenschen bei Descartes und La Mettrie. Was mich beschäftigt, ist vielmehr die Figur des geheimnisvollen Mannes, der das ganze Spiel inszeniert. In dieser Figur und ihrer Differenz bei Hoffmann und bei Hauff vermute ich den Schlüssel zum Geheimnis von Hauffs eigenem Weg.

In Hauffs Geschichte verhält es sich so, daß in Grünwiesel, einer spießbürgerlichen Kleinstadt, literaturgeschichtlich angesiedelt zwischen Schilda, Abdera, Krähwinkel und Seldwyla, eines Tages ein fremder Herr erscheint und sich niederläßt. Er wird sofort zum Gerede des Städtchens, will aber

---

6 Vgl. dazu insbesondere Neumann, Gerhard: Der Blick des Anderen. Zum Motiv des Hundes und des Affen in der Literatur, in: Jahrbuch der deutschen Schillergesellschaft (40), Stuttgart 1996, S. 87-122.

mit der Bürgerschaft und auch mit der lokalen Prominenz nichts zu tun haben. Er lehnt alle Einladungen ab. Das bringt ihn in Verruf. Noch zehn Jahre nach seiner Ankunft heißt er nur »der fremde Herr«.[7] Um die neugierige, aufdringliche, selbstgerechte und klatschsüchtige Gesellschaft des Ortes zu strafen, beschafft sich dieser Mann eines Tages von einem durchziehenden Zirkus einen großen Affen, den er in seinem Hause dressiert. Den Leuten gegenüber erklärt er, es handle sich um seinen Neffen, einen Engländer, dem er die deutsche Sprache beibringe. Später lehrt er ihn auch tanzen, rezitieren und ähnliche Tätigkeiten des bürgerlichen Salons. Der Neffe bleibt aber immer im Haus, und die Bürger sind etwas befremdet, wenn der Sprachunterricht, bis auf die Gassen hörbar, mit einer großen Hetzpeitsche erfolgt.

Als die Dressur zum gesellschaftsfähigen Wesen einigermaßen vollendet ist, erscheint der Fremde mit seinem Hausgenossen in der Gesellschaft. Der junge Mann mit der großen Brille und der hochgeschnürten Halsbinde macht mächtiges Aufsehen; die vielen Seltsamkeiten seines Benehmens aber werden von den Kleinstädtern auf den englischen Nationalcharakter zurückgeführt. Und wenn der fremde Herr durch das spießbürgerliche Kollektivverhalten zehn Jahre lang mit Kälte und Mißtrauen behandelt wurde, wird nun der Neffe, allen krassen Absonderlichkeiten seines Benehmens zum Trotz, ebenso allgemein für vorbildlich genommen. Die Jugend fängt an ihn nachzuahmen. Alle jungen Männer tragen große Brillen, und man lümmelt sich auf Sofas und Stühlen genauso hin, wie der Engländer es tut. Der fremde Herr jedoch ist stets dabei, wenn der Neffe in Gesellschaft erscheint. Er bleibt wachsam im Hintergrund, und sobald der Zögling sich allzu kraß benimmt, schnürt er ihm den Kragen enger, worauf er sofort pariert. Schließlich, als der Engländer zum unbestrittenen Liebling und Mittelpunkt des gesellschaftlichen Lebens in Grünwiesel geworden ist, läßt er ihn einmal allein ausgehen, zu einem großen Konzert, wo er auch mitsingen soll. Dem Bürgermeister gibt er den Rat, dem Neffen, falls er stören sollte, nur den Kragen zu lockern, dann gebe sich die Ungezogenheit rasch.

Und so entwickelt sich denn das große Finale. Der Engländer treibt es wüst, und als ihm der Kragen gelockert wird, treibt er es noch viel wüster, das Halstuch fällt, eine Perücke fliegt durch den Saal, zu allgemeinem Entsetzen wird ein Stück Fell sichtbar, dann ein wüster Schädel und

---

[7] Hauff, Wilhelm: Sämtliche Werke in drei Bänden. Nach den Originaldrucken und Handschriften. Textredaktion und Anmerkungen von Sibylle von Steinsdorff. Mit einem Nachwort und einer Zeittafel von Helmut Koopmann, München 1970, hier Bd. 2, S. 155. Nach dieser Ausgabe wird im folgenden zitiert.

schließlich ein ganzer brauner Affe. Die Bürgerschaft ist empört. Sie will das Haus des Fremden stürmen; es ist leer. Der Mann ist diskret weggezogen. Nur einen Brief hat er hinterlassen, worin er schreibt, er habe der Stadt eine Lehre erteilt. Man habe ihn nicht ruhig für sich leben lassen, habe ihn zu dem lächerlichen Gesellschaftsleben zwingen wollen; deshalb habe er einen Ersatz geliefert, einen Affen, und den hätten sie doch tatsächlich ins Herz geschlossen.

Es ist unübersehbar, daß dieser Fremde, dessen Name nie fällt, erzählerisch aufbereitet wird nach dem Muster der Hoffmannschen Mentorgestalten, jener kunstreichen Magier, Alchimisten und Maschinenbauer, welche im Schicksalsgang der Hoffmannschen Hauptfiguren fast unweigerlich auftauchen und die Jünglinge auf ihren seelischen Entwicklungsweg bringen. Dieser Weg führt sie zur Einsicht in ihr eigenes unbekanntes Inneres, in ihre künstlerische Kreativität, oder, wenn das scheitert, zu Zerstörung und Untergang in Wahnsinn, Selbstverlust, Suizid.

Entscheidend an dem Weg des Hoffmannschen Helden ist die Voraussetzung, daß alle Außenwelt, unsere sogenannte Wirklichkeit, als leer und tot angesehen wird. Natur und Gesellschaft sind kalte mechanische Gebilde. Das wirkliche Leben geht nur im Innern, im zweiten Kosmos der Seele, auf.[8] Das ist Hoffmanns philosophische und existentielle Grundwahrheit. Sein Werk handelt von nichts anderem als diesem Faktum. Falls dem Hoffmannschen Helden die Einsicht in diese Beschaffenheit der Welt und des Ich glückt, kann er die Herrlichkeit seiner inneren Visionen als Künstler hinaustragen in die Außenwelt. Falls die Einsicht nicht glückt, hält er seine Visionen, das Produkt des inneren Kosmos, für einen Teil der Außenwelt und verkommt im absurden Kampf gegen Gebilde, die sein eigenes Produkt sind, die unbegriffenen Phantome seiner Seele. Nur den Philistern passiert dies nie. Sie sind innerlich tot von Anfang an und leben daher sehr angenehm in einer Natur und einer Gesellschaft, die ebenso mechanisch starr sind wie sie.

Zu Beginn ihres Weges sind die Hoffmannschen Helden stets ahnungslos. Der Prozeß, den sie durchmachen, ist gefährlich. Es geht um nichts weniger als um Tod und Leben. Deshalb sind die Mentorfiguren, die sie auf den Weg bringen, immer so zwielichtig. Sie führen ein Doppelleben in der Gesellschaft. Sie wohnen in Häusern, deren Inneres an-

---

8 Hoffmann steht damit in der Romantik einzigartig da. Es gehört zur stereotypen Mythologie der Epoche, daß die Natur die Gegenwelt zur philiströsen, geistfeindlichen Gesellschaft darstellt. Obwohl Hoffmann dieses Schema auch kennt, bleibt es bei ihm unwesentlich. Wesentlich ist, daß Natur und Gesellschaft zusammen die entwertete Gegenwelt zum ekstatischen Innern darstellen.

ders ist als das bürgerliche Außen. Oder es sind skurrile, schief in der Welt stehende Gestalten, über die man lacht, weil man nicht weiß, welche Kenntnisse, welche geheime Macht sie besitzen. In diesen Mentorgestalten taucht das alte religionsgeschichtliche Grundmuster vom priesterlichen Weisen und seinem Adepten wieder auf, vom Meister einer Geheimlehre und seinem Schüler. Die wenigen Auserwählten und Begabten erfahren die Initiation. Sie werden eingeweiht in Geheimnisse, die der Philisterwelt ewig unzugänglich bleiben.

Hoffmann hat diese Konstellation von Novalis übernommen, und er hat sie dramatisch, auch tragisch, verschärft. Die schrecklichste Variante findet sich in der Erzählung *Der Sandmann*, wo dem Studenten Nathanael die mechanische Puppe, welche die zwei Meisterfiguren in die Welt und vor seine Augen stellen, kraft seiner visionären Begabung lebendig wird, ohne daß er den Vorgang begreift. Über diesem Nicht-begreifen-Können geht er zugrunde – während der Mentor zuschaut.

Ich kann hier nur den vereinfachten Grundriß der Geschichte vorstellen. Die Erzählung ist so komplex, der Mentortypus erscheint hier so zwielichtig,[9] das Ende des Helden ist so grauenvoll und seine Tragik so kleistisch-radikal, daß viele Leser die Einfachheit der zugrundeliegenden Konstellation nicht glauben wollen. Sie läßt sich beweisen, aber dafür ist hier nicht der Ort. Hier muß sie als Behauptung stehenbleiben.

Es geht bei Hoffmann immer um die höhere Wirklichkeit des inneren Kosmos, des Gegenuniversums der Seele. Dieses tritt in die Alltagswirklichkeit des äußeren Kosmos entweder als kontrollierte Vision, als Musik oder Malerei eines Künstlers, oder aber als unkontrollierte Vision, die das Subjekt überflutet, als Phantom eines seelisch Verstörten oder telepathisch Gesteuerten. Immer neu wird bei Hoffmann am Schicksalslauf

---

9 Die Gestalt des Mentors ist im *Sandmann* aufgeteilt in die Doppelfigur Spalanzani und Coppola, wobei Coppola möglicherweise mit Coppelius, einer Gestalt aus der Kindheit des Helden, identisch ist, möglicherweise sind es aber zwei Personen. Spalanzani selber trägt den Namen eines berühmten verstorbenen Naturwissenschaftlers, der in Hoffmanns *Ödem Haus* eine wichtige Rolle als Theoretiker spielt. Dadurch gewinnt auch diese Figur den Anstrich einer Doppelung. Es ist indessen nicht so, wie man vielleicht vermuten könnte, daß die Verdoppelungstendenz bei der Mentorfigur deren Aufspaltung in eine positive und eine negative Gestalt andeutete und also die Funktion einer Komplexitätsreduktion besäße. Ob ein Mentor für den Hoffmannschen Helden erlösend oder vernichtend ist, zeigt erst das Ende von dessen Schicksalsweg, aber selbst im katastrophalen Fall, wie der *Sandmann* ihn darstellt, bleibt die moralische Definition der Mentorfigur – Heilsbringer oder Unhold? – unentschieden. Nicht zuletzt deshalb wurde die *Sandmann*-Novelle zum meistumrätselten Text Hoffmanns.

eines jungen Menschen das radikale anthropologische Konzept des Autors veranschaulicht, und auf diesem Schicksalslauf begegnet der junge Mensch fast regelmäßig einer geheimnisvollen Meisterfigur, dem Mentor eben.

Wilhelm Hauff versieht nun in seiner Affen-Erzählung den fremden Herrn mit den unverkennbaren Zeichen einer Hoffmannschen Mentorfigur. Da ist die Grundspannung seiner Existenz zur bürgerlichen Gesellschaft; da ist seine schroffe Ablehnung allen Philistertums; da ist gleich zu Beginn schon der Einzug in ein »ödes Haus«,[10] welches als ein architektonisch anderes in den geputzten Häuserreihen steht. Das öde Haus ist ein Hoffmannscher Topos, der auch einer seiner wichtigsten Novellen den Titel gegeben hat.[11] Im gleichen Satz wird der Fremde auch als Alchimist oder chemischer Experimentator gekennzeichnet:

> Der fremde Mann mietete sich für einige Goldstücke ein ganzes Haus, das bisher öde gestanden, ließ einen ganzen Wagen voll sonderbarer Gerätschaften, als Öfen, Kunstherde, große Tiegel und dergleichen hineinschaffen, und lebte von da an ganz für sich allein.[12]

Auffällig ist, daß diese Gerätschaften im Verlauf der Geschichte keine weitere Rolle spielen und nie mehr erwähnt werden. Sie haben einzig die Funktion, die Differenz des fremden Mannes zu den Stadtbürgern zu verdeutlichen und zu begründen, warum ihn die Leute für einen »Zauberer oder Hexenmeister« halten. Dies steht im Gegensatz etwa zu Hoffmanns Märchen *Der goldne Topf*, wo die Mentorfigur des Archivarius Lindhorst ein »Zauberer oder Hexenmeister« im wahrsten Sinne des Wortes ist. Es steht im Gegensatz auch zu Hoffmanns *Sandmann*, wo die Mentorfigur Coppelius/Coppola mit ebensolchen Gerätschaften alchimistische Experimente macht. Mit Lindhorst verbindet den Fremden dann wieder die häusliche Aufmachung: »in einem weiten, roten Schlaf-

---

10 Hauff, Affe als Mensch, Bd. 2, S. 155. Der Ausdruck »das öde Haus« fällt explizit S. 159.
11 Die Erzählung *Das öde Haus* findet sich im zweiten Teil der *Nachtstücke*. Im ersten Teil steht *Der Sandmann*. Das öde Haus als Ort des geheimnisvollen Weisen wird durch den Hoffmann-Leser E. A. Poe weltliterarisch. Dupin, der extrem brillante Logiker aus der Erzählung *The Murders in the Rue Morgue*, wohnt in Paris in einem solchen Gebäude: »[…] a time-eaten and grotesque mansion, long deserted through superstitions […] and tottering to its fall in a retired and desolate portion of the Faubourg St. Germain.« Poe, Edgar Allan: Tales of Mystery and Imagination. Introduction by Pádraic Colum, London 1968, S. 382.
12 Hauff, Affe als Mensch, Bd. 2, S. 155

rock, eine Mütze von Goldpapier auf dem Kopf«.[13] Der weite Schlafrock ist bei Lindhorst ein magisches Requisit, um die Stirn trägt er gelegentlich einen königlichen Goldreif.

Lindhorsts äußere Lebensform ist derjenigen des Fremden bei Hauff sehr ähnlich. Von ihm, Lindhorst, wird einmal gesagt:

> Es ist hier am Orte ein alter wunderlicher merkwürdiger Mann, man sagt, er treibe allerlei geheime Wissenschaften, da es nun aber dergleichen eigentlich nicht gibt, so halte ich ihn eher für einen forschenden Antiquar, auch wohl nebenher für einen experimentierenden Chemiker. Ich meine niemand andern als unsern Geheimen Archivarius Lindhorst. Er lebt, wie Sie wissen, einsam in seinem entlegenen alten Hause, und wenn ihn der Dienst nicht beschäftigt, findet man ihn in seiner Bibliothek oder in seinem chemischen Laboratorio, wo er aber niemanden hineinläßt.[14]

Bei Hoffmann machen die Mentorfiguren nur einen Sinn im Zusammenhang mit der Initiation und dem Schicksalsweg eines jungen, visionär begabten Mannes oder, seltener, einer jungen Frau. Bei Hauff kann davon keine Rede sein. Hier findet keine Selbstwerdung eines erwählten Individuums statt. Hier beruht das Konfliktfeld allein auf dem Gegensatz zwischen dem einsamen Fremden und der bürgerlichen Gesellschaft. Das gleiche Zeichen verweist auf eine andere Bedeutung, bewahrt aber doch etwas von der Ausstrahlung jenes alten Sinns.

Gesellschaftssatirische Elemente, wie sie bei Hauff dominieren, finden sich auch bei Hoffmann, aber sie bleiben stets Nebenmotive. Im *Sandmann*, den ich als Prätext zu Hauffs Affengeschichte betrachte, nimmt die tragische Liebe Nathanaels zur Roboterfrau Olimpia, die ihm von den Mentoren berechnend vor Augen gerückt wird, die Mitte des Ganzen ein. Um diese Liebe geht es ganz und gar. In deren Umfeld aber ereignet sich nun die offenkundigste Analogie zu Hauffs Erzählung. Die Roboterfrau Olimpia wird bei Hoffmann, genau wie bei Hauff der dressierte Affe, in die bessere Gesellschaft der Stadt eingeführt, und auch sie singt und tanzt dabei wie jener. Hier verdichten sich plötzlich die Entsprechungen. So wie bei Hauff der fremde Herr, als er den angeblichen Neffen in die Salons mitbringt, stets wachsam in dessen Nähe bleibt, ihn überwacht und notfalls mit dem Griff an den Kragen zur Räson bringt, ist bei Hoffmann der Professor Spalanzani immer in der Nähe seiner

---

13 Ebd., S. 158.
14 Hoffmann, E.T.A.: Fantasie- und Nachtstücke, hrsg. von W. Müller-Seidel, München 1960, S. 189.

angeblichen Tochter, der mechanischen Puppe, in die sich der junge Nathanael mit allen Kräften der Seele verliebt hat und aus deren Augen ihm, wie er meint, alles Seelenlicht einer liebenden Frau entgegenstrahlt.[15]

Und hier läßt sich nun auch Hoffmann die Gelegenheit zu einer Gesellschaftssatire nicht entgehen, obwohl sie sich fast seltsam ausnimmt in dem dunklen und erschütternden Ganzen. Beim großen Fest, Olimpias Debütantinnenball, entdeckt zwar niemand die wahre Identität der Frau, sowenig wie die Bürger Hauffs die Identität des Engländers entdecken, aber die Reaktionen sind in Hoffmanns Erzählung doch um eine Spur anders als bei der kollektiven Verblendung der Grünwieseler gegenüber dem verkleideten Affen. Alle außer Nathanael verspüren ein ungutes, fröstelndes Gefühl, finden die Schöne »auf seltsame Weise starr und seelenlos«.[16] Ihr Gesang und Tanz erscheint ihnen zu mechanisch im Takt. Diese kontrastierenden Reaktionen Nathanaels einerseits, seiner Freunde und Kollegen andererseits, sind bei Hoffmann erzählerisch notwendig, um die Singularität von Nathanaels Schicksal, sein tödliches Verfallensein an die eigene visionäre Kraft, zu verdeutlichen. Das schärfste satirische Moment aber folgt bei Hoffmann erst nach der Entlarvung der Puppe Olimpia. Jetzt werden plötzlich alle jungen Männer ihren Freundinnen gegenüber unsicher. Es heißt:

> Die Geschichte mit dem Automat hatte tief in ihrer Seele gefaßt und es schlich sich in der Tat abscheuliches Mißtrauen gegen menschliche Figuren ein. Um nun ganz überzeugt zu werden, daß man keine Holzpuppe liebe, wurde von mehreren Liebhabern verlangt, daß die Geliebte etwas taktlos singe und tanze, daß sie beim Vorlesen sticke, stricke, mit dem Möpschen spiele u.s.w. vor allen Dingen aber, daß sie nicht bloß höre, sondern auch manchmal in *der* Art spreche, daß dies Sprechen wirklich ein Denken und Empfinden voraussetze. Das Lie-

---

15 Merkwürdig ist, daß in Offenbachs Opernversion der Sandmann-Geschichte, dem ersten Aufzug der Oper *Hoffmanns Erzählungen* (UA 1881), das Motiv des Hinzutretens Spalanzanis zu seinem Geschöpf zu einem sensationellen Effekt wird: Olympia, die Maschinenfrau bei Offenbach, singt immer langsamer, wenn das Uhrwerk, das sie antreibt, abläuft. Dann tritt jedesmal Spalanzani hinzu und zieht den Apparat hörbar wieder auf, worauf die Figur mit neuem Tempo losschmettert. Denkbar ist, daß Offenbachs Librettist Jules Barbier von sich aus auf diese naheliegende Ausgestaltung der Situation gekommen ist. Sie erinnert aber so sehr an den parallelen Vorgang bei Hauff mit dem wiederholten Anziehen der Halsbinde, daß eine Anregung durch dessen Erzählung nicht auszuschließen ist.
16 Hoffmann, Fantasie- und Nachtstücke, S. 356.

besbündnis vieler wurde fester und dabei anmutiger, andere dagegen gingen leise auseinander. »Man kann wahrhaftig nicht dafür stehen«, sagte dieser und jener.[17]

Das ist, genau betrachtet, um einiges böser als die ganze Hauff-Geschichte. Aber was wieder ähnlich ist wie dort, ist die Flucht der Mentorfigur: »Spalanzani mußte [...] fort, um der Kriminaluntersuchung wegen [des] der menschlichen Gesellschaft betrüglicherweise eingeschobenen Automats zu entgehen. Coppola war auch verschwunden.«[18]

Bei Hauff erteilt der fremde Herr den Bewohnern des Städtchens eine Lehre. Explizit heißt es in dem zurückgelassenen Brief: »Nehmt den Scherz, den ich mir mit Euch erlaubte, als eine gute Lehre auf.«[19] Seine Absicht ist eine klar pädagogische, volkspädagogische. Der weltläufige Mann, eine freie, unabhängige Person, reibt den verhockten Provinzlern ihre Selbstgerechtigkeit, Zudringlichkeit und ihr kollektives Zwangsdenken unter die Nase.

Dabei fällt nun eine Merkwürdigkeit auf. Es verhält sich so, daß eine bestimmte erzählerische Möglichkeit, die sich aus dem Blick auf Hoffmanns Vorläufertext für Hauff förmlich aufgedrängt hätte, von ihm geradezu penetrant sorgfältig vermieden wird: die Variante nämlich, daß sich eine junge Frau aus dem Städtchen in den eleganten Engländer mit den freien Manieren verliebt. Das wäre im Rahmen der Erzählanlage durchaus naheliegend gewesen. Es hätte allerdings schwerlich rein komödiantisch bleiben können, wäre irgendwann unheimlich und schauerlich geworden. Eine verliebte junge Frau, die plötzlich merkt, daß sie einen Affen umarmt, das wäre gewiß ein Novellenmotiv. Warum vergibt Hauff, der Könner mit dem Instinkt für erzählerische Effekte, diese Chance?

Ein Mädchen, das sich in den verkleideten Affen verliebt, ihn umarmt und küßt, hätte die radikale Frage nach der Beschaffenheit von Wahrheit und Wirklichkeit aufgeworfen. Das hätte so bitter wie bei Kleist die Möglichkeiten und das Scheitern des menschlichen Erkennens zum Thema gemacht, und im Falle einer echten Liebe wäre die Grenze zum Tragischen unweigerlich überschritten worden. Das Vertrauen auf die eigenen Augen und auf den Boden, auf dem man steht, wäre für die betreffende junge Frau zusammengebrochen – wie für Alkmene am Schluß des *Amphitryon*, wie für Nathanael am Schluß des *Sandmann*. Warum also weicht Hauff dieser erzählerischen Chance aus? Ist er dafür zu harmlos?

---

17 Hoffmann: Fantasie- und Nachtstücke, S. 360.
18 Ebd.
19 Hauff, Affe als Mensch, Bd. 2, S. 169.

Hauff ist keineswegs ein harmloser Autor. Aber ihn trennt von Hoffmann eine scharfe Grenze. So viel er bei diesem seinem Vorgänger gelernt hat, er wendet sich doch unbedingt ab von dem, was die Mitte von Hoffmanns Schaffen und Denken ausmacht: von der Differenz zwischen dem inneren und dem äußeren Licht. Hoffmanns radikale Romantik operiert konsequent mit dem doppelten Licht der alten Mystiker: dem Licht des Tages und der gesellschaftlichen Welt einerseits, dem Gegenlicht der Nacht und des inneren Kosmos andererseits. Auf dem Weg vom einen zum anderen finden Hoffmanns Helden sich selbst, oder sie gehen zugrunde an der unverstandenen Differenz, am Widerspruch dessen, was ihre innern und ihre äußeren Augen sehen. Hauff beseitigt die ganze Opposition von Licht und Gegenlicht. Die von Novalis so großartig eingeführte »Sonne der Nacht«[20], das Universum einer zweiten Welt im Innern, erlischt bei ihm, und zwar spurlos. Bei Hoffmann ist unser aller Tageslicht nur ein bleicher Hadesschein, verglichen mit der magischen Gewalt der inneren Strahlen. Bei ihm ist das »Schauen« mit geschlossenen Augen die höchste menschliche Erfahrung. Dies ist bei Hauff wie weggeblasen. Er setzt das alte gute Sonnenlicht, die Klarheit des einen und einzigen Tagesgestirns, wieder in sein ausschließliches Recht.

Entsprechend wandelt sich nun auch die Figur und Funktion des Mentors. Entsprechend unterscheiden sich ein Hoffmannscher Lindhorst und ein Hauffscher Fremder. Der Hoffmannsche Mentor greift in einen einzelnen Schicksalsweg ein, der gesehen werden kann als die romantisch profanierte Form des alten christlichen Heilsweges. Der Hauffsche Mentor ist ein bürgerlicher Erzieher. Der Hoffmannsche Mentor hält von der Gesellschaft gar nichts, aber alles von den wenigen Auserwählten. Der Hauffsche Mentor ist besorgt um die ganze Gesellschaft; um den einzelnen ist er es nur insofern, als dieser ein exemplarischer Bürger ist. Der Hoffmannsche Held ist der Gegenbürger par excellence, und sein Mentor führt ihn in diese Existenz am Rande der Gesellschaft hinein. Der Held Hauffs ist der Bürger par excellence, und sein Mentor führt ihn in diese Existenz in der gesellschaftlichen Mitte hinein.

Im Sinne einer textimmanenten Poetologie ist der Hoffmannsche Mentor eine symbolische Repräsentationsfigur des Autors selbst und seiner ästhetischen Konzepte. Genau dies ist der Hauffsche Mentor auch,

---

20 Der paradoxe Ausdruck fällt in der ersten der *Hymnen an die Nacht*. Er meint dort zunächst die Geliebte, kann aber auch generell für das Prinzip der Umwertung des Tages zur eigentlichen Finsternis, der Nacht, zum weit höheren Licht stehen. Novalis: Schriften, hrsg. v. P. Kluckhohn und R. Samuel. Erster Band: Das dichterische Werk, Stuttgart 1960/1977, S. 133.

wenn auch auf der Basis eines gegensätzlichen ästhetischen Konzepts. Wie der Hoffmannsche Mentor seine Jünglinge nimmt der Dichter Hoffmann seine Leser in die Schule des geheimen Wissens, des romantischen Arkanums. Wie der Hauffsche Mentor seine Grünwieseler nimmt der Dichter Hauff seine Leser in einen Grundkurs anständigen bürgerlich-sittlichen Verhaltens. Während für Hoffmann eine Erziehung der Philister, also der gesellschaftlichen Mehrheit, unmöglich ist, ist gerade dies für Hauff die poetische Hauptaufgabe. Deshalb ist die Variante mit der jungen Frau, die mit Entsetzen erkennen würde, daß sie einen Affen umarmt, für Hauff nicht möglich; denn als Erziehungsmaßnahme wäre sie sadistisch und unangemessen, als metaphysische Erkenntniskrise aber müßte sie im Widerspruch stehen zur neuen Weltsicherheit Hauffs.

Hoffmanns Kunst entfaltet sich unter dem Prinzip des doppelten Lichts, sie ist im wörtlichen Sinne zwie-lichtig. So wie sich auch der Mentor im *Sandmann* mehrfach verdoppelt, wie Lindhorst im *Goldnen Topf* ein bürgerlicher Archivarius und zugleich ein königlicher Salamander ist. Im Einheitslicht Hauffs, in der unzweideutigen Klarheit seiner Welt, ist der Mentor eine gefestigte, gelassen in sich ruhende Person. Seine Erziehungsarbeit bedient sich zwar versteckter Strategien, aber nicht um eines hohen Geheimnisses willen, sondern um den pädagogischen Zweck um so sicherer zu erreichen.

Insofern beginnt hier jene eindrückliche Reihe von Mentorgestalten, welche die deutsche Literatur bis ins zwanzigste Jahrhundert hinein wesentlich prägt. Ob es nun der Freiherr von Risach in Stifters *Nachsommer* ist oder der Graf im Schlußteil von Kellers *Grünem Heinrich*, ob es beim gleichen Keller die Frau Regel Amrein ist als Erzieherin ihres Sohnes oder in Gotthelfs mächtigem Erstling *Der Bauernspiegel* die Figur des Feckers,[21] ob es Fontanes Herr von Stechlin ist oder sogar noch der vermummte Herr in Wedekinds *Frühlings Erwachen* – in diesen Mentorgestalten wird durchweg etwas laut, was man als die richtige bürgerliche Lebensführung bezeichnen kann. Sie vertreten und praktizieren bald direkt, bald auf Umwegen eine Form von Erziehung, die in jedem menschlichen Einzelfall die gesellschaftliche Norm mitdenkt. Wie das dann in der Moderne auf neue Art wieder zwielichtig werden kann, das wäre zu studieren an Naphta und Settembrini in Thomas Manns *Zauber-*

---

21 Vgl. dort insbesondere die Kapitel 31-33. Gotthelf, Jeremias: Sämtliche Werke in 24 Bänden, hrsg. v. R. Hunziker/ H. Bloesch. Erster Band: Der Bauernspiegel oder Lebensgeschichte des Jeremias Gotthelf. Von ihm selbst beschrieben, Erlenbach – Zürisch 1921, S. 265-98.

berg – einem Doppelmentor wie einst in Hoffmanns *Sandmann*.[22] Auch der Butt, der dem Roman von Günter Grass den Namen gegeben hat, führt den Topos fort, kann aber die alte Sicherheit des Seelenführers ebenfalls nicht mehr gewinnen.[23]

Hauffs fremder Herr ist als Erfinder und Vollzieher der Affenintrige ein durchaus künstlerischer Mensch im Sinne der phantasiereichen Lebenspraxis. Seine Pädagogik ist poetisch und seine Poesie pädagogisch. Damit setzt er eine Norm für ein ganzes literarisches Jahrhundert. In den Mentorfiguren des späteren bürgerlichen Erzählens wird sich noch und noch die ästhetische und gesellschaftliche Identität der Autoren verkörpern und inszenieren.

Dennoch bleibt die Nähe Hauffs zu Hoffmann, die in der Übernahme so vieler Elemente manifest wird, eine wichtige Gegebenheit. Es geht nicht nur um Differenz und Abstand, sondern um den Gewinn des Abstands aus der Nähe und durch die Nähe. Die Hoffmann-Motive sind bei Hauff omnipräsent. Aber sie werden Bestandteile in einem neuen Spiel. Sie strahlen auf in einem andern Licht. Ein frappantes Beispiel dafür findet sich im Märchen *Das kalte Herz*. Da treffen wir einen jungen Menschen allein in der Natur. Er wird, wie es den Helden Hoffmanns in dieser Lage regelmäßig geschieht, von unbestimmter Sehnsucht

---

22 Bei Thomas Mann ist der Doppelmentor allerdings, im Unterschied zu Spalanzani und Coppelius, deutlich als Verkörperung kontrastierender philosophischer und politischer Positionen konzipiert. Settembrini ist, verkürzt gesagt, der Aufklärer, Naphta, ebenso verkürzt gesagt, der Romantiker. In Settembrini steckt etwas von Hauff und in Naphta etwas von Hoffmann. Eine andere, nun allerdings höchst verkommene und zwielichtige Mentorfigur bei Thomas Mann ist der Hypnotiseur Cipolla in der Novelle *Mario und der Zauberer*; sein Name klingt nicht zufällig an Coppola an. Die Bezüge dieser Novelle zum *Sandmann* wären genauer zu untersuchen. Hoffmann hat ja mit dem *Magnetiseur* eine der erstens Hypnosegeschichten der deutschen Literatur geschrieben. Auch der *Sandmann* weist Elemente des Magnetismus auf. Der enge Zusammenhang zwischen dem romantischen Magnetismus und der modernen Hypnose wird nur deshalb so oft übersehen, weil der Begriff Hypnose, der um die Mitte des 19. Jahrhunderts in England aufkam, den Begriff Magnetismus auch in Deutschland zum Verschwinden brachte. Auch in der kollektiven Verblendung der Grünwieseler in Hauffs Affenerzählung steckt noch das ferne Echo eines magnetischen oder eben hypnotischen Banns.

23 Die ganze Motivtradition wäre eine umfassende Untersuchung wert. Auch wenn der bürgerliche Mentor in der Literatur des 19. Jahrhunderts deutlich aus der Abwendung vom romantischen Magier und Meister entsteht, findet sich seine spezifische Ausprägung doch schon im 18. Jahrhundert. Man denke nur an das Mentorenteam, das Wilhelm Meister begleitet.

erfaßt. Er gerät in jenen Zustand, der die Helden Hoffmanns empfänglich macht für das Aufflammen des zweiten Lichts und die Initiationsrituale eines Mentors, für die Manifestationen der innerpsychischen Transzendenz. Bei Hauff nun entwickelt sich die unbestimmte Sehnsucht am Naturort auf folgende Weise:

> [...] die dunkeln Bäume umher und die tiefe Waldesstille [stimmten] sein Herz zu Tränen und unbestimmter Sehnsucht. Es betrübte ihn etwas, es ärgerte ihn etwas, er wußte nicht recht was. Endlich merkte er sich ab was ihn ärgerte, und das war – sein Stand. »Ein schwarzer, einfacher Kohlenbrenner!« sagte er sich, »es ist ein elend Leben. Wie angesehen sind die Glasmänner, die Uhrenmacher, selbst die Musikanten am Sonntag abends!«[24]

Hier wird die romantische Sehnsucht, inszeniert am Originalschauplatz der stadtfernen Natur, in einem krassen Umschlag ins Weltlich-Gesellschaftliche zum Karrieretraum, zum Aufstiegswillen des bürgerlichen Subjekts. Es ist ein Aufstiegswille um jeden Preis, selbst um den Preis des eigenen fühlenden Herzens. Was da im tiefen Schwarzwald abläuft, das ereignet sich beim gleichaltrigen Balzac hundertfach in der französischen Provinz und in allen Quartieren der Stadt Paris: eine homerische Dauerschlacht um Geld und Karriere. Nur zeigt Balzac diese Dauerschlacht so, wie ein Naturforscher den Überlebenskampf im Urwald schildert, während bei Hauff das Erziehungsprogramm zuletzt zur Einsicht des Helden führt: »Es ist doch besser zufrieden sein mit wenigem, als Gold und Güter haben, und ein *kaltes Herz*.«[25]

Zu dieser quietistischen Einsicht führt der Mentor der Schwarzwald-Geschichte, das Glasmännlein, den jungen Kohlenbrenner, und er schenkt ihm für den Karriereverzicht »vier stattliche Geldrollen [...] lauter gute, neue badische Taler«.[26] Finanziell auszahlen muß sich also die sittliche Besserung denn doch noch.

Trotzdem kann man nicht bestreiten, daß Hauff bei dieser Umprogrammierung eines dämonischen Erzählsystems in eine bürgerliche Erziehungsagentur seinen eigenen künstlerischen Gewinn macht. Die genuine Phantastik, die Hoffmanns Werk prägt, wird bei ihm nämlich nicht pauschal beseitigt. Sie wird vielmehr zurückverwandelt in die alten, handfesten Zauber- und Geistergeschichten. Bei diesen ertönt nie der Schrei: »Wer bin ich?« – »Was ist Wahrheit?« – »Warum reißt der Boden

---

24 Hauff, Bd. 2, S. 217.
25 Hauff, Bd. 2, S. 320.
26 Ebd.

unter meinen Füßen auf?«, sondern man stellt sachlich fest: »Aha, ein Geist!«, »Schau da, ein Zauberer!«, »Hoppla, jetzt bin ich in einen Storch verwandelt!« Und das liest sich dann überaus vergnügt. Das heißt, daß Hauff ausschert aus dem Diskurs des phantastischen Erzählens im strengen Sinne, der im späten 18. Jahrhundert einsetzte und bis ins frühe zwanzigste, vielleicht auch darüber hinausführte. Dieser Diskurs verwandelte die alten Märchen und Geistergeschichten in Berichte über Wirklichkeitskrisen in der wissenschaftlich gedeuteten Welt. Ihr eigentlicher Kern ist, wie Tzvetan Todorov magistral gezeigt hat,[27] nicht der Einbruch einer zweiten Welt in die bekannte erste, sondern der Moment des Zweifels, ob vielleicht die geprüfte Wirklichkeit der von der Vernunft erhellten und durchdrungenen Welt plötzlich nicht mehr gelte. Dieser Moment des Zweifels erschüttert die Existenz der Protagonisten aller phantastischen Erzählungen, und die Kunst der jeweiligen Erzähler richtet sich ganz darauf, diesen Moment eintreten zu lassen, den Augenblick des Zweifels als solchen und weit weniger dessen Auflösung ins eindeutig Märchenhafte oder bloß Unheimliche. Hauff hätte, ausgehend von Hoffmann, auch den Weg gehen können, der zu den phantastischen Erzählungen E. A. Poes und später Maupassants führte. Diese bewegen sich im Zwielicht einer kollabierenden Realität. Hauff bedient sich einzelner Bauteile dieser Kunst, greift gerne auf den einen oder andern Effekt zurück, aber an die Stelle der metaphysischen Grenzsituation treten bei ihm klare Verhältnisse. Exemplarisch ist *Die Geschichte von dem Gespensterschiff*. Bei Hoffmann, Poe und Maupassant wäre der Held in einen grauenhaften Schrecken geraten ob der Frage: Könnten das Gespenster sein? Ist es möglich, daß es Gespenster gibt? Bei Hauff treten die lebendigen Toten so selbstverständlich auf wie Gemüsehändler. Mag es immer ganz schrecklich zugehen auf dem Gespensterschiff, das Zwielicht ist hell geworden, die Umrisse erscheinen trennscharf, die Farben leuchten in ungemischter Kraft, und an die Stelle des metaphysischen Zweifels ist ein unbelastetes Weltvertrauen getreten.

Daß dieser Weg in die Klarheit, den Hauff so entschieden gegangen ist, dann doch nicht zu einem Weg in die umfassende Spießbürgerei wurde, sondern zu einer eigentümlichen ästhetischen Qualität führte – womit hängt es also zuletzt zusammen? Das kräftige, deutliche Licht, das durch seine besten Märchen strömt und alles so plastisch macht, so sinnlich einfach und schön, leuchtend wie an einem Föhntag, es gewinnt

---

27 Todorov, Tzvetan: Einführung in die fantastische Literatur, München 1972. Im französischen Original Paris 1970.

seine eigentümliche Stärke aus der Aufgabe, das Gegenlicht Hoffmanns, die Sonne der Nacht, welche unsere handfeste Wirklichkeit in einen bleichen Hades verwandeln will, zu vertreiben und seine zerstörerische Wirkung auf die fleißigen, fortpflanzungsfrohen bürgerlichen Frauen und Männer zu bannen. In der Energie dieses Weges stecken auch Energien der Befreiung, Energien des Widerstands gegen die Verlockungen der romantischen Nacht. Wenn diese Vermutung zutrifft, hätten wir zuletzt doch noch ein magisches Geheimnis hinter dem taghellen Erfinden und Erzählen des jungen Württembergers ausgemacht.

Gerhard Plumpe

Motto und Mode
Anmerkungen zum literarhistorischen Ort Wilhelm Hauffs

1.

Ausgangspunkt meiner Überlegungen zum literarhistorischen Ort Wilhelm Hauffs ist der auffallende Umstand, daß Hauff von der Möglichkeit der Mottoverwendung einen nachgerade verschwenderischen Gebrauch gemacht hat. Den meisten seiner Erzählungen sind Mottos vorangestellt, und der historische Roman *Lichtenstein* trägt nicht nur ein Eröffnungsmotto, sondern läßt jedes seiner sechsunddreißig Kapitel mit einem eigenen Motto beginnen. Hauff hatte sich Walter Scott zum Vorbild gewählt, der diese Mottomode begründet hatte.

Der Textsorte des Mottos hat sich eine eigene Forschung gewidmet, die es als »Schwellen-« oder »Paratext« in seinen intertextuellen Referenzen untersucht. Genette hat darauf hingewiesen, daß das literarische Motto seine hohe Zeit in der Romantik und im frühen 19. Jahrhundert hatte.[1] Jan Erik Antonsen bestätigt diese Beobachtung für den Fall der deutschen Literatur in seiner neuen Untersuchung zum Motto als »Text-Insel«.[2] Dieser historische Ort des Mottos läßt es als Indiz spezifisch moderner Dichtung erscheinen, die sich im System der Literatur reflektiert und gewissermaßen durch die Referenzsignale des Mottos spezifisch plazieren möchte. Natürlich haben Mottos auch intratextuelle Funktionen, wie ein Blick auf das der *Bettlerin vom Pont des Arts* vorangestellte Schillerzitat leicht erweisen kann. Wenn Hauff seiner Erzählung eine Passage der »Klage der Ceres« voranstellt, liegt die interpretative Bedeutung dieses Zitats auf der Hand und bedarf der Erläuterung nicht. Nicht so sehr die intra- als vielmehr die intertextuelle Referenz scheint aber für unsere Be-

---

1 Genette, Gérard: Paratexte, Frankfurt/M./New York 1989, S. 141.
2 Antonsen, Jan Erik: Text-Inseln. Studien zum Motto in der deutschen Literatur vom 17. bis 20. Jahrhundert, Würzburg 1998; vgl. auch Gläser, Rosemarie: Das Motto im Lichte der Intertextualität, in: Textbeziehungen. Linguistische und literaturwissenschaftliche Beiträge zur Intertextualität, hrsg. v. J. Klein/U. Fix Tübingen 1997, S. 259ff.

trachtung ausschlaggebend zu sein: Die Novelle offeriert Schillers Elegie als Horizont, in dem sie selbst gelesen und verstanden werden möchte. Das Motto fungiert offenbar als Selbstlegitimation eines seiner ästhetischen Identität durchaus unsicheren Textes. »Im Zusammenhang mit der Mottoschwemme am Beginn des 19. Jahrhunderts«, schreibt Genette, »hat man zu Recht das Bestreben bemerkt, den Roman (...) in eine kulturelle Tradition zu integrieren.«[3] Gleiches gilt gewiß für die Erzählung als ästhetisch ambivalentes Genre in dieser Zeit. Denn es fällt auf, daß es ausnahmslos Autoren mit hohem kulturellen Prestige sind, denen Hauff Zitate als Mottos zu eigenen Werken entlehnt. Schiller und Goethe, Uhland und Claudius, Horaz, Tasso, Shakespeare und Lamartine treten per Mottoentnahme in eine intertextuelle Referenz zu Hauffs eigenem Œuvre und konturieren ganz augenscheinlich dessen selbstgewählte »Tradition«. Das Motto, so spitze ich zu, gibt Hauffs Prosa den Anschein einer literarhistorischen Kontinuität mit legitimatorischer Funktion.

Für den Sonderfall des *Lichtenstein*-Romans muß allerdings hinzugefügt werden, daß diese Tradition nun forciert regionalkulturell ausgerichtet ist: Schiller wird zehnmal verwandt, Uhland neunmal, Schwab siebenmal, Conz dreimal, Wieland (in Oberholzheim bei Biberach geboren) zweimal, weitere schwäbische Autoren kommen hinzu. Aber auch in diesem Falle signalisieren die Mottos zweifelsfrei die Autorität einer legitimen kulturellen Tradition, in deren Bahnen Hauffs historischer Roman sich selbst sehen und vom Lesepublikum gesehen werden wollte.

Ist der Mottogebrauch der Literatur des frühen 19. Jahrhunderts einmal Indiz ihrer Modernität in jenem Sinne der funktionalen Differenzierung, von der die Soziologen sprechen, um die Tatsache zu erläutern, daß sich Kommunikationssysteme – wie die Literatur – gleichsam eine eigene »Geschichte« konstruieren, d.h. über ihre Historie in Eigenregie verfügen können, so weisen Hauffs Mottos noch auf einen weiteren Umstand hin, den ich im folgenden annäherungsweise skizzieren möchte und der gleichfalls Indikator für den literarhistorischen Ort des Autors sein kann: Ich möchte die These vertreten, daß Hauffs Mottogebrauch sein Bezugsproblem in der Beobachtung hat, daß die Literatur als ökonomisches Faktum, d.h. im Wirtschaftssystem der Gesellschaft, hinsichtlich ihrer Temporalität alle Züge der Mode aufzuweisen scheint. Dem Zeitschema der Mode soll die Gültigkeit einer selbstgewählten kulturellen Tradition gleichsam »therapeutisch« entgegenwirken. Es zeigt sich freilich, daß die Dissonanz beider Zeitschemata nur deklamatorisch gelöst werden kann.

---

3 Genette, Paratexte, S. 156.

2.

Kant sah 1798 in seiner *Anthropologie in pragmatischer Hinsicht* die Besonderheit der Mode in ihrer rigorosen Orientierung am Kriterium der »Neuigkeit«, die sie überaus »erfinderisch« in »äußeren Formen« mache, auch wenn diese »öfters ins Abenteuerliche und zum Teil Hässliche« ausarteten.[4] Die Mode sei eher eine Sache der Eitelkeit als des Geschmacks. Da das Neue durch Kopie oder variierende Wiederholung aber schnell vertraut, gewöhnlich und langweilig werde, unterliege die Mode dem Zwang ständiger Innovation, während der Geschmack weitaus zeitresistenteren Mustern des Schönen und Gelungenen verpflichtet sei. »Man könnte«, schreibt Christian Garve 1792 in seinem Essay *Über die Moden*, »eine Stufenleiter von Dingen angeben, auf welcher der Eigensinn und die Willkür der Moden nach und nach in die unwandelbaren Gesetze der Schönheit übergeht.«[5] 1797 vergleicht Friedrich Schlegel in seinem berühmten Studiumaufsatz die antike mit der modernen Literatur und gelangt zu dem Fazit, daß sich die moderne Dichtung unter dem Diktat des »Interessanten« der Mode und ihrer Temporalität ausgeliefert habe. »Jedem großen Originalkünstler« folge, schreibt Schlegel,

> solange ihn noch die Flut der Mode emporträgt, ein zahlloser Schwarm der armseligsten Kopisten […], bis durch ihre ewigen Wiederholungen und Entstellungen das große Urbild selbst so alltäglich und ekelhaft geworden ist, daß nun an die Stelle der Vergötterung Abscheu oder ewige Vergessenheit tritt.[6]

In seinen *Berliner Vorlesungen* stellt August Wilhelm Schlegel 1801 fest, daß »beliebte Schriftsteller […] Geschöpfe der Mode« seien, die »immerfort von anderen verdrängt und dann rein vergessen« würden.[7] Die Zeit der Mode folgt dem Code in/out und insofern dem Zwang permanenten Wechsels der Modelle oder der Nötigung ununterbrochener Erwartungs-

---

4 Kant, Immanuel: Anthropologie in pragmatischer Hinsicht, in: Werke, hrsg. v. W. Weischedel, Bd. 12, Frankfurt/M. 1964, S. 572.
5 Garve, Christian: Über die Moden (1792), in: Popularphilosophische Schriften, hrsg. v. V. K. Wölfel, Stuttgart 1974, Bd. 1, S. 441. Garve stellt eine Analogie zwischen Gesetz und Geschmack sowie Sitten und Moden her; erstere sind zeitunabhängig, das zweite wandelbar und der Zeit unterworfen.
6 Schlegel, Friedrich: Über das Studium der griechischen Poesie, in: Schriften zur Literatur, hrsg. v. W. Rasch, München 1972, S. 95f.
7 Schlegel, August Wilhelm: Allgemeine Übersicht des gegenwärtigen Zustandes der deutschen Literatur, in: Über Literatur, Kunst und Geist des Zeitalters, hrsg. v. F. Finke, Stuttgart 1964, S. 6.

provokation, wodurch allerdings selbst eine feste Erwartungshaltung etabliert scheint. »Die Karikatur des öffentlichen Geschmacks, die Mode«, so noch einmal Friedrich Schlegel,

> huldigt mit jedem Augenblick einem andern Abgotte. Jede neue glänzende Erscheinung erregt den zuversichtlichen Glauben, jetzt sei das Ziel, das höchste Schöne, erreicht, das Grundgesetz des Geschmacks, der äußerste Maßstab alles Kunstwertes sei gefunden. Nur daß der nächste Augenblick den Taumel endigt; daß dann die Nüchterngewordenen das Bildnis des sterblichen Abgottes zerschlagen und in neuem erkünstelten Rausch einen andern an seiner Stelle einweihen, dessen Gottheit wiederum nicht länger dauern wird, als die Laune seiner Anbeter.[8]

Geschmack und Mode – das wird auch in diesem Zitat noch einmal deutlich – stehen sich hinsichtlich ihrer Zeitimplikationen diametral gegenüber. Und es mag mit der Unabweisbarkeit des Temporalschemas »Mode« auch in ästhetischen Kontexten zu tun haben, daß der Geschmacksbegriff nach 1800 bald »altmodisch« klingt und aus dem ästhetischen Vokabular ausscheidet.[9]

Nun sind die Schlegelbrüder in den Jahren um 1800 natürlich nicht die ersten gewesen, die Phänomene der Kunst in kritischer Absicht als Modeerscheinungen bezeichneten. Gleichwohl würde eine begriffsgeschichtliche Untersuchung gewiß eine symptomatische Häufung des Modebegriffs in literaturkritischen und ästhetischen Diskursen für die Zeit um 1800 im deutschen Sprachraum feststellen können.[10] Denn erst in dieser Zeit sind hier jene kulturellen Voraussetzungen gegeben, die die Rede von der »Mode« signifikant machen: die Etablierung eines literarischen Marktes und eines Lesepublikums von relevantem Umfange, d.h. die Durchsetzung eines nennenswerten Wirtschaftsfaktums, das in der Sprache der Soziologie als »Umwelt« der Literatur in Betracht kommt.[11]

---

8 Schlegel, Studium der griechischen Poesie, S. 94.
9 Vgl. Schümmer, F.: Art. »Geschmack«, in: Historisches Wörterbuch der Philosophie, hrsg. v. J. Ritter, Bd. 3, Basel/Stuttgart 1974, bes. Sp. 454f.; vgl. Werber, Niels: Geschmack und Zeit. Zum Zusammenhang von Beschleunigung und Modernisierung im 17. und 18. Jahrhundert (unveröffentl. Ms.).
10 Symptomatisch ist etwa die schon zitierte Abhandlung von Garve, Über die Moden, S. 441.
11 Vgl. Schmid, Ulrich: Buchmarkt und Literaturvermittlung, in: Hansers Sozialgeschichte der deutschen Literatur, hrsg. v. G. Sautermeister/U. Schmid, Bd. 5, München 1998, S. 60ff. und bes. Wittmann, Reinhard: Geschichte des deutschen Buchhandels, München 1991, S. 201ff.

Liest man vor diesem Hintergrund die großen frühromantischen Programmschriften der Schlegelbrüder, so muß man den eigentümlichen Eindruck gewinnen, daß in ihnen die Effekte des literarischen Marktes als »Durchmodung« der Literatur überaus präsent sind, zugleich aber in ihrer ökonomischen Referenz verborgen bleiben. Die Mode wird als unmittelbar ästhetisches Schicksal der Moderne mit antikem Geschmack konfrontiert und im Erwartungshorizont ihres prospektiven Kursverlustes kritisiert. Die ökonomische Umwelt der Literatur gerät so aus dem Blick einer ästhetischen Theorie, die die Kunst dem Diktat der Mode zu entziehen verspricht und ihr eine neue »Objektivität« verheißt, die dem dauernden Wechsel zu widerstehen versucht.

Sieht man die Auseinandersetzung Wilhelm Hauffs mit der Mode als Trend moderner Literatur vor dem Hintergrund der hier knapp angedeuteten frühromantischen Tradition, dann fällt die Klarheit auf, mit der Hauff den Unterschied der Literatur als ökonomisches Faktum und als Sinnbereich eigener Art, kurz die Systemdifferenzierung von Wirtschaft und Kunst beachtet und seinen Reflexionen zugrunde legt. Daraus folgt, daß Hauffs literarisches Œuvre, das ja in so hohem Maße Literatur über Literatur ist,[12] mannigfache Einblicke in die gesellschaftliche Wirklichkeit literarischer Kommunikation zu Anfang des 19. Jahrhunderts geben kann.

Dem Umstand, daß Literatur als Modeerscheinung angesehen werden kann, begegnet man bei Hauff auf Schritt und Tritt. Und mit großer Selbstverständlichkeit wird darauf hingewiesen, daß es die Vermarktung der Literatur und ihre Zwänge sind, die die Literaturgeschichte dem Zeitschema der Mode, d.h. dem »Produktlebenszyklus«, unterwerfen, wie die Wirtschaftswissenschaft sagt.[13] Nicht als ästhetisches Dekadenzsymptom kultureller Moderne wie bei den Schlegelbrüdern, sondern als Konsequenz ökonomischer Gegebenheiten erscheint das Phänomen literarischer Moden in Hauffs Beobachtung seiner kulturellen Gegenwart. Als Redakteur des »Taschenbuchs für Damen« spricht Hauff Cotta gegenüber von dem »Einfluß der Mode«: »Inhalt, Form, Ausschmückung (des Taschenbuches) sollen nach anderem Schnitt sein als vor zehn, zwanzig Jahren. Ein Modeartikel unserer Zeit ist die Novelle. Die solidesten Modehändler sind wohl jetzt L. Tieck, Willibald Alexis ... (u.a).« Zudem huldigten

---

12 Martini, Fritz: Wilhelm Hauff, in: Deutsche Dichter der Romantik, hrsg. v. B. v. Wiese, 2. Aufl. Berlin 1983, S. 545f.

13 Werber, Niels: Der Markt der Musen, in: Beobachtungen der Literatur, hrsg. v. G. Plumpe/N. Werber Opladen 1995, S. 205-212.

diese »Modehändler«, fügt Hauff bezeichnenderweise hinzu, »mehr der Muse als dem Publikum«.[14] Sie stellen also noch ästhetische Ansprüche neben das Interesse am Markterfolg.

Besonders aufschlußreich für Hauffs Beobachtung der Literatur als Mode ist wohl die Erzählung *Die letzten Ritter von Marienburg*, die 1827 im »Frauentaschenbuch« publiziert wurde. Ihr literatursoziologischer Gehalt ist erstaunlich und müßte eigens kommentiert werden.[15] Hier will ich aber nur darauf hinweisen, daß es ein Verleger, der Buchhändler Kaper, ist, in dessen Perspektive Literatur dem Diktat der Mode unterworfen scheint: »Alles im Buchhandel ist nur Mode«, ist sein Grundsatz. Und er erinnert sich an seine Lehrjahre im Buchhandel:

> Ich war Kommis in Leipzig, als Wilhelm Meister zuerst erschien. Werther und Siegwart waren Mode gewesen, hatten Nachahmung gefunden lange Zeit. Aber mein Prinzipal sagte: Er wird sehen, Kaper (damals sprach man noch Er mit den Subjekten), Er wird sehen, über kurz oder lang geschieht eine Veränderung. So war's auch; wir gaben anfänglich nicht viel um den Wilhelm Meister, es schien uns ein gar konfuses Buch; aber siehe da, man schrieb allenthalben nach diesem Muster, und mancher hat sich ein schönes Stück Geld damit gemacht. Wieder eine Weile, ich hatte meine eigene Handlung etabliert, lag mir oft das Wort meines alten Prinzipals im Sinn: alles im Buchhandel ist nur Mode. Wer eine neue angibt, ist Meister.[16]

Dieser Buchhändler und Verleger Kaper wittert jetzt im Genre des historischen Romans, wie ihn Scott begründete, eine neue vielversprechende Mode, an der er mit dem »Verlag deutscher historischer Romane« teilhaben möchte. Also mit einem Roman, wie ihn in der Erzählung jener famose Palvi mit seinen »letzten Rittern von Marienburg« geschrieben hat, die das kleinstädtische Honoratiorenpublikum so faszinieren – oder auch mit einem Roman wie *Lichtenstein*, den Hauff gerade selbst veröffentlicht hatte.

---

14 Hauff, Wilhelm: Brief an J. F. Cotta vom 17.9.1826. Zit. nach Fischer, Susanne: Wilhelm Hauffs Korrespondenz mit Autoren, Verlegern und Herausgebern, in: Archiv für Geschichte des Buchwesens 37 (1992), S. 147.

15 Vgl. Köster, Udo: Marktorientierung und Wertkonservativismus, in: Zwischen Goethezeit und Realismus, hrsg. v. M. Titzmann, Tübingen 2002, S. 215ff., bes. S. 227ff.

16 Hauff, Wilhelm: Sämtliche Werke in drei Bänden. Nach den Originaldrucken und Handschriften. Textredaktion und Anmerkungen von Sibylle von Steinsdorff. Mit einem Nachwort und einer Zeittafel von Helmut Koopmann, München 1970, Bd. 2, S. 588. Im folgenden wird nach dieser Ausgabe zitiert.

In seiner satirischen Skizze *Die Bücher und die Lesewelt* beschreibt Hauff in nur maßvoller Übertreibung das zeitliche Geschick der Mode als »Produktlebenzyklus«. Nachdem dort zunächst die Möglichkeit einer rein maschinellen Übersetzung von Scotts Romanen ins Deutsche in Aussicht gestellt wurde, gerät die Idee eines »deutschen Walter Scotts« ins Spiel, die als Darstellung der deutschen Geschichte in hundert Romanen auf arbeitsteilig-manufakturelle Produktionsweise realisiert werden soll. Das Projekt wird erfolgreich in Angriff genommen, und fünfundzwanzig Romane treten aus der Literaturfabrik ans Licht der zunächst enthusiasmierten Öffentlichkeit. Dann freilich wendet sich der Wind, und das Unternehmen muß eingestellt werden:

> Daß nach zwei Jahren schon diese Art von Darstellungen aus der Mode kam, war nicht unsere Schuld; aber leider scheiterte das schöne Unternehmen an der Veränderlichkeit des Publikums. Aus der Mode entstand das Ganze, und mit dem günstigen Wind dieser Mode segelten wir auf dem Strom der Geschichte, und unser Wahlspruch war: »Verletze eher die Wahrheit der Geschichte, verzeichne lieber einen historischen Charakter, nur sündige nie gegen die Mode der Zeit ...«[17]

Jedes Produkt auf dem Markt aber durchlebt einen Lebenszyklus mit den Momenten seiner erfolgreichen Durchsetzung, seiner variierenden Wiederholung und seinem Ausscheiden zugunsten einer neuen Mode. Diese Einsicht in den Lebensrhythmus literarischer Moden stand vor allem auch hinter Hauffs – wie immer motivierter – Attacke auf den literarischen Erfolg des fulminanten Modeautors Clauren. Auch wenn seine Publikationsabsichten zunächst ganz andere gewesen sein sollten: in der *Controverspredigt* interpretiert Hauff seinen *Mann im Mond* als strategischen Versuch, das Modeprodukt »Clauren« durch Übersättigung vom Markt zu drängen. Per übersteigerter Variierung der »Mimili-Manier«[18] sollte diese selbst ihr Produktleben beenden. Glaubt man der Literaturgeschichte, dann war die Strategie Hauffs erfolgreich, »durch Übersättigung Ekel an dieser Manier hervorzubringen«.[19]

In Rudolf Gottschalls vielgelesener *Deutschen Nationalliteratur des 19. Jahrhunderts* (1854) heißt es, daß Claurens literarische Vorherrschaft

---

17 Hauff, Die Bücher und die Lesewelt, Bd. 3, S. 70f.
18 Hauff, Kontroverspredigt über H. Clauren und den Mann im Monde, Bd. 1, S. 803.
19 Ebd., S. 818.

»durch Wilhelm Hauffs satirische Parodie gestürzt wurde«.[20] In der scharfsinnigen Beschreibung des Produktlebenzyklus literarischer Moden liege die Bedeutung der *Controverspredigt* und weniger in ihrem doch aufgesetzt wirkenden Ton moralischer Empörung über die Claurenschen Damen und ihre frivol-aufreizende Schilderung, von der Hauff bekanntlich auch einiges verstand.

Reflexionen auf die Moden finden sich in Hauffs Werken allenthalben; ich erwähne noch jene Stelle aus den *Memoiren des Satan*, die uns in einen Berliner ästhetischen Salon führt und mit einer literarisch ambitionierten Dame konfrontiert, die nicht nur mit einer belletristischen Novität, einem Roman Johanna Schopenhauers, Eindruck machen kann, sondern vor allem mit einer reichbestickten Tasche, aus der sie jenen Roman hervorholt. Die Muster dieser Tasche finden höchstes Lob: »Schön – wunderschön – und die Farben! Und die Girlanden! – Und die elegante Form!«[21] Dann kommt Johanna Schopenhauers Roman *Gabriele* auszugsweise zur Vorlesung – und findet Worte der Bewunderung, die dem Stickmuster der Tasche völlig gleichen, also Mode feiern und zudem den Vorteil haben, auch ohne die Kenntnis des Romans voraussetzen zu müssen, quasiautomatisch zur Verfügung zu stehen. »Ich konnte die Geistesgegenwart und die schnelle Fassungskraft der beiden Fräulein nicht genug bewundern«, muß sich der Satan sagen, »obgleich sie nicht den kleinsten Teil des Gelesenen gehört haben konnten, so waren sie doch schon so gut geschult, daß sie voll Bewunderung schienen.«[22]

Es handelt sich um Expertinnen der Mode und Kennerinnen ihres Diskurses, der für Kleidung, Taschen und Bücher gleichermaßen verwendbar ist. Dieser Diskurs ist es dann, der Ahasver, dem Begleiter des Satans bei diesem denkwürdigen ästhetischen Tee, nicht zur Verfügung steht: Statt mit vergleichbaren Formeln die weitere Vorlesung einer Erzählung als »wunderschön« oder »elegant« zu loben, fällt der »ewige Jude« – vor Langeweile eingenickt – von seinem Stuhl und provoziert einen gelinden Skandal.[23] Dabei hatte der Satan sich auf der Fahrt zu dieser Abendveranstaltung noch alle Mühe gegeben, Ahasver mit jenen Redensarten vertraut zu machen, die literarische Kompetenz zu verraten scheinen, d.h. mit dem Modejargon:

---

20 Gottschall, Rudolf: Die deutsche Nationalliteratur des neunzehnten Jahrhunderts, Bd. 4, 5. Aufl., Breslau 1881, S. 133.
21 Hauff, Wilhelm: Mitteilungen aus den Memoiren des Satan, Bd. 1, S. 419.
22 Ebd., S. 421.
23 Ebd., S. 439.

> Man hat […] Surrogate dafür, mit welchen man etwas sehr loben und bitter tadeln kann, ohne es entfernt gelesen zu haben. Du hörst z.B. von einem Roman reden, der jetzt viel Aufsehen machen soll. Man […] fragt dich um dein Urteil. Willst du dich nun lächerlich machen und antworten, ich habe ihn nicht gelesen? Nein! Du antwortest frisch drauf zu: er gefällt mir im ganzen nicht übel, obgleich er meinen Forderungen an Romane noch nicht entspricht. Er hat manches Tiefe und Originelle, die Entwicklung ist artig erfunden, doch scheint mir hie und da in der Form noch etwas gefehlt und einige der Charaktere verzeichnet zu sein. Sprichst du so, und hast du Mund und Stirne in kritische Falten gelegt, so wird dir niemand tiefes und gewandtes Urteil absprechen.[24]

Mein kurzer Überblick über Hauffs Bemerkungen zum Modecharakter der Literatur darf natürlich die »Einleitung« der *Märchen-Almanache* nicht übergehen. In dieser Parabel ist die Mode die »böse Muhme«, die dem Märchen, der Tochter der Königin Phantasie, den Eintritt ins Publikum verwehrt; das Märchen, die Modegattung der Romantik, ist außer Mode geraten. Was aber unmodisch ist, bedarf eines neuen »outfits«, um erneut up to date zu sein. Das Märchen wird gestylt:

> Die Königin winkte und die Dienerinnen brachten das zierliche Gewand eines Almanach. Es war von glänzenden Farben, und schöne Figuren eingewoben. Die Zofen flochten dem schönen Mädchen das lange Haar; sie banden ihr goldene Sandalen unter die Füße und hingen ihr dann das Gewand um.[25]

Der modische Aufputz verfehlt jedoch sein Ziel, die literarischen Wächter durchschauen die Maskerade, zumal die Mode der Almanache selbst schon überholt scheint, und lediglich dem Umstand, daß die Wächter der Literatur über den Kostproben des Märchens vor Langeweile einschlafen, verdankt die Tochter der Phantasie ihren Wiedereinzug ins Lesepublikum, das sie mit ihren luftigen Bildern erneut zu faszinieren weiß.[26]

Komplettiert finden sich Hauffs Beobachtungen zur Literatur als Mode auf dem Markt der Belletristik durch seine kritisch-sarkastischen Hinweise auf die Modeschriftsteller, die jedem Trend hinterherjagen, die um die Tatsache wissen, daß die Aufmerksamkeit ihres Publikums ein

---

24 Ebd., S. 415.
25 Hauff, Märchen als Almanach, Bd. 2, S. 9.
26 Ebd., S. 11.

rares Gut ist und mit immer ausgefalleneren Marketingideen – wie z.B. ungewöhnlichen Titeln – erobert sein will und die sich ohne weiteres den Bedingungen manufaktureller Buchproduktion fügen, sich also als Spezialisten für einzelne Sujets anstellen lassen. Deutlich wird auch, daß Hauff die Funktion der Literaturkritik in allererster Linie im Wirtschaftssystem ansiedelt; neben dem Umstand, daß dem Publikum die Fehden der Kritik selbst überaus unterhaltsam erscheinen,[27] haben Rezensionen vor allem die Aufgabe, in der unübersehbaren Flut des Geschriebenen Entscheidungen über Kauf/Nichtkauf (bzw. Ausleihe/Nichtausleihe) zu motivieren. Überdies können sie selbst natürlich literarische Moden lancieren oder zu beenden suchen. Der Abschnitt »Der Baron wird ein Rezensent« aus den *Memoiren des Satan* sowie *Die letzten Ritter von Marienburg* geben für diese funktionale Auffassung der Literaturkritik im Kontext des Wirtschaftssystems anschauliche Belege.

3.

Zu den Moden – ich erwähnte es eingangs schon – gehört nun Hauffs exhaustiver Gebrauch des Mottos selbst. Die Autoren freilich, denen Hauff seine Mottos entnimmt, zählen allesamt zu jener Gruppe, die seiner Beobachtung nach jenseits aller Moden und ihren Zeitrhythmen steht. Jean Paul und Herder verstauben ungelesen auf den Regalen der Leihbibliotheken, während Cramer, Clauren, Meißner oder Spieß eifrig ausgeliehen werden.[28] Die *Controverspredigt* hält Schiller für zu »groß«, um in Mode zu geraten; seine Dramen würden das Publikum ebenso »langweilen« wie Goethes Romane.[29] Sie seien »für die Ewigkeit« geschrieben, also nicht für Zeitspannen, die von der Mode in Atem gehalten werden können.[30] Ewigkeitsschriftsteller haben denn auch einen ganz anderen Habitus als markthörige Modeliteraten; Hauff gibt jedem Klischee nach, wenn er ihren Typus in den *Letzten Rittern von Marienburg* am Beispiel jenes schwäbischen Magister Bunker vorführt, der als »genialer« Außenseiter und Sonderling ein verkanntes Leben in einer schäbigen Mansarde führt, um das weltliche Schicksal seiner Dichtungen unbesorgt ist und seine tiefgründenden Ideen über das Wesen des historischen Romans oder das Programm einer Weltliteratur allein mit dem

---

27 Hauff, Mitteilungen aus den Memoiren des Satan, Bd. 1, S. 591.
28 Hauff, Die Bücher, Bd. 3, S. 58ff.
29 Hauff, Kontroverspredigt, Bd. 1, S. 799ff.
30 Hauff, Freie Stunden am Fenster, Bd. 3, S. 96.

ebenso verkannten wie wirklich begabten Dichter Palvi erörtert, der weder im Milieu kleinstädtischer literarischer Zirkel reüssiert noch die Hand der geliebten Elise Wicklow gewinnen kann, wiewohl sie die traurigen Liebesepisoden seines Ordensritterromans zu Tränen rühren, ja in Ohnmacht fallen lassen.

Nun wollte Hauff selbst das Schicksal Palvis oder die Außenseiterrolle Bunkers am allerwenigsten teilen. »Für die Ewigkeit« hätte er nur geschrieben, wenn diese Ewigkeit den Erfolg zu Lebzeiten eingeschlossen hätte. Hauff war gewiß ein Autor mit größtem Gespür für die Bedingungen literarischen Erfolges und ihres Managements. Der kalkulierte, Aufmerksamkeit provozierende Literaturskandal gehörte ebenso zu seinen Erfolgsmethoden wie der forcierte Anspruch, benutzte Genres – Märchen, Novellen, Romane – zugleich programmatisch zu definieren, das eigene Erzählen also auf der Stelle poetologisch zu legitimieren.

Über die Ziele seiner literarischen Produktion hat sich Hauff freimütig ausgesprochen. Am Ende seiner *Controverspredigt* meint er, seinen Lesern eine Erklärung schuldig zu sein: Man dürfe seine Attacke auf die Seichtigkeit Claurens nicht etwa als Votum dafür verstehen, nun geistesasketisch etwa exklusiv Klopstocks *Messias* zu lesen, der bekanntlich schon Karl Philipp Moritz' Anton Reiser so unendliche Qualen der Langeweile bereitete.[31] Literatur solle vielmehr interessant sein und dürfe durchaus unterhalten; dafür plädiert auch die Poetik des Märchens aus dem Zyklus des *Scheiks von Alessandria*, die das eigentliche Märchen von gewöhnlichen Erzählungen unterscheidet, von beiden Gattungen aber verlangt, durch Auffallendes und Überraschendes die Einbildungskraft des Publikums zu fesseln, um dem Schicksal des Ahasver, vor Langeweile gar einzuschlafen, wirksam zu begegnen.[32] Auf dem Markt erfolgreich sein, ohne das Schicksal bloßer Moden zu teilen: das war Hauffs literarisches Programm, und ihm dienen die Mottos als ästhetische Qualitätskontrollstempel. Gute Bücher könne man »alle Jahre mit erneuertem Vergnügen lesen«, während das bloß Modische »schon nach der ersten Viertelstunde anekelt«.[33]

Dieses Programm »gehobener Unterhaltungsliteratur«, das um die Zwänge des Marktes weiß, weil es auf ihm erfolgreich sein möchte, steht nun in einer deutlichen Beziehung zu einem der zugleich anspruchsvollsten und aussichtslosesten Ziele der romantisch-ästhetischen Doktrin. Ob als Programm einer »ästhetischen Bildung«, ob als »progressive Uni-

---

31 Hauff, Kontroverspredigt, Bd. 1, S. 821.
32 Hauff, Der Scheik von Alessandria und seine Sklaven, Bd. 2, S. 151ff.
33 Hauff, Kontroverspredigt, Bd. 1, S. 823.

versalpoesie« oder als In-Aussicht-stellen einer »neuen Mythologie«: Stets handelte es sich um ein Vorhaben, das die beklagte Differenzierung der Gesellschaft in diverse kulturelle Milieus mit divergierenden Interessen im Medium literarischer Imagination zumindest symbolisch zu reintegrieren gedachte. Wahre »Popularität«, so liest man bei Schiller, bediene keineswegs den fatalen Geschmack der Masse, sondern integriere alle Schichten des Publikums auf hohem Niveau, vergeistige die, die nur sinnlich affizierbar seien, und versinnliche jene, die sich der abstrakten Spekulation verschrieben hätten; populäre Literatur bringe Volk und Intellektuelle also im Medium der Poesie ebenso zusammen, wie es der/die anonyme(n) Verfasser des »ältesten Systemprogramms« von einem »neuen Mythos« erhoffte(n).

Gegenüber dem spekulativen Höhenflug solcher Projekte hat Hauff nun zunächst den Vorteil besserer Beobachtung. Er geht in Leihbibliotheken, Lesezirkel oder Verlagsanstalten, um sich über das wirkliche Leseverhalten des Publikums ins Bild zu setzen. Auf diese Weise sieht er, daß der literarische Markt, d.h. Literatur im Wirtschaftssystem der Gesellschaft, eine hohe Differenzierung in den Attitüden und Vorlieben erzeugt, die man später in die fragwürdige Unterscheidung von U- und E-Literatur eingezwängt hat. Hauff beobachtet, was Frauen lesen, Dienstmädchen und Aristokratinnen, was Literaten lesen oder Beamte, Offiziere, Minister. Er unterscheidet Formen und Tageszeiten der Lektüre, informiert sich über literarische Konversationen oder über die Nutzung der Literatur zum Zwecke von Distinktion und Identitätsgewinn. In allen diesen Aspekten ist sein Blick auf die kommunikative Wirklichkeit der Literatur in einer modernen Gesellschaft zweifellos »empirisch« reicher und faktisch informativer als die philosophisch-ästhetische Perspektive romantischer Intellektueller. Sehen diese zum Beispiel im Buchdruck vor allem den Niedergang authentischer literarischer Kommunikation begründet, so nutzt Hauff die Möglichkeit der Simulation von Mündlichkeit im Medium des Drucks explizit und virtuos. Entscheidender aber ist, daß Hauff das integrative Publikumsprojekt der Frühromantik als ästhetisches Projekt trivialisiert, um ihm als »gehobene Unterhaltungsliteratur« soziale Wirklichkeit zu geben. Man kann von einem Spagat zwischen literarischem Anspruch und Erfolgskalkül, von einer Doppeladressierung seiner Texte an Wirtschaft und Literatursystem sprechen.[34] Die Mottos signalisieren literarästhetisches Niveau, während die ihnen folgenden Erzähltexte vor allem interessant unterhalten möchten, um

---

34 Vgl. Fischer, Wilhelm Hauffs Korrespondenz, S. 130.

verkäuflich zu sein. Erreichte das soziale Reintegrationsprojekt der Frühromantik in selbstdementierender Art und Weise allenfalls Intellektuelle, so durfte Hauff mit einigem Recht hoffen, Leser in allen Milieus der Gesellschaft zu finden, um sie im Vollzug der Lektüre imaginär als Publikum zu integrieren. Aber nur imaginär, denn Hauff hat seine Erzähltexte so gestaltet, daß sie durchweg plurale Lektüren offerieren, so daß weit eher diverse Milieus unterschiedliche Texte lesen, auch wenn sie ein und dieselbe Novelle vor Augen haben, als daß etwa im Akt des Lesens dieser Novelle die Divergenz der Schichtzugehörigkeit der Lesenden ausgelöscht würde. Diese Doppel- oder Mehrfachcodierung der Narration müßte eigens analysiert werden. Man könnte etwa *Die letzten Ritter von Marienburg* als triviale Liebesgeschichte lesen, aber auch als amüsante Literatursatire; ob den *Mann im Mond* alle Leserinnen in den Bahnen seiner nachträglichen Kommentierung durch den Verfasser verschlungen haben, ist gewiß zweifelhaft. Ähnliches gilt für die Märchen, für andere Novellen und natürlich für den *Lichtenstein*-Roman.

An das Ende meiner provisorischen Überlegungen zum literarhistorischen Ort des Hauffschen Erzählens möchte ich aber die These stellen, daß sich Hauff im Widerstreit von Markt und Kunst, um es so pauschal zu sagen, für den ökonomischen Erfolg entschieden hat, um ihn im System der Kunst allein durch Niveausignale zu rechtfertigen.[35] Für diese These spricht die Beobachtung intertextueller Referenzen. So wiederholt die Personenkonstellation der *Bettlerin vom Pont des Arts* in eindeutiger Weise das Vorbild des Goetheschen *Werther* – Ehefrau, Ehemann und verliebter Rivale, der überdies noch Freund des Ehemannes ist –, um es in einer spanischen Variante gar noch zu doppeln; in der Lösung des amourösen Konflikts vermeidet Hauff freilich jede Komplikation oder Tragik und bietet ein ebenso banales wie spektakulär inszeniertes Happy-End am Nordseestrand Ostendes. Interessanter ist aber wohl noch der Bezug seiner Erzählung *Das Bild des Kaisers* zu Goethes *Unterhaltungen deutscher Ausgewanderten*. In beiden Erzähltexten geht es um harte politische Meinungsverschiedenheiten und um die versöhnende Kraft der Kunst. Während in Goethes Zyklus die ästhetischen Bildungsmaximen der Baronin im Vollzug des realen Erzählens aber keineswegs umstandslos verwirklicht scheinen und die Divergenz der Standpunkte oder Interessen unversöhnt bleibt, gelingt es dem Napoleonporträt Davids tatsächlich, den Dauerstreit zwischen napoleonischer und antinapoleonischer Partei zu schlichten und damit zugleich das Hindernis einer Liebesheirat

---

35 Vgl. Köster, Marktorientierung, S. 234.

aus dem Weg zu räumen. Die Beispiele legen die Vermutung nahe, daß Hauff im Falle eines denkbaren Konflikts von Lesererwartung und intertextueller Referenz letztere ersterer anzupassen bereit war.[36] Vielleicht hoffte er darauf, daß es Leser gab, die seine rührenden Finale nicht unmittelbar konsumierten, sondern gleichsam im System der Literatur als reflexives, anspielungsreiches, versiertes Spiel mit großen Vorbildern verstanden und seine Bücher deshalb »alle Jahre mit erneuertem Vergnügen lesen« konnten, statt sich nach der »ersten Viertelstunde« anekeln zu lassen.[37]

Mit dieser Strategie einer Mehrfachcodierung seiner Erzähltexte für vielfältige Lektüren, die der Differenz von Markt und Kunst samt ihrer nüchternen Beobachtung verpflichtet ist, hat Hauff wohl ein Paradigma aller »populären« Literatur in der Moderne geliefert.

---

36 Vgl. Lukas, Wolfgang: Novellistik, in: Hansers Sozialgeschichte der deutschen Literatur. Bd. 5, S. 259f.
37 Hauff, Kontroverspredigt, Bd. 1, S. 823.

CLAUDIA STOCKINGER

Verkehrungen der Romantik
Hauffs Erzählungen im Kontext frührealistischer Verfahren

1. »ein treu poetisches Bild des Lebens«

Die »besten Romane«, so Hauff in seinen nachgelassenen *Bemerkungen über: The Romances of Walter Scott*, sind »nicht die allegorische Darstellung irgendeiner Wahrheit, sondern vielmehr ein treu poetisches Bild des Lebens«.[1] Daß er dabei nicht den »Dichter«, sondern den »Historiker« Scott zum Vorbild erklärt, der »das ganze Bild einer Zeit und bestimmter Kreise seines Landes« bearbeite (SW 3, S. 245), ist signifikant. Die Engführung historiographischer und poetischer Funktionszusammenhänge in der ersten Hälfte des 19. Jahrhunderts führte zur Konjunktur ›vaterländischer‹ Literatur seit den ›Befreiungskriegen‹. Zeitgenössische Forderungen nach einer sowohl historiographisch gesicherten als auch ›wunderbar ergreifenden‹ und damit ›poetisch wahren‹ Nationalgeschichte bilden die Matrix der Produktion von Literatur.[2] Dem entspricht, daß der Wettstreit der Gattungen um eine wirksame Position zum einen auf dem literarischen Markt, zum anderen in der Auseinandersetzung mit literaturpolitisch dominierenden Vorgängern (Goethe/Schiller; ›die romantische Schule‹) gerade auf dem wiedererschlossenen Gebiet des ›Historischen‹ ausgetragen wird, dessen poetische Adaption ganz eigene Legitimationszwänge provoziert und dabei die tradierte poetologische Debatte über das Verhältnis von Geschichte und Poesie erneuert.

Der Neuordnung bzw. Neuorientierung des Denkens korrespondieren nicht nur ›neue‹ Stoffe und Themen, sondern vor allem auch ›neue‹ Schreibweisen im Gattungssystem, das sich der Herausforderung in je eige-

---

1 Hauff, Wilhelm: Einige Bemerkungen über: The Romances of Walter Scott, in: ders.: Sämtliche Werke in drei Bänden. Nach den Originaldrucken und Handschriften. Textredaktion und Anmerkungen von Sibylle von Steinsdorff. Mit einem Nachwort und einer Zeittafel von Helmut Koopmann, München 1970, Bd. 3, S. 243-259, hier S. 244. (Diese Ausgabe wird im folgenden zitiert mit dem Kürzel *SW* und anschließender Band- und Seitenzahl.)
2 Prototypisch dafür Fichte, Johann Gottlieb: Reden an die deutsche Nation, mit einer Einleitung von Reinhard Lauth, Hamburg 1978, S. 104.

ner Weise und immer auch unter wechselseitiger Beobachtung stellt. Zu denken ist in erster Linie an das Verhältnis von ›historischem‹ bzw. ›vaterländischem‹ Drama, ›historischem‹ Roman und kleineren erzählenden Formen. Für das Literatursystem der 1820er Jahre sind letztere von besonderem Interesse; sie rücken u.a. den »Erfolgsschriftsteller« Hauff und einige seiner Zeitgenossen (Tieck, Arnim, Eichendorff u.a.) in den Blick.[3] Gerade die nicht selten ins Tragische gehende »Casuistik« der Novelle definiert jetzt den Vorteil der Gattung gegenüber der gleichsam olympischen Distanz der Tragödie: Die ›Individualität‹ und ›Lebendigkeit‹ der Novelle bieten Tieck zufolge unparteiische Lösungsansätze für alle »Widersprüche des Lebens«; die Novelle erkläre »die Launen des Schicksals«, verspotte »den Wahnsinn der Leidenschaft« und bilde »manche Räthsel des Herzens, der Menschenthorheit in ihre künstlichen Gewebe hinein«, »daß der lichter gewordene Blick auch hier im Lachen oder in Wehmuth, das Menschliche, und im Verwerflichen eine höhere ausgleichende Wahrheit erkennt«.[4]

Die großen historischen (und mythologischen) Themen sind nicht länger für die Tragödie reserviert. Mit deren Funktion übernimmt die historiographische Erzählung auch Struktureigenschaften des Dramas. Romantische ›Vielstimmigkeit‹ zeichnet dieses Erzählen demnach aus. Die Texte lassen sich nicht so einfach nacherzählen wie noch die linearen (›gut geordneten‹) Erzählungen eines Lafontaine – und zwar, so Hauff kurz vor seinem Tod, »aus demselben Grunde, weil du kein Schauspiel *erzählen* kannst. Jene Novellen haben das einfache Gebiet der Erzählung verlassen und sich dem Drama genähert«.[5]

Das zunächst nationalpolitische Interesse am Historischen wird in eine allgemeingültige Poetologie des ›poetisch Realen‹ überführt, deren historiographischer Anteil sich auf die (quellengestützte) Beschreibung von tatsächlich Geschehenem beschränken kann, auf die Fiktion des Realen als eines Möglichen oder auch nur auf das Spiel mit dieser Fiktion. ›Poetische Historiographie‹ bezeichnet an dieser Stelle eine Zunahme an Komplexität in der Darstellung, die sich mit den gängigen Vorstellungen von der »Simplicität des Plans« (Wieland) der Novelle nur schwer vereinbaren läßt; dabei geht es um Formen polyperspektivischer Panoramatik,

---

3 Vgl. Pfäfflin, Friedrich: Wilhelm Hauff, ein Erfolgsschriftsteller im 19. Jahrhundert, in: Wilhelm Hauff und der Lichtenstein. Marbacher Magazin 18 (1981), S. 1-5.
4 Tieck, Ludwig: Vorbericht zur dritten Lieferung, in: ders.: Schriften, Eilfter Band, Berlin 1829 (unveränderter photomechanischer Nachdruck Berlin 1966), S. [VII]-XC, hier S. LXXXVIII-XC.
5 Hauff, Wilhelm: Wilhelm Müller und Wilhelm Hauff, in: SW 3, S. 211-215, hier S. 213.

die über den Eindruck von Totalität eine größtmögliche literarische Objektivität erzielen soll.

Es bietet sich an, den Vorschlag Ulrich Fülleborns aufzugreifen und dieses Erzählen als ein ›frührealistisches‹ zu bezeichnen. Eine allgemeine Epochenzuschreibung, die in Anlehnung an diese Begriffsbildung immer wieder vorgenommen wird,[6] ist damit allerdings nicht beabsichtigt.[7] Die Vielfalt der etablierten Zuordnungen zwischen Spätromantik, Biedermeier, Vormärz/Junges Deutschland und Restauration sollte hierfür genügen. Vielmehr geht es um die Beschreibung spezifischer poetisch-›historiographischer‹ Erzählverfahren mit ›romantischen‹ *und* ›realistischen‹ Anteilen. Konzentrierten sich Fülleborns Überlegungen zum ›Frührealismus‹ als – gattungsübergreifende – ›literarische Struktur‹ auf Handlungsverläufe,[8] so steht im folgenden die Frage nach den *erzählerischen* Mitteln der Her-

---

6 Fülleborn, Ulrich: Frührealismus und Biedermeierzeit, in: Begriffsbestimmung des literarischen Biedermeier, hrsg. v. E. Neubuhr, Darmstadt 1974, S. 329-364. – Daran orientiert, spricht Elm von der »Epoche des Frührealismus« (Elm, Theo: Symbolik. Realistik. Zur Geschichte des romantischen Bergwerks, in: Studien zur Literatur des Frührealismus, hrsg. v. G. Blamberger, M. Engel und M. Ritzer, Frankfurt/M. – Berlin – New York – Paris 1991, S. 121-150, hier S. 148); vgl. auch Deutsche Literaturgeschichte, Bd. 6: Frührealismus. 1815-1848, bearbeitet von Annemarie und Wolfgang van Rinsum, München 1992, S. 6.
7 Ebensowenig soll sich ›Frührealismus‹ auf die in thematischer Hinsicht ›prärealistische‹ soziale Novellistik der unmittelbaren Vormärzzeit beschränken (Lukas, Wolfgang: Novellistik, in: Zwischen Restauration und Revolution. 1815-1848, hrsg. v. G. Sautermeister und U. Schmid, München – Wien 1998 [Hansers Sozialgeschichte der deutschen Literatur vom 16. Jahrhundert bis zur Gegenwart, hrsg. v. R. Grimminger. Bd. 5], S. 251-280, hier S. 271-280). In vergleichbar eingeschränkter Weise bezieht Schwarz Hauffs ›Realismus‹ auf das sozialkritische Potential seines Erzählens (Schwarz, Egon: Wilhelm Hauff, *Der Zwerg Nase, Das kalte Herz und andere Erzählungen* [1826/27], in: Romane und Erzählungen zwischen Romantik und Realismus. Neue Interpretationen, hrsg. v. P. M. Lützeler, Stuttgart 1983, S. 117-135, hier S. 120).
8 »›Frührealismus‹ wird hier nicht als ein Stilbegriff eingeführt, sondern er soll angewendet werden auf eine literarische Struktur«, in deren Stilpluralismus zugleich »ein eigener Gestaltungswille« von Autoren zwischen 1815 und 1848 zur Geltung komme (Fülleborn: Frührealismus, S. 333). Diesen ›Gestaltungswillen‹ beschreibt Fülleborn als »Komplementarität von Naturkausalität und Geschehensspontaneität« (S. 354), und zwar an Grillparzers Dramen, Mörikes *Maler Nolten*, Droste-Hülshoffs *Die Judenbuche*, Stifters *Witiko* und Büchners Dramen. Vgl. dazu Blamberger/Engel/Ritzer: Vorwort, in: Literatur des Frührealismus, S. 9-13; Engel, Manfred: Auf der Suche nach dem Positiven. Die Kritik an Subjektivismus und romantischer Romanform in Klingemanns *Nachtwachen* und Immermanns *Münchhausen*, in: Ebd., S. 17-44, hier S. 43f.

stellung von Realismuseffekten im Mittelpunkt. Die Formel einer Ambivalenzbeziehung von offener Darstellungsform und integrierenden Konzepten soll demnach an konkreten Textverhältnissen präzisiert werden.

›Frührealistisches‹ Erzählen setzt die Heterogenität romantischen Erzählens fort, ohne dieses aufs bloße »Dekor«[9] zu reduzieren. Im ›treu poetischen Bild des Lebens‹ – in der ›menschlich-geschichtlichen Wirklichkeit‹, der ›erweislosen Realität‹[10] – nimmt es zugleich die ›humorvolle‹ Versöhnungsbereitschaft realistischen Erzählens vorweg. ›Lebensnähe‹ wird zum Qualitätskriterium, und »Lebens untheilhafte Gliedermänner und -Weiber« wie etwa die Figuren Victor Hugos fallen durch das Raster des ›guten Geschmacks‹.[11] In unmittelbarer Auseinandersetzung mit der integrativen Anlage des zeitgleichen historischen Romans zielt die kleinere erzählerische Form auf die Erzeugung von Effekten des Realen,[12] sowohl im Einzeltext als auch in der Zyklenbildung, zu einer ›historiographischen‹ Gesamtschau. Darin gleicht die Komposition der *Märchen-Almanache* Hauffs seiner Novellen-Sammlung ebenso wie der episodischen Struktur der einzelnen Novellen, die eine ›realistische Textur‹ über die Verbindung von Rahmen- und Binnenerzählungen, über Authentizitätsfiktionen und Detailrealismus herstellen.

Hauffs spielerische Abgrenzung von einer übermächtigen novellistischen Tradition und von romantischer Konkurrenz im *Vertraulichen Schreiben an Herrn W. A. Spöttlich* vollzieht die erzählerische Revision der ›romantischen‹ Verknüpfung von Poesie und Leben im Sinne einer ›realistischen‹ Durchdringung der Poesie nach. Die produktive Überbietung der frühromantischen Poetisierung des Lebens, der noch Hoffmanns Himmelsleiter-Poetik sowie die ›serapiontische‹ Erzählpraxis verpflichtet

---

9 So Kremer über den Status des Romantischen in Hauffs *Lichtenstein* (Kremer, Detlef: Prosa der Romantik, Stuttgart – Weimar 1996, S. 169).

10 Zum Realitätsbegriff der Biedermeierzeit vgl. Fülleborn: Frührealismus, S. 334-339, 359, hier S. 345f.; Realitätsbezug meint die sowohl empirische als auch wissenschaftliche Nachprüfbarkeit von Aussagen (vgl. Steinecke, Hartmut: Romantheorien der Restaurationsperiode, in: Lützeler, Romane und Erzählungen zwischen Romantik und Realismus, S. 11-37, hier S. 17).

11 Goethe über Victor Hugos *Notre-Dame de Paris 1482*. (an C. F. Zelter, 28. Juni 1831); Goethes Werke, hrsg. im Auftrage der Großherzogin Sophie von Sachsen. IV. Abtheilung: Goethes Briefe. 48. Bd., Weimar 1909 (Repr. München 1987), S. 257-260, hier S. 260.

12 Vgl. dazu die instruktive Studie von Brecht, Christoph: Die gefährliche Rede. Sprachreflexion und Erzählstruktur in der Prosa Ludwig Tiecks, Tübingen 1993, hier S. 175, und vor allem Schröder, Rolf: Novelle und Novellentheorie in der frühen Biedermeierzeit, Tübingen 1970, S. 38-45, 152-176.

sind, soll als Umkehrung etablierter romantischer Erzählmuster beschrieben werden (Kap. 2): narratologisch als Umkehrung der ›Callotschen Manier‹ Hoffmanns; poetologisch als Umkehrung von Tiecks erzählerischer Einholung seiner Theorie des Wunderbaren; motivisch als Umkehrung der ›Zauberwort‹-Programmatik Eichendorffs. Im Anschluß daran frage ich nach den Voraussetzungen, Mitteln und Möglichkeiten erzählerischer ›Authentizität‹ (Kap. 3), genauer geht es um historiographisches und metonymisches, panoramatisches und zyklisches sowie vieldeutiges Erzählen in der ersten Jahrhunderthälfte. Die abschließende Perspektivierung der ›frührealistischen‹ auf ›realistische‹ Darstellungsformen findet in Goethes Novellendefinition die geeignete Formel für den erzählerischen Frührealismus (Kap. 4).

2. Umkehrungen

Der Anti-Callot
Das ›gleichsam realistische‹ Erzählen läßt sich als Programm zur Überwindung romantischer Konkurrenz und Vorläuferschaft beschreiben. Die ›Poetisierung des Lebens‹ (1.) durch eine ›serapiontische‹ Erzählpraxis setzt eine zur ›wahrhaften‹ Schau des Gegenstands fähige Produktion und Rezeption voraus.[13] Die säkularisiert mystische Versenkung begründet ›Wahrheit‹ als Realität des ›Wunderbaren‹. Die erzählerische Umkehrung dieser Verknüpfung von Poesie und Leben zielt dagegen auf eine ›realistische‹ Durchdringung der Poesie: Der späte Tieck oder Hauff entdecken das Gewöhnliche als das Wunderbare.[14]

Hoffmanns Erzählungen bilden (2.) eine »Himmelsleiter« in »höhere Regionen«; zwar ist diese Leiter im Leben verankert, wer sie aber ins »Zauberreich« der Phantasie hinaufsteigt, dem wird die wunderbare Welt als Teil seines Lebens erscheinen.[15] Hoffmanns »Korrelations-Poe-

---

13 »Vergebens ist das Mühen des Dichters, uns dahin zu bringen, daß wir daran glauben sollen, woran er selbst nicht glaubt, nicht glauben kann, weil er es nicht erschaute« (Hoffmann, E.T.A.: Poetische Werke, Bd. 5: Die Serapionsbrüder, Erster Band, Berlin – New York 1993, S. 60).

14 Brecht, Die gefährliche Rede, S. 180; Schmitz, Walter: »Mutabor«. Alterität und Lebenswechsel in den Märchen von Wilhelm Hauff, in: Schnittpunkt Romantik. Text- und Quellenstudien zur Literatur des 19. Jahrhunderts. Festschrift für Sibylle von Steinsdorff, hrsg. v. W. Bunzel, K. Feilchenfeldt und W.S., Tübingen 1997, S. 81-117, hier S. 86, 92, 117.

15 Hoffmann, E.T.A.: Poetische Werke. Bd. 7: Die Serapionsbrüder. Dritter Band, Berlin – New York 1993, S. 101f.

tik«[16] begründet – in Anlehnung an den frühen Tieck – die Alltäglichkeit des Wunderbaren. Hauffs Märchen dagegen installieren eine Leiter von den ›höheren Regionen‹ der Poesie ins ›Leben‹; sie »bleiben«, wie es in *Der Scheik von Alessandria* heißt,

> ganz ordentlich auf der Erde, tragen sich im gewöhnlichen Leben zu, und wunderbar ist an ihnen meistens nur die Verkettung der Schicksale eines Menschen, der nicht durch Zauber, Verwünschung oder Feenspuk, wie im Märchen, sondern durch sich selbst […] glücklich oder unglücklich wird (SW 2, S. 152).

Zugleich nimmt in Umkehrung der ›Callotschen Schreibweise‹ Hoffmanns (3.) der realitätsaffine ›Hintergrund‹ des poetischen Gemäldes – wenn sich seine Gewichte nicht selbst ganz nach vorne verlagern – jetzt den außergewöhnlichen, vom Alltäglichen abweichenden ›Vordergrund‹ in den Blick. Das Interesse verschiebt sich vom skurrilen ›Anderen‹ auf das ›Leben‹, das dieses Andere erklärt und motiviert, ohne es restlos zu integrieren. Hoffmann hatte mit der Ausbildung einer poetischen Manier nach »Jaques Callot«[17] auf das strukturelle Ungenügen der Poesie zur unmittelbaren Anschauung reagiert. Die gleichsam epische Konstellation der Bildgeschichten Hogarths konnte für das Programm einer poetischen Evidenz (analog zur malerischen) keine Lösung sein.[18] Statt dessen stellte sich Hoffmann – wenngleich für Jean Paul nicht nachvollziehbar[19] – mit

---

16 Japp, Uwe: Das serapiontische Prinzip, in: E.T.A. Hoffmann. Text + Kritik Sonderband, hrsg. v. H. L. Arnold, München 1992, S. 63-75, hier S. 73.

17 Zur Callot-Rezeption Hoffmanns vgl. Hoffmann, E.T.A.: Sämtliche Werke in sechs Bänden. Bd. 2/1, hrsg. v. H. Steinecke, Frankfurt/M. 1993, S. 606f., 585f.; im »Fantasiestück« Nr. I *Jaques Callot* zitiert Hoffmann »La Tentation de Saint Antoine« und die Radierung »La Foire de Gondreville« (S. 607f.).

18 Zum dilemmatischen Verhältnis von epischer Sukzession und malerischer Simultaneität vgl. Art. Gemälde, in: Allgemeines Theater-Lexikon oder Encyklopädie alles Wissenswerthen für Bühnenkünstler, Dilettanten und Theaterfreunde, hrsg. v. R. Blum, K. Herloßsohn, H. Marggraff, Vierter Band, Altenburg – Leipzig 1841, S. 29f., hier S. 30: »Man hat die Bezeichnung auch auf Sitten- und Familieng. übertragen und sogar auf eine ganze Gattung von Romanen und Dramen angewendet, auf sogenannte romantische und dram. G., *obgleich es klar ist, daß sich eine Reihe von Begebenheiten, Handlungen und Gemüthszuständen durch Worte eigentlich nicht malen läßt*« (Hervorhebung C. S.).

19 Hoffmann, E.T.A.: Poetische Werke, Bd. 1: Phantasiestücke in Callots Manier. Blätter aus dem Tagebuche eines reisenden Enthusiasten. Mit einer Vorrede von Jean Paul, Berlin – New York 1993, S. 2: »denn Callots Maler- oder vielmehr Dicht-Manier herrscht weder mit ihren Fehlern noch, einige Stellen ausgenommen, mit ihren Größen im Buche«.

den *Phantasiestücken* der Herausforderung, die medial bedingten Grenzen einer schriftsprachlichen Mimesis des Augenblicks zu überwinden. Vor allem die Initiationsnovelle *Ritter Gluck* ist ein Versuch, sich der malerischen Verfahren Callots, ihrer Plastizität und Genauigkeit in der Verknüpfung des Heterogenen, des Alltäglichen und Phantastischen anzunähern.[20] Die Ausbildung einer Poetologie des Blicks begründet sich von daher.

Auch Hoffmanns Erzählung kann den Überblickscharakter des Bildes, die Simultaneität der malerischen Darstellung nur ins Nach- oder Nebeneinander auflösen; der Erzähler behilft sich mit dem perspektivierten Blick, der das ›camera eye‹ von *Des Vetters Eckfenster* bereits installiert.[21] Angeregt etwa durch Callots Hintergrundgestaltungen in der Radierung »Die beiden Pantalone« oder in einigen Teilen des Zyklus »Balli di Sfessania«[22] beginnt *Ritter Gluck* mit einer Skizze gutbürgerlicher Sonntagsvergnügungen; das erzählerische Präsens dieser Passagen unterstreicht den Charakter einer Ekphrasis: Geleitet durch den Erzähler, »sieht man eine lange Reihe, buntgemischt – Elegants, Bürger mit der Hausfrau und den lieben Kleinen in Sonntagskleidern, Geistliche […] durch die Linden nach dem Tiergarten ziehen«, und zwar zu den Ausflugslokalen von »Klaus und Weber«. Eine Übersicht über das Geschehen erhält allein die – der Turmexistenz des Vetters vergleichbare – exterritorialisierte Be-

---

20 »Kein Meister hat so wie Callot gewußt, in einem kleinen Raum eine Fülle von Gegenständen zusammenzudrängen, die, ohne den Blick zu verwirren, nebeneinander, ja ineinander heraustreten, so daß das Einzelne, als Einzelnes für sich bestehend, doch dem Ganzen sich anreiht. […] Selbst das Gemeinste aus dem Alltagsleben […] erscheint in dem Schimmer einer gewissen romantischen Originalität« (Ebd., S. 9).

21 Dieses wechselseitige Bedingungsverhältnis von Phantastik und Realismus in Hoffmanns Erzählungen zwischen *Ritter Gluck* und *Des Vetters Eckfenster* faßt Neumann in die aufschlußreiche Figur der ›anamorphotischen Umstülpung‹ (Neumann, Gerhard: Romantische Aufklärung. Zu E.T.A. Hoffmanns Wissenschaftspoetik, in: Aufklärung als Form. Beiträge zu einem historischen und aktuellen Problem, hrsg. v. H. Schmiedt und H. J. Schneider, Würzburg 1997, S. 106-148, hier S. 135); zu diesem Komplex vgl. auch Oesterle, Günter: E.T.A. Hoffmann. Des Vetters Eckfenster. Zur Historisierung ästhetischer Wahrnehmung oder Der kalkulierte romantische Rückgriff auf Sehmuster der Aufklärung, in: Der Deutschunterricht 39 (1987), S. 84-110.

22 Jacques Callot. Das druckgraphische Werk im Kupferstich-Kabinett zu Dresden, hrsg. v. C. Dittrich. Ausstellung 8.11.1992-10.1.1993, Staatliche Kunstsammlungen Dresden 1992, S. 37 (Nr. 90); Jacques Callot. Radierungen aus dem Kupferstichkabinett der Staatlichen Kunsthalle Karlsruhe, hrsg. v. B. Rommé. Ausstellung 20.5.-27.8.1995, Karlsruhe 1995, S. 65f. (L. 379-401).

obachterposition des Erzählers; eine Position am äußersten Rand der Vergnügungsstätte, an dem »die Masse der Spaziergänger« immer »bunter und bunter« vorüberzieht.

Im nächsten Schritt sondert sich das Einzelne aus der heterogenen Menge aus. Die vom Alltäglichen ins Einmalige und deswegen auch vom Präsens ins Präteritum wechselnde Erzählung fokussiert eine besondere Gestalt, deren Beschreibung eine Callotsche Figur vorstellt – eine groteske Figur mit ›skurriler‹ Physiognomie (bei der auch die ›abstehenden‹ Ohren‹ nicht fehlen), mit ebenso altertümlicher wie eigener Kleidung, mit »sonderbarem Benehmen« und »phantastischen Äußerungen«,[23] eine Figur also, die, so die ›verrätselnde‹ Schlußlösung,[24] schon seit zwanzig Jahren tot sein müßte. Kurz zusammengefaßt läßt sich dieses Erzählen als ›Poetisierung des Realen‹ beschreiben; der Alltag (›Hintergrund‹) wird vom Wunderbaren her (›Vordergrund‹) perspektiviert und erscheint so in einem neuen, ›interessanten‹ Licht. Die Alltäglichkeit des Wunderbaren generiert eine höhere Form von Wirklichkeit; nebenbei wird auf diese Weise das Alltägliche allererst poetisch erschlossen.

Diese wechselseitige Bezugnahme von Vorder- und Hintergrund (für die *Ritter Gluck* als ein exemplarischer Fall unter anderen gelten kann) beherrscht auch die Komposition von Wilhelm Hauffs 1826 in Cottas »Morgenblatt für gebildete Stände« erstmals erschienener Novelle *Die Bettlerin vom Pont des Arts*. Der ›realistische‹ Erzähleingang lokalisiert präzise Zeit und Ort der Geschichte und sichert diese Fiktion historischer Authentizität durch die Einbindung des Lesers weiter ab. Sollte dieser nämlich (der sich somit unversehens in die Rolle eines Garanten für ›historische Wahrheit‹ gestellt sieht) »im Jahr 1824 abends hie und da in den Gasthof ›Zum König von England‹ in Stuttgart« gekommen sein oder sich »nachmittags zwischen 2 und 3 Uhr in den Anlagen auf dem breiten Weg« aufgehalten haben (SW 2, S. 336), wird er die sich anschließende Erzählung zumindest vom Beobachterstandpunkt aus bestätigen können.

Mit der auf den ersten Blick irritierenden Faszination der beiden Protagonisten für ein weibliches Porträt stülpt Hauff Hoffmanns Prinzip virtuos um: Den einen führt der Text als einen »ältlichen, großen, hageren Mann« ein, mit »tiefen, brennenden Augen«, einer »kühngebogenen

---

23 Hoffmann: Poetische Werke, Bd. 1, S. 11, 13, 15, 16.
24 Oesterle, Günter: Dissonanz und Effekt in der romantischen Kunst. E.T.A. Hoffmanns *Ritter Gluck*, in: E.T.A. Hoffmann Jahrbuch 1 (1992/93), S. 58–79, hier S. 60.

Nase« und altertümlicher, ›altspanischer‹ Kleidung (SW 2, S. 336). Schon diese Beschreibung qualifiziert Don Pedro zu einer Callotschen Figur. Dieser wird von einem Diener begleitet, der, wie es im Text heißt, bezeichnenderweise dem »spanischen Lustspiel« anzugehören scheint, weil sein spitzbübischer, dreister Blick an den Brighella, die listige Dienerfigur der Commedia dell'arte, erinnert (S. 337). Der andere Protagonist heißt von Fröben, er ist unscheinbar, »ein ganz gewöhnlicher Mensch von etwa 28-30 Jahren« (ebd.). Beide begegnen sich wiederholt in der Gemäldegalerie Boisserée und Bertram; sie verbindet das Interesse für ein Bild, das vor etwa dreihundert Jahren entstanden sein soll.[25] Das »Original« befindet sich schwerlich mehr »unter den Lebenden« (S. 339). Dennoch erkennen beide in ebendiesem Porträt die Liebe ihres Lebens wieder: Der alte Herr Donna Laura, die er seit über 20 Jahren liebt, ohne daß diese Neigung erwidert würde, und der junge Mann eine Bettlerin, die er vor einigen Jahren in Paris kennengelernt hatte. Diese ungewöhnliche Affinität Don Pedros und Fröbens zu einem jahrhundertalten Gemälde – schon durch den Gegenstand zum ›Bild im Vordergrund‹ qualifiziert – wird durch die vielfältigen ›Hintergrund‹-Episoden des Erzählverlaufs schließlich umfassend aufgeklärt: Die Frau des Baron Faldner ist die Tochter der Laura Don Pedros *und* Fröbens Pariser Bettlerin; sie entstammt dem alten spanischen Geschlecht der Tortosi.

Das so vorgestellte Wunderbare (›Unerhörte‹) ist erklärbar; es ist Bestandteil der Erfahrungswelt (›Alltag‹), deren gleichzeitige ›Interessantheit‹[26] im Gang der Ereignisse bestätigt wird. Die Alltäglichkeit des

---

25 Die Angaben differieren (SW 2, S. 339). Dergleichen Widersprüche sind dem zugrunde gelegten Programm perspektivischer Verkürzung geschuldet. Ebenso führt die Beschränkung auf die jeweilige Figurenperspektive in den einzelnen Episoden zu Inkonsequenzen in der Erzähldramaturgie. Daß es sich bei Frau Faldner um die unbekannte Bettlerin handeln könnte, mutmaßt Fröben schon nach der ersten Begegnung (ebd., S. 362, 364); für die finale Anagnorisis spielt diese frühe Ahnung dann aber keine Rolle mehr (»Da fiel ein Lichtstrahl in Fröbens Seele […]: ›Du bist es?‹ […]«; ebd., S. 419).

26 Im Sinne von Plumpes und Werbers »Gegenvorschlag« zu Luhmanns ›schön‹-›häßlich‹-Codierung der Kommunikation des Kunstsystems: ›interessant‹ vs. ›langweilig‹ (vgl. etwa Werber, Niels: Literatur als System. Zur Ausdifferenzierung literarischer Kommunikation, Opladen 1992, v. a. S. 63-78). Vgl. Prutz, Robert: Schriften zur Literatur und Politik, ausgewählt und mit einer Einführung hrsg. v. B. Hüppauf, Tübingen 1973, S. 29 (*Über die Unterhaltungsliteratur, insbesondere der Deutschen*): »Mit andern Worten: das Publikum läßt eure geschmackvollen, aber langweiligen Bücher nicht deshalb ungelesen, weil sie geschmackvoll, sondern weil sie langweilig sind […]«.

Wunderbaren macht damit zugleich auf das Wunderbare des Alltäglichen aufmerksam. Auf der Handlungsebene entspricht diesem Prinzip die Auseinandersetzung zwischen prosaischer und poetischer Lebensform, zwischen dem Pragmatiker Faldner und dem Romantiker Fröben.[27] In vergleichbarer Weise rekurriert die ebenfalls 1826 publizierte Erzählung *Othello* auf E.T.A. Hoffmann, genauer auf das »Phantasiestück« *Don Juan* – nebenbei bemerkt leitet *Othello* mit Mozarts Oper ein (SW 2, S. 434). In Hauffs Erzählung stirbt nicht die Künstlerin (Donna Anna in Hoffmanns *Don Juan*), sondern die Zuhörerin (Prinzessin Sophie). Der Tod erfolgt also nicht etwa im Bereich der Kunst, sondern im Bereich des Lebens; zugleich wird die tödliche Erkrankung der Prinzessin auf ›reale‹ (in diesem Fall psychosomatische) Ursachen zurückgeführt: Sie stirbt an gebrochenem Herzen (SW 2, S. 473).

Das Wunderbare des Realen
Die für das 18. Jahrhundert zentrale Frage nach dem Verhältnis von Wunderbarem und realistischer Darstellung löst die Romantik bekanntlich dadurch, daß etwa Ludwig Tieck oder August Wilhelm Schlegel auf eine Unterscheidung beider Ebenen verzichten. Die Auflösung von Realitätsgewißheiten relativiert auch das Problem des ›Wunderbaren‹. Prototypisch bildet diese Verunsicherung von Wirklichkeitszuschreibungen Tiecks *Der blonde Eckbert* ab, 1797 in den *Volksmärchen* von ›Peter Leberecht‹ erstmals veröffentlicht.[28] Die Herstellung permanenter Übergänglichkeit zwischen Gewöhnlichem und Außergewöhnlichem, zwischen Realität und Wunderbarem, leitet demzufolge die Disposition des Textes.[29] Schon die klassische Rahmenhandlung zu Beginn konfrontiert beide Bereiche. Außenraum (Natur, Tageszeit, Witterungsverhältnisse) und Innenraum (Wohnzimmer, Kommunikationssituation, die innere Ruhe der Teilnehmer) überlagern sich zunehmend.

Berthas darin eingelagerte Erzählung, topisch vorbereitet durch die Versicherung der Authentizität des Erlebten (»Nur haltet meine Erzählung für kein Märchen, so sonderbar sie auch klingen mag«), beschreibt

---

27 Vgl. z. B. den Streit über die ›Wahrhaftigkeit‹ von Fröbens Erzählung (SW 2, S. 405).
28 Im folgenden zitiert nach der *Phantasus*-Fassung von 1812 (Tieck, Ludwig: Schriften in zwölf Bänden, Bd. 6: Phantasus, hrsg. v. M. Frank, Frankfurt/M. 1985, S. 126-146).
29 Vgl. dazu Klussmann, Paul Gerhard: Die Zweideutigkeit des Wirklichen in Ludwig Tiecks Märchennovellen, in: Ludwig Tieck, hrsg. v. W. Segebrecht, Darmstadt 1976, S. 352-385.

den Weg in eine andere Welt. Dieser Übertritt vollzieht sich sowohl äußerlich als auch im Innern der Figur. Die Abweichung von den breiten Wegen, die Unwirtlichkeit der Natur, der Verlust menschlicher Nähe, der immer dichter werdende Nebel haben ihr Pendant in Berthas zunehmendem Ich-Verlust (»am Ende war ich mir meiner kaum noch bewußt«). Berthas Weg führte durch das Chaos in die Idylle. Die andere Welt trägt paradiesische Züge, die allerdings lediglich konjunktivische Gewißheit erlauben: »Mir war, als wenn ich […]«.[30]

An die realistische Ausgangssituation der Rahmenhandlung knüpft unvermittelt Berthas Zuhörer Walther an, indem er den Namen des Hundes nennt, an den sich Bertha nicht mehr hatte erinnern können.[31] Dieser Name sowie der Akt des Benennens stellen nicht nur eine Verbindung zwischen beiden Welten her, der Text installiert damit zudem einen Kippmechanismus, der ein – durch das Zauberwort »Strohmian«[32] ausgelöstes – kontinuierliches Umschalten zwischen den Ebenen bis zu deren völliger Aufhebung erlaubt. Der zunehmende Realitätsverlust des Protagonisten, seine sich steigernde Paranoia (die Rede ist von Eckberts »Argwohn«)[33] gipfeln in Wahnsinn und führen schließlich zum Tod. Die reale Welt wird auf eine Weise in die wunderbare Welt des Märchens integriert, daß beide Ebenen am Ende unauflöslich verknüpft erscheinen. Die Phantasie des Betrachters verliert sich – Tiecks Überlegungen zu einer poetischen Erzeugung des Wunderbaren folgend – im Wunderbaren wie in einer Traumwelt und erkennt dieses zuletzt als »gewöhnlich und natürlich« an.[34]

Im romantischen Erzählen wird das Reale zu einem Teil des Wunderbaren; im frührealistischen das Wunderbare zu einem Teil des Realen. Eine Art Vorläufer für diese Tendenz stellt Adelbert von Chamissos *Peter Schlemihls wundersame Geschichte* dar, die auf der Wirklichkeitstauglichkeit des Wunderbaren insistiert und dieses so selbst Realität werden läßt: Zu denken ist etwa an Schlemihls Begegnung mit dem herrenlosen Schatten, der schließlich »sehr natürlich erklärbar« zu sein scheint, denn:

---

30 Zitate nach Tieck: Schriften, Bd. 6, S. 127, 130, 131.
31 »Ich habe mich immer nicht wieder auf den seltsamen Namen des Hundes besinnen können, so oft ich ihn auch damals nannte« (Ebd., S. 134).
32 Ebd., S. 140.
33 Ebd., S. 140, 144.
34 Tieck, Ludwig: Über Shakspeare's Behandlung des Wunderbaren, in: ders.: Schriften in zwölf Bänden, Bd. 1: Schriften. 1789-1794, hrsg. v. A. Hölter, Frankfurt/M. 1991, S. 685-722, S. 692.

»Der Mann mußte das unsichtbare Vogelnest, welches den, der es hält, nicht aber seinen Schatten unsichtbar macht, erst getragen und jetzt weggeworfen haben«; auch die plötzlichen, raschen Ortswechsel am Schluß der Erzählung geben nicht länger Rätsel auf: »[E]s war kein Zweifel, ich hatte Siebenmeilenstiefel an den Füßen«.[35]

Zugleich führt das Attribut ›wundersam‹ der Geschichte Schlemihls auf das semantische Spektrum, das dem Modewort des Wundersamen oder Wunderbaren in der ersten Hälfte des 19. Jahrhunderts eignet: von der Bezeichnung für nicht rational nachvollziehbare Vorgänge bis zum Ausdruck von etwas außerordentlich Interessantem, von einer auf Gestalt oder Bewegung bezogenen Monstrosität (im Sinne von etwas ›Seltsamem‹, ›Merkwürdigem‹) bis zur positiven Qualifikation (›ausgezeichnet‹, ›bewundernswert‹ oder, im ästhetischen Bereich: ›wunderschön‹).[36] Oftmals ist es eben so, daß, wie es in Tiecks *Des Lebens Überfluß* heißt, »der sogenannte Teufel« nur darum »eingeschoben« werde, »weil wir eine Sache nicht begreifen«.[37] Allmählich stellt sich das zunächst Unerklärliche dann als etwas heraus, das zwar ›merkwürdig‹ oder ›erstaunlich‹ genannt werden kann, den gängigen Vorstellungen von Wirklichkeit aber durchaus konform ist.

Dieser Mechanismus der zunehmenden ›Realisierung‹ des zunächst scheinbar Wunderbaren kennzeichnet frührealistisches Erzählen in erster Linie. Ein Beispiel hierfür ist – passend zu Tiecks Bemerkung – das Teufelsmotiv in Achim von Arnims *Der tolle Invalide auf dem Fort Ratonneau*

---

35 Chamisso, Adelbert von: Peter Schlemihls wundersame Geschichte. Anmerkungen von Dagmar Wallach, Stuttgart 1993, hier S. 52, 71. – Zur Schlußgebung vgl. Mayer, Mathias/Tismar, Jens: Kunstmärchen, 3., völlig neu bearbeitete Auflage, Stuttgart – Weimar 1997, S. 77: »Während Tieck und E.T.A. Hoffmann die Wirklichkeit im Märchen integrieren, hebt Chamisso das Märchen im novellistischen Erzählen am Ende auf«, und zwar durch »Überführung von Märchen- und Sagen-Elementen in die objektiv ausweisbare Realität«. Dazu auch Brüggemann, Heinz: Peter Schlemihls wundersame Geschichte der Wahrnehmung. Über Adelbert von Chamissos literarische Analyse visueller Modernität, in: Bild und Schrift in der Romantik, hrsg. v. G. Neumann und G. Oesterle, Würzburg 1999, S. 143-188, hier S. 153f.; Renner, Rolf Günter: Schrift der Natur und Zeichen des Selbst. *Peter Schlemihls wundersame Geschichte* im Zusammenhang von Chamissos Texten, in: DVjs 65 (1991), S. 653-673, hier S. 668f.

36 Nach Grimm, Jacob und Wilhelm: Deutsches Wörterbuch. Vierzehnter Band, II. Abteilung, bearbeitet von Ludwig Sütterlin, Leipzig 1960, Sp. 1949-1955.

37 Tieck, Ludwig: Des Lebens Überfluß, in: ders.: Schriften in zwölf Bänden, Bd. 12: Schriften. 1836-1852, hrsg. v. U. Schweikert, Frankfurt/M. 1986, S. 193-249, S. 238.

(1818).³⁸ Ausgelöst wird der von Rosalie berichtete mütterliche Fluch nämlich erst durch ihre Rede, den Sergeanten Francœur plage der Teufel; die Fortsetzung dieser Rede im Selbstgespräch des Kommandanten, das dessen Diener Basset belauscht und an den Sergeanten weitergibt, führt schließlich dazu, daß Francœur tatsächlich völlig außer sich gerät. Francœurs Besessenheit bewahrheitet sich performativ; mit anderen Worten: Die Rede über den Teufel bringt diese Besessenheit erst hervor, so daß Francœur sich letzten Endes selbst mit dem Fluch und dessen Wirkung identifiziert: »In mir ist der König aller Könige dieser Welt, in mir ist der Teufel und im Namen des Teufels sage ich euch, redet kein Wort, sonst zerschmettere ich euch!«³⁹ Das Finale bietet für Francœurs Verhalten bekanntlich eine medizinische Lösung an; von einer Einwirkung übersinnlicher Kräfte kann aber insgesamt nicht die Rede sein – weder bei Rosalies Rettung durch das Feuerwerk noch bei der ›wundersamen‹ Koinzidenz von glücklichem Ausgang und Versöhnung der Mutter.⁴⁰

Aus dieser Perspektive läßt sich Ludwig Tiecks vielgedeutete Novellentheorie neu akzentuieren. Sie enthält m. E. weniger ein metaphysisches Prinzip⁴¹ (dies setzte die ungebrochene Linie von der frühromantischen Poetik des Wunderbaren zur Novellentheorie des späten Tieck voraus) oder eine kompositorische Forderung (was die leidige Suche nach dem

---

38 Zur Gattungsfrage vgl. Oesterle, Günter: *Der tolle Invalide auf dem Fort Ratonneau. Aufklärerische Anthropologie und romantische Universalpoesie*, in: Universelle Entwürfe – Integration – Rückzug. Arnims Berliner Zeit (1809-1814). Wiepersdorfer Kolloquium der Internationalen Arnim-Gesellschaft, hrsg. v. U. Ricklefs, Tübingen 2000, S. 25-42, v. a. S. 26-29.

39 Arnim, Achim von: Werke in sechs Bänden, Bd. 4: Sämtliche Erzählungen 1818-1830, hrsg. v. R. Moering, Frankfurt/M. 1992, S. 46. – Dieser performative Akt vollzieht sich nicht nur im Handlungsgeschehen, auf metapoetischer Ebene wird er im Text selbst benannt und reflektiert: »Aber euch plagt doch nicht der Teufel und ihr stiftet mir Unheil? – Man darf den Teufel nicht an die Wand malen, sonst hat man ihn im Spiegel« (ebd., S. 40).

40 Arnim, Werke in sechs Bänden, Bd. 4, S. 48, 55. – In der Forschung ist vom »›realistischen‹ Kapital der Romantik« Arnims die Rede (Ottmann, Dagmar: Achim von Arnim, *Der tolle Invalide auf dem Fort Ratonneau*. Zur Funktion der Metonymie in romantischen Texten, in: Neumann/Oesterle, Bild und Schrift in der Romantik, S. 73-104, hier S. 99; vgl. auch Frühwald, Wolfgang: Achim von Arnim und Clemens Brentano, in: Handbuch der deutschen Erzählung, hrsg. v. K. K. Polheim, Düsseldorf 1981, S. 145-158).

41 Sengle, Friedrich: Biedermeierzeit. Deutsche Literatur im Spannungsfeld zwischen Restauration und Revolution 1815-1848, Bd. 1 (Allgemeine Voraussetzungen, Richtungen, Darstellungsmittel), Stuttgart 1971; Bd. 2 (Die Formenwelt), Stuttgart 1972; Bd. 3 (Die Dichter), Stuttgart 1980; hier Bd. 2, S. 837f.

berüchtigten ›Wendepunkt‹ als festem Strukturmerkmal obsolet werden läßt).[42] Vielmehr zielt die Formel vom »Wunderbaren des Alltäglichen« auf ein spezifisches erzählerisches Verfahren, das an Arnims ›Realisation‹ des Teufels in *Der tolle Invalide* nachvollziehbar wird, und damit auf den diegetischen Vollzug im ganzen. Bei Tieck ist nicht nur von einem »Punkt« die Rede, sondern zudem von einem Prozeß, von der Entfaltung der Erzählung, die sich an einem bestimmten Gegenstand, einem Motiv, einem Vorgang oder einer Idee dergestalt »entwickelt«, daß das Dargestellte »selbst im Wunderbaren, unter andern Umständen doch wieder alltäglich sein könnte.«[43]

Zauberwörter
Das spätromantische Prinzip des »Zauberworts«, 1835 in Eichendorffs Vierzeiler *Wünschelrute* auf den Punkt gebracht, ist zentraler Bestandteil des Plots von Hauffs *Die Geschichte von Kalif Storch*. In Umkehrung einer Poetologie, die das »allen Dingen« inhärente »Lied« über ein initiierendes auslösendes ›Wort‹ entbindet,[44] gewährleistet diese Formel aber nicht länger den Übergang in die Poesie, sondern verhilft umgekehrt zur Rückkehr aus der märchenhaften Welt in die (im Sinne Fülleborns) ›erweislose Realität‹ innerhalb des Märchens. »›Was für ein Wort hast du ihnen denn aufgegeben?‹ fragte ihn ein anderer Zauberer. ›Ein recht schweres lateinisches, es heißt *Mutabor*.‹« (SW 2, S. 23). Das Vergessen des Schlüssels zur Wirklichkeit (des ›Zauberworts‹; SW 2, S. 16) gestaltet sich als Katastrophe, zumal die Retransformation von Storch in Mensch zunächst nicht gelingt (S. 18); allein das Aussprechen des ›Zauberworts‹ gewährleistet den prosaisch ›guten‹ Ausgang der Verwicklungen:

> Dreimal bückten die Störche ihre langen Hälse der Sonne entgegen, die soeben hinter dem Gebirge heraufstieg; ›*Mutabor*‹, riefen sie, im Nu waren sie verwandelt, und in der hohen Freude des neugeschenkten Lebens, lagen Herr und Diener lachend und weinend einander in den Armen. (SW 2, S. 23)

---

42 Vgl. dazu Brecht, Die gefährliche Rede, S. 170-187.
43 Tieck, Vorbericht zur dritten Lieferung, S. LXXXVI; Schröder spricht von einer – schon von E.T.A. Hoffmann oder A.W. Schlegel vorgedachten und analog zur dramaturgischen ›Peripetie‹ gebildeten – ›elastischen Arbeitshypothese‹ (Schröder, Novelle und Novellentheorie, S. 142).
44 »Schläft ein Lied in allen Dingen, / Die da träumen fort und fort, / Und die Welt hebt an zu singen, / Triffst du nur das Zauberwort« (Eichendorff, Joseph von: Wünschelrute, in: ders.: Gedichte, hrsg. v. P. H. Neumann, Stuttgart 1997, S. 32).

Die Rückbindung des Exotischen ans Vertraute etwa durch die detailrealistische Beschreibung biedermeierlicher Philisterhaftigkeit[45] unterstützt den dadurch erzeugten Eindruck der ›Realität‹ des Geschehens ebenso wie die realitätsnahe Plausibilisierung von Märchenbestandteilen (der Kalif findet seinen »Geldbeutel« wieder und kann so die Heimreise organisieren, S. 23) oder die realistische Textur des gesamten Zyklus, die durch Überlagerung der Erzählebenen hergestellt wird.[46]

Eichendorff hat in seinen Erzählungen der 1830er Jahre die beschriebenen Mechanismen perfektioniert, etwa durch syntaktische Kontrafakturen in *Das Schloß Dürande* oder in *Eine Meerfahrt* – die Evokation der romantischen Zauberwelt wird im Folgesatz oder im weiteren Erzählverlauf aufgehoben:

> [1.] Der Mond beglänzte die Wälder, es war so unermeßlich still, nur die Nachtigallen schlugen tiefer im Tal, manchmal hörte man einen Hund bellen aus den Dörfern oder den Schrei des Wildes im Walde.
>
> [2.] *Aber er achtete nicht darauf,* er hatte heut ein ganz anderes Wild auf dem Korn. Ein junger, fremder Mann, so hieß es, schleiche abends heimlich zu seiner Schwester [...].[47]

---

45 »Der Kalif Chasid zu Bagdad saß einmal an einem schönen Nachmittag behaglich auf seinem Sofa; er hatte ein wenig geschlafen, denn es war ein heißer Tag, und sah nun nach seinem Schläfchen recht heiter aus. Er rauchte aus einer langen Pfeife von Rosenholz [...]« (SW 2, S. 14f.). Dieser Detailrealismus ist »Effekt einer durchaus vermittelten literarischen Strategie« (Brecht, Die gefährliche Rede, S. 175). – Dagegen spricht Martini dem Märchen von *Kalif Storch* jeden ›Realismus‹ ab, eine Begründung fehlt (Martini, Fritz: Wilhelm Hauff, in: Deutsche Dichter der Romantik, hrsg. v. B. von Wiese, Berlin 1971, S. 442-472, hier S. 462).

46 Der Fremde, der zur Karawane stößt (SW 2, S. 13), ist sowohl mit dem Unbekannten identisch, der die Komplikationen in der *Geschichte von der abgehauenen Hand* verantwortet (S. 47, 98), als auch mit dem gefürchteten Räuber Orbasan, der für *Die Errettung Fatmes* verantwortlich ist (S. 50-65, 103). Vgl. dazu Wild, Reiner: Wer ist der Räuber Orbasan? Überlegungen zu Wilhelm Hauffs Märchen, in: Athenäum 4 (1994), S. 349-364.

47 Eichendorff, Joseph von: Sämtliche Erzählungen, hrsg. v. H. Schultz, Stuttgart 1998, S. 345 (Hervorhebung C. S.). – Vgl. die autotextuelle Referenz auf die Schlußgebung von *Aus dem Leben eines Taugenichts* (»und es war alles, alles gut!«, S. 183) in *Das Schloß Dürande*: »nun ist ja alles, alles wieder gut. *Da pfiff plötzlich* eine Kugel durch das Fenster herein« (S. 383, Hervorhebung C. S.). Die Romantisierung der Welt durch ›Zauberwörter‹ in *Eine Meerfahrt* (rauschende Wälder, sternklare Nächte, Brunnen, verfallene Mauern) wird durch historische Verortung in der Vorgeschichte dieser Requisiten wieder zurückgenommen (S. 285, 301; 305).

Das fabelhafte Wunderreich der *Meerfahrt*, in das die spanischen Eroberer ausziehen bzw. das sie erobern wollen, existiert allein in den Erzählungen darüber, in der Phantasie. Der intertextuell aufgeladene Blick ordnet die Ereignisse einer wunderbaren Welt zu;[48] die Rückbindung an reale Zusammenhänge und Ursachen (die vermeintliche ›Venus‹ ist in Wahrheit die Tochter der toten Königin)[49] legt folgerichtig die vorzeitige Heimkehr in vertraute Gefilde und damit die Abkehr von der ›wunderbaren‹ Welt nahe.

3. Verfahren

Hauffs *Scott*-Besprechung zufolge soll Dichtung, wie zitiert, »ein treu poetisches Bild des Lebens« zeichnen (SW 3, S. 244). Eine mögliche Vorstellung davon gibt E.T.A. Hoffmanns späte Erzählung *Des Vetters Eckfenster* (1824), in der aus erhabenem Standpunkt semiotische Lektüren menschlicher Verhaltensweisen betrieben werden. Die Beobachtung des Marktgeschehens von oben ahmt den säkularisierten göttlichen Blick auf die Totalität der gesamten menschlichen Existenz nach: »›Dieser Markt‹, sprach der Vetter, ›ist auch jetzt ein treues Abbild des ewig wechselnden Lebens.‹«[50] Welche Mittel stehen den Autoren der 1820er-1840er Jahre zur erzählerischen Erzeugung von ›Realität‹ zur Verfügung?

Daß die Märchen oder Novellen Hauffs auf tatsächlichen Ereignissen beruhen, die entweder selbst erlebt oder als solche glaubhaft überliefert worden sind, wird in den Texten und Paratexten gelegentlich behauptet;[51]

---

48 Überfordert von der Begegnung mit der fremden Frau, bietet sich Alvarez das Deutungsmuster ›Venusberg-Sage‹ an (Eichendorff, Sämtliche Erzählungen, S. 286-288).

49 Zur Auflösung vgl. ebd., S. 306, 310f., 341f. Entsprechend benennt der Hauptmann »das Eiland« »ohne weiteres die Venusinsel, von der Frau Venus, die nicht da war« (S. 311). – Die Erzählung wurde posthum durch Eichendorffs Sohn Hermann veröffentlicht; daß das grundlegend geänderte Poesieverständnis der Zeit Eichendorff von einer Veröffentlichung abgehalten habe, vermutet Sibylle von Steinsdorff (»Das Gantze noch einmal umarbeiten!«. Notizen Eichendorffs zur geplanten Überarbeitung seiner Novelle *Eine Meerfahrt*, in: Aurora 44 [1984], S. 71-78). Gegen diese Einschätzung spricht das polemische, ›frührealistische‹ Potential des Textes.

50 E.T.A. Hoffmann: Poetische Werke. Bd. 12: Letzte Erzählungen. Zweiter Band, Berlin – New York 1993, S. 199.

51 Beispiele: SW 2, S. 25 (»daher will ich euch etwas aus meinem Leben mitteilen […]: *Die Geschichte von dem Gespensterschiff*), 50 (»Ich habe euch gestern gesagt, daß der gefürchtete Orbasan ein edler Mann seie, erlaubt mir, daß ich es euch heute durch die Erzählung der Schicksale meines Bruders beweise«), oder 212 (»Das was ich erzählen will soll sich wirklich einmal begeben haben«).

je unwahrscheinlicher ein Sachverhalt, desto dringlicher der Hinweis auf die Glaubwürdigkeit der Schilderung: »[D]enn es war keine Täuschung, ich hatte ja auch die Toten gar wohl gehöret« (SW 2, S. 29). In der Vorrede zu seiner Novellensammlung *Vertrauliches Schreiben an Herrn W. A. Spöttlich* differenziert Hauff zwischen ›getreuer‹ und ›poetischer‹ Wahrheit, um letztere in einer geschickten *captatio benevolentiae* mit der Begründung von sich zu weisen, er selbst bzw. seine Gewährsleute seien ja gar keine echten Dichter und darum allein zu ›getreuer‹ Darstellung fähig.[52]

Nun gehört der Topos der Authentizitätsbeteuerung bekanntlich zu den zentralen Bestandteilen novellistischer Tradition.[53] Welche spezifischen Eigenheiten also weist seine ›frührealistische‹ Anwendung auf? Schließlich betonen ja selbst Münchhausens Lügengeschichten die ›Wahrheit‹ von Ereignissen, deren Absurdität außer Frage steht – wenngleich das Geschehen insofern große Realitätsnähe aufweist, als keine übersinnlichen Kräfte berücksichtigt werden.[54] Im Unterschied dazu geht es in

---

52 »Ich habe, mein werter Herr! dies alles gesagt, um Ihnen darzutun, wie ich eigentlich dazu kam, Novellen zu schreiben, wie man beim Novellenschreiben zu Werk gehe, und – daß alles *getreue* Wahrheit sei, wenn auch keine poetische, was ich niedergeschrieben […]. Aber ist denn hier von echter Poesie, von echten Dichtern die Rede? Man lege doch nicht an die Erzählungen einiger alten Damen diesen erhabenen Maßstab!« (SW 2, S. 334f.). – Diesen Bemerkungen geht das ›real existierende‹ Mißverhältnis zwischen der Verbreitung der Gattung und ihrem Ansehen voraus: »Novellenschreiben« bedeutete für die Autoren »Herablassung oder Entsagung« (Schröder, Novelle und Novellentheorie, S. 105).

53 Die Authentizitätsbeteuerung in der Erzählprosa seit dem ausgehenden 18. Jahrhundert adaptiert zentrale Tendenzen journalistischer Veröffentlichungsformen (Meyer, Reinhart: Novelle und Journal, Erster Band: Titel und Normen. Untersuchungen zur Terminologie der Journalprosa, zu ihren Tendenzen, Verhältnissen und Bedingungen, Stuttgart – Wiesbaden 1987, S. 71-85). – Brecht zufolge zeigt diese Topik »ein Selbstbewußtsein des Literarischen von seiner Irrealität an«, sie sei also »Element in einer diskursiven Strategie der Legitimation des Fiktiven« (Die gefährliche Rede, S. 175). Allerdings ist für diesen Zusammenhang weniger die Unterscheidung von Realem und Fiktivem aufschlußreich als vielmehr diejenige von Realität (im Sinne der Erzeugung von Effekten des Realen, die Wunderbares im Alltäglichen entbindet) und wunderbarer Welt (welche die – selbstverständlich nur literarisch vermittelte – Realität überwölbt).

54 Ein Beispiel hierfür ist die Geschichte von der Trinkfestigkeit des Generals, für die eine ›völlig plausible‹ Erklärung gefunden wird: »Der General pflegte von Zeit zu Zeit seinen Hut etwas aufzuheben. […] Endlich aber sah ich, daß er zugleich mit seinem Hute eine an demselben befestigte silberne Platte aufhob, die ihm statt des Hirnschädels diente, und daß alsdann immer aller Dunst der geistigen Getränke, die er zu sich genommen hatte, in einer leichten Wolke in die Höhe

der ersten Hälfte des 19. Jahrhunderts um die (erzählerische) Reflexion auf die Bedingungen der Möglichkeit des Erzählens von Wunderbarem. Dabei soll nicht länger das offensichtlich Unwahrscheinliche für *wahr* gehalten werden, sondern das Denkbare, Lebensnahe, Alltägliche für *interessant*: »Wenn aber mit der Darstellung äußerer Erscheinungen auch die einer höhern, das [!] Bereich des Geistes begründenden Wahrheit verbunden ist, so wird das Interesse immer größer« (SW 3, S. 244).

Realitätseffekte beruhen zudem auf inszenierter Mündlichkeit.[55] Das kann sich auf die (fiktive) Quelle der Ereignisse beziehen (demzufolge dokumentieren Hauffs Novellen Berichte von »Frauen, die das fünfundsechzigste hinter sich haben«, SW 2, S. 332), auf fingierte Gesprächssituationen (wie in den Rahmenhandlungen von Hauffs *Märchen-Almanachen*) oder auf die Annäherung erzählerischer Verfahren an dramatische in den fraglichen Geschichten selbst. Diesen letzten Punkt möchte ich im folgenden unter dem Stichwort *Vieldeutigkeit* verhandeln. Zunächst jedenfalls führt die Forderung nach »Darstellung der sichtbaren Dinge« (SW 3, S. 244) auf die poetische Aufwertung der Historiographie (*Dichtung und Geschichte*), die sich wiederum auf Disposition und Erzählperspektive der Texte unmittelbar auswirkt (*Ganzheit*).

Dichtung und Geschichte

> Es war eine seltsame Zeit, wird man in 100 Jahren sagen, wenn man von unserer jetzigen Epoche spricht. Beinahe nie so sonderbar und doch zugleich so wenig auffallend mischten sich die verschiedensten Elemente […], und die Dichter, weit entfernt mit ihrem idealen Gebiet zufrieden zu sein, stiegen herab in das mühsamste Feld des Realen und wurden – Historiker (SW 3, S. 178)

Daß Hauffs Gegenwartsdiagnose aus einer Rezension von 1827 (*Napoleons Leben von Sir Walter Scott*) einen historischen Rückblick antizipiert und damit die unmittelbare Gegenwart selbst als historische imaginiert, markiert bereits den besonderen Stellenwert der Geschichte für die Poetologie der Zeit. Der Dichter versteht sich als Historiograph, der vergangenes Geschehen herstellt, ohne es neu zu erfinden; zugleich glaubt sich der Dichter dem Historiographen überlegen, weil die poetische Sprache

---

stieg. Nun war auf einmal das Rätsel gelöset« (Bürger, Gottfried August: Wunderbare Reisen zu Wasser und zu Lande. Feldzüge und lustige Abenteuer des Freiherrn von Münchhausen, wie er dieselben bei der Flasche im Zirkel seiner Freunde selbst zu erzählen pflegt [1786], Frankfurt/M. 1976, S. 15f.).

55 Vgl. dazu Meyer, Novelle und Journal, S. 223.

die historischen Verhältnisse genauer zu erfassen erlaube als die Geschichtsschreibung.[56] Arnim bezeichnet die Geschichte als »Kristallkugel im Auge« des Dichters; dieser Kristall selbst sei zwar blind, er sei aber »dem Auge notwendig«, »um die Lichtwirkung zu sammeln und zu vereinen«, und zeichne sich aus durch »Klarheit, Reinheit und Farbenlosigkeit«. Aus Geschichte (›Realität‹) entsteht Dichtung (›Fiktion‹). Voraussetzung für dichterische Wahrheit sei die Rekonstruktion der historischen Wahrheit, d. h. die Geschichtsforschung:

> Wer diese [»Klarheit«, C. S.] in der Geschichte verletzt, der verdirbt auch Dichtung, die aus ihr hervorgehen soll, wer die Geschichte zur Wahrheit läutert, schafft auch der Dichtung einen sichern Verkehr mit der Welt.[57]

Entscheidend sind also die genauen Vorarbeiten, die Aneignung von »Sachkenntnis«, »aus lautern Quellen geschöpft« (SW 3, S. 189), wie Hauff Scott attestiert. Für seine eigenen poetischen Pläne unternahm er sogar Reisen in die zu verhandelnden historischen Landschaften, für einen geplanten Andreas-Hofer-Roman 1827 etwa zu den Orten des Tiroler Aufstands von 1809.[58] Die kritische Auseinandersetzung mit dem Stoff folgt der Maßgabe, »die Wahrheit« darzustellen, »ohne zum Lügner zu werden«. In antiromantischem Affekt wendet sich Hauffs Scott-Rezension an dieser Stelle gegen eine sogenannte romantische Poesie, »die nur in höherer Potenz Wahrheit« werde (SW 3, S. 179).[59] Zugleich begründet

---

56 Zu diesem Komplex vgl. Stockinger, Claudia: Geschichtsdramatik und Historiographie. Der Dichter als Geschichtsschreiber, in: dies.: Das dramatische Werk Friedrich de la Motte Fouqués. Ein Beitrag zur Geschichte des romantischen Dramas, Tübingen 2000, S. 102-111.
57 Arnim, Achim von: Werke in sechs Bänden, Bd. 2: Die Kronenwächter, hrsg. v. P. M. Lützeler, Frankfurt/M. 1989, S. 14 (aus: *Einleitung. Dichtung und Geschichte*). – Im Zuge dieser Neubewertung der Historiographie für die Poesie wird die *Geschichtsschreibung* selbst zu einer historischen *Kunst* (vgl. dazu Weber, Wolfgang E. J.: Geschichte und Nation. Das ›nationale Princip‹ als Determinante der deutschen Historiographie 1840-1880, in: Literatur und Geschichte. Ein Kompendium zu ihrem Verhältnis von der Aufklärung bis zur Gegenwart, hrsg. v. D. Fulda und S. S. Tschopp, Berlin – New York 2002, S. 343-365).
58 Pfäfflin, Wilhelm Hauff, S. 59.
59 Vgl. dazu Kremer, Prosa der Romantik, S. 170f.: »Das erwähnte prekäre Verhältnis zwischen einer romantischen Theorie der Imagination/des Phantastischen und einer literarischen Darstellung historischer Wirklichkeiten bestätigt sich bei Tieck und Hauff darin, daß ihre historische Prosa den Boden einer romantischen Poetik weitgehend verläßt.«

dieses etwa auch bei Willibald Alexis zu beobachtende Unbehagen gegenüber universalpoetischen Entwürfen die zunehmende Rolle der kleinen erzählenden Form seit den 1820er Jahren.⁶⁰ Mit Hauff gesprochen:

> Die ›wundervolle Märchenwelt‹ findet kein empfängliches Publikum mehr, die lyrische Poesie scheint nur noch von wenigen geheiligten Lippen tönen zu wollen und vom alten Drama sind uns, sagt man, nur die Dramaturgen geblieben. In einer solchen miserablen Zeit, Verehrter! ist die Novelle ein ganz bequemes Ding. (SW 2, S. 334)

Folgt man Hauffs kritischer Betrachtung des zeitgenössischen Büchermarkts, so haben sich jetzt das ›Historische‹ und das ›Novellistische‹ dergestalt miteinander verknüpft, daß daraus in Übertragung der Vorgaben Scotts auf die deutsche ›Novelle‹ eine regelrechte »Mode« geworden ist.⁶¹ Im literaturgeschichtlichen Rückblick bringt Eichendorff den Vorteil der Novelle auf den Punkt: Aus antiromantischen Impulsen sei zunächst der ›historische Roman‹ nach 1800 entstanden. ›Romantische‹ Anteile zeigten sich dort zwar noch etwa »in der Vorliebe für die Vergangenheit« oder für »ungewöhnliche Zustände«; durch allmähliches »Zurückführen des Idealen zum Realen, des Wunderbaren zur Wirklichkeit, des schönen Formenreichtums zum bloßen Stoff« aber reagiere dieses Erzählen bereits auf bzw. gegen die Romantik. Das vielbeschäftigte, ›zerstreute‹ Publikum

---

60 Vgl. *Die Novellen in der Poesie und die Poesie in den Novellen* (in: Berliner Conversations-Blatt für Poesie, Literatur und Kritik (1829), Nr. 234, S. 919; zit. nach Sengle, Biedermeierzeit, hier Bd. 2, S. 837). Folgerichtig entwirft sich Alexis – nach *Walladmor* und *Schloß Avalon* – in seinen *vaterländischen Romanen* als ›deutscher‹ resp. als ›märkischer‹ Walter Scott (Niehaus, Michael: Vaterländische Probleme. Willibald Alexis, in: Zeitschrift für Germanistik. Neue Folge 3 [2000], S. 521-535).

61 »So muß nun in dem engen Raum einer solchen Novelle auch ein Stück der Welthistorie oder der Chronik aufgespielt werden« (*Wilhelm Müller und Wilhelm Hauff*, SW 3, S. 214). – Auch in *Die Bücher und die Lesewelt* karikiert Hauff die zeitgenössische Fixierung auf eine literarische Nationalgeschichte, und zwar mit dem Plan einer in kollektiver Verfasserschaft entworfenen »‹*Geschichte Deutschlands von Hermann dem Cerusker bis 1830, in hundert historischen Romanen*‹« (SW 3, S. 68f.). Diese zur eigenen poetischen Praxis widersprüchliche Autorinszenierung bedient einerseits professionell die Bedürfnisse des Marktes und weist den Autor andererseits als souveränen Kenner der Verhältnisse aus; vgl. analog dazu Hauffs strategische Korrespondenz (Fischer, Susanne: Wilhelm Hauffs Korrespondenz mit Autoren, Verlegern und Herausgebern. Aspekte sozialer Tauschbeziehungen im literarischen Leben um 1825, in: Archiv für Geschichte des Buchwesens 37 [1992], S. 99-166).

habe diese Form jedoch bald als »zu viel und zu groß« abgelehnt. »Es wurde daher aus dem Gesamtleben irgend eine einzelne pikante Szene ausgeschnitten und als *Novelle* sauber eingerahmt«. In der Folge kommt Eichendorff zu dem bemerkenswerten Schluß: »In der Novelle ist der Rückzug vom Romantischen noch augenfälliger als bei dem Geschichtsromane.«[62]

»Rückzug vom Romantischen« bedeutet demnach u. a. Hinwendung zu den »Realien«. Dafür geeignet ist eine metonymische Schreibweise, die auf Symbolisierungen verzichtet und den Begriffsinhalt des Tropus eng an die ›Realität‹ des eigentlich gemeinten Sachverhalts zurückbindet – Beispiele hierfür sind etwa Schlemihls Schatten in Chamissos Erzählung oder die Beinprothese des Kommandanten in Arnims *Der tolle Invalide*.[63] Dieser Tendenz entspricht, daß für Autoren wie Eichendorff, Hauff oder Häring jede poetische Bearbeitung immer zugleich eine Deutung der Überlieferung enthält, in der die jeweilige Tagesaktualität vorscheint (SW 3, S. 192);[64] gerade die Novelle bedient dieses Interesse, weil hier, so Eichendorff, »die Darstellung schon ganz entschieden aus der Vergangenheit in die allerneueste Gegenwart übersiedelt« wird.[65] »Ich habe schon bei einer andern Gelegenheit angedeutet, daß der Dichter […] seine Zeit nicht verläugnen kann und soll«, betont auch Ludwig Tieck in seinem Vorwort zu Üchtritz' *Alexander und Darius*.[66] Das offene Bekenntnis zur Parteilichkeit findet sich bei Historikern und Poeten des 19. Jahrhunderts gleichermaßen, die damit zum einen der Standortgebundenheit jeder historischen Betrachtung Rechnung tragen und zum anderen die Reflexion auf ihren je eigenen ›Gesichtspunkt‹ zur Voraussetzung für die Objektivierung des Interessanten erklären.[67]

---

62 Eichendorff, Joseph von: Werke in sechs Bänden, Bd. 6: Geschichte der Poesie. Schriften zur Literaturgeschichte, hrsg. v. H. Schultz, Frankfurt/M. 1990, S. 594, 596 (aus: *Der deutsche Roman des achtzehnten Jahrhunderts in seinem Verhältnis zum Christentum*).
63 Zu letzterem vgl. Ottmann, Achim von Arnim, S. 75-81.
64 Zeithistorisches Interesse kennzeichnen etwa Hauffs Napoleon-Darstellungen oder der historische Roman *Lichtenstein* (Pfäfflin, Wilhelm Hauff, S. 4, v.a. S. 66-78, Martini, Wilhelm Hauff, S. 459).
65 Eichendorff: Werke in sechs Bänden. Bd. 6, S. 596.
66 L.[udwig] Tieck: Vorrede, in: Fr.[iedrich] von Üchtritz: Alexander und Darius. Trauerspiel. Mit einer Vorrede von L. T., Berlin 1827, S. III-XVI, hier S. X.
67 Das vorwissenschaftliche Neutralitätspostulat (*sine ira et studio*) war seit Chladenius obsolet (vgl. Blanke, Horst Walter: Historiographiegeschichte als Historik, Stuttgart-Bad Cannstatt 1991, S. 144-153; S. 256-266). Zur Ausführung vgl. etwa Fouqué: Die Welt-Reiche zu Anfange des Jahres 1835. Eine Bilder-Reihe, Halle 1835, S. V.

Ganzheit

Der ›enge Raum‹ der Novelle (Hauff) muß nicht nur das ›Gewicht‹ historischer Stoffe aushalten – deren poetische Umsetzung bricht die Geschlossenheit der ›kleinen Form‹ auf. Erst dadurch tritt diese zu Roman und Drama tatsächlich in Konkurrenz. Der von Friedrich Sengle Theodor Mundt zugeordnete Befund, die Novelle sei »keine Universalpoesie«,[68] ignoriert nicht nur deren gängige Ausweitung zu Novellenzyklen, die den Einzeltext übergreifende Vertextungen hervorbringt,[69] sie läßt zudem die – Vorgaben des zeitgenössischen Romans adaptierende – Verkomplizierung novellistischen Erzählens außen vor. Mag die episodische Struktur der Novelle auch der Publikationssituation und damit den Marktverhältnissen geschuldet sein,[70] so imitiert ihre panoramatische Anlage den (historischen) Roman.

Diese Veränderung der Darstellung setzt das Ordnungsmodell der Frühromantik voraus. Gegen den Vorbehalt der Formlosigkeit des romantischen Kunstwerks behaupten sich Überlegungen zu dessen höherer Einheit aus dem vermeintlichen ›Chaos‹ seiner Anlage. Die scheinbar ›willkürlichen‹ Erscheinungen setzen sich – einem kompetenten Leser – zu einem harmonischen Ganzen zusammen.[71] Hauffs Besprechung von *Schloß Avalon* versammelt zentrale Momente dieser gewandelten Ganzheitskonzeption und greift damit Alexis' eigene Beobachtungen zu Wal-

---

68 Sengle: Biedermeierzeit, hier Bd. 2, S. 838.
69 Etwa durch Figuren wie »Räuber Orbasan« (vgl. Anm. 46).
70 »Das Journal, seine Marktbedingungen und Publikationsverhältnisse prägen Struktur und Sprache der darin erscheinenden Werke« (Meyer, Reinhart: Novelle und Journal, in: Lukas, Zwischen Restauration und Revolution, S. 234-250, hier S. 234). Vgl. dazu Werber, Niels: Der Markt der Musen. Die Wirtschaft als Umwelt der Literatur, in: Beobachtungen der Literatur. Aspekte einer polykontexturalen Literaturwissenschaft, hrsg. v. G Plumpe und N. W., Opladen 1995, S. 183-216, v. a. S. 190.
71 In dieser Hinsicht beispielhaft ist für August Wilhelm Schlegel Cervantes' *Don Quixote*: »Um es kurz zu sagen, im ächten Roman ist entweder Alles Episode oder gar nichts, und es kommt bloß darauf an, daß die Reihe der Erscheinungen in ihrem gaukelnden Wechsel harmonisch sei, die Phantasie festhalte und nie bis zum Ende die Bezauberung sich auflösen laße. Wenn je ein Roman dieß auf das vollkommenste geleistet hat, so ist es Don Quixote« (Sämmtliche Werke, hrsg. v. E. Böcking, Eilfter Band: Vermischte und kritische Schriften; Fünfter Band: Recensionen, Leipzig 1847, S. 411). Er folgt hierin der *Wilhelm Meister*-Kritik Friedrich Schlegels, der von der »gebildeten Willkür« der Textorganisation spricht (Kritische Ausgabe, hrsg. v. E. Behler unter Mitwirkung von J.-J. Anstett und H. Eichner. Zweiter Band: Charakteristiken und Kritiken I [1796-1801], München – Paderborn – Wien – Zürich 1967, S. 134).

ter Scott auf.[72] Der Roman gehe »Schritt vor Schritt an der langen Reihe von Ereignissen hin, die ihm en haut relief zum Hintergrund dienen«; die dadurch erzielte »innere Harmonie« sei »den reinen Formen der höhern Architektur« (SW 3, S. 200) vergleichbar. Ein »Zentrum« fehle (S. 201), statt dessen zerfalle der Roman in »einzelne kleine Abschnitte«, in ›mannigfaltige‹, stetig wechselnde »Bilder«, deren ›innerer Zusammenhang‹ durch den »raschen Gang der Erzählung« verdeutlicht wird (S. 204f.).

Eine besondere Rolle spielt für diese Darstellungsform der Rezipient, dessen Kompetenzzuwachs dem panoramatischen Verfahren von vornherein – gewissermaßen per definitionem – eingeschrieben ist. Das Panorama verschiebt die Aufmerksamkeit vom Kunstwerk als dem Objekt der Betrachtung auf den Betrachter: Bei einer antiken Statue

> steht das Kunstwerk […] im Mittelpunct, und der Beschauer bewegt sich darum her; er muß es von allen Seiten umhergehend betrachten, wenn er es verstehen will; mit anderen Worten, das Kunstwerk ist die Sonne, der Zuschauer hingegen, der Planet. Im Panorama andrerseits kehrt sich das ganze Verhältniß des Betrachters und des Kunstwerks um: hier steht der Zuschauer im Mittelpunct, und das Kunstwerk läuft um ihn herum; der Betrachter ist hier die Sonne und das Kunstwerk ist der Planet.[73]

Mit anderen Worten: Es fällt nun in den Verantwortungsbereich des Rezipienten, die Versatzstücke, Einzelteile und Fragmente des Textes zu einem Ganzen zusammenzusetzen.

Einen idealen Betrachter in dieser Hinsicht stellt Hoffmanns *Des Vetters Eckfenster* vor. Zum einen wird aus erhöhter Position das gesamte Marktgeschehen auf einmal erfaßt, zum anderen überführt die Narration (bzw. der Dialog) diese Totale in die Sukzession des subjektiven, selektierenden Blicks.[74]

---

72 W.[illibald] A.[lexis]: The Romances of Walter Scott […] – Romane vom Walter Scott, in: Wiener Jahrbücher der Literatur. Bd. 22 (1823) S. 1-75.
73 [Adam Müller]: Noch etwas über den Unterschied des antiken und modernen Theaters, in: Phöbus. Ein Journal für die Kunst, hrsg. v. H. v. Kleist und A. H. M. Erster Jahrgang. Achtes Stück, August 1808, S. 45-47, hier S. 45. Diese Rezeptionshaltung eignet Schiller zufolge gerade erzählenden Formen: »Die dramatische Handlung bewegt sich vor mir, um die epische bewege ich mich selbst, und sie scheint gleichsam stille zu stehen« (Schiller an Goethe, 26. Dezember 1797; Der Briefwechsel zwischen Schiller und Goethe, hrsg. v. E. Staiger, Frankfurt/M. 1977, S. 524-527; S. 524).
74 Vgl. dazu Eicher, Thomas: »Mit einem Blick das ganze Panorama des grandiosen Platzes«. Panoramatische Strukturen in *Des Vetters Eckfenster* von E.T.A. Hoffmann, in: Poetica 25 (1993), S. 360-377.

Dieses als Seh-Schule vorgestellte Projekt des ›mündigen‹ Betrachters markiert nun aber zugleich die entscheidende Differenz zwischen romantischen und frührealistischen Verfahren. Auf einen Nenner gebracht, subvertiert frührealistisches Erzählen jegliche Form von Auktorialität – und zwar sowohl die Souveränität des Lesers als auch diejenige des Erzählers. ›Wirklichkeit‹ ist lediglich das Ergebnis perspektivischer Setzung, Deutungsunsicherheiten konstituieren dieses Erzählen. Bezogen auf Hoffmanns späten Text: ›Frührealistisches‹ Vorgehen entlarvt die ›göttliche‹ Potenz des Vetters als literarische Allmachtsphantasie.[75]

Tiecks Schlüsselnovelle *Des Lebens Überfluß* ist für dieses Verfahren permanenter Relativierung ein signifikantes Beispiel.[76] Die Frage »Was ist Wahrheit?« bestimmt nicht nur das Thema des Textes,[77] sondern zudem dessen Anlage und Erzählhaltung. Zusammengefaßt stellen Einleitungspassage und Schlußsequenz den eigentlichen Handlungsteil der Novelle (die Dachstubenexistenz der beiden Liebenden) als Option bzw. als Ergebnis einer Spekulation dar. Zu Beginn des analytisch disponierten Textes zeigt sich, daß es über Verlauf und Ausgang der nachholend zu skizzierenden Begebenheit keine sicheren Auskünfte gibt. Es existieren lediglich die »seltsamsten und widersprechendsten Gerüchte«, durch die bekanntlich »auch das Gewöhnliche die Farbe der Fabel annimmt.«[78] Das Gerücht an sich hat poetisierende Wirkung.

Das Panorama der Meinungen führt keinesfalls zu einem stringenten »Zusammenhang« der Ereignisse, sondern zu einer Vielfalt an Deutungen: »Jeder legte sich die Sache aus, wie Laune oder Phantasie sie ihm erklären mochten.«[79] Daß es sich bei der nun folgenden Geschichte lediglich um *eine* ihrer möglichen Versionen handelt,[80] zeigt die gewaltsame ›Rettung‹ des Paars durch den Freund Vandelmeer am Schluß der

---

75 Brecht liest die Forderung nach »*Punktualität* der Novelle« in Tiecks Wendepunkttheorie als »Verzicht auf die auktoriale Konstruktion von Totalität« (Die gefährliche Rede, S. 184).
76 In dieser Hinsicht geht die Novelle über eine »parodische Re-Lektüre der Romantik« (Kremer, Prosa der Romantik, S. 31) noch hinaus.
77 Was ist der »Inhalt des menschlichen Lebens, dessen Bedürfnis, Überfluß und Geheimnis«? (Tieck, Des Lebens Überfluß, S. 249; vgl. v. a. S. 228-230).
78 Ebd., S. 193.
79 Ebd., S. 194.
80 Diese beginnt mit dem Wechsel ins Innere des Hauses (»Um Weihnachten war es [...]«); die im vorherigen Abschnitt geäußerte ›Gewißheit‹ bezieht sich auf von außen beobachtbare Sachverhalte: »Soviel ist gewiß, dieser unbekannte Mann lebte sehr still und eingezogen, man sah ihn auf keinem Spaziergange [...]« (ebd., S. 194).

Erzählung. Das dabei zitierte Prinzip des *Deus ex machina* – im Text durch den Hinweis auf Goethes *Götz* und die nicht gerechtfertigte Ankündigung der Ankunft des Königs selbst kommentiert[81] – macht aus der ›Welt‹ des Textes eine Bühne. Die märchenhafte Schlußgebung widerspricht nicht etwa dem zugrunde gelegten Realismus-Konzept,[82] sondern bestätigt dieses, indem der Verweis auf den rein literarischen Status des Finales ›Wirklichkeit‹ als ›Möglichkeit‹ vorführt; das Finale ist insofern willkürlich, als auch ein Tragödienschluß denkbar gewesen wäre. Die vorgeschlagene Geschichte von Clara und Heinrich konterkariert zwar die anfänglichen Gerüchte, indem sie deren Genese beschreibt und zugleich eine davon komplett abweichende Fassung bietet, sie kann aber weder Vollständigkeit noch ›Wahrheit‹ beanspruchen.

Vieldeutigkeit

Das ›romantische Buch‹[83] und frürealistische Novellistik sind denkbar weit voneinander entfernt. Überlegungen zur Annäherung dieses Erzählens an die Unmittelbarkeit des Dramas reden nicht etwa einer Wiederauflage frühromantischer Forderungen nach einer alle Gattungen umfassenden Universalpoesie das Wort. Dergleichen Ansätze zur Aufhebung von Gattungsgrenzen werden nicht weiterverfolgt; die radikale Umsetzung in der Experimentalanordnung ›romantisches Lustspiel‹ hatte ja nicht einmal die Protagonisten dieser Versuche überzeugt.[84] Statt dessen wendet das frühreralistische Erzählen Verfahren an, die ›dramatische‹ Wirkung zeitigen, ohne daß dadurch der fragliche Text ›dramatisch‹ würde.

81 Ebd., S. 245.
82 So Mühl über eine vergleichbare Konstellation in Tiecks *Weihnacht-Abend*; ›realistisch‹ heißt hier ›gesellschaftskritisch‹: »Hätte Tieck auf den dann folgenden Märchenschluß verzichtet [...], so wäre die gesellschaftskritische Komponente der Novelle stärker sichtbar geblieben. Der Märchenschluß aber zeigt, daß er auf die typischen Rezeptionsmuster seiner Leserschaft einzugehen bestrebt ist« (Mühl, Beate: Romantiktradition und früher Realismus. Zum Verhältnis von Gattungspoetik und literarischer Praxis in der Restaurationsepoche [Tieck-Immermann], Frankfurt/Bern 1983, S. 183, vgl. auch S. 189 und zu *Des Lebens Überfluß* S. 292).
83 Novalis: Schriften, Zweiter Band: Das philosophische Werk I, hrsg. v. R. Samuel, 2. nach den Handschriften ergänzte, erweiterte und verbesserte Auflage, Stuttgart 1960, S. 599.
84 Tieck hält die an seinen generischen Experimenten orientierten Arbeiten für »krankhaft und manierirt«: »Ich habe überhaupt keine Freude an allen den Sachen, die wir veranlaßt haben« (Tieck an F. Schlegel, 26. August 1813; Ludwig Tieck und die Brüder Schlegel. Briefe. Auf der Grundlage der von Henry Lüdeke besorgten Edition neu hrsg. und kommentiert v. E. Lohner, München 1972, S. 175).

Nukleus auch dieses Vorgehens ist die erzählerische Polyperspektivierung von Vorgängen, für die es im Bemühen um ›historiographische‹ Objektivität keine einsinnige Erklärung mehr geben kann. Die auktoriale Macht des Erzählers besteht nun darin, die eigene Souveränität als rein literarische vorzuführen, Ungereimtheiten und Widersprüche im Erzählverlauf markieren die Verabschiedung des quasigöttlichen Betrachters. Die Brüskierung von Lesererwartungen wird zum Programm – besonders auffällig in Kriminalerzählungen, in denen wie in Annette von Droste-Hülshoffs *Die Judenbuche* die Aufklärung eines Mordes verweigert wird. In einer »erdichteten Geschichte« dürfe man die »Neugier des Lesers« auf völlige (und zwar gerechte) Aufklärung nicht »täuschen«,[85] wohl aber in einer historiographischen, die sich der ›unparteiischen‹[86] Rekonstruktion des ›Wirklichen‹ verpflichtet hat und so auf Informationen von außen angewiesen ist: »[D]ieß Alles hat sich wirklich zugetragen; ich kann nichts davon oder dazu thun«.[87]

Das Leserinteresse wird in diesem Sinne weniger *ge*täuscht (in die Irre geleitet) als vielmehr *ent*täuscht, gesteigert noch dadurch, daß auch die theologische und mythologische Dimension des Textes[88] die Komplexität der kriminologisch orientierten Fallstudie nicht zurücknimmt. Keines der angebotenen Deutungsmuster, die unterschiedlich wirkmächtig der zeitgenössischen Realität oder der Tradition entnommen sind, erhält den Vorzug.[89] Neben Widersprüchen in der Darstellung oder in der Beurtei-

---

85 Droste-Hülshoff, Annette von: Historisch-kritische Ausgabe. Werke, Briefwechsel, hrsg. v. W. Woesler, Bd. V,1: Prosa. Text, bearbeitet von W. Huge, Tübingen 1978, S. 25.

86 Ebd., S. 3. Die ›Kälte‹, d.h. Objektivität, dieses kriminologischen und zugleich historiographischen Erzählens ist der »republikanische[n] Freiheit des lesenden Publikums« geschuldet, »dem es zukömmt, selbst zu Gericht zu sitzen« (Schiller, Friedrich: Sämtliche Werke. Fünfter Band: Erzählungen. Theoretische Schriften. Auf Grund der Originaldrucke hrsg. v. G. Fricke und H. G. Göpfert, 9., durchgesehene Auflage, München 1993, S. 14).

87 Droste-Hülshoff, Historisch-kritische Ausgabe, Bd. V,1, S. 25. – Zu den sozialpsychologischen und sozialkritischen Dimensionen frührealistischen Erzählens am Beispiel der *Judenbuche* vgl. Schneider, Ronald: Möglichkeiten und Grenzen des Frührealismus im ›Biedermeier‹. *Die Judenbuche* der Annette von Droste-Hülshoff, in: Der Deutschunterricht 31 (1979), H. 2, S. 85-94.

88 Ausführlich bei Rölleke, Heinz: Annette von Droste-Hülshoff, *Die Judenbuche*, in: Erzählungen und Novellen des 19. Jahrhunderts. Bd. 2. Erweiterte Ausgabe, Stuttgart 1997, S. 7-39.

89 Unter Berücksichtigung der unterschiedlichen Textfassungen dazu Kortländer, Bernd: Wahrheit und Wahrscheinlichkeit. Zu einer Schreibstrategie in der *Juden-*

lung von Situationen, die einem konsequenten Perspektivismus geschuldet sind,[90] fallen hierfür v. a. Insinuationstechniken ins Gewicht, die sich auf Andeutungen beschränken oder die Redeposition gar nicht erst klären. Die Hintergründe von Margrets Verzweiflung über ihren Bruder Simon werden ebensowenig erläutert[91] wie Margrets Bewertung der Ermordung des Försters.[92] Bezeichnenderweise geht der Text an diesen Stellen aus der epischen Distanz in die Figurenrede über; die Nähe zur dramatischen Unmittelbarkeit der Darstellung wird evident.

Die Gesprächsteilnehmer reden aneinander vorbei; die unverbundenen Redeeinsätze erzeugen den Eindruck von Simultaneität; der Dialog weitet sich ins Chorische.[93] In Johann Peter Hebels Basler Anekdote *Teures Späßlein* gelingt die realistische Abbildung einer Wirtshausszenerie durch die Aufteilung des ›Erzählraums‹ in Vorderbühne und Hintergrund. Das Gespräch zwischen Wirtin und Gast über die Qualität des Biers sowie die Gespräche der anderen Gäste über die Differenz zwischen Kamel und Trampeltier finden gleichzeitig statt, verstärkt noch durch den zurückhaltenden Einsatz epischer Klammern, die eine Ablauflogik inszenieren und das Geschehen für den Leser ordnen.[94] Die Parteien sind klar getrennt und stehen doch unter wechselseitiger Beobachtung: »Jeder glaubte, der andere habe ein Bratwürstlein bestellt, oder etwas, und ›es ist doch ein Kamel‹, sagte ein dritter, ›denn es ist weiß, die

---

buche der Droste, in: ZfdPh 99 (1979), Sonderheft, S. 86-99. – Dagegen die Vertreter einer antirealistischen Deutung der *Judenbuche*, die diese irritierenderweise entweder gerade auf die Lückenhaftigkeit der Darstellung beziehen oder die im Gegenteil auf einer im Text angelegten Auflösbarkeit vermeintlicher Unklarheiten insistieren (etwa Sengle, Biedermeierzeit, hier Bd. 3, S. 628f./Anm.; Rölleke, Droste-Hülshoff, *Die Judenbuche*, S. 27/30, 28f.).

90 Vgl. die Beispiele bei Rölleke, Droste-Hülshoff, *Die Judenbuche*, S. 23-26.
91 »›Ein falscher Eid, ein falscher Eid!‹ stöhnte sie. ›Simon, Simon, wie willst du vor Gott bestehen!‹« (Droste-Hülshoff, Historisch-kritische Ausgabe, Bd. V,1, S. 15).
92 »›Gott im Himmel, geh' nicht mit ihm in's Gericht! er wußte nicht, was er that!‹« (Ebd., S. 21). Für wen bittet Margret? Zur Auswahl stehen der Förster, der Bruder oder Friedrich; auch der Amtsschreiber ist sich nicht sicher: »›Mit ihm!‹ rief der Amtsschreiber, ›mit dem verfluchten Mörder, meint Ihr?‹« (Ebd.).
93 Ebd., S. 19.
94 Hebel, Johann Peter: Poetische Werke. Nach den Ausgaben letzter Hand und der Gesamtausgabe von 1834 unter Hinzuziehung der früheren Fassungen. Mit einem Nachwort von Theodor Salfinger, München 1961, S. 240f., hier S. 241: »Nach einigen Minuten, als unterdessen die Gäste miteinander diskutierten« oder »Unterdessen kam die Wirtin wieder mit einem Teller voll zarter Kukümmerlein aus dem markgräfischen Garten«.

Trampeltiere sind braun.‹« Am Schluß erst werden beide Ebenen überblendet: »Also lachten die andern nicht mehr den Wirt aus, sondern den Gast [...]«.[95]

4. ›Sich ereignet‹ und ›unerhört‹. Resümee

Mit seiner Unterscheidung von ›poetischer‹ und ›getreuer‹ Wahrheit grenzt Hauff ›romantische‹ und ›frührealistische‹ Schreibweise voneinander ab; er inszeniert diese Differenzierung als vorweggenommene ›Epigonalität‹ der eigenen Produktion und begründet diese damit zugleich. Das Spiel mit der ›Einflußangst‹ des Dichters generiert demzufolge ein neues poetisches Selbstverständnis.[96] ›Romantische Schreibweise‹ bezieht Hauff in diesem Zusammenhang auf »eine geheimnisvolle Kraft«, vermittels deren die Novellenproduktion starker Autoren wie de Vega, Boccaccio, Goethe, Calderón, Tieck, Scott, Cervantes oder Alexis »zur schönsten Wahrheit geworden« sei. Weniger befähigte Autoren dagegen seien darauf angewiesen, »zu allerlei Notbehelf ihre Zuflucht [zu] nehmen«, damit nicht »ihre Wahrheit als schlecht erfundene Lüge erscheint« (SW 2, S. 331).

Diese »Notbehelfe«, vorausgehend als frührealistische Verfahren bezeichnet, konstituieren Hauffs Märchen und Novellen gleichermaßen. Zusammenfassend sei auf das sorgfältige Quellen- und Detailstudien erfordernde historiographische Interesse hingewiesen, das *Jud Süss* ebenso auszeichnet wie *Lichtenstein*[97] oder *Das Bild des Kaisers*, das mit der Konfrontation preußischen und schwäbischen Politikverständnisses Hauffs ›kosmopolitischen Nationalismus‹[98] belegen kann. – Mit Goethe geht es dabei erstens um die Darstellung einer »sich ereignete[n]« »Begebenheit«.[99]

---

95 Hebel, Poetische Werke, S. 241.
96 Dagegen übersieht Martini die satirisch-kritische Tendenz der ›Spöttlich-Vorrede‹, die er als eine Art Kapitulation Hauffs vor den Ansprüchen ›höherer Poesie‹ liest; die neue Qualität der dadurch initiierten Novellenproduktion und das damit verbundene Selbstbewußtsein des Autors geraten völlig aus dem Blick (Martini, Wilhelm Hauff, S. 464).
97 Zu den Quellen vgl. SW 2, S. 747.
98 Vgl. dazu ausführlich SW 3, S. 178.
99 Eckermann, Johann Peter: Gespräche mit Goethe in den letzten Jahren seines Lebens, in: Johann Wolfgang Goethe: Gedenkausgabe der Werke, Briefe und Gespräche, hrsg. v. E. Beutler. 24. Band, Zürich 1948, S. 225 (29. Januar 1827). – Goethe wird dadurch keinesfalls zu einem Vertreter des erzählerischen Frührealismus; bekanntlich interessiert er sich nicht so sehr für »das Reale« als vielmehr für das ›Ideale‹, »das aus dem Herzen des Dichters hervorging« (Ebd., S. 213; 18. Januar 1827).

Die panoramatische Ordnung als strukturierendes Moment dieses Erzählens begründet – neben dem auch marktstrategisch nachvollziehbaren Interesse an Zyklenbildung – einerseits die Episodizität selbst von ›kleinen‹ erzählenden Texten wie *Die Errettung Fatmes*.[100] Andererseits ergeben sich daraus perspektivische Beschränkungen, die unterschiedliche, sich teilweise ausschließende Wahrnehmungen parallel setzen. – Wiederum mit Goethe geht es also zweitens um die Darstellung einer »unerhörte[n] Begebenheit«,[101] einer ›wundersamen‹ Geschichte im genannten semantischen Spektrum des Begriffs. So beobachtet »die neugierige Menge« in Hauffs *Jud Süss* den württembergischen Finanzdirektor Süß beim Kartenspielen und stellt fest, daß er große Summen, »ohne eine Miene zu verändern, hingab oder gewann«; dieselbe Situation stellt sich Gustav Lanbek völlig anders dar, der, die vorherige Gleichsetzung des Juden mit dem Teufel bestätigend (SW 2, S. 475), über »ein heiseres, gezwungenes Lachen« erschrickt, »womit der jüdische Minister Gewinn oder Verlust begleitete« (S. 481). Dem Realitätsprinzip verpflichtet, erfolgen keine Korrekturen; »Wirklichkeit« ist jeweils Ergebnis einer spezifischen Wahrnehmung. Ihre Beschreibung muß unter dieser Voraussetzung konjunktivisch beiben.

Wie Tiecks Dachstuben-Phantasie in *Des Lebens Überfluß* als Möglichkeit einer Realisierung der vorab geäußerten Vermutungen über das Geschehen vorgeführt wird, so inszeniert sich auch Hauffs zu Unrecht geschmähte Novelle *Die Sängerin*[102] als eine Art Deutungsvorschlag. Gerüchte leiten in »ein furchtbares Dunkel« ein, das »über der Sache« liegt (SW 2, S. 542), »einige Leute wollten gesehen haben, daß […]«, aber »[w]eiter weiß niemand etwas Gewisses« (S. 541). Zwar holt die anschließende Erzählung die Geschichte über die (vermeintlich ermordete) Sängerin Fiametti ein, die permanente Reflexion auf die bloße Konstruierbarkeit von Wahrheit und Wirklichkeit aber, die selbst Gegenstand der Erzählung wird, weist dieser Geschichte den Status einer (wenig aussagekräftigen) Version zu. Schon in der *Othello*-Inszenierung nämlich war »der Effekt« von Fiametti-Desdemonas Ermordung »so grausam wahr und wahrhaft greulich, daß man meinte, der Mohr habe sie in der Tat erdolcht« (S. 543). Die Frage nach den Bedingungen der Annäherung an ›Wahrheit‹ bzw. nach der Qualität von ›Lüge‹ ist selbst wieder nur literarisches Zitat, wenn etwa der Kapellmeister die eigene Orientierungslosig-

---

100 Mehrsträngige Handlungsführung mit Unterbrechungen, Verwechslungen/Rollenspielen (SW 2, S. 50-65).
101 Eckermann, Gespräche mit Goethe, S. 225.
102 Vgl. Martini, Wilhelm Hauff, S. 447, 464.

keit in die bekannten Worte Karl Moors aus Schillers *Die Räuber* IV/5 faßt: »Es ist alles so finster – verworrene Labyrinthe – kein Ausgang – kein leitendes Gestirn« (S. 569). Jede Versprachlichung provoziert Interpretationsbedarf (»Ich darf nichts mehr reden, so wird es rapportiert, gedeutet«, S. 573), so daß schließlich nur die später von Tieck perfektionierte gewaltsame Auflösung bleibt, um überhaupt zu einem (hier positiven) Ende zu gelangen. Dieses wird allerdings schon dadurch nicht als Tatsache, sondern als ein Akt der Willkür erkennbar: Der Kapellmeister entpuppt sich als Sohn des Kommerzienrats und Geliebter der Sängerin (S. 582).

Die entscheidenden Neuerungen *späterer* Darstellungsformen von Realität liegen m.E. (1.) in der Abkehr von diesem hier so genannten ›frührealistischen Konjunktiv‹. In Storms früher Erzählung *Im Schloss*, in ihrer Disposition Hauffs *Die Sängerin* und Tiecks *Des Lebens Überfluß* vergleichbar, wird nach den expositorischen Vorschlägen der Dorfbewohner über die Geschehnisse im Schloß[103] nicht etwa eine *mögliche* Auflösung der Geschichte vorgeführt, sondern ihre *tatsächliche*. Das ›Ungewöhnliche‹ und ›Überraschende‹ lehnt Storm später explizit für die ›geschlossene Form‹ der Novelle ab,[104] und so steht bereits in der frühen Erzählung die Glaubwürdigkeit des Berichterstatters beim harten Wechsel von der Außenbeobachtung durch das Dorf ins Innere des Schlosses[105] nicht in Frage. Referenzen auf die Literarizität des Vorgeführten fehlen, und der sich anschließende Wechsel in die Figurenperspektive (Tagebuch) beglaubigt den auktorialen Bericht.[106]

Als (2.) unterscheidendes Moment ist die ›realistische‹ ›Einsicht‹ in die Unmöglichkeit erzählerischer Unmittelbarkeit zu nennen. Bricht der Erzähler in Mörikes Novelle *Mozart auf der Reise nach Prag* die Beschreibung der Verlobungsfeier von Eugenie und Max ab, weil sich »solche

---

103 Vgl. die Außenbeobachtung »*Von der Dorfseite*« zu Beginn der Erzählung (Storm, Theodor: Sämtliche Werke in vier Bänden. Bd. 1: Gedichte. Novellen. 1848-1867, hrsg. v. D. Lohmeier, Frankfurt/M. 1987, S. 480-484), zusammenfassend: »Das Gerücht war von Allem unterrichtet, von dem, was geschehen, und noch mehr von dem, was nicht geschehen war« (S. 483).

104 Storm, Theodor: Sämtliche Werke in vier Bänden. Bd. 4: Märchen. Kleine Prosa, hrsg. v. D. Lohmeier, Frankfurt/M. 1988, S. 408f. (aus: [*Eine zurückgezogene Vorrede.* 1881]): »Sie ist nicht mehr, wie einst, ›die kurzgehaltene Darstellung einer durch ihre Ungewöhnlichkeit fesselnden und einen überraschenden Wendepunkt darbietenden Begebenheit‹; die heutige Novelle ist die Schwester des Dramas und die strengste Form der Prosadichtung […]«.

105 Storm, Sämtliche Werke, Bd. 1, S. 484: »*Im Schloß*«.

106 Ebd., S. 490: »*Die beschriebenen Blätter*«.

Dinge« »für die Erzählung kaum festhalten« lassen, »sie wollen eigentlich nicht wiederholt sein, weil eben das, was sie an ihrem Ort unwiderstehlich macht, die allgemein erhöhte Stimmung, der Glanz, die Jovialität des persönlichen Ausdrucks in Wort und Blick fehlt«,[107] so gehört, wie dargestellt, gerade die Erzeugung von Effekten augenblickshaften Geschehens zu den zentralen Merkmalen frührealistischen Erzählens. Während sich also, mit Gerhard Plumpe, »der Realismus jene ›Wirklichkeit‹ erfinden mußte, als deren ›Verklärung‹ er sich dann verstanden hat«,[108] kann es im frührealistischen Erzählen so etwas wie einen »›Tiefenblick‹«[109] auf ein eigentliches Sein hinter der Oberfläche der Dinge gar nicht geben. Wenn »Wirklichkeit« im Grunde nur ein ›Gerücht‹ ist, dann ist es eben, wie es in Hauffs *Die Sängerin* heißt, sehr »schwer, sich aus den verschiedenen Gerüchten auf das Wahre durchzuarbeiten« (SW 2, S. 540).

---

107 Mörike, Eduard: Werke in einem Band, hrsg. v. H. G. Göpfert, 4., durchgesehene Auflage, München – Wien 1993, S. 945.
108 Plumpe, Gerhard: Einleitung, in: Bürgerlicher Realismus und Gründerzeit 1848-1890, hrsg. v. E. McInnes und G. P. (Hansers Sozialgeschichte der deutschen Literatur vom 16. Jahrhundert bis zur Gegenwart. Bd. 6), München – Wien 1996, S. 17-83, hier S. 83.
109 Ebd., S. 55.

Günter Oesterle

Die Wiederkehr des Virtuosen?
Wilhelm Hauffs Anschluß an das Eklektizismus-Konzept der Pariser Zeitschrift *Le Globe*

zum 60. Geburtstag von Gerhard R. Kaiser

1. Die einseitige Orientierung am »Erfolgsgeheimnis Hauffs«

Hauffs Werk und Erfolg wurden in der Forschung immer wieder aufs neue und variantenreich durch drei Topoi charakterisiert. Es wird zwar zugestanden, Hauff sei ein »vielseitiges Talent von erstaunlicher Fruchtbarkeit und formaler Leichtigkeit« gewesen;[1] dieses positive Urteil wird aber eingeschränkt und relativiert durch drei kritische Einschätzungen seiner literarischen Leistungen. Danach ist Wilhelm Hauff ein »Erfolgsautor«, der 1. »da unoriginell und unreif, jeweils verschiedenen Vorbildern« gefolgt sei[2] und, korrespondierend dazu, sich 2. »bedingungslos an literarisch populäre Geschmackskonventionen«[3] angeschlossen habe. Diese kritischen Beschreibungen gipfeln 3. in der Aussage:

> Viel Verständnis für Literatur hatte er auch nicht. Seine Helden sind leer und ihre Geschicke ebenfalls. Aber wenn es ein Gebiet gab, auf dem er ein wirklich bewundernswürdiges Talent besaß, so war es das der Technik[4].

Die Wirkmächtigkeit dieser drei Topoi, Eklektizismus, Marktanpassung und virtuose Technik, scheint so stark und umfassend zu sein, daß das Interesse der Forschung an Hauffs spezifischer Literarizität gegenüber der fast ausschließlichen Konzentration auf die soziologische Analyse eines Erfolgsautors marginalisiert wurde. Unter dem Gesichtspunkt der

---

[1] Wilpert, Gero von: Deutsches Dichterlexikon, Stuttgart 1988, S. 313.
[2] Ebd.
[3] Bachmaier, Helmut: Die Konzeption der Arrivierung. Überlegungen zum Werke Wilhelm Hauffs, in: Schiller Jahrbuch 23 (1979), S. 308-343, hier: S. 315.
[4] Sommermeyer, Erwin: Hauffs Memoiren des Satan nebst einem Beitrag zur Beurteilung Goethes in den zwanziger Jahren des 19. Jahrhunderts, Berlin 1932, S. 122.

raffinierten Nutzung von Marktmechanismen avanciert Wilhelm Hauff zu einem »Musterfall« mit »paradigmatischer sozialhistorischer Aussagekraft«[5]. Mit kaum verhohlenem denunziatorischem Unterton wird Hauffs Streben nach »sozialer Anerkennung«, sein »Arrivierungs«-Konzept, ja seine »Versalität im Verändern eigener Werthaltungen«[6] herausgearbeitet. Man hat den Eindruck, Carl Schmitts Okassionalismusvorwurf gegenüber den romantischen Schriftstellern habe hier überlebt.[7] Auffällig ist, daß sich derartige sozialgeschichtlich und sozialpsychologisch vorgehende Studien zur Strategie des Erfolgsautors Wilhelm Hauff auf »vorrangig soziobiographisches Quellenmaterial«, d.h. weitgehend auf die Briefe, stützen.[8] Der historische wie literaturpolitische Kontext bleibt genauso ausgeblendet wie die ästhetische Reflexion des Autors Hauff. Die Reduktion des Untersuchungsfeldes scheint durch folgende Hintergrundargumentation legitimiert: Wenn sich dieser Autor zur Durchsetzung auf dem Buchmarkt derart zweideutiger und »korrupter«[9] Mittel bedient, dann wird die ästhetische und artistische Qualität seiner Schriften auch auf diesem Niveau anzusiedeln sein. Entsprechend ungeniert glaubt man Ironiesignale des Autors übergehen und komplexe Argumentationen desselben auf dessen angeblich »lakonisch[en]«, auf die krude Faktizität bezogenen Kommentar reduzieren zu dürfen.

So wird beispielsweise mit einer hochironischen Typologie verfahren, die Hauff in einem seinen Novellen vorangestellten »Vertrauliche[n] Schreiben an Herrn W. A. Spöttlich« (!) konstruiert. Hauff führt in diesem Paratext zwei Typen von Novellendichtern ein: Auf der einen Seite existieren »die besten und berühmtesten Novellendichter Lopez de Vega, Boccaz, Goethe, Calderon, Tieck, Scott, Cervantes«, die mit Hilfe einer ihnen zur Verfügung stehenden »magische(n) Springwurzel« »alles was sie gelogen haben zur schönsten Wahrheit« umschaffen.[10] Im Unterschied

---

5 Clausen, Bettina: Schriftstellerarbeit um 1825. Autonomes und kopiertes Wert-Verständnis am Muster Wilhelm Hauff, in: Vom Wert der Arbeit. Zur literarischen Konstitution des Wertkomplexes Arbeit in der deutschen Literatur (1770-1930), hrsg. v. H. Segeberg, Tübingen 1991, S. 159-193, hier: S. 181.
6 Ebd., S. 175.
7 Schmitt, Carl: Politische Romantik, Berlin 1982.
8 Clausen, Schriftstellerarbeit um 1825, S. 175.
9 Ebd., S. 183.
10 Hauff, Wilhelm: Vertrauliches Schreiben an Herrn W. A. Spöttlich, in: Wilhelm Hauff: Sämtliche Werke in drei Bänden. Nach den Originaldrucken und Handschriften. Textredaktion und Anmerkungen von Sibylle von Steinsdorff. Mit einem Nachwort und einer Zeittafel von Helmut Koopmann, München 1970, Bd. 3, S. 149. Nach dieser Ausgabe wird im folgenden zitiert.

zu diesen Genies bleibt auf der anderen Seite »uns geringen Burschen nichts übrig, als nach einer Novelle zu spionieren« (II, 332). Der sich mit diesen Überlegungen einführende junge und unbekannte Novellendichter berichtet daraufhin, daß er die erste der nun folgenden Novellen von »der guten Frau Welkerslohn« (!), die zweite hingegen »aus dem Munde der alten Gräfin Nelkenroth« (!) (II, 332) erfahren habe. Die sich sozialgeschichtlich verstehende Literaturwissenschaft verwandelt einen derartig ironischen Prätext in die den Autor denunzierende Aussage, Hauff habe gefordert, »der Autor habe zu ›spionieren‹«.[11]

Auf ähnliche Weise werden nachvollziehbare Selbstbehauptungsstrategien eines jungen, noch unbekannten Schriftstellers gegenüber einem mächtigen Verleger[12] umgedeutet in eine ästhetisch ambitionierte »forcierte Originalitäts- und Autonomiebehauptung«.[13]

Hauff wird damit literatursoziologisch auf einen »Marketing-Charakter« reduziert und zugleich psychoanalytisch auf eine »Narzißmus-Variante« des »every body's darling« festgelegt.[14] Der historische Kontext bleibt ausgeblendet. Die Tatsache, daß andere zeitgenössische Autoren beim Einstieg in ihre literarische Karriere vergleichbare Mystifikationen vornahmen, bleibt unberücksichtigt.[15] Entwicklungsmöglichkeiten werden einem so erfolgsverwöhnten und zudem früh verstorbenen Schriftsteller gar nicht erst eingeräumt. Das 1971 gefällte Urteil Fritz Martinis, Hauff »war weder darauf angelegt noch blieb ihm Zeit ein kritisch-ästhetisches Bewußtsein zu entwickeln«,[16] wurde ungeprüft übernommen. Die Analysen seiner publizistischen Schriften und die Berücksichtigung seiner Zeitschriftenprojekte dürfte es allerdings fragwürdig machen, weiterhin von einer »naiv-belletristischen Zeitgebundenheit«[17] Hauffs zu sprechen.

Vielmehr deutet vieles darauf hin, daß hinter den Marktstrategien Hauffs ein literarästhetisches, ja sogar ein literaturpolitisches Konzept steht. Eine Voraussetzung für eine diesbezügliche neue Sicht auf Hauff

---

11 Hauff, Bd. 3, S. 168.
12 Die Argumentation der Forschung bezieht sich auf Briefstellen von Hauff, in denen er behauptet: »Durch mich selbst wollte ich mir einen Namen machen.«
13 Clausen, Schriftstellerarbeit um 1825, S. 170.
14 Ebd., S. 184.
15 Niehaus, Michael: Autoren unter sich. Walter Scott, Willibald Alexis, Wilhelm Hauff und andere in einer literarischen Affäre, Heidelberg 2002.
16 Martini, Fritz: Wilhelm Hauff, in: Deutsche Dichter der Romantik, hrsg. v. B. v. Wiese, Berlin 1971, S. 445.
17 Ebd.

und sein Werk dürfte allerdings sein, daß die spezifische politisch-publizistische Sondersituation Württembergs in den 20er Jahren des 19. Jahrhunderts in den Blick genommen wird. Im Anschluß daran wäre zu prüfen, ob Hauffs Stilideal »weltmännischer«[18], urbaner, von Eleganz geprägter Literatur nicht als Schreibprojekt konzipiert ist, das sich drei Aufgaben zum Ziel gesetzt hat: erstens im heimischen Markt die Grenze zwischen anspruchsvoll populärer und trivialer Literatur neu zu vermessen und neu zu ziehen – mit all den unumgehbaren Risiken eines Grenzübertritts –, zweitens den Versuch zu starten, ein aus Westeuropa und Amerika inspiriertes Literaturkonzept zu etablieren, und drittens dieses mit den avanciertesten deutschen narratologischen Experimenten zu verbinden. Hauffs raffiniertes, listiges und mystifizierendes Agieren auf dem Buchmarkt wäre dann nicht zu trennen von dem literarischen Experiment, einerseits Grenzphänomene des Ästhetischen wie das Pikante und Reizende narratologisch in das eigene Konzept zu reintegrieren, andererseits die eigenen Schreibmöglichkeiten durch den Anschluß an ausländische Schreibmanieren zu erweitern. Eine derartige westeuropäische und amerikanische Innovationen aufgreifende Virtuosität im Übergangsfeld von Poesie und Publizistik würde es erlauben, Wilhelm Hauffs Schreibversuche in die Nähe der Jungdeutschen zu rücken.

Die Plausibilisierung der These, Hauff habe ein ästhetisches und literaturpolitisches Konzept gehabt, erfordert allerdings erstens die Neubewertung bislang abschätzig als Eklektizismus bezeichneter Phänomene und zweitens die Einsicht, daß unter bestimmten historischen Bedingungen literarische Innovationen ohne Grenzkrieg mit dem Kitsch nur schwer zu haben sind, d.h., daß »literarische Entgleisungen«[19] unumgänglich sind. Beide komplementären Phänomene, die Aufwertung des Eklektizismus als Konzept von Virtuosität und der Grenzkrieg mit dem Kitsch, sind in Aufsatzlänge schwer zu bewältigen. Daher konzentriere ich mich im Folgenden auf die Neubewertung des Eklektizismus, und zwar in drei Punkten:

1.) Den Sonderstatus Württembergs in den 20er Jahren des 19. Jahrhunderts; dabei soll besonderes Augenmerk auf die in Württemberg damals beobachtbare Differenz zwischen politisch-publizistischer Bedeutung und einem Defizit in der Belletristik gelegt werden.
2.) Den Versuch, westeuropäische ästhetische Innovationen aufzugreifen und dabei insbesondere an das in der französischen Zeitschrift *Le*

---

18 Ebd., S. 446.
19 Niehaus, Autoren unter sich, S. 85.

Globe entworfene Eklektizismuskonzept anzuschließen. Dabei kommt Hauffs Reise nach Paris in den Blick.
3.) Hauffs »fremde Originalität« als Zeitzeichen für ein modernes Virtuosentum.

2. Wilhelm Hauff und der »württembergische Bonapartismus«

Die Literaturwissenschaft hat bislang den gesellschaftspolitischen Kontext, in dem Hauff zu situieren ist, weitgehend ausgeblendet. Hauff unterscheidet sich von den meisten heute noch bekannten Seminaristen des »Tübinger Stifts« dadurch, daß er nach dem ersten Semester als »Stadtstudent« bei seiner Mutter wohnen konnte. Seine ambivalente, eher Zurückhaltung signalisierende Position gegenüber den radikalen, im *Feuerreiter*-Zirkel agierenden Burschenschaften dürfte weniger einer »bereits früh ausgeprägten Instabilität und Funktionalisierbarkeit [...] der Hauffschen Werthaltungen«[20] zuzuschreiben sein als der Tatsache, daß »in der ersten Hälfte der 20er Jahre des 19. Jahrhunderts [...] der patriotische Aufschwung des Befreiungskampfes zunehmend politisch suspekt wurde.«[21] Wilhelm Hauffs publizistische und literarische Tätigkeit sowie seine Kontakte zu den beiden Verlagen Franckh und Cotta erscheinen in neuem Licht, wenn man sie in den Kontext des »württembergischen Bonapartismus« stellt. Hauffs Annahme einer Hauslehrerstelle bei dem Generalleutnant und Präsidenten des Kriegsministeriums Ernst Eugen Freiherr von Hügel ist jedenfalls keine »Entscheidung für eine gänzlich unqualifizierte und ineffektive Domestikentätigkeit« gewesen.[22] Selbst die freundlichere Interpretationsvariante, Hauff habe mit der Annahme der Hofmeisterstelle sich Zugang zur sogenannten »besseren« Gesellschaft verschaffen wollen, übersieht, daß der Eintritt ins Haus des Kriegsministers von Hügel zugleich den Anschluß an eine bonapartistische Politik Württembergs ganz eigener Prägung bedeutet hat. Sie ist folgenreich nicht nur in politischer, sondern mehr noch in publizistischer Hinsicht. Hauffs briefliche Aussage von 1827, »daß Europa sich seit 30 Jahren gewaltig geändert hat, daß die Länder und die Völker sich näher rükten, daß wir zwar gute Württemberger, aber keine Deutsche mehr, sondern

---

20 Clausen, Schriftstellerarbeit um 1825, S. 173.
21 Elias, Otto-Heinrich: Das Bild des Kaisers. Literarischer und politischer Bonapartismus in Württemberg, in: Baden und Württemberg im Zeitalter Napoleons, Bd. 2., Stuttgart 1987, S. 717.
22 Clausen, Schriftstellerarbeit um 1825, S. 182.

eher Bürger Europas sind«²³, wird nur aus diesem politischen Kontext verständlich. Von einer »langweiligen Windstille dieser Jahre«²⁴ kann im Blick auf das Württemberg der 20er Jahre nicht gesprochen werden. Die Geheimberichte Metternichs zeigen deutlich, daß damals Württemberg eine eigenständige, publizistisch offensive, auf Unabhängigkeit von Preußen und Österreich zielende Politik zu unternehmen versucht. Stichpunktartig läßt sich anführen:

– Der König von Württemberg berief bekannte Bonapartisten aus dem »aufgelösten« Königreich Westphalen-Jeromes an seinen Hof.
– Die Württembergische Politik versuchte in der ersten Hälfte der 20er Jahre, die Karlsbader Beschlüsse nicht allzu strikt durchzuführen.
– Württemberg betrieb eine Geheimpolitik, in die nicht nur Kontakte zu den revolutionären südeuropäischen Gruppen, z.B. den Carbonari, eingeplant waren, sondern auch eine publizistische Kampagne, in die die beiden Verlage Cotta und Franckh auf unterschiedliche Weise verwickelt waren.²⁵

Es soll auf keinen Fall unterstellt werden, daß Hauff in diese konspirativ publizistische Tätigkeit involviert gewesen sei. Die Akzente liegen anders.

Hauff kam schon als Student in Tübingen, intensiv dann in Stuttgart als Hauslehrer bei der Familie Hügel, in Kontakt mit politischen Richtungen, die nationalpatriotische Ideen der Burschenschaft relativierten und an die von den deutschen Patrioten im Befreiungskrieg übersehene, von Napoleon gestützte Modernisierung der Rheinbundzeit anzuschließen gedachten. Für Hauff relevant war dabei die weitreichende Aufgeschlossenheit eines Großteils der württembergischen Elite (und d.h. insbesondere auch der Verlage) für westeuropäische Modernisierungsentwicklungen.

Hauff ist nicht dezidiert politisch engagiert, aber er hat ein Bewußtsein für die Problematik einer literarischen Öffentlichkeit, die das Poli-

---

23 Brief Wilhelm Hauff an Moritz Pfaff 17. Mai 1827. Zit. aus: Hinz, Ottmar: Wilhelm Hauff, Reinbek 1989, S. 130.
24 Clausen, Schriftstellerarbeit um 1825, S. 159.
25 Dazu ausführlich Elias, Das Bild des Kaisers, S. 727 ff. Weiterhin Elias, Otto-Heinrich: »Der alte Eisenkopf«. König Wilhelm I. und sein außenpolitisches Konzept, in: Beiträge zur Landeskunde. Regelmäßige Beilage zum Staatsanzeiger für Baden-Württemberg 6 (1985), S. 1-8. Elias, Otto-Heinrich: Friedrich Georg Ludwig Lindner. Arzt, Geheimagent, Publizist. 1882-1845, in: Lebensbilder aus Schwaben und Franken 15 (1983), S. 155-202.

tische ausspart oder auszusparen gezwungen ist. Er weiß, daß urbane Literatur ein Wechselreiten literarischer und politischer Ideen braucht. Jedenfalls deuten Reflexionen über die belletristischen Zeitschriften im europäischen Ländervergleich auf derartigen Spürsinn hin. »Ob in Deutschland die öffentliche Meinung über Politik sich seltener ausspricht? Ob dem Schreiben und Sprechen über Staatsangelegenheiten die Verhältnisse vielleicht minder günstig sind als anderswo? [...] Wir wissen es nicht genau zu bestimmen«, heißt es viel- und zweideutig (III, 149).

Eine detaillierte Analyse des Württembergischen Sonderweges in den 20er Jahren des 19. Jahrhunderts läßt eine Positionierung von Hauffs belletristisch-literarischem Konzept zu. Das literarische und publizistische Wirken Hauffs setzt nämlich genau zu dem Zeitpunkt ein, als die gegen Metternich gerichteten Großmachtpläne Württembergs im Scheitern begriffen sind. In dieser Rückzugsperiode schickte sich Hauff an, der bislang publizistisch-politischen Führungsrolle Württembergs eine nunmehr belletristische an die Seite zu stellen.

3. Hauffs Rezeption des publizistischen und ästhetischen Standards in Paris

Ein derartiges Vorhaben, eine belletristische »Offensive« in Süddeutschland zu initiieren (ich benutze bewußt ein militärisches Vokabular), bedurfte dreifacher Aufmerksamkeit:

1. des Anschlußes an westeuropäische ästhetische Innovationen, und zwar sowohl im Literarischen wie im Publizistischen,
2. der Aufklärung über die württembergische Mentalität – und zwar auf doppelte Weise: zum einen einer ästhetischen Darstellung des schwäbischen Eigenwerts, zum anderen einer unerbittlichen Satire auf die schwäbische »Verhocktheit«,[26]
3. der Kritik an einer dominanten, ja überlegenen »norddeutschen« Literatur und der Profilierung eines eigenständigen, literaturkritisch legitimierten Konzepts der Vermittlung hoher und populärer Literatur.

Diese Aufgabe war zu meistern, wenn es gelang, vier avancierte Stile aus Deutschland, England, Amerika und Frankreich zusammenzuführen. Es galt, die von Tieck entwickelte Polyperspektive der Konversationsnovelle

---

26 Vgl. Brief Hauffs an seinen Bruder Hermann Hauff 20. August 1827, in: Wilhelm Hauff. Novellen, Prosastücke, Briefe, hrsg. v. H. Engelhard, Darmstadt 1962, S. 906 u. 908.

mit der pittoresken Landschaftsdarstellung des in England entwickelten historischen Romans und die in Frankreich ausgebildete »Anatomie der Sitten«[27] mit der von Washington Irving eingeführten kulturellen Alteritätsdarstellung[28] zu verbinden und in dieser gebündelten Form auf die mentale und ästhetisch-landschaftliche ›Spezialität‹ Schwabens zu übertragen.

Man hat, wie schon angemerkt, Hauff ein mangelndes »kritisches ästhetisches Bewusstsein« unterstellt,[29] man hat sein Zeitschriftenprojekt für nicht besonders neuartig befunden,[30] und man hat bislang seine narratologische Reflexion insbesondere auf der Ebene der Intermedialität und des Pittoresken unterschätzt. Eine Revision ist fällig.

Beim literarischen Marktstrategen Hauff wurde zwar die *soziale* Distinktionssensibilität notiert, man hat aber *nicht* die Entdeckung der *ästhetischen* Darstellung sozialer Distinktionen bemerkt, wie sie Hauff programmatisch im Anschluß an Etienne Jouys *Hermite de la Chaussée d'Antin* formuliert hat. Ich zitiere Hauffs Charakteristik von Jouys Schreibmanier:

> Jouy hatte Frankreich in seinen vielerlei Eremiten einen Schatz von interessanten Bemerkungen über ihr Vaterland gegeben. Es waren Szenen aus den höchsten, wie aus den niedrigsten Ständen; mit gleichem Glück zeichnete er das Leben der Salons, das glänzende Elend der Chaussée d'Antin, die niedlichen Sitten der Bewohner der Provinz, die schmutzige Niederträchtigkeit eines Emporkömmlings, die erhabene »Armut eines Veteranen«.

Mit Blick auf Deutschland fügt Hauff hinzu:

> Wir glaubten auch, in Deutschland sei endlich der Tag gekommen, wo eine Gesellschaft heiterer Gelehrten sich aufmache aus dem Dunkel ihrer Studierzimmer und hinausziehe unter die Menschen; in Städten und Dörfern, in Kirchen und Ballsälen auf einige Zeit ihre Hütten

---

27 Gerhard R. Kaiser verweist auf die seit Merciers *Tableau de Paris* sich in Frankreich entwickelnde Sittenschilderungen. Kaiser, Gerhard R.: Eduard Kolloff, Walter Benjamin: Paris »Mikroskop der Gegenwart«, in: Schönheit, welche nach Wahrheit dürstet, hrsg. v. G. R. Kaiser und H. Macher, Heidelberg 2003, S. 207.
28 Plath, Otto: Washington Irvings Einfluß auf Wilhelm Hauff, in: Euphorion 20 (1913), S. 459-471.
29 Martini, Wilhelm Hauff, S. 445.
30 Fischer, Susanne: Wilhelm Hauffs Korrespondenz mit Autoren, Verlegern und Herausgebern. Aspekte sozialer Tauschbeziehungen im literarischen Leben um 1825, in: Archiv für Geschichte des Buchwesens, Bd. 37 (1992), S. 134.

aufschlage und alles Volk studiere *und ihre Sitten und Gespräche aufnotiere.* [Hervorhebung, G. Oe.] Welch reiches Feld bieten unsere so verschiedenen Volksstämme dar! Wir haben keine Hauptstadt, die durch überwiegenden Einfluß die Sitten der Mittelstände nach und nach in ein Modell gießt, wir haben keine Akademie, welche Sprache und Gedanken, Ansichten und Grundsätze in bestimmte Regeln bringt; noch immer bildet sich Deutschland in und aus sich selbst, und die verschiedenen Nuancen dieser Bildung, ihre Anfänge, ihr Vorschreiten, ihre Auswüchse, wie interessant für das Auge des Forschers! (III, 155f.)

Sein detaillierter Vorschlag zu einer modernen Zeitschrift kann belegen, welchen weit über die Kenntnisse von Jouys literarischer Schreibweise hinausgehenden ästhetischen Standard Hauff aus Paris mitbringt. Er verweist hier nämlich zugleich auf die literarische Physiologienmode in Paris,[31] der zu dieser Zeit auch Balzac huldigt. Die Vorschläge Hauffs lauten u.a.:

Auszüge aus meiner vergleichenden Anatomie der Sitten, […] und zwar: a. die Poeten-Kneipe in Paris, b. Unterhaltung mit einem fiacre, c. ein Abend unter Künstlern, d. Phisiologie der Stutzer, e. Erzählung eines Chiffonniers, f. Besuch in einem holländischen Cafféehaus.[32]

Dieser Befund wird abgerundet durch die Information, daß Hauff just bei seinem Eintreffen in Paris (25.-27. Mai 1826) vom Verleger Franckh die Schriften von Washington Irving (Skizzenbuch, Bracebridgehall) sich senden ließ.[33] An den feuilletonistischen Schriften Hauffs läßt sich nuanciert die produktive Aneignung des »voie physiologique«,[34] eines ethnologischen Blicks sowie einer temporalisierten und szenisch dynamisierten Tableau-Darstellung nachweisen. An einem Brief Hauffs aus Paris an

---

31 Biesbrock, Hans-Rüdiger: Die literarische Mode der Physiologien in Frankreich (1840-1842), Frankfurt/M. 1978.
32 Zeller, Bernhard: Wilhelm Hauff und Friedrich Franckh. Zu einem unbekannten Brief des Dichters an den Verleger, in: Zeitschrift f. Württembergische Landesgeschichte, 40. Jg. (1981), Stuttgart 1982, S. 179f.
33 Pfäfflin, Friedrich: Wilhelm Hauff, ein Erfolgsschriftsteller im 19. Jahrhundert, in: Marbacher Magazin 18 (1981), S. 36.
34 Oesterle, Günter: Das Komischwerden der Philosophie in der Poesie. Literatur-, philosophie- und gesellschaftsgeschichtliche Konsequenzen der »voie physiologique« in Georg Büchners Woyzeck, in: Georg Büchner Jb. 3 (1983), Frankfurt/M. 1984, S. 225ff.

seinen Freund Moritz Pfaff (vom 20. Juni 1826) läßt sich exemplarisch vorführen, mit welcher literarischen Raffinesse Hauff eine Skizze aus Jouys *Hermite* mit dem Titel »Paris á différentes heures« aufgreift,[35] um auf fiktive Weise mit dem fernen Briefadressaten einen Tagesablauf in Paris durch- und vorzuspielen:

> Es ist acht Uhr, wir stehen auf. Der garçon kommt mit Kaffee. Zwei ungeheure Tassen, worin der Benjamin versaufen könnte; […] ein Laib Brot und eine Balle Butter sind dabei. Letztere nebst der Hälfte Zucker wird aufgehoben und zum Kaffee geraucht. Ich arbeite, Du liegst auf dem Sopha, studierst den Plan von Paris nebst dem *Conducteur de l'Etranger*, musterst die Visitenkarten, die wir gestern bekommen etc. Es entsteht allerlei gewöhnlicher Randal auf der Straße, Du liegst zum Wunder der Pariser mit meiner langen Pfeife zum Fenster hinaus und siehst die Wasserträger, *Fiacres*, Marktweiber, Kleiderjuden, Spitzbuben, Stutzer, Rosenmädchen, alte Gecken etc. etc. nebst etlichen Pfaffen und einem Trupp Soldaten an Dir vorüber gehen. Du wohnst im dritten Stock und nicht im siebenten, wie viele arme Schlucker (denn hier sind die Häuser so hoch als der alte Bau im Tübinger Stift) und brauchst daher nur eine einfache Brille. Es ist 11 ½ Uhr. Wie setzen uns zusammen, holen unser Brot, Butter, Zucker oder Salz hervor und halten ein sehr wohlfeiles *déjeuner à la fourchette*. Nachher wird sorgfältig Toilette gemacht, denn Du willst Eindruck machen auf die Pariserinnen; man geht aus. Es ist jetzt die Zeit, wo die Galerien, Kirchen, Museen etc. geöffnet sind; wir gehen hin; amüsieren wir uns dort nicht, in ein Lesekabinett, lesen französische und deutsche Zeitungen, worunter auch der Merkur. Etwas Neues, Moritz? frage ich Dich. ›Ei der Teufel, Bemperle‹, antwortest Du, ›da lies den Merkur.‹ Ich lese und mein Herz hebt sich bald vor Freude, bald vor Trauer. […] Wir gehen, uns über diese Stuttgarter Neuigkeiten wundernd, im Garten der Tuilerien spazieren, woselbst sich jetzt die schöne Welt (Mittags 4 Uhr) zu einem Morgenspaziergang versammelt. Schöne Gesichter; elegante Taillen; herrliche Figuren; schmachtende Augen; Du bist ganz weg und mußt Dir einen Stuhl für 2 Sous mieten, um Dich zu erholen. Es gibt dort noch allerhand ergötzliche Auftritte. Z.B. die Welt läuft zusammen, es gibt ein Geschrei, wir folgen. Die Leute sind um einen unglücklichen jungen Mann beschäftigt, den der Schlag rührte. Man öffnet ihm endlich mit Mühe die

---

35 »Ein Eremit in Paris«, in: Stierle, Karlheinz: Der Mythos von Paris. Zeichen und Bewußtsein der Stadt, München 1993, S. 167-180.

Schnürbrust, er kommt zu sich und flucht, daß ihn sein Bedienter zu fest eingeschnürt habe. Es verwundert sich niemand darüber als wir zwei dumme Dorfteufel.³⁶

Dieser Ausschnitt aus einem Privatbrief ist freilich nur die literarische Probebühne für die Darstellung einer *Reise nach Paris*, die kurz nach seinem Tod im *Morgenblatt für gebildete Stände* 1827 publiziert wurde. Hauff ist offenbar auch in diesem literarischen Bereich der Parisreisen ein Kenner der entsprechenden Gattung. Er weiß davon zu berichten, daß »schon so viele Reisen nach Paris geschrieben und gedruckt worden, daß man eine eigene Bibliothek davon errichten könnte« (III, 104). Diese Tatsache scheint ihn allerdings zu reizen, »nur einiges Vorübergehende, aber Bedeutungsvolle« zu beschreiben, »was andere *nicht gesehen haben*« (III, 105; Hervorhebung, G. Oe.). Um dieses Flüchtige einzufangen, beschreibt er Stunde für Stunde das Aussehen und die Verhaltensweisen der in einem »Metzer Eilwagen«, einer Art Nachtexpreß, befindlichen Mitreisenden, um im Laufe der fortschreitenden Zeit, die abends aus den Physiognomien zunächst herausgelesenen poetischen Lesarten im Morgengrauen zu desillusionieren und in prosaischen, nüchternen Alltag aufzulösen.

Diese harte Wendung der poetischen Phantasien in die Prosa der Verhältnisse, in Klatsch und Kommerz, die von Stunde zu Stunde und in immer größerer Nähe der Reisenden zur Hauptstadt sich zuträgt, wird ausbalanciert durch die in einem einleitenden Rahmen eingefügte Hommage an eine Pariser Hotelbesitzerin, eine »liebenswürdige[] Repräsentantin des neuen Frankreich«, ein »Kind[] der Revolution« (III, 103). Diese Pariserin behandelt deutsche Schriftsteller mit großer Liebenswürdigkeit und Peinlichkeit ersparender »Urbanität« (III, 102), u. a. weil sie erfahren hat, daß »diese jungen Herren, wenn sie nach Deutschland zurückkehren, unsere schöne Hauptstadt in Büchern beschreiben und weitläufig erzählen, was sie daselbst gehört und nicht gehört, gesehen und nicht gesehen haben« (III, 102). Schließlich zitiert diese Hotelbesitzerin im Gespräch mit dem Erzähler, gleichsam zur Bestätigung und als Pointe ihrer deutschfreundlichen Einschätzung, den Kommentar ihres Vetters über die Deutschen. Dieser Vetter ist ein »Mitarbeiter« der 1824 gegründeten liberalen französischen Zeitschrift *Le Globe*, die nach Meinung der revolutionsfreundlichen Madame »nicht die schlechteste Zeitung, die in Paris gelesen wird«, sei. Und nun zitiert sie des Vetters Meinung:

---

36 Hauff, Werke, hrsg. v. B. Zeller, Bd. 2, S. 607f.

> »Die Deutschen, Madame« sagt er zu mir oft, »sind in der Gesellschaft nicht zu gebrauchen, aber die Feder ist ihre Zunge; sie sind treffliche Leute mit der Feder und in der Tat gelehrt; ihre Literatur fängt an bei uns bekannt zu werden, und es ist nicht das Schlechteste, was wir vom Ausland empfangen.« So, sprach er oft, und meine Achtung vor ihren Landsleuten stieg. (III, 102).

Offensichtlich bezieht sich Hauff mit solchen Anspielungen auf das Programm des *Globe*, im eigenen Land die »Erkenntnisse aller anderen«, insbesondere verschiedener Literaturen zu »verbreiten«.[37] Diese Erkenntnis könnte, so lautet die programmatische Begründung, »nicht besser herbeigeführt werden als durch die Kenntnis der verschiedenen Literaturen: Denn die Literatur der Nationen ist deren Leben«.[38] Bekanntlich hat Goethe mit Rücksicht auf dieses Programm des *Globe* vom weltliterarischen »geistigen Handelsverkehr« (11.11.1829 an Hitzig) gesprochen.[39] Immerhin war schon 1824 im Cottaschen *Morgenblatt* in einer Korrespondenz aus Paris zu lesen, daß mit dem *Globe* nicht nur die ›hohe‹ Literatur anderer Länder, sondern »zum Ersten male« Auszüge aus dem *Morgenblatt*, aus der Londoner *Literary Gazette* und aus der italienischen *Antologia* zu lesen seien.[40]

Es gibt mehrere Hinweise, daß die interkulturelle und »unvoreingenommene« Literaturkonzeption des *Globe* für Hauff von großer Bedeutung gewesen ist. Schreibt er doch am Ende seines Parisbesuchs (26. Aug. 1826) an seinen Bruder:

> Im ganzen genommen, glaube ich, daß es jetzt an der Zeit wäre in Deutschland mit einem guten, *im Geiste des französ. Globe geschriebenen* Blatt [Hervorhebung, G. Oe.], das Literatur und Sitten auf eine eigene prägnante Manier behandelt, furore zu machen.[41]

Zu vier kulturpolitischen bzw. poetologischen Aspekten der Zeitschrift *Le Globe* bestehen konzeptionelle Affinitäten:

---

37 *Le Globe* I, 1 (15.9.1824), zit. aus Hamm, Heinz: Goethe und die französische Zeitschrift *Le Globe*. Eine Lektüre im Zeichen der Weltliteratur, Weimar 1998, S. 18. Die folgenden Erörterungen verdanken diesem Buch viel. Vgl. die präzisen und umfassenden Interpretationen zum Programm von *Le Globe*: Goblot, Jean-Jacques: La jeune France liberale. Le Globe et son groupe littéraire 1824-30, Paris 1995, S. 344f. Den Hinweis auf dieses wichtige Buch verdanke ich Hartmut Stenzel.
38 Ebd.
39 Schrimpf, Hans Joachim: Goethes Begriff der Weltliteratur, Stuttgart 1968, S. 47f. Koch, Manfred: Die Weimaraner Weltliteratur, Tübingen 2002.
40 Hamm, Goethe und *Le Globe*, S. 24.
41 Hauff, Werke, hrsg. v. B. Zeller, Bd. 2, S. 617.

1. *Le Globe* schenkte seine besondere Aufmerksamkeit den »Leistungen der nicht subventionierten Theater«, den »freien Genres« wie Vaudeville und Melodrama.[42]
2. Ein Schwerpunkt dieses antibourbonischen Blattes war es, »alle Gegenstände unter einem historischen Gesichtspunkt« zu betrachten.[43] Entsprechend viele historische Romane von Scott, Cooper bis Manzoni wurden rezensiert.
3. Für den Württemberger Hauff dürfte das Plädoyer der Pariser Zeitschrift für eine kulturelle Dezentralisation (»décentralisation culturelle«) besonders wichtig gewesen sein.[44] Das programmatisch vorgetragene Interesse des *Globe* an der spezifischen Physiognomie der verschiedenartigen Teile Frankreichs (»la physiognomie particulière de chacune de parties de la France«)[45] ließ sich leicht auf Süddeutschland und seine Eigenheiten übertragen.
4. *Le Globe* wandte sich schließlich gegen einen Ausschließlichkeitsanspruch sowie gegen dogmatische Parteiungen. Eine »geistige Kultur«, »die sich das Wahre und Nützliche aneignete, wo immer es zu finden war«, wurde im *Globe* im Anschluß an den philosophischen Mitarbeiter Victor Cousin positiv als »Eklektizismus« bezeichnet.[46]

Die Überlegung des Gesamtherausgebers des *Globe*, Dubois, er wolle in seiner Zeitschrift französische Lebhaftigkeit, deutsche Gründlichkeit und positiven Geist der Engländer miteinander vermitteln,[47] verweist darauf, was hier unter einem konzeptionellen multikulturellen Eklektizismus zu verstehen ist. Um diesen konzeptionellen Eklektizismus dürfte es sich auch in Hauffs literarischen Arbeiten handeln und nicht um den ihm unterstellten »wahllosen« oder »beliebigen« Eklektizismus.

4. Die Wiederkehr des Virtuosen am Ende der Kunstperiode

Das in der Forschung verbreiteste Vorurteil gegenüber Wilhelm Hauff hat Friedrich Pfäfflin einmal auf folgende Weise zusammengefaßt: »Man hat Wilhelm Hauff vorgeworfen, er habe von Anfang an zuviel produ-

---

42 Hamm, Goethe und *Le Globe*, S. 21.
43 Ebd.
44 Goblot, La jeune France, S. 339f.
45 Ebd., S. 341.
46 Ebd., S. 20.
47 Ebd., S. 18.

ziert, und immer habe er die Stoffe anderer adaptiert und sich – auf geniale Weise – anverwandelt.«[48] Auf eine weniger zurückhaltende Weise wurde dieses das Plagiat[49] nicht scheuende »vollendete Nachahmungstalent«[50] psychopathologisch seziert. Aus einer solchen Sichtweise, nach der »das psychopathische Element in Hauffs Naturanlage [...] als eine Erbschaft von der Mutter [...] nicht verleugnet« werden kann, scheint es plausibel, daß Wilhelm Hauff »ohne viel Planen und Besinnen seine Lebensbilder aufs Papier [warf], wie unter einem Zwange handelnd, gegen den es kein Widerstreben gibt«.[51]

Diese psychopathologische Interpretationsperspektive hat allerdings den Vorzug, daß sie einen im ersten Drittel des 19. Jahrhunderts entstehenden »glücklichen Eklektizismus«[52] zu beschreiben in der Lage ist, der wie bemerkt wird, »keiner bestimmten Schule« zugeteilt werden kann: »Diese eklektische Art, vermöge deren er seine Vorbilder nimmt, wo er sie findet, läßt ihn ebenso schnell auf eine Richtung eingehen, wie er dann wieder zu einer anderen abschwenkt.«[53] Diese Beobachtung läßt sich aus dem denunziatorischen psychopathologischen Verdachtsfeld herauslösen und sowohl soziologisch reformulieren wie zeitdiagnostisch orten. Mit dem »glücklichen Eklektizismus« haben wir nämlich ein literarisches Phänomen vor uns, das zeitgleich Georg Wilhelm Friedrich Hegel in seinen Vorlesungen zur Ästhetik als ein »auf den Effekt berechnete[s]«[54] historisches Verfügen über alle Kunstformen der Vergangenheit beschrieben hat[55]. Zeitdiagnostisch betont Hegel:

> Das Gebundensein an einen besonderen Gehalt und eine nur für diesen Stoff passende Art der Darstellung ist für den heutigen Künstler etwas Vergangenes und die Kunst dadurch ein freies Instrument ge-

---

48 Pfäfflin, Friedrich: Wilhelm Hauff, in: Literatur im deutschen Südwesten, hrsg. v. B. Zeller/W. Scheffler, Stuttgart 1987, S. 189.
49 Die in der Forschung erhobenen Plagiatvorwürfe finden sich zusammengestellt bei Roggenhausen, Paul: Hauff-Studien, in: Archiv für das Studium der neueren Sprachen und Literaturen, 85. Jg., 157. Band (1930), S. 168.
50 Sackheim, Arthur: E.T.A. Hoffmann, Leipzig 1908, S. 184.
51 Hofmann, Hans: Wilhelm Hauff, Frankfurt 1902, S. 59.
52 Ebd. S. 66.
53 Ebd.
54 Hegel, Georg Wilhelm Friedrich: Ästhetik, hrsg. v. F. Bassenge, Bd. 2, Frankfurt o.J., S. 371. Vgl. Oesterle, Günter: Dissonanz und Effekt in der romantischen Kunst. E.T.A. Hoffmanns Ritter Gluck, in: Hartmut Steinecke u. a. (Hrsg.): E.T.A. Hoffmann Jb. Bd. 1, 1992/93 (1993), S. 58-79.
55 Ebd., S. 334.

worden, das er nach Maßgabe seiner subjektiven Geschicklichkeit in bezug auf jeden Inhalt, welcher Art er auch sei, gleichmäßig handhaben kann. [...] Deshalb verhält sich der Künstler zu seinem Inhalt im ganzen gleichsam als Dramatiker, der andere, fremde Personen aufstellt und exponiert. [...] er gebraucht in dieser Rücksicht seinen Vorrat von Bildern, Gestaltungsweisen, früheren Kunstformen, die ihm, für sich genommen, gleichgültig sind und nur wichtig werden, wenn sie ihm gerade für diesen oder jenen Stoff als die passendsten erscheinen.[56]

Nicht von ungefähr fällt in diesem Zusammenhang der Begriff der »Virtuosität«.[57] Niklas Luhmann hat diesen zeitdiagnostischen Ansatz in seinen Überlegungen zum Stil funktionstheoretisch reformuliert. Ein konzeptioneller Eklektizismus fügt sich danach zu einem eigenständigen Stil, wenn er Anschlußfähigkeit demonstriert.[58]

Die schon zitierte psychopathologische Interpretation verweist übrigens unfreiwillig auf den ideologischen Bezugsrahmen, von dem her sich die literarhistorischen Veränderungen in den 20er Jahren des 19. Jahrhunderts abzeichnen. »Der Drang nach Produktion«, heißt es da,

suchte sich Stoffe, weniger daß irgend ein bestimmter Stoff den Dichter im Innersten ergriffen und ihn so gezwungen hätte, ihm Form und Gestalt zu geben. Dies schon erklärt die eklektische Art des Dichters, darin ist auch der feuilletonistische Zug seiner Schriftstellerei begründet.[59]

In der Tat zeichnet sich historisch mit Wilhelm Hauff ein anderer Schriftstellertypus ab als jener, der »im Innersten ergriffen« ein autonomes und d.h. ohne Außenbezug gedachtes originales, authentisches Werk schafft. Vielleicht ist Wilhelm Hauff eher als ein Schriftsteller von »fremder Originalität«[60] zu bezeichnen, der im Übergang von Poesie zur Publizistik[61]

---

56 Ebd., Bd. 1, S. 579.
57 Ebd., S. 571.
58 Luhmann, Niklas: Das Kunstwerk und die Selbstreproduktion der Kunst, in: H.-U. Gumbrecht/K. L. Pfeiffer (Hrsg.): Stil. Geschichten und Funktionen eines kulturwissenschaftlichen Diskurselements, Frankfurt/M. 1986, S. 620f.
59 Hofmann, Hauff, S. 59.
60 Pfäfflin, Hauff, S. 5.
61 Oesterle, Günter: »Unter dem Strich«. Skizze einer Kulturpoetik des Feuilletons im neunzehnten Jahrhundert, in: Das schwierige neunzehnte Jahrhundert, hrsg. v. J. Barkhoff, G. Carr u. R. Paulin, Tübingen 2000, S. 229-250.

zum virtuosen »Geisterbeschwörer« fremder Texte wird.⁶² Man hat dieses Phänomen jüngst als den »Effekt eines neuen Mediensystems«⁶³ und zutreffend als eine damit verbundene Verschiebung der »Positionen von Werk und Darstellung« beschrieben.⁶⁴

Die »Inszeniertheit von Authentizität«,⁶⁵ die sich »im Wechsel zwischen Performance und Werk spiegelt«,⁶⁶ läßt sich zureichend unter dem Begriff der Virtuosität fassen. Die Virtuosen des 19. Jahrhunderts sind, so könnte man mit Friedrich Nietzsche formulieren,

> die ersten Künstler Europas von weltliterarischer Bildung –, meistens sogar selber Schreibende, Dichtende, Vermittler und Vermischer der Sinne und Künste, allesamt Fanatiker des Ausdrucks, große Entdecker im Reiche des Erhabenen, auch des Häßlichen und Gräßlichen, noch größere Entdecker im Effekte, auch der Schaustellung, in der Kunst der Schauläden, allesamt Talente weit über ihr Genie hinaus –, Virtuosen durch und durch, mit unheimlichen Zugängen zu allem, was verführt, lockt, zwingt, umwirft […] begehrlich nach dem Fremden, dem Exotischen, dem Ungeheuren, allen Opiaten der Sinne und des Verstandes.⁶⁷

Wilhelm Hauff dürfte noch nicht zu dieser von Nietzsche charakterisierten

> verwegen-wagende[n], prachtvolle[n], gewaltsame[n], hochfliegende[n] und hoch emporreißenden Art von Künstlern, welche ihrem Jahrhundert [dem 19ten, G. Oe.] – es ist das Jahrhundert der Masse – den Begriff ›Künstler‹ erst zu lehren hatte,

in vollem Umfang gezählt werden können.⁶⁸ Und doch gehört er zu den Anfängen des von Gabriele Brandstetter beschriebenen Virtuosentums, das »alle Maßstäbe« bricht⁶⁹ und alles »Machbare« überschreitet.⁷⁰

---

62 Brandstetter, Gabriele: Die Szene des Virtuosen. Zu einem Topos von Theatralität, in: Hofmannsthal-Jb. zur europäischen Moderne 10 (2002), S. 213-243.
63 Ebd., S. 236.
64 Ebd., S. 223.
65 Ebd., S. 221.
66 Ebd., S. 225.
67 Nietzsche contra Wagner. Aktenstücke eines Psychologen, in: Nietzsche, Friedrich: Werke in drei Bänden, Darmstadt 1963, Bd. 2, S. 1050.
68 Ebd.
69 Brandstetter, Die Szene des Virtuosen, S. 213f.
70 Ebd., S. 236.

Literaturhistorisch dürfte Wilhelm Hauff als Übergangsphänomen beschrieben werden können. Er hat noch Anteil an dem seit dem 17. Jahrhundert sich entwickelnden Virtuositätsideal mit seinen drei Charakteristiken, der Sensibilität und ins Unendliche ausgreifenden Neugier, der Experimentierfreudigkeit und unendlichen Variationslust.[71] Er weist aber auch schon voraus auf das bis zum Dekadenten getriebene Prinzip des Übertreffens bestimmter Vorgaben – eine radikale Modernisierung der rhetorischen Tradition der aemulatio, der nicht nur Hauff, sondern auch die besten seiner literarischen Zeitgenossen, nämlich Heine und von Droste-Hülshoff, Immermann und Platen, Börne und Mörike unterworfen waren.

Ein derartiger Zugriff auf eine Poetologie der Virtuosität im 19. Jahrhundert eröffnet die Chance, eine Reihe ungelöster Fragen zu klären – u.a. den langanhaltenden Streit, ob Hauff von Anfang an eine Clarenparodie verfolgt oder erst später, gleichsam als Schutzbehauptung, eingeführt habe. Diese strittige Frage löst sich auf, wenn klar wird, daß ein Virtuositätsimpuls am Werke war. Virtuosität heißt nämlich formale Potenzierung der Vorlage zu bewerkstelligen – und Parodie ist nur eine Form möglicher Potenzierung.

---

71 Kemp, Wolfgang: Der englische Virtuoso des 17. Jahrhunderts, in: Kemp, Wolfgang: »... einen wahrhaft bildenden Zeichenunterricht überall einzuführen«. Zeichnen und Zeichenunterricht der Laien 1500-1870, Frankfurt/M. 1979, S. 59ff., S. 65. Vgl. Houghton, W. E.: »The English Virtuoso in the Seventeenth Century«, in: Journal of the History of Ideas 3 (1942), S. 62f.

ERNST OSTERKAMP

Der Autor als Teufel oder Die Inszenierung der Einbildungskraft
Über Wilhelm Hauffs *Mitteilungen aus den Memoiren des Satan*

1. Der Teufel

Wilhelm Hauffs Freunde haben die *Mitteilungen aus den Memoiren des Satan*, mit denen der noch nicht 23jährige im August 1825, zunächst anonym, als Schriftsteller debütierte, eine »Unverschämtheit« genannt, und der junge Autor hat ihrem Urteil bereitwillig zugestimmt. Er schrieb am 9. September 1825 an seinen Freund Moriz Pfaff:

> Und nun einige Worte über das Werkchen selbst. Ueber meinen Beruf zu *schriftstellern*, war ich mit mir einig sobald ich eine unwillkührliche Abneigung gegen die Theologie und zu gleich Kraft in mir fand soviel leisten zu können, um wenigstens nicht mit Beschämung wieder vom Schauplaze abtreten zu müssen. Nothwendiges Requisit dazu war jene »Unverschämtheit« die mancher unter Euch an mir rügte oder jenes, um mich so auszudrüken, mit einiger Eitelkeit gemischte Selbstvertrauen das mir schon über manche fatale Klippe hinüber geholfen hat.[1]

Unverschämtheit als notwendiges Requisit: das heißt, daß Unverschämtheit nicht ein Persönlichkeitsmerkmal des jungen Schriftstellers bildete, zumal dieser ja unverschämt auftrat, weil er »nicht mit Beschämung«, also unter Wahrung seines Schamgefühls, auf dem literarischen Markt zu bestehen versuchte. Unter Requisit hat das frühe 19. Jahrhundert vielmehr im Sinne von lat. requisitum ein Erfordernis verstanden; Hauff spricht also von Unverschämtheit als einer instrumentellen Notwendigkeit und nicht als einem Charakterzug. Notwendig war Unverschämtheit in doppelter Hinsicht: Einmal um der im intellektuell überhitzten Klima des Tübinger Stifts grassierenden Neigung Folge leisten zu können, das Pfarramt durch den Schriftstellerberuf zu ersetzen, zum anderen um sich

---

[1] Zitiert nach: Marbacher Magazin 18 (1981): Wilhelm Hauff (1802-1827), bearbeitet von Friedrich Pfäfflin, 2., durchgesehene Auflage, S. 24.

auf dem von vielen Pfarramtsverächtern heiß umkämpften literarischen Markt durchsetzen zu können. Beides gehörte unabdingbar zusammen; dem Pfarramt war nur dann zu entkommen, wenn die literarische Strategie erfolgreich war. So mußte denn das erste erzählerische Werk Hauffs unverschämt in doppelter Hinsicht sein: einmal gegenüber dem Stuttgarter Konsistorium, zum anderen in seinem schriftstellerischen Verfahren. Fast auf den Tag genau ein Jahr später, am 7. September 1826, schrieb Hauff an Moriz Pfaff: »Ich hab was ich geschrieben habe in einiger Eile und nicht ohne Unverschämtheit herausgegeben.«[2]

Wilhelm Hauff hat seiner Unverschämtheit einen Namen gegeben: Satan. Einen besseren Namen hätte er nicht finden können, denn der Name Satan bezeichnete seine in beide Richtungen betriebene Strategie mit geradezu unheimlicher Präzision. Wer der ersehnten Autorschaft den Namen des altbösen Feindes und damit auch dessen Verführungskraft zusprach, setzte Autorschaft und Pfarramt schon damit in solchen Gegensatz, daß auch einem Stuttgarter Konsistorium klar sein mußte, daß er das Pfarramt zum Teufel wünschte; es hat deshalb auch Hauffs Anträgen auf Befreiung vom Kirchendienst nie ernsthaften Widerstand entgegengesetzt. So war die Strategie der Unverschämtheit im Namen Satans in der einen Richtung aufgegangen.

Und sie ging ebenso in der anderen Richtung auf. Wer sich im vollen Bewußtsein der Tatsache, daß er bisher allenfalls über einen solide Kleinmeisterei verschleißenden literarischen Gemischtwarenladen verfügte, dennoch mit einem Schlag als Großautor zu etablieren suchte, konnte dies nur dadurch tun, daß er seinen Kleinartikeln ein gemeinsames Markenzeichen aufklebte, das das Gewohnte ins Interessante transformierte. Hauff bediente sich dabei eines Mittels, das Schule machen sollte: der Umkodierung eines Begriffs, der im religiösen System seine Funktion verloren hatte, auf die Zwecke des literarischen Systems. Seine Unverschämtheit ist also diejenige der Reklame, die sich, je größer das Tabu ist, das sich mit der Ausgangsbedeutung des gewählten Markenzeichens verbindet, einen um so höheren Zugewinn an Interessantheit versprechen darf. Hauff hatte mit dem Markenzeichen »Satan« eine brillante Wahl getroffen, und demgemäß bildet »interessant« auch eine Grundvokabel seines ersten erfolgreichen Buchs, beginnend mit der Überschrift des ersten Kapitels: »Der Herausgeber macht eine interessante Bekanntschaft.«[3] Das ist die Strategie der Umkodierung religiöser Zeichen durch Reklame:

---

2 Ebenda, S. 31.
3 Hauffs Werke werden unter Angabe von Band und Seitenzahl im Anschluß an das Zitat zitiert nach der Ausgabe: Hauff, Wilhelm: Sämtliche Werke in drei Bänden.

die Ersetzung von Metaphysik durch Interessantheit. In diesem Sinne wird Satan, der einst der Böse war, in der Einleitung zu seinen Memoiren vom Herausgeber auch verschiedentlich »der Interessante« (I, S. 365, 369) genannt. (Wie eng die Kultur des Interessanten der Trivialkultur benachbart ist, hat wenn nicht der Autor der *Memoiren*, so doch derjenige der *Kontrovers-Predigt* gewußt, der über Claurens Männer schreibt, was auch über manche Männer in den *Memoiren* hätte gesagt werden können: »Statt des Verstandes haben die ›Vergißmeinnicht‹-Männer herrliche Rabenlocken, einen etwas schwindsüchtigen Teint, der sie aber schmachtend und interessant macht […]«; I, S. 805. Man vergleiche damit die Physiognomie des Herrn von Natas, von welcher der Herausgeber der *Memoiren* sagt, sie werde

> um so interessanter, da ich ihn in der Nähe sah. Das Gesicht war schön, aber bleich, Haar, Auge und der volle Bart von glänzendem Schwarz, die weißen Zähne, von den feingespaltenen Lippen oft enthüllt, wetteiferten mit dem Schnee der blendend weißen Wäsche; I, S. 353.)

Das 19. Jahrhundert ersetzt im Zuge der Ökonomisierung aller Lebensverhältnisse Metaphysik durch eine Kultur der Interessantheit. Hauffs Satan repräsentiert dies Prinzip der Interessantheit, und so darf der Käufer seiner Memoiren denn erwarten, daß sie interessant sind.

Gerade daran aber hatte deren Autor berechtigte Zweifel. Die Grundlage für den ersten Teil der *Mitteilungen aus den Memoiren des Satan* bildeten disparate Aufzeichnungen und Entwürfe aus Hauffs Schüler- und Studentenzeit. »Ich habe«, so schrieb Hauff am 25. November 1825, also kurz nach Erscheinen des ersten Teils, an Karl Winkler,

> ehe ich es wagte, jene Memoiren in die Welt gehen zu lassen, lange vorgearbeitet und Stoffe gesammelt, die nicht ohne Interesse sein möchten. Ich habe sie in Form von Novellen und Erzählungen teils schon niedergeschrieben, teils so angelegt, daß sie in kurzem der Vollendung nahe sind […]. (I, S. 837f.)

Seiner Hoffnung, daß die doch recht harmlose Zusammenstellung aus Universitäts- und Literaturbetriebssatire auf der einen, Sex and Crime auf der anderen Seite »nicht ohne Interesse« sei, hat Hauff allegorische

---

Nach den Originaldrucken und Handschriften. Textredaktion und Anmerkungen von Sibylle von Steinsdorff. Mit einem Nachwort und einer Zeittafel von Helmut Koopmann, München 1970, hier Bd. 1, S. 351.

Gestalt in Satan gegeben. Dieser bildet nicht nur die in einer späteren Entstehungsphase hinzugefügte erzählerische Klammer für disparate Texte, die im Zweifelsfall auch ohne ihn auskommen könnten, sondern hat vor allem reklamemäßig einen Anspruch auf Interessantheit aufrechtzuerhalten, der dem Erzählten selbst keineswegs immer eignet; jeder Leser der *Memoiren* kennt die Enttäuschung, die sich nach der furiosen Einleitung über weite Passagen einstellt. Er wird aber von dem jungen Autor, dessen Name auf dem literarischen Markt noch kein Markenzeichen war, bei Laune gehalten durch ein Markenzeichen, das wie kein anderes für Interessantheit steht: Satan. Und wenn Satan die Erzählerrolle einmal für längere Zeit an eine andere Figur, wie im Falle der Novelle *Der Fluch* an den jungen Mann, delegiert, dann läßt er, da er ja nun vorübergehend in den Schatten tritt, dessen Tante dröhnend den Reklametext verkünden, daß die Zuhörer »etwas *sehr Interessantes* erwarte« (I, S. 430).

Insofern ist Hauffs Satan auch eine sehr moderne Gestalt: In dem Jahrhundert, das die frohe Botschaft des Evangeliums durch die frohe Botschaft des Marktes ersetzt, verbreitet der vom metaphysischen Prinzip zur Funktion des Marktes verblaßte Teufel dessen Heilsbotschaft, daß temporäre Erlösung nur vom Interessanten zu erwarten sei. Die Verkündigung dieser Heilsbotschaft obliegt der Reklame.

Hauffs Satan ist nie Person, er ist immer nur Funktion. Ebendies höhlt seinen Anspruch aus, Memoiren erzählen zu wollen. Memoiren erzählen die Konstitutionsgeschichte im öffentlichen Raum sich bewährender Subjektivität. Hauffs Satan besitzt aber keinerlei persönliche Identität, denn er verkörpert den Anspruch des literarischen Marktes auf ewige Interessantheit, der sich nur bei unaufhörlichem Gestaltenwechsel aufrechterhalten läßt. Das 18. Jahrhundert hatte den Teufel rationalisiert, das 19. Jahrhundert hat ihn historisiert; beides gemeinsam führte dazu, daß Satan schon bei Hauff zu einem theologisch sterilisierten literarischen Funktionsträger ohne jede metaphysische Dimension werden konnte. In keiner der *Mitteilungen aus den Memoiren des Satan* ist dieser der Urheber des Bösen oder die traditionelle Versuchergestalt, die den Menschen von den Wegen des Guten lenkt. Man kann dies leicht an gleich seiner ersten Mitteilung erkennen: der Episode mit dem eitlen Doktor Schnatterer, den Satan dadurch für immer kompromittiert, daß er den betrunken nach Hause wankenden Theologen in Gestalt der »berüchtigsten Dirne der Stadt« (I, S. 397) nach Hause begleitet. Das ist ein traditionelles Schwankmotiv, dem Hauff hier aber seine modernste Gestalt gibt. Satan bewirkt das Böse nicht, denn dieses war längst in der psychischen Konstitution des bigott-aufgeblasenen Theologen verankert, sondern er macht das Böse nur sichtbar, er macht es öffentlich, er veröffentlicht es. Mit ein wenig Sinn für Pointen könnte man sagen: Satan beginnt bei Hauff eine neue und durchaus zukunftsträchtige Karriere als Enthüllungsjournalist. Hauff war aufgeklärter Theologe genug, um zu wissen, daß sich das Böse und die Fehler der Welt nicht mehr aus einem metaphysischen Prinzip erklären lassen, und er war Journalist genug, um zu wissen, daß das Interessante dort Ereignis wird, wo die Vergehen und Verfehlungen prominenter Personen veröffentlicht werden. Dies wird Satans neue Aufgabe, und deshalb bleibt dessen Figur in seinen Memoiren auch so blaß. Denn er hat sich vom Urheber des Bösen in dessen Medium verwandelt, und zwar zum Medium in einem sehr modernen Sinn: zu einem sämtliche Lebensverhältnisse durchdringenden und erfassenden Aufzeichnungssystem. Er bewirkt nur noch dadurch etwas, daß er aufzeichnet und veröffentlicht. Der Teufel wird ein literarisches Medium und damit vom Auctor, vom Urheber des Bösen, zum Autor; dies bezeichnet die unterste Stufe in der Verfallsgeschichte eines metaphysischen Prinzips. Der Engelsturz hat in den tiefsten Pfuhl, in den literarischen Markt, geführt, und dort erwartet den Teufel die schlimmste aller Höllenstrafen: als Autor auf alle Ewigkeit Interessantheit produzieren zu müssen. Es ist dies die Aufgabe des Autors auf dem literarischen Markt des 19. Jahrhunderts; Hauff wußte genau, warum er seine Autorschaft in Gestalt des gefallenen Engels debütieren ließ.

Hauff war Ironiker genug, um den Teufel mit seiner eigenen Literaturgeschichte als einer Verfallsgeschichte promovieren zu lassen. Der Bericht über *Satans Besuch bei Herrn von Goethe* – ein Musterbeispiel für Hauffs Strategie, die Inszenierung von Interessantheit über die Mattheit des Gehalts triumphieren zu lassen – wird eröffnet von »Bemerkungen über das Diabolische in der deutschen Literatur« (I, S. 447), die auf Satans »Dissertatio de rebus diabolicis« (I, S. 448) zurückgreifen. Hier beschäftigt sich Satan mit der Konjunktur der Teufelsgestalten in der deutschen Literatur von Klopstock bis Goethe, wobei er den deutschen Dichtern, vor allem aber Goethe, die Strategie der Anthropomorphisierung des Teufels vorwirft: »um den gefallenen *Engel* würdig genug darzustellen, kleidet er ihn in die Gestalt eines tief gefallenen *Menschen*.« (I, S. 453) Den Ausgangspunkt dieses Prozesses der literarischen Anthropomorphisierung des Teufels bezeichnet für ihn (historisch sicher nicht korrekt) Klopstocks *Messias*, wo das ins Zeichen des aufklärerischen Optimierungswillens gestellte Erlösungswerk Christi selbst den Teufel in Gestalt des empfindsam-reuevollen Abbadona erfaßt: eine Teufelsfigur, die Klopstock in äußerste Nähe zur Apokatastasislehre des Origenes und damit in Gegensatz zur lutherischen Orthodoxie brachte, die eine solche Entwertung des

Bösen als einer metaphysischen Potenz nicht hinnehmen konnte. Danach oblag die Erklärung des moralischen Verderbens nicht mehr der Theologie, sondern der Anthropologie, und die Anthropomorphisierung des Teufels bildete die literarische Konsequenz hieraus: Abbadona komme ihm vor, so Satan in seiner Dissertation, »wie ein Elegant, der wegen Unarten aus den Salons verwiesen, sich in den Tabagien und spießbürgerlichen Klubs nicht recht zu finden weiß und darum unanständig jammert« (I, S. 449). Hauffs Satan dagegen ist ein Elegant, der keinerlei Unarten aufweist, niemals jammert und deshalb in allen Salons gerne gesehen wird; insofern ist auch er durch und durch anthropomorph, denn die Einsicht, daß die irdischen Übel nicht auf ein metaphysisches Prinzip, sondern einzig auf die sozialen Verhältnisse und auf die ethischen Defizite des Menschen zurückzuführen sind, ließ sich spätestens seit der Französischen Revolution nicht mehr wegdisputieren. Auf der anderen Seite erweist sich aber die Modernität von Hauffs Satan daran, daß seine Anthropomorphie ihn anders als im Falle von Klopstocks reuigem Sünder Abbadona oder Goethes metaphysischem Entertainer Mephisto in keiner Weise als Persönlichkeit charakterisiert, denn er verfügt über keine Persönlichkeit. Seine unauffällige Eleganz, die ihn überall zum gern gesehenen Gast macht, ist diejenige eines literarischen Prinzips, das sich sämtliche Wirklichkeitsbereiche zu erschließen vermag. Der Teufel ist anthropomorph, weil er Autor ist, aber das Wesen von Autorschaft erfüllt sich nicht in der Anthropomorphie, also in der Teilhabe an einem begrenzten Wirklichkeitssegment, sondern es erfüllt sich in der Erschließung sämtlicher Wirklichkeitsbereiche durch die Einbildungskraft. Die grenzenlose Teilhabe an aller menschlichen Wirklichkeit durch die Einbildungskraft: dies bezeichnet den diabolischen Charakter der Autorschaft. Ihn inszeniert Hauff in seinem ersten Erzählwerk, in dem Satan ein Aufzeichnungssystem repräsentiert, das keine Grenzen der Wahrnehmung kennt: imaginationsgeleitete Autorschaft. Deshalb betritt Hauff den literarischen Markt als Satan, fest entschlossen, den Rat von dessen Großmutter zu beherzigen: »Söhnchen! Diabole! Bedenke, daß ein großer Dichter ein großes Publikum haben, und um ein großes Publikum zu bekommen, so populär als möglich sein muß.« (I, S. 454) Die Erzeugnisse Satans auf dem literarischen Markt des 19. Jahrhunderts sind also daran zu erkennen, daß sich in ihnen das Interessante mit dem Populären verbindet.

2. Der Autor

Im Jahre 1839 legte ein junger Autor mit Namen Hermann von Canitz, der sich später Verdienste als Biograph und Herausgeber Wilhelm Waiblingers erwarb, einen vierten Band der *Memoiren* unter dem Titel *Streifereien des Satans auf der Erde* vor.[4] Am 27. August 1838 hatte er Gustav Schwab in einem Brief erfolglos darum gebeten, ein Vorwort zu dem Büchlein beizusteuern, und bei dieser Gelegenheit seine literarische Absicht so begründet:

> Hauff hat Scenen aus dem Leben aufgegriffen, legte in diese, indem er die Person des Satans in sie verwebte, eine Poesie, die ihnen einen eigenthümlichen Reiz geben, und idealisierte so den Stoff, währenddem ich gerade umgekehrt die reingeistige Idee verkörperte, das Böse auffasste, wie es, von ihm selbst erschaffen, in der Brust des Menschen schläft, und dieser Idee die Bilder des Lebens als Kleid gab.[5]

Canitz war, wie man sieht, ein Anhänger der Hegelschen Ästhetik, und entsprechend blaß fiel sein Nachfolgeband auch aus. Er hat aber in seinem Brief an Schwab Hauffs in den *Memoiren* angewandtes literarisches Verfahren völlig zutreffend charakterisiert. Hauff geht nie von einer abstrakten Idee aus, sondern von Szenen aus dem Leben, denen er mit Hilfe seiner diabolischen Einbildungskraft »einen eigenthümlichen Reiz« verleiht, die er also, mit anderen Worten, zum Interessanten steigert. Dies entspricht Hauffs schriftstellerischer Leitmaxime, die er in seinen nachgelassenen Bemerkungen zu Walter Scott formuliert hat: »*Der Quell der wahren Poesie ist nicht die Idee, sondern bildliche Anschauung, Phantasie.*« (III, S. 243) Schon diese Begründung der Poesie aus der Einbildungskraft erklärt, weshalb Hauff seinen Satan von der Zumutung befreit hat, die manche von dessen Zeitgenossen – etwa Lord Byrons Lucifer in dessen Drama *Cain* (1821) – traf: als Ideenträger fungieren zu müssen. Der junge Autor entwirft in Satan vielmehr jenes Idealbild entspanntester Autorschaft, dem in seiner geplanten Karriere zu folgen er sich entschlossen hatte: keine Idee also, aber immerhin den idealen Autor. So läßt sich sagen: Satan ist das Porträt des jungen Dichters als uralter Autor, ja als

---

4 Mittheilungen aus den Memoiren des Satans von W. Hauff, fortgesetzt von H. von Canitz, 4. Bändchen. Streifereien des Satans auf der Erde. Aus dem diabolischen übersetzt von H. von Canitz, Bunzlau 1839. Über Canitz, der in Stuttgart als Buchhändler tätig war, ist sonst kaum etwas bekannt. Das Deutsche Literaturarchiv in Marbach besitzt zwei Briefe von Canitz an Gustav Schwab.
5 Hermann von Canitz an Gustav Schwab, Stuttgart 27.8.1838; DLA Marbach.

der älteste überhaupt. Darin, daß er das Idealbild des Autors in Satan entwirft, gibt sich also schon beim frühen Hauff jenes Bewußtsein von Spätzeitlichkeit zu erkennen, das ihn zum Verfasser historischer Romane prädestiniert; sein Satan wird ja dadurch zum Autor, daß er in seine Vergangenheit zurückblickt, denn die Zukunft des Teufels ist in Zeiten, deren metaphysische Substanz sich ausdünnt, schmal bemessen.

So kann man denn präzisieren: Satan ist das Idealbild des Autors im Zeitalter des Historismus. Das Bewußtsein der Spätzeitlichkeit, in dessen Zeichen der Historismus seine schriftstellerische Ernte einfährt, kommt in dem wunderbaren Gespräch zwischen Satan und dem Ewigen Juden zum Ausdruck: »›Satan‹, fragte er mit zitternder Stimme, ›wieviel Uhr ist's in der Ewigkeit?‹ ›Es will Abend werden‹, gab ich ihm zur Antwort.« (I, S. 410) Der Satz »Es will Abend werden« bezeichnet in diesem Dialog kein apokalyptisches Bewußtsein, sondern den Schreibimpuls des Historismus. Der junge Autor konstituiert seine Autorschaft im Angesicht einer großen Geschichte, und Satan, der an jeder ihrer Stufen Anteil hatte, kann ihm ein Muster dafür geben, wie sie sich schriftstellerisch entspannt bewältigen läßt.

Freilich gehört es zur Paradoxie dieser Memoiren, daß Satan keine Szenen aus der Vergangenheit, sondern nur solche aus der Gegenwart mitteilt. Dennoch charakterisiert seine entspannte Schreibhaltung die Schreibsituation des ästhetischen Historismus: die souveräne Verfügung über alle Stoffe und Formen, die sich in einer langen Geschichte angesammelt haben. Gerade darin hat das Idealporträt des jungen Autors als alter Satan programmatischen Charakter für Hauffs weitere schriftstellerische Existenz: Wer im Jahrhundert des Historismus auf dem literarischen Markt zu bestehen suchte, konnte dies nur als Hexenmeister der Stoffe und Motive, der Formen und Gattungen. Der Begriff für diese künstlerische Hexenmeisterschaft über alle Techniken, Themen und Formen ist Virtuosität. Das Jahrhundert des Historismus war zugleich das Jahrhundert der Virtuosen; dazu gehört auch, daß in ihm die Historiker zu Virtuosen der geschichtlichen Vergegenwärtigung wurden. Die künstlerische Virtuosität, die Überschreitung aller Grenzen der artistischen Technik und der künstlerischen Phantasie, wurde im 19. Jahrhundert zum Fluchtort der Dämonie; die Dämonie des Virtuosen zählt zu den Topoi des ästhetischen Historismus. Das Selbstporträt des jungen Autors als Satan ist deshalb das Porträt seiner selbst als eines Virtuosen; die Vielgestalt der in den *Memoiren* erprobten Erzählformen, der rasche Wechsel der Erzählhaltung, die Versatilität der Einbildungskraft, die am freiesten dort vagiert, wo der Autor niemals war – in Goethes Besuchszimmer, in der Sixtinischen Kapelle oder in der Frankfurter Börse –: all dies sind

Kennzeichen eines literarischen Virtuosentums, für das es sowenig Grenzen gibt wie für den Teufel. Es basiert auf der universalen Verfügbarkeit aller Formen und Stoffe, die die Phantasie zum freien Imaginationsraum umschafft.

Wie das funktioniert, zeigt der Beginn der Novelle *Der Fluch*: die schicksalsvolle Begegnung des jungen Berliner Erzählers mit der unglücklich liebenden Luise während des Karfreitagsmiserere in der Sixtinischen Kapelle. Nichts davon hatte Hauff je gehört, nichts davon je gesehen. Daß Raum, Musik und Szene dennoch mit eindrucksvoller Präsenz in die Gestalt wachsen, kennzeichnet das literarische Virtuosentum des ästhetischen Historismus. Alles, was durch Lektüre verfügbar war, konnte der Autor mit dämonischer Phantasie sofort vor die Augen zaubern. Was er dazu brauchte, hatte er in der Beschreibung des Karfreitagsmiserere in Germaine de Staëls Roman *Corinne ou l'Italie* gefunden, den er im Juli 1825 in der Übersetzung Dorothea Schlegels erworben hatte.[6] Mitte August konnten die Käufer der *Memoiren des Satan* dann bereits nachlesen, wie die Hauffsche Einbildungskraft den Raum der Sixtinischen Kapelle nach ihren Erfordernissen auf der Basis der von Madame de Staël gelieferten Informationen neu geschaffen hatte. Man brauchte 1825 nicht mehr in Italien gewesen zu sein, um detailgenaue Stimmungsbilder aus der Sixtinischen Kapelle geben zu können. Wo erzählerische Virtuosität das Material neu ordnet, wird deshalb auch kein Leser sich an dem Satz stoßen: »Unmutig lehnte ich mich an eine Säule zurück« (I, S. 432), obgleich es doch in der Sixtinischen Kapelle keine Säulen gibt. Denn was mit Blick auf die Realität als topographische Unschärfe erscheint, besitzt in der Erzählung die funktionale Präzision der Opernkulisse.

Das Stichwort Oper wird schon deshalb später aufzugreifen sein, weil die Opernbühne im 19. Jahrhundert der zentrale Erfüllungsort der Virtuosität ist.

Woran erkennt der junge Autor – in Gestalt des Herausgebers der *Memoiren des Satan* – in deren »Einleitung« den idealen Autor in der Gestalt Satans? Dieser ist zunächst und vor allem Menschenkenner, wie der Herausgeber als Beobachter des Beobachters als erstes über ihn herausfindet:

> aber bald bemerkte ich, daß das dunkle Auge unter den langen schwarzen Wimpern rastlos umherlief – es war offenbar, er musterte die

---

6 Marbacher Magazin 18 (1981), S. 17. Vgl. de Staël, Germaine: Corinna oder Italien. In der Übersetzung von Dorothea Schlegel, hrsg. v. A. Kappler, München 1979, S. 222ff. (10. Buch. Die Karwoche, 4. Kap.)

Gesichter der Anwesenden, und den Eindruck, den die herrliche Polonaise auf sie machte. Wahrlich! dieser Zug schien mir einen geübten Menschenkenner zu verraten. (I, S. 354)

Ein geübter Menschenkenner muß der Autor sein, um hinter der äußeren Erscheinung die wahren Motive, in den Handlungen des Menschen die psychischen Triebkräfte, in der Fülle der Phänomene die Zusammenhänge erkennen zu können – jene Zusammenhänge, ohne die sich das einzelne Geschehnis nicht zum Ereigniszusammenhang einer Erzählung fügt. Satan ist das Muster eines guten Autors; deshalb verfliegt dem Herausgeber sein erster Abend mit Satan alias Natas auch wie sonst nur mit einem guten Buch:

Mitternacht war herangekommen, ohne daß ich wußte, wie, denn der Fremde hatte uns so tief in alle Verhältnisse der Menschen, in alle ihre Neigungen und Triebe hineinblicken lassen, daß wir uns stille gestehen mußten, nirgends so tiefgedachte, so überraschende Schlüsse gehört oder gelesen zu haben. (I, S. 355)

Der ideale Autor ist also Psychologe, Anthropologe, Kenner der menschlichen Gesellschaft und aufgrund all dieser Fähigkeiten dazu in der Lage, im dargestellten Einzelfall das Menschlich-Repräsentative, im Besonderen das Allgemeine zur Erscheinung zu bringen. Es sind die »tiefgedachten, so überraschenden Schlüsse« des Autors, die es dem Leser erlauben, aus der Erzählung auf sein eigenes Leben zu schließen und in der Darstellung sich selbst zu erkennen. Die tiefgedachten und überraschenden Schlüsse heben die Erzählung über die Trivialität des Alltags und die Interessantheit des außergewöhnlichen Einzelfalls durch einen ideellen Zugewinn hinaus. Erst dieser ideelle Gehalt verleiht der Lektüre eine lebensverändernde Kraft jenseits der reinen Unterhaltung: »Von diesem Abend an ging uns ein neues Leben in den Drei Reichskronen auf. Es war, als habe die Freude selbst ihren Einzug bei uns gehalten, und feiere jetzt ihre heiligsten Festtage [...]« (I, S. 355).

So bringt der Pietistenverächter Hauff die dämonischen Wirkungen einer guten Lektüre auf den Begriff: als Pfingstwunder einer Ausgießung heiliger Freude von lebensverändernder Kraft, als Wiedergeburt zu einem »neuen Leben« im Zeichen der säkularen Trinität der Drei Reichskronen. Auf diese Weise setzt Hauff die Wirkungen eines guten Autors ins Bild, dessen oberste Aufgabe Kontingenzbeseitigung durch Erzählung ist: Die Gäste vergaßen, daß sie »der Zufall aus allen Weltgegenden zusammengeschneit hatte. Und Natas, dieses seltsame Wesen, war die Seele des Ganzen.« (I, S. 355)

Das ist Hauffs Definition des Autors, dieses seltsamen Wesens: Er ist die Seele des Ganzen und kann dies sein, weil er den Zufall im Sinnzusammenhang einer Erzählung auslöscht; kein Wunder also, daß deren Leser »ein neues Leben« gekommen wähnen. Es sind diese Lehren Satans als des idealen Autors, die Hauff zu seinem schriftstellerischen Lebensprogramm erhebt. Jeder Zug in der von ihm entworfenen Physiognomie Satans charakterisiert die eigene schriftstellerische Strategie; es gibt kein Porträt des Autors Hauff, das dessen Selbstporträt als Satan an Präzision überträfe:

> Und dennoch war der Zauberer, der diese Lust heraufbeschwor, weit entfernt, je ins Rohe, Gemeine hinüberzuspielen. Er griff irgendeinen Gegenstand, eine Tagesneuigkeit auf, erzählte Anekdoten, spielte das Gespräch geschickt weiter, wußte jedem seine tiefste Eigentümlichkeit zu entlocken und ergötzte durch seinen lebhaften Witz, durch seine warme Darstellung, die durch alle Schattierungen von dem tiefsten Gefühl der Wehmut, bis hinauf an jene Ausbrüche der Laune streifte, welche in dem sinnlichsten, reizendsten Kostüm auf der feinen Grenze des Anstandes gaukeln. (I, S. 356)

Ein solcher Zauberer, ein solcher literarischer Dämon, ein solcher Virtuose, der aus der Tagesneuigkeit und der Anekdote einen Lebenskosmos zu entfalten vermag, der Himmel, Welt und Hölle umfaßt, das war es, was Hauff zu werden sich vorgenommen hatte. Hauff war kein Theoretiker; er hat alles, was er sich programmatisch vornahm, mit zaubergleicher Einbildungskraft in sinnliche Gestalt verwandelt. Deshalb ist sein wichtigster poetologischer Text sein Selbstporträt als Satan: als jener »geniale Fremdling«, als welcher er die literarische Öffentlichkeit in seinen Bann zu ziehen gedachte. Seinem Publikum sollte es so gehen wie den Menschen im Hotel mit Satan: »Beinahe alle waren ohne Zweck in diesem Haus […]« (I, S. 356). Intentionslos also, rein auf Unterhaltung eingerichtet, treten sie in die Lektüre ein und verfallen so dem »Zauber, der uns an dies Haus band« (I, S. 356). Am Ende aber müssen sie erkennen – und diese Erkenntnis wird natürlich einem deutschen Professor in den Mund gelegt –, daß alles ein »berechneter Plan« (I, S. 364) ist. Ein Plan des Autors, der sie in die Falle des Textes gelockt hat. Diejenigen, die da glaubten, »ohne Zweck« zu leben, ganz dem Zufall und der Laune anheimgegeben, sind in Wahrheit Spielmarken der Phantasie eines Autors, der nichts dem Zufall überläßt und deshalb alles einem »berechneten Plan« unterordnet. Urheber dieses »berechneten Plans« ist der Herausgeber der Memoiren, der am Ende der Einleitung in einer Umarmung (»Wir umarmten uns«; I, S. 374) mit Satan verschmilzt. Der Autor als

Teufel, der Teufel als Autor: da gibt es nun keine Unterschiede mehr. Das Selbstporträt des jungen Autors als alter Satan hat schon am Ende der Einleitung seine prognostische Kraft unter Beweis gestellt; mit größerer Virtuosität jedenfalls hat sich kaum je ein junger Autor auf den literarischen Markt katapultiert, als es der junge Hauff als Satan tat.[7]

3. Die Oper

Die *Mitteilungen aus den Memoiren des Satan* enden mit einem riesenhaften Crescendo, wie man es so furios sonst nur aus den Opern Gioacchino Rossinis kennt. Dieses Crescendo bildet der Bericht Satans über die Aufführung einer Oper Gioacchino Rossinis aus Anlaß des Geburtstags von des Teufels Großmutter. Da diese Auffführung im Fegefeuer stattfindet, gibt es diese Oper Rossinis natürlich nicht. Eine Oper mit dem Titel »Einige Szenen aus dem Jahr 1826« (I, S. 598), deren Akte zunächst an der Londoner Börse, dann im Dom zu Notre Dame und schließlich bei einem Diner des türkischen Außenministers in Konstantinopel spielen, ist auch nur schwer vorstellbar. Hauffs Einbildungskraft entwirft hier in Form einer Oper Rossinis eine milde Satire auf die politischen Tendenzen seiner Zeit, wobei die Wahl des künstlerischen Genres eine beachtliche satirische Treffsicherheit beweist, denn tatsächlich zeichnet die europäische Politik unter der Heiligen Allianz eine Tendenz zur Veroperung aus, zur Ersetzung also von Politik durch Überwältigungsästhetik. Zugleich sollte dieser Premierenbericht aus dem Fegefeuer eine Satire auf das künstlerische Verfahren Gioacchino Rossinis, des größten Genies des zeitgenössischen Musiktheaters, sein.

Rossini war auf dem Gebiet der Oper genau jener mit unerschöpflicher Einbildungskraft begabte Hexenmeister der Stoffe, Formen und Motive, der Hauff in der Literatur zu werden sich anschickte, und deshalb gewinnt auch Hauffs von Bewunderung getragene Satire auf Rossini, der hier in Analogie zu seinem Meisterwerk *La gazza ladra* (*Die diebische Elster*) der »Maestro ladro« (I, S. 599), der diebische Meister, heißt, einen hohen prognostischen Wert für Hauffs weiteres schriftstellerisches Schaffen. »Die Musik ist aus Mozarts, Haydns, Glucks und anderen Meisterwerken zusammengesucht von Rossini.« (I, S. 598) Dies

---

[7] Dafür, wie die Zeitgenossen im Biographen des Satan diesen selbst zu identifizieren suchten, gibt eine Tagebuchaufzeichnung von Hermann Smidt über Wilhelm Hauff in Bremen (28.8.1826) ein beredtes Zeugnis; s. Marbacher Magazin 18, (1981), S. 38ff.

klingt zwar ungerecht und ist es auch, bezeichnet aber auf der anderen Seite genau dasjenige, was Hauff an Rossini bewunderte: jenes Assimilationsgenie im Hinblick auf einen unerschöpflichen Fundus an Stoffen und Formen, dessen ein Virtuose der Oper oder der Literatur bedurfte, um auf dem auf immer rascheren Konsum eingestimmten Kunstmarkt des 19. Jahrhunderts bestehen zu können. Vermutlich hat Wilhelm Hauff keinen Künstler seiner Zeit so sehr bewundert wie den nur zehn Jahre älteren Rossini, dem er in der Leichtigkeit der Produktion und in seiner künstlerischen Assimilations- und Osmosefähigkeit gleichzukommen suchte; Hauff besaß wie kein anderer das Zeug dazu, der Rossini der deutschen Literatur zu werden. Seine Beschreibung der Ouvertüre zu »Il Maestro ladro« zeigt dies auf hinreißende Weise. Es ist dies eine literarische Programmusik, in der Hauff sein poetisches Verfahren in vollen Klängen zur Entfaltung bringt:

> Es war die herrliche Ouvertüre aus *Il Maestro ladro*, die Rossini auf sich selbst gedichtet hat, und das Publikum war entzückt über die schönen Anklänge aus der Musik aller Länder und Zeiten, und jedes fand seinen Lieblingsmeister, seine Lieblingsarie in dem herrlich komponierten Stück. Ich halte auch außer der Gazza ladra den Maestro ladro für sein Bestes, weil er darin seine Tendenz und seine künstlerische Gewandtheit im Komponieren ganz ausgesprochen hat. Die Ouvertüre endete mit dem ergreifenden Schluß von Mozarts *Don Juan*, dem man zur Vermehrung der Rührung, einen Nachsatz von Pauken, Trommeln und Trompeten angehängt hatte und – der Vorhang flog auf. (I, S. 599)

Mit den *Mitteilungen aus den Memoiren des Satan* flog Wilhelm Hauffs Vorhang auf. Schon hier hatte er, der »Maestro ladro«, »seine Tendenz und seine künstlerische Gewandtheit im Komponieren ganz ausgesprochen«, und das Publikum zeigte sich von nun an »entzückt über die schönen Anklänge aus der [Literatur] aller Länder und Zeiten« in seinem Werk, wobei dieser Meister der erzählerischen Überwältigung sich wie der Meister der musikalischen Überwältigung nicht davor scheute, dem Bekannten und Übernommenen stets aufs neue »zur Vermehrung der Rührung, einen Nachsatz von Pauken, Trommeln und Trompeten« anzuhängen. Hauff hat wie kein anderer deutscher Schriftsteller seiner Zeit gewußt, daß die Oper die Leitkunst des 19. Jahrhunderts ist; so schreiben zu können, daß die Wirkungen der Oper erzielt werden, muß ihm als sein schriftstellerisches Ideal erschienen sein – aber um so schreiben zu können, mußte man wohl ein Satan sein. Am Schluß der *Memoiren* verschmilzt der Erzähler Hauff mit Rossini, dem er als Satan seines eigenen künstlerischen Metiers gleichzukommen suchte.

Hauffs Affinität zur Oper, zur wirkungsmächtigsten Kunstform des 19. Jahrhunderts, ist von profunder Bedeutung für sein künstlerisches Selbstverständnis. Es ist wichtig, daß es sich hierbei um eine genuine Affinität Hauffs zur Oper handelte und nicht zum Drama, das in Hauffs vielgestaltigem Schaffen, obgleich es nach wie vor in der Hierarchie der literarischen Gattungen obenan stand, keine Rolle spielt. Man kann diese Affinität leicht an dem Fehler erkennen, den seine Kommentatoren dem Vielschreiber Hauff besonders gern ankreiden, obgleich es sich in Wahrheit um keinen Fehler handelt: In zwei seiner Novellen, in *Othello* (II, S. 465) und in *Die Sängerin* (II, S. 543), erwähnt Hauff, daß Othello Desdemona ersticht, während er sie in Shakespeares *Othello* doch erwürgt. Aber Hauff greift eben nicht auf Shakespeares Drama zurück, sondern auf Rossinis lyrische Tragödie *Otello* (1816), deren Libretto nicht auf Shakespeares Drama beruht. In neapolitanischen Opern sterben die Frauen aber anders als in elisabethanischen Tragödien; bei Rossini wird Desdemona tatsächlich erdolcht. Mit anderen Worten: für den Erzähler Hauff bildet bereits die Oper und nicht die in der im 19. Jahrhundert ausgefochtenen Gattungskonkurrenz unterliegende Tragödie die Leitkunst. Der Leser kann sich davon anhand der Novelle *Othello* leicht überzeugen, in der der grelle Effekt der blutigen Schlußszene von Rossinis Oper um der Wirkungspotenzierung willen in Serie geht, oder anhand der kruden Novelle *Die Sängerin*, die die Wirkung der Oper in die Wirkung einer realistischen Kriminalstory zu transformieren sucht: »geradeso«, so sagt der Kommerzienrat zu Beginn über die Sängerin,

> lag sie noch letzten Sonntag vor acht Tagen in der Oper »Othello« da, als sie die Desdemona spielte. Schon damals war der Effekt so grausam wahr und wahrhaft greulich, daß man meinte, der Mohr habe sie in der Tat erdolcht; und jetzt ist es wirklich so weit mit ihr gekommen! Was mich das rührt! (II, S. 543)

So wird der Effekt der Oper zum Effekt der Novelle, die sich die überwältigenden Wirkungen der Oper zu eigen zu machen sucht: »Was mich das rührt!« Es charakterisiert freilich die Hauffsche Ironie, daß er jedem seiner Leser nicht nur die von ihm erstrebten Wirkungen, sondern auch die dabei angewandten Mittel und Wege offen vor Augen führt.

Hauff war ein vorzüglicher Kenner der Oper; dies zeigt neben den Korrespondenznachrichten über das Stuttgarter Theaterleben, die er 1827 für die Dresdner *Abend-Zeitung* und für das *Berliner Conversations-Blatt* schrieb, vor allem seine bedeutendste journalistische Arbeit: die drei Berichte *Demoiselle Sontag in Paris*, in denen Hauff die Triumphe beschrieb, die Henriette Sontag 1826 in dem von Rossini geleiteten Théâtre Italien in Werken von Mozart, Rossini und Cimarosa feierte. Es ist also alles andere als ein Zufall, daß er den Entwurf seiner im Zeichen diabolischer Virtuosität stehenden Autorschaft in den *Memoiren des Satan* mit einer Opernapotheose als der antizipierten Apotheose seiner eigenen Autorschaft abschloß. Von da an war klar, daß ihn sein schriftstellerischer Weg zur Oper führen mußte: hin zu dem »Effekt einer infernalischen Harmonie, die einer andern Welt entlehnt scheint« (III, S. 126), wie er 1826 in *Demoiselle Sontag in Paris* über Mozarts *Don Giovanni* schrieb. Er dachte in Maßen bescheiden über sich und seine Talente, und so wollte er gewiß, wie kein Goethe oder Schiller, so auch kein Mozart der Erzählkunst sein. Ein literarischer Rossini aber doch wohl schon: ein Autor als Teufel, der die Effekte einer infernalischen Harmonie nicht einer anderen, sondern der eigenen Welt entlehnte. Als er starb, starb er als Librettist: über den Entwürfen eines Singspiels aus der mittelalterlichen Geschichte *Das Fischerstechen* (III, S. 322-336). Über die ausgeführten Szenen aber ist zu sagen, was über Hauffs sämtliche Werke zu sagen ist: Sie sind von infernalischer Virtuosität.

Erhard Schütz

Die Parabel vom angenehmen Mann
Hauffs Clauren und die Strategie des Namens

> »Ich versichere Ihnen, es kommt auf dieser Welt viel darauf an wie man heißt; der Name tut viel.«
> Hyazinth Hirsch

> »Wir sind in uns selbst verzaubert, aber wir können das Wort aussprechen, das der Kalif Storch [...] vergessen hatte: *mutabor* – ich soll mich verwandeln.«
> Dolf Sternberger,[1] 1942

Sieht man von seinen, wie Ernst Bloch sie genannt hat, »Märchen nach Toresschluß«[2] ab, dann stand bislang Hauff literaturwissenschaftlich allenfalls zur Diskussion unter Wertungs- und Verwertungsfragen.

Verwertungsfragen: Der Großteil der Sekundärliteratur zu Hauff, wo sie nicht von vornherein aus beschaulichen oder verschrobenen Liebhaberverklärungen bestand, widmete sich seit je der Suche nach möglichen Einflüssen. Was hatte Hauff von wem woher? Von Clauren über Cooper zu Hoffmann über Scott bis Zschokke geht die Reihe der vermeintlichen oder tatsächlichen Fundstücke.

Und Wertungsfragen: Im Falle Claurens knüpften sie sich direkt an die Verwertungsfrage. Ist der Roman, der Mitte Oktober 1825 in der Presse unter dem Titel annonciert wurde: *Der Mann im Mond, oder Der Zug des Herzens ist des Schicksals Stimme. Von H. Clauren*, es wert, eine Parodie genannt zu werden? Was ist die Parodie wert, wenn ihr Vorbild Clauren nichts wert ist? Die *Kontrovers-Predigt* jedenfalls, in der Hauff seine Nachahmung Claurens, die doch die Vorlage überbieten sollte, wiederum mit diesem herabsetzen mußte, die *Kontrovers-Predigt*, in der Hauff Claurens Namen prophezeite, trotz seiner *Vergißmeinnichts* bald verges-

---

1 Sternberger, Dolf: »Was ist der Mensch?«. Neue Antworten auf eine alte Frage, in: Frankfurter Zeitung, 12.-14. Februar 1942, hier: 14. Februar.
2 Bloch, Ernst: Das Wirtshaus im Spessart, in: ders.: Literarische Aufsätze, Frankfurt/M. 1957 (= Werke Bd. 9), S. 82.

sen zu sein,³ sorgte eben dafür, daß seither Claurens Name festgehalten ist wie die Ameise im Bernstein. Denn, so scheint es, mit der *Kontrovers-Predigt* hat Hauff nichts weniger als das Grundinventar zur Diskussion um Trivialliteratur geliefert, die seither nicht wesentlich darüber hinausgelangt ist.⁴ Und was die beiden Protagonisten resp. Kontrahenten angeht, so folgte man in der Regel Hauff oder nahm – später – Clauren gegen ihn in Schutz,⁵ vor allem in der auslaufenden oder ausgelaufenen DDR – sei es unter dem Zeichen historischer Aussöhnung mit dem ›Trivialschema‹,⁶ sei es unter Aufgebot von Goethes Kategorie der ›mittleren Literatur‹.⁷ Wohingegen nun allerjüngst Stefan Neuhaus einen langen Anlauf genommen hat, um den *Mann im Mond* als »Roman mit großem kritischen Potential« zu deklarieren, ihn dem Werk Heines an die Seite zu stellen und schließlich nichts weniger als die Übernahme in den Kanon zu fordern.⁸ Auch wenn ›der‹ Kanon sich darum nicht kümmern dürfte, weil sich ohnehin um ihn niemand schert, so stimmt das immerhin tröstlich, da es zeigt, wie ernsthaft für das Genre Parodie gekämpft wird. Denn die Aufwertung funktioniert hier nur, indem der Roman als Parodie – und zwar als gelungene Parodie – wahrgenommen wird. Nun gehört es ja in den Kern der Auseinandersetzungen um Hauffs Werturteile, nämlich darüber, wieviel sein Urteil wert sei, welche Intention man dem Roman zuschreibt: Imitat, gar Fälschung oder doch Parodie, Persiflage, gar Satire? Zum Leidwesen auch aller weiteren Spekulationen wird es wohl kaum möglich sein, die Frage nach Hauffs ursprünglicher Intention zu beant-

---

3 Hauff, Wilhelm: Kontrovers-Predigt über H. Clauren und Den Mann im Monde […] (1827), in: ders.: Sämtliche Werke in drei Bänden. Nach den Originaldrucken und Handschriften. Textredaktion und Anmerkungen von Sibylle von Steinsdorff. Mit einem Nachwort und einer Zeittafel von Helmut Koopmann, München 1970, Bd. 1, S. 795-824, hier S. 820. Nach dieser Ausgabe wird im folgenden zitiert.
4 So kann man Hermann Brochs Theorie des Kitsches als die systematische Ausarbeitung der Hauffschen Grundfiguren ansehen.
5 So z. B. Schöberl, Joachim: Nachwort, in: H. Clauren: Mimili/Wilhelm Hauff: Kontrovers-Predigt über H. Clauren, Stuttgart 1984, S. 129-178.
6 Drumont, Altrud: Heinrich Claurens ›Mimili‹, in: Weimarer Beiträge 32 (1986), S. 1868-1882.
7 Grohnert, Dietrich: Leidenschaft und Liebe von Heinrich Clauren. Beobachtungen zu einem Text, in: Zeitschrift für Germanistik, NF 3 (1993) 2, S. 332-337.
8 Neuhaus, Stefan: Wilhelm Hauff und der Kanon, in: Wirkendes Wort 51 (2001), 1., S. 4-25, hier S. 14, 19 u. 24. – Vgl. auch Neuhaus, Stefan: Revision des literarischen Kanons, Göttingen 2002, S. 48-63, anhand von Hauffs Lichtenstein; vgl. ders.: Das Spiel mit dem Leser. Wilhelm Hauff: Werk und Wirkung, Göttingen 2002, bes. S. 139-156.

worten. Die Ursprungsfrage bleibt Glaubensfrage – sosehr man über dem Manuskript orakeln mag. Darum kann man es, möchte man's mild, mit Friedrich Pfäfflin halten, der – ein Bild Hauffs aus der *Kontrovers-Predigt* aufgreifend – feststellte, daß dem Ganzen ein gewisser »haut gout« anhaften bleibe, wenngleich bekanntlich ein haut gout den »Reiz einiger kulinarischer Spezialitäten durchaus erhöhen« könne.[9] Mag man's strenger, möge man sich Bettina Clausen anschließen, die einen mutmaßlichen 5-Phasen-Vorgang vorlegte: 1. unbewußte Aneignung, 2. reflektierte Nachahmung, 3. dosiert persiflierende Überspitzung, 4. feindlich-offensive Agitation und 5. unauffälliger Rückzug.[10] Am plausibelsten indes scheint nach wie vor die zeitgenössische Formel, wie Menzel sie in Cottas *Morgenblatt* fand:

> Man sieht, der Dichter hat beydes gewollt, die Spoetter befriedigen, indem er seine Copien als Persiflage gelten lassen will, und die Glaeubigen, indem er ihnen einen aechten Clauren […] aufzudringen versteht. Das ist sein ganzes Geheimniß, und sein Mann im Monde hat bewiesen, wie geschickt die doppelte Mystification angelegt war, denn die Liebhaber Claurens haben ihn wie einen aechten Claurenschen Roman verschlungen und ganz delicioes gefunden, die Feinde dieser frivolen und faden Manier aber haben den Mondmann als Satyre genommen.[11]

Zudem – stellt man nur halbwegs Hauffs strategisches Talent in Rechnung – würde er sich wohl nie und nimmer arglos auf ein schlichtes Fälschungsunternehmen eingelassen haben.

Daher scheint es produktiver, über eine Strategie nachzudenken, deren Pointe gerade in der Mehrdeutigkeit, Unentscheidbarkeit, Unfestlegbarkeit und Unangreifbarkeit liegt. Oder kurz: in der Um-Entscheidbarkeit.

Nur zwei eher marginale Beispiele aus dem *Mann im Mond* dazu. Zunächst ein Zitat:

---

9 Pfäfflin, Friedrich: Nachwort, in: Hauff, Wilhelm: Der Mann im Mond, Ostfildern 1983, S. 229.
10 Clausen, Bettina: Schriftstellerarbeit um 1825. Autonomes und kopiertes Wert-Verständnis am Muster Wilhelm Hauff, in: H. Segeberg (Hrsg.): Vom Wert der Arbeit. Zur literarischen Konstitution des Wertkomplexes ›Arbeit‹ in der deutschen Literatur (1770-1930), Tübingen 1991, S. 159-193, hier S. 175.
11 Romane, in: Morgenblatt fuer gebildete Staende, 20 (1826), 13.10., Literatur-Blatt, S. 325.

Idchen blieb still, biß die Lippen zusammen und spielte mit dem Amethystkreuz am Kollier, das unter dem Tanz sich zwischen den Schneehügeln hinabgeschoben hatte und ganz glühend heiß geworden war.[12]

Das mag die Version einer typisch Claurenschen Frivolität, das kann aber auch ironisches Spiel mit Zeichen sein, wenn der Amethyst, der damaligen Konvention nach – wie später noch Mörike im *Stuttgarter Hutzelmännlein* erinnerte – vor Trunkenheit und ihren Folgen schützen sollte, hier vor der katachrethischen Hitze der Schneehügel nicht gefeit ist. Und zwar kann man das polnische Drum und Dran des rabenschwarz-bleichen Emil als konventionelle Sympathiewerbung für die nationale Sache der Polen lesen,[13] wenngleich der Nachname Comte de Martiniz wahrlich nicht sehr nationalpolnisch klingt.[14]

Beläßt man es einstweilen bei solcher Un- oder Um-Entscheidbarkeit, dann kann man eine andere Frage in den Vordergrund rücken: die nach Hauffs Strategie, sich einen Namen zu machen. Darin nämlich konturiert sich eine Position medienbeobachtender, medienbewußter, selbstbewußter Autorschaft, die nicht lediglich auf den Markt blickte und Marketing betrieb,[15] sondern sich selbst zugleich faktisch als – zu entwickelnde – Marke begriff. Es ist die Strategie einer maximalen Wirkung in – anomalen – Zeiten der Normalisierung, d. h. unter Bedingungen einer Individualkonkurrenz bei seriellen Fabrikationen, in denen Quantitätsfragen zu Qualitätskriterien werden. So wie Hauff es seinem Satan in den Mund legt: »Bedenke, daß ein großer Dichter ein großes Publikum haben, und, um ein großes Publikum zu bekommen, so populär als möglich sein muß.«[16] Es ist mithin eine Situation, in der die Marktgängigkeit von Genres und Mustern weithin approbiert ist, in der – um es zu pauschalisieren – Hoffmann als Label[17] für das Phantastisch-Groteske, Clauren

---

12 Der Mann im Mond oder Der Zug des Herzens ist des Schicksals Stimme. Von H. Clauren, in: Hauff SW 1, S. 605-794, hier S. 616.
13 Vgl. dazu Polczynska, Edyta: Das Bild des ›edlen Polen‹ in Wilhelm Hauffs Roman *Der Mann im Mond*, in: Acta Universitatis Wratislaviensis, Nr. 1297: Deutsche Polenliteratur, Wrocław 1991, S. 149-162.
14 Vgl. dazu Neuhaus, Wilhelm Hauff und der Kanon, S. 4-25, hier S. 21.
15 Bettina Clausen spricht unter Bezugnahme auf Erich Fromm gar rundweg vom »Marketing-Typus«. Vgl. Clausen, Schriftstellerarbeit um 1825, S. 184.
16 Hauff: Mitteilungen aus den Memoiren des Satan, SW 1, S. 349-604, hier: S. 454.
17 Vgl. hierzu Niefanger, Dirk: Der Autor und sein Label. Überlegungen zur *fonction classificatoire* Foucaults (mit Fallstudien zu Langbehn und Kracauer), in: H. Detering (Hrsg.): Autorschaft. Positionen und Revisionen, Stuttgart u. Weimar 2002, S. 521-539.

für sentimentalisierten Alltag und Scott für das Pathos des Historischen firmierten. Und an ebendiesen drei Konzepten orientiert Hauff sich nahezu synchron. Die beinahe beliebige Verfügbarkeit der Muster – entsprechendes Talent vorausgesetzt – in einer Zeit signifikanter *me-too-*Produktionen aber machte die Frage nach der Unverwechselbarkeit des Namens um so dringlicher.

Sich einen Namen machen. Geradezu obsessiv ist Hauff mit der Wirkungsmacht des Namens befaßt. Das durchzieht seine Briefe: ob er nun sich glücklich schätzt, »ein wenig Talent zu besitzen; denn um den Namen und um das Geld, das man dadurch bekommt, ist es doch etwas Schönes«.[18] Ob er von Cotta als der »Firma« spricht, mit ihren Aushängeschildern Goethe etc., und stolz deklariert, nicht durch die Firma, sondern im eigenen Namen sich bekannt machen zu wollen.[19] Oder ob er bei der Zusammenstellung seines zweiten Almanachs, abwertend gegenüber der Qualität des eingekauften Märchens, kühl auf die Zugkraft des Grimmschen Namens kalkuliert, »der nun einmal *viel* gilt«.[20] Das gleiche Prinzip durchzieht sein literarisches Werk. Sei es, daß Selims Name »wohlbekannt« ist »unter allen, die jemals einen Araber gesehen haben« (*Saids Schicksale*), sei es, daß Herzen »höher schlagen bei dem Klang großer Namen« oder er sich wünscht, »daß sie meinen Namen in der Zeitung läse« (*Phantasien im Bremer Ratskeller*) oder ob die »Bewunderung« für Württemberg beschworen wird, »wenn man die Zeit bedenkt, in welcher sein Name zuerst aus dem Dunkel tritt [...] wenn man die inneren und äußeren Stürme bedenkt, die [...] oft selbst seinen Namen aus den Annalen der Geschichte zu vertilgen drohten« (*Lichtenstein*). Vor allem aber gilt das Prinzip für die Beziehungen seines Namens zum Werk. Zunächst macht er sich ja einen Namen dadurch, daß er – in der patriotischen Liedersammlung – seinen eigenen unter die bekannten Namen mischt. Dann, indem er nicht seinen Namen benutzt, sondern als anonymer Herausgeber der *Memoiren des Satan* fungiert, in denen der Satan unter dem nobilitierenden Pseudonym *von* Natas auftritt. Mit Natas wiederum wird Hauff dann bei seinen Auftritten in der Provinz kokettieren.[21] Im nächsten Schritt operiert er unter dem pseudonymen Namen eines anderen, um alsbald mit dem *Lichtenstein* sich unter dem

---

18 Zit. n. Hinz, Ottmar: Wilhelm Hauff, Reinbek 1989, S. 39.
19 Zit. n. ebd., S. 83.
20 Wilhelm Hauff an Hermann Hauff, Bremen, 26.8.1826. Zit. n. Hauff, Wilhelm: Werke, hrsg. v. B. Zeller, Frankfurt/M. 1969, Bd. 2, S. 616-619, hier S. 618.
21 Vgl. Hinz, Wilhelm Hauff, S. 74.

eigenen den Namen eines anderen, eines »kleinen wuertembergischen Walter Scott«[22] oder – generöser – »deutschen Walter Scott«[23] zu erwerben.

Ein besonders prekärer und besonders eklatanter Fall stellte dabei das Schreiben im Namen eines anderen dar. Hören wir diesen selbst dazu, nämlich den Geheimen Hofrat Carl Heun alias H. Clauren in seiner Appellation an das Ober-Censur-Collegium in Berlin:

> Seit länger denn 15. Jahren, sind mehrere Schriften im belletristischen Fache, von mir, unter dem Anagramm meines Namens, H. Clauren, erschienen, die vom Publikum so günstig aufgenommen worden sind, dass sie sich eines nicht unbedeutenden Absatzes erfreuen […].
> Dieser letzter Umstand veranlasste den Buchhändler Franckh zu Stuttgart, vor Kurzem, ein, von einem gewissen Hauff daselbst verfasstes Werk: <u>der Mann im Monde</u> betitelt, in dem der Hauff sich bemüht hatte, meine Schreibart nachzuahmen, unter meinem oben erwähnten anagramatischen Namen H. Clauren, herauszugeben. Des Frankh Absicht bei dieser Unternehmung war offenbar, das Publikum durch die Vorspiegelung, dass ich der Verfasser dieses Buches sei, zu täuschen, und somit diesem seinem Verlags[unter*nehmen*] einen recht schwunghaften Absatz zu verschaffen. Ich kam gegen dieses […] beschwerend ein, und nach beendigtem Criminal[en] Prozess ward der Frankh zu einer Strafe von 50 rh., zur Tragung sämtlicher Prozesskosten, und zur Zurücknahme aller ihm wieder zurückzugebenden Exemplare des fraglichen Werkes, gegen Wiedererstattung des Kaufpreises verurtheilt, und dieses Urtheil ward, zur Benachrichtigung des Publikums, in mehreren öffentlichen Blättern bekannt gemacht. Die gesetzlichen Folgen dieses Erkenntnisses sollen dem Frankh, wie man sagt, einen Schaden von mehr denn 1000 rh. bereitet haben. Ueber diesen ganz unerwarteten Ausgang der Sache bis auf das Höchste erbittert, hat jetzt der Hauff […] unter dem Titel: Controvers-Predigt über H. Clauren und den Mann im Monde die ganz gehorsamst beigefügte, gegen mich gerichtete Schmäh-Schrift herausgegeben, von der vorgestern Abend, an jede der hiesigen Buchhandlungen, mehrere Exemplare von Leipzig aus, eingegangen sind.

Ob des beleidigenden Inhaltes, so Heun, bitte er darum, den Zeitungsannoncen des Werks »das Imprimatur der hiesigen Zeitungs-Censur« zu verweigern und möglichst gar ein Verbot der *Kontrovers-Predigt* zu erlassen.[24]

---

22 Morgenblatt fuer gebildete Staende 20 (1826), 13.10., Literatur-Blatt, S. 325.
23 Vgl. Hinz, Wilhelm Hauff, S. 59.
24 Vgl. den Beitrag von Hahnemann und Oels im vorliegenden Band.

Es ist nicht sehr wahrscheinlich, daß ausgerechnet der finanzielle Verlust seines Verlegers, für dessen Höhe es keinerlei Belege als eben die Behauptung Heuns gibt, Hauffs Polemik auslöste. Hauffs Furor rührte wohl eher daher, daß just seine Urheberschaft in dem von Heun angestrengten Prozeß in Esslingen überhaupt keine Rolle gespielt hatte. Anders als die Akten zu Heuns Zensurantrag sind die Esslinger Unterlagen nicht mehr vorhanden. Da jedoch die *Zeitschrift für die Criminal-Rechts-Pflege in den preußischen Staaten* lebhaften Anteil an diesem »Criminalrechtsfall im Gebiet der schönen Literatur« genommen hatte, läßt sich der Argumentationsgang relativ genau rekonstruieren. Demnach hat der Criminal-Senat des Königl. Ober-Tribunals in Stuttgart am 8.4.1826 nicht nur die Esslinger Entscheidung vom 3.12.1825 bestätigt, sondern offenbar im wesentlichen auch deren Gründe wiederholt. Hauff selbst hatte im »Vorspiel« zum zweiten Teil seiner *Memoiren des Satan*, den er Anfang April 1826 abgeschlossen hatte und der Ende November, also *nach* der *Kontrovers-Predigt* erschien, eine Travestie des Verfahrens geliefert, das dort gegen »Dr. H-f« geführt wurde, woraus wiederum Herausgeber Eduard Hitzig, Direktor des Inquisitoriats beim Berliner Kammergericht, in der *Zeitschrift für Criminal-Rechts-Pflege* den mutmaßlichen Verlauf zu rekonstruieren versuchte.[25] Karl Herloßsohn hatte zudem bereits Ende 1826 mit *Emmy, oder Der Mensch denkt, Gott lenkt* einen zweibändigen, weiteren parodistischen »H. Clauren«, vorsichtshalber jedoch ausgeschrieben als Heinrich Clauren, nachgeschoben, worin er u. a. das Esslinger Urteil verspottete,[26] und Georg Lotz hatte in den *Originalien* zunächst sehr ausführlich aus Hauffs Predigt zitiert und dann ironisch rabuliert: »Es ist klar, daß man den wahren Namen eines Menschen nicht verfälschen, i.e. fälschlich gebrauchen darf; um wie viel weniger also den *falschen*!«[27]
Nicht zuletzt dieser spöttischen Mutmaßungen über das Esslinger Urteil wegen, vor allem aber um die von Hauff »völlig entstellten Entscheidungsgründe« transparent zu machen, lieferte im Juni 1827 der württem-

---

25 [Eduard Hitzig]: Criminalrechtsfall im Gebiet der schönen Literatur, in: Zeitschrift für die Criminal-Rechts-Pflege in den preußischen Staaten, Bd. 2 (1826), H. 4, S. 405-406; Bd. 3 (1827), H. 5, S. 194-195; H. 12, S. 450-460, Bd. 5 (1827), H. 10, S. 465-470. – Vgl. dazu auch Stammler, Rudolf: Wilhelm Hauff und Heinrich Clauren 1825, in: ders.: Deutsches Rechtsleben während des 19. Jahrhunderts, München 1932, S. 158-170 u. S. 465.
26 [Karl Herloßsohn:] Emmy oder der Mensch denkt, Gott lenkt. Von Heinrich Clauren, 2 Bde., Leipzig 1827 [1826].
27 [Georg Lotz:] Literarischer Kriegs-Courier No. 53, in: Originalien aus dem Gebiete der Wahrheit, Kunst, Laune und Phantasie, 11 (1827), 4, Sp. 25-29; Nr. 5, Sp. 33-36; Nr. 6, Sp. 45-47, hier Nr. 5, Sp. 33.

bergische Strafrechtler Professor Karl Wächter, unter ausdrücklichem Hinweis darauf, daß Hauff in dem Verfahren »nicht einmal in Anschuldigungsstand versetzt« wurde,[28] die tatsächlichen »Entscheidungs-Gründe« nach. Demnach wurde festgehalten, daß »H. Clauren« ein »willkührlich selbstgeschaffener Name« sei, womit der Geheime Hofrat Heun für

> gewöhnlich seine literarischen Producte bezeichnet. Ein ausschließliches Recht auf diesen Namen hat er allerdings nicht anzusprechen und es kann daher auch nicht als Eingriff in seine Rechtssphäre angesehen werden, wenn ein Dritter sich dieses Namens nach Belieben bedient.[29]

Ebensowenig sei die Nachahmung seiner Manier eine Injurie: »Denn kein Schriftsteller hat das Recht, zu verlangen, daß sein schriftstellerisches Talent allgemein anerkannt werde«, ebensowenig ein »ausschließliches Recht« auf seine Manier. Zudem komme in der von Franckh verlegten Schrift keine Stelle vor, aus der auf die Absicht einer Kränkung des Klägers geschlossen werden könne.[30]

Somit bleibe lediglich die Frage einer »Täuschung des Publicums«, weil Kauflustige durch die Anzeige Franckhs »nothwendig in den Irrtum versetzt wurden«, ein »von diesem Schriftsteller verfaßtes Werk zu kaufen«.[31] Weil aber »die Existenz einer wirklichen Beschädigung« ungewiß, dem Beklagten die irrtümliche Annahme einer nicht vorhandenen Unrechtmäßigkeit schwerlich abzusprechen sei, wurde die »rechtswidrige Täuschung der Käufer der fraglichen Schrift nur als polizeyliches Vergehen« bewertet.

Nach Auffassung des Gerichts handelte es sich mithin lediglich um einen Fall zwischen Verleger und Käufern, in dem beide Autoren keine Rolle spielten. Das nun konnte Hauff keinesfalls recht sein. Und so mußte er nicht nur seinen Namen, sondern auch den Clauren erst einmal wieder ins Spiel, in eine neue Runde des Spiels, bringen.

Da die Manier unter dem Namen H. Clauren bisher in keiner Weise inkriminiert worden war, stand es frei, sie ungestraft nachzuahmen, ja da selbst der Name H. Clauren nicht geschützt war, insbesondere nicht, wenn nun das Publikum wußte, daß man unter diesem Namen nicht mehr unbedingt nur die Produkte Heuns angeboten bekam, hat das vielleicht ebenso wie die offenbar ungünstige Wirkung des Prozesses auf die

---

28 Criminalrechtsfall, S. 451.
29 Ebd., S. 455.
30 Ebd., S. 456.
31 Ebd., S. 458.

literarische Öffentlichkeit Heun dazu bestimmt, die zahlreichen nachfolgenden Imitatoren und Parodisten nicht mehr zu verfolgen. Da also der Tatbestand der Nachahmung der Manier H. Claurens, sei es nun als Adaption, sei es als Parodie, vorhersehbar für sich allein kein Skandalon sein würde, ging Hauff konsequent dazu über, die Auseinandersetzung mit dem Erfolgsautor um seines Namens willen auf einer anderen Ebene zu führen. Hauff verwandelte folglich die strittigen ästhetischen Aspekte der »Manier« in moralische Defekte des Autors – und in ästhetische des Publikums, genauer: des je anderen Publikums.

Auch hier ist Hauff durchaus nicht originär, sondern entfaltet, was z.B. Jean Paul[32], Heine[33] oder Platen[34] in Pointen gebracht hatten, nun in analytischer Detailliertheit. Er bringt aufs Tapet, was das Gericht – dem Stand der vorherrschenden Rechtsauffassung bis weit gegen Ende des 19. Jahrhunderts gemäß[35] – unbekümmert beiseite gesetzt hatte: Namen und Manier.

---

32 Vgl. Jean Paul: Vorschule der Ästhetik (1804), Kleine Nachschule zur ästhetischen Vorschule, § 5, in: ders.: Werke in zwölf Bänden, München 1975, Bd. 9, S. 464: »Die eleganten Schriftsteller geben nach ihrem Tode die Ordenzeichen wieder der Zeit zurück, die sie damit ausgestattet hatte, in neuerer Zeit hat man den guten Mittelweg eingeschlagen, die Schriftsteller, die man nicht Genies zu taufen wagt, wenigstens genial zu nennen; so hat man den genialen Clauren, Müllner u.s.w., wie man die Findelkinder in Spanien adelige heißt während man sie im Mittelalter Pfaffenkinder betitelte.«

33 Vgl. die derbe Bemerkung in der Harzreise 1824: »Das ganze Buch riecht nach Käse, Bier und Tabak; man glaubt, einen Roman von Clauren zu lesen.« Heine, Heinrich: Die Harzreise, in: ders.: Sämtliche Schriften in 12 Bänden, hrsg. v. K. Briegleb, Frankfurt/M. 1981, Bd. 3, S. 97-166, hier S. 155. Und 1827 die Passage über den »Sänger der Korallenlippen, Schwanenhälse, hüpfenden Schneehügelchen, Dingelchen, Wädchen, Mimilichen, Küßchen und Assesorchen«, in: Heine, Sämtliche Schriften, Bd. 3: Ideen. Le Grand, S. 207-308, hier S. 296.

34 August Graf Platen von Hallermünde hatte 1826 in seiner satirischen Komödie *Die verhängnisvolle Gabel* geschrieben: »Ja, in einer Stadt des Nordens, die so manches Uebels Quell, / Preist man Claurens Albernheiten und verbietet Schillers ›Tell‹.« Platen, August Graf von: Die verhängnisvolle Gabel, in: ders.: Werke in drei Bänden, hrsg. v. C. C. Redlich, Berlin 1880-1882, Bd. 2, S. 285-344, hier S. 296.

35 Vgl. dazu Stammler, Wilhelm Hauff und Heinrich Clauren, S. 169f., der aufzeigt, daß erst im Zusammenhang mit dem Gesetz gegen unlauteren Wettbewerb die Schutzwürdigkeit des Namens überhaupt und dann auch eines Pseudonyms relevant wurde. Vgl. a. Klippel, Diethelm: Der zivilrechtliche Schutz des Namens. Eine historische und dogmatische Untersuchung, Paderborn u.a. 1985.

Zur Auseinandersetzung um die Manier legt er sein – nicht sehr geheimnisvolles – Betriebsverfahren offen: Produktanalyse und Nachbau. Pauschal hatte er das in *Die Bücher und die Lesewelt* – nur scheinbar ironisch – am Beispiel von Scott deklariert:

> Mein Entschluß stand fest; einen historischen Roman à la Walter Scott mußt du schreiben, [...] denn nach allem was man gegenwärtig vom Geschmack des Publikums hört, kann nur diese und keine andere Form Glück machen. [...] ich mußte die Werke dieses großen Mannes nicht nur lesen, sondern auch studieren, um ihm sein Geheimnis abzulauschen, und dann mußte ich irgendein Stück aus der Geschichte ausfindig machen, um es zu meinem Zweck zu benützen.[36]

Und die Kritik hat ihm – faktisch zeitgleich zur *Kontrovers-Predigt* – bescheinigt, mit seinem *Lichtenstein* ebendies erfolgreich getan zu haben: »Im Styl ist der Roman uebrigens«, spöttelt Menzel,

> wie alle Werke des Herrn Hauf, vorzueglich zu nennen. Alles Harte ist schlechterdings daraus verbannt, und man ergeht sich wie auf weichem Rasen von Blatt zu Blatt. Dieser weiche Wiesengrund ist nicht einmal von Blumen, Metaphern, Antithesen und dergleichen unterbrochen, sondern kurzgemaeht, glatt und breit, wie es die Manier Walter Scotts verlangt. Dieser ist sogar in den Motto's nachgeahmt, die jedem Capitel vorangehn und die Aufmerksamkeit auf das lokale Interesse des Romans lenken, indem sie nur Verse aus wuertembergischen Dichtern enthalten.[37]

Die Eigentümlichkeit des exzessiven Gebrauchs von Zitaten approbierter Autoren als Mottos ist übrigens ein Element, das sich auch bei Clauren finden läßt und das Hauff, ebenso wie dessen Eigenheit der extrem kurzen Texttakte, sehr wohl adaptierte – ohne sich davon zu distanzieren.

In der *Kontrovers-Predigt* nun übernimmt Hauff die kritische Analyse selbst – und zwar seiner Vorlage wie des eigenen Produkts gleichermaßen. Was Hauff, den Menzel als »Beyspiel einer literarischen Seelenwanderung« apostrophiert hatte, unterzeichnet mit H. Clauren, als »ein Herz, eine Seele mit mir« und »durch den Zug des Herzens, ganz die meinigen geworden« am Ende des Romans deklarierte und was in der Buchannonce als die »unnachahmliche Manier des Verfassers«, »ja, wir möchten, wenn es möglich wäre, behaupten, er habe hier sich selbst

---

36 Hauff: Die Bücher und die Lesewelt, SW 3, S. 55-71, hier S. 63.
37 Morgenblatt fuer gebildete Staende 20 (1826), 13.10., Literatur-Blatt, S. 326.

übertroffen«,[38] angepriesen wurde, dieses bessere eigene Produkt setzt Hauff in der *Kontrovers-Predigt* jetzt als »lebendiges Verzeichnis« der Claurenschen Sünden herab.[39] Diese Charakteristik erscheint um so eigentümlicher, als Hauffs *Mann im Mond,* verglichen mit den von ihm vorgebrachten Referenzen auf Claurens Werke, sich gerade hinsichtlich des von ihm doch so vehement gegeißelten Frivolen auffällig zurückhält und allenfalls statt dessen die orale Seite, das Reden und Tafeln, liebevoll ausarbeitet.

So stellt sich hier einmal mehr die obstinate Frage, ob Satire, Parodie oder schlichte Imitation. Sibylle Mulots Begründung dafür, warum Hauff »keine eindeutige Parodie zustandegebracht hatte«, daß Claurens Texte »in ihrer bis zum Extrem gesteigerten Effekthascherei, Rührseligkeit und unfreiwilligen Komik« gar nicht mehr parodierbar seien,[40] leuchtet angesichts der eher unterbietenden Harmlosigkeit von Hauffs Text daher so recht nicht ein.

Überhaupt wäre es wohl an der Zeit, Hauffs Text unter dem Begriff des ›Pastiches‹ zu diskutieren. Damit trüge man zudem jener braven Frechheit Rechnung, die Hauff gerade gegenüber dem heimischen Publikum an den Tag legte. So ließe sich der *Mann im Mond* eher als – ziemlich moderate – Philisterkritik an den Freilingern lesen, darin die gelinde Provokation eines offenbar gerade auch im Württembergischen auf Clauren abonnierten Publikums.[41]

---

38 Abendzeitung, Beilage: Wegweiser, Jg. 1825, Nr. 83 v. 15. Oktober, S. 332. Hier zit. n. Hinz, Wilhelm Hauff, S. 44.

39 Hauff: Kontrovers-Predigt, SW I, S. 811.

40 Mulot, Sibylle: Die Fälschung der Fälschung. Wilhelm Hauffs *Mann im Mond,* in: K. Corino (Hrsg.): Gefälscht! Betrug in Literatur, Kunst, Musik, Wissenschaft und Politik, Nördlingen 1988, S. 251-262, hier S. 255.

41 Die Untersuchung von Neumann, Hildegard: Der Bücherbesitz der Tübinger Bürger von 1750-1850. Ein Beitrag zur Bildungsgeschichte des Kleinbürgertums, München 1978, gibt dazu leider nichts her. Es findet sich in ihren Listen kein einziges Werk von Clauren, wohl aber sind einmal, im Nachlaß eines Buchdruckers, 1845 die Werke Wilhelm Hauffs aufgeführt. Vgl. S. 49. – Indes hat Ernst Osterkamp mich auf einen unautorisierten Nachdruck aufmerksam gemacht, der auf ein starkes lokales Interesse deuten könnte, zumal in Württemberg ohnehin fleißig nachgedruckt wurde: Mimili. Eine Erzählung von H. Clauren, Reutlingen 1816 bei Fleischhauer und Bohm, einer Druckerei, die zwischen 1813 und 1816 von Johann Jakob Fleischhauer, einem Bruder von Johann Georg Fleischhauer vom Traditionsverlag Fleischhauer u. Spohn, zusammen mit seinem Schwiegersohn Noa Bohm geführt wurde. Vgl. Fleischhauer, Werner: Vorgeschichte und Aufstieg des Fleischhauer u. Spohn Verlags, in: W. Stammler (Hrsg.): Damals für Heute. Historisches und Nachdenkliches zum 150jährigen Bestehen

Hauffs Nachweis der Aneigenbarkeit von Claurens Eigentümlichkeit wird zum Mittel der Beweisführung gegen den Geist der Manier. Karl Philipp Moritzens Bemerkungen über den Stil (1791), unter dem man »sich das Eigentümliche [denkt], woran man die Schreibart eines jeden wieder erkennet«, worüber aber »keine Regeln statt«finden, und Fichtes subtile Argumentation von 1793 über das geistige Eigentum, daß dasjenige, was »schlechterdings nie jemand sich zueignen kann, weil dies physisch unmöglich bleibt, [...] die Form dieser Gedanken, die Ideenverbindung, in der, und die Zeichen, mit denen sie vorgetragen werden« sei, mithin »auf immer« des Urhebers »*ausschließendes Eigentum*« bleiben müsse,[42] sie werden hier depotenziert und aufgewertet zugleich. Hauff demonstriert an der Nachmachbarkeit der Manier die nahezu beliebige Steiger- wie Herabsetzbarkeit des so ›gemachten‹ Eigentümlichen. Die Selbstwiederholungen, die das Eigentümliche in seiner Eigentümlichkeit allererst konturieren, erlauben auch seine An- und Umeignung durch andere. Eigentümlichkeit wird zur Aneigentümlichkeit – und damit unabhängig von bestimmter Autorschaft, dafür aber abhängig von Talent und der Virtuosität des Aneigners. Um so wichtiger wird, womit der Geist verbunden bleibt, der Name. Wes Geistes der Autor ist, darüber urteilt die faktische Adaption wie die Bewertung des Analysierten. Für Hofrat Heun bleibt demnach bloß Claurens unguter Geist übrig, der haut gout kommerzialisierter Obszönität und sittlicher Verderbnis.

Dieser Teil der Strategie ging durchaus auf – zumindest beim Berliner Ober-Censur-Collegium. Geheimrat Behrnauer notierte zum Vorgang des Zensurbegehrens gegen Hauff jedenfalls, daß Heun »schwerlich im Ernst erwarten [kann], daß seine sehr unsittliche Muse hier Schutz« finde. Der Vater Theodor Körners monierte Hauffs Ton und bezweifelte dessen lautere Motive, sah aber nicht die Person, sondern die Schriften angegriffen: die »zu vertheydigen möchte ich nicht unternehmen«. Friedrich von Raumer schließlich, der nebenbei seine Distanz zu Moritz Saphir, dem Berliner Verteidiger Claurens,[43] durchblicken ließ, schrieb es

---

des Verlages [Fleischhauer u. Spohn], Stuttgart 1980, S. 5-32, hier S. 9. – Bei der Ausgabe handelt es sich offenbar um einen zeitlich unmittelbar erfolgten Nachdruck der Ausgabe Dresden 1816 bei P. G. Hilscher.

42 Vgl. dazu Plumpe, Gerhard: Kunst und juristischer Diskurs. Mit einer Vorbemerkung zum Diskursbegriff, in: J. Fohrmann/H. Müller (Hrsg.): Diskurstheorien und Literaturwissenschaft, Frankfurt/M. 1988, S. 330-345.

43 Vgl. [Moritz Saphir] Controverspredigt über H. Clauren [...], in: Beiwagen für Kritik und Antikritik zur Berliner Schnellpost, Nr. 39 v. 18.10.1826, o. P. [S. 1 f.].

Hauff sogar als »Verdienst« zu, gegen Heuns Schriften, die an »Inhalt und Tendenz [...] so ungemein viel« vermissen lassen, mit derart »scharfer Kritik« aufgetreten zu sein. Und so wird Heun darüber, was man im Votum gleich eingangs klarstellte, daß er sich statt an das Zensurkollegium einfach an den Oberpräsidenten hätte wenden müssen, im Bescheid nicht aufgeklärt, sondern ihm lediglich mitgeteilt, man finde sich »weder berechtigt noch bewogen, die Anzeige zu verbieten, noch auf ein Verbot der Schrift selbst anzutragen«.[44]

Hauffs Angriff hatte immerhin zur Folge, daß Heun fortan jene skandalisierten Frivolitäten weitgehend mied[45] und das Publikum sie statt dessen in den modisch werdenden Clauren-Parodien suchen mußte. Carl Niedmann hatte über Clauren geschrieben: »Es ist ja für Clauren keine schlechte Empfehlung, daß er nachgebildet wird, daß man sich reißt um seine Doppelgänger.«[46] Die entsprechende Empfehlung Hauffs lieferte er, indem er umgehend auch ihn gleich 1827 unter dem Titel: *Niemand: Memoiren des Herrn de la Folie* als »Pseudo-Clauren« parodierte.[47]

Hauffs Strategie war aufgegangen, vorgeblich nur die Manier, die Schriften, nicht die Person Heuns zu attackieren, aber ebendadurch die Person zu desavouieren. »Namen, Herr! tun nichts zur Sache, der Geist ist's, auf den es abgesehen war.«[48] – hatte er deklamiert. Und eben der betraf im buchstäblichen Verfahren der Verteufelung des Kontrahenten vor allem den Kampf um den Namen, schon deshalb, weil Heun, statt sich »nach ästhetischen Gesetzen zu verteidigen«, wie Hauff forderte,[49] wegen Mißbrauchs seines Namens geklagt hatte, der aber doch gar nicht der seine, sondern nur einer unter vielen anagrammatisch möglichen

---

44 Vgl. die Transkription im Beitrag von Hahnemann und Oels in diesem Band.
45 Vgl. dazu Gentsch, Dieter: Carl Heuns (H. Claurens) Taschenbuchreihe *Vergißmeinnicht* (1818-1834): Ursachen und Bedingungen ihres literarisch-kommerziellen Erfolges. Untersuchungen zu Funktion und Gestalt ihrer Beiträge, Diss. HU Berlin 1990, S. 133.
46 C[arl Christian Friedrich]. Niedmann: H. Clauren und seine Doppelgänger, in: Bemerker Nr. 6. Beilage zum 38. Blatt des Gesellschafters, 9.3.1827, S. 189f., hier S. 190.
47 Niemand [d. i. Carl. Christian Friedrich Niedmann]: Memoiren des Herrn de la Folie, (oder: humoristisch-satyrische Streifzüge eines Nachkommen berühmter Hofnarren in das Gebiet des Lächerlichen). Herausgegeben von Niemand, Braunschweig 1827. Herr de la Folie äußert sich darin u.a. über die literarischen Mystifikationen der letzten Zeit, den »Pseudo-Clauren« (Hauff), »Pseudo-Walter Scott« (Alexis) und »Pseudo-Göthe« (Pustkuchen).
48 Hauff, Kontrovers-Predigt, SW 1, S. 820.
49 Ebd., S. 819.

war, zu denen Hauff denn auch gleich zwei in einschlägiger Konnotation beisteuert: »Hurenlac« oder »Harnceul«.[50] (Worauf übrigens Moritz Saphir in Verteidigung Clarens mit einem auf das Nachäffende anspielenden, eher harmlosen »Hu! Aff'« replizierte.[51]) Sich selbst stellte Hauff gegen den derart verballhornten Markennamen einerseits als *no name*, als »ein[en] junge[n] Mann, ohne Verdienste, ohne Ansprüche auf Sitz und Stimme in der Literatur«[52] dar, andererseits – der Predigt gemäß – als David gegen Goliath, nicht ohne eine bissige Bemerkung gegen »die jüdischen Rezensenten« angeschlossen zu haben, deren Stimme – so der wohlfeile Spott – leider »wenig zu bedeuten [hat] in Israel«.[53] Um sodann jene großen Namen anzurufen, deren er sich geradezu formelhaft zu bedienen pflegte: Goethe, Schiller, Tieck, hier ergänzt um E.T.A. Hoffmann und Jean Paul, welch letzteren er wohl schon aus Gründen der Zeitökonomie nicht zu adaptieren versucht hat.[54] Schließlich mit Luther-Pathos endend: »Ich habe also vor euch gesprochen, weil ich nicht anders konnte.«[55]

Indes zeigte ebendiese Predigt, daß Hauff zwar nicht beliebig, aber doch innerhalb des gesteckten Rahmens jeweils auch anders konnte. Schon der Umstand der Predigt selbst indiziert das: kalkuliertes Ineins von ernster Form und ironischem Spiel, so wie der *Mann im Mond* bereits angelegt war. Damit erscheint die *Kontrovers-Predigt* als Fortsetzung des Romans mit denselben Mitteln. Es ist die offengehaltene Ambiguität der Imitation zwischen Adaption, Emulation und Aversion.

Nehmen wir seine »Parabel vom angenehmen Mann«.[56] Als Element der Predigt zunächst eine rhetorische Funktion erfüllend, ist sie durch die Personalisierung und Intimisierung dessen, was angeblich lediglich als Eigentümlichkeit des Werks kritisiert werden sollte, entschieden mehr. Aus dem bekannten Werk und der – zumindest in Berlin – bekannten Person des Autors Heun/Clauren wird »ein fremder Mensch«, dem der Zugang zur guten Gesellschaft gelingt und der sich dort, statt an die in ernsthafte Gespräche vertieften Männer, an die Frauen und vor allem an die unschuldigen Mädchen heranmacht, um sie mit seinen Frivolitäten zu unterhalten, bis sie – zum Leidwesen der Männer – »freier dachten als

---

50 Ebd., S. 820.
51 [Moritz Saphir] Controverspredigt über H. Clauren, [S. 2].
52 Hauff, Controvers-Predigt, Bd. 1, S. 818.
53 Ebd., S. 819.
54 Ebd., S. 822.
55 Ebd., S. 824.
56 Ebd., S. 812 f.

zuvor«.⁵⁷ Nun kommt ein anderer Mann ins Spiel, der den fremden Liebling, den »Verderber«, belauscht, um »seine Worte, Wendungen, selbst seine Stimme« vor den Frauen nachzuahmen, so daß diese, der Lächerlichkeit und Unsittlichkeit gewahr werdend, sich zu schämen beginnen.

Diese Parabel kann man als Komplementärgeschichte einer positiven, gelingenden Imitation zur Episode um den ästhetischen Tee aus den *Memoiren des Satan* lesen, wo sich auf Kosten des Ewigen Juden, dem die Imitation nicht glücken will, der Satan beliebt macht. Ebenso zu der *Affe als Mensch*, wo beschämenderweise die Jugend den Affen, die Parodie der Menschen,⁵⁸ nachahmt. Die Parabel ist darin aber zugleich auch eine auf Hauff. Er ist ja selbst der angenehme Mann, der sich vorderhand nicht an die Frauen, sondern an die ernsten Männer adressiert und darum gegen die Frivolität, die er doch nicht nur benennt, sondern steigernd ausmalt, sich angenehm patriarchal und patriotisch geriert. Was dann *Lichtenstein* – auch in seinem Napoleonismus – geradezu übererfüllte⁵⁹ und der geplante Andreas-Hofer-Roman wohl kaum abgeschwächt hätte. Auch dies ist durchaus ein Element, das bei Heun/Clauren zu finden war, der nicht nur die Helden seiner Geschichten patriotisch zu kostümieren pflegte, sondern sein Ersuchen an das Zensurkollegium überdies zu stimulieren unternahm, indem er Hauff einen »Preußen-Haß« anhängte.

Hauffs Kritik an Clauren bleibt – wie überhaupt die zeitgenössische Kritik an Fabrikation und Mode – im Rahmen einer konsensualistischen Gefälligkeitsästhetik. Mit dem Unterschied zu Clauren freilich, daß er das Erotische konsequent durchs Patriotische ersetzt – »auf der feinen Grenze des Anstandes gaukeln[d]«.⁶⁰

Einmal mehr zeigt sich hier jene Um-Deutbarkeit, die spezifische Flexibilität, mit der Hauff auf die Tendenzen des Marktes sich einzustellen versuchte. So kann er auch die Mutmaßung des Präsidenten der kirchlichen Angelegenheiten, Nicolovius, »ein edler Zorn« habe ihn im zweiten Teil der Predigt »nicht recht zum Scherz kommen« lassen, gerührt-

---

57 Ebd.
58 Daß das Verhältnis von Menschen und Affen tatsächlich etwas komplexer ist, zeigt sehr anschaulich Sommer, Volker: Geistlose Affen oder äffische Geisteswesen?, in: A. Becker/C. Mehr u.a. (Hrsg.): Gene, Meme und Gehirne. Geist und Gesellschaft als Natur. Eine Debatte, Frankfurt/M. 2003, S. 112-136.
59 Vgl. schon die zeitgenössische Kritik Menzels an der Stilisierung des Herzogs zum ›ziemlich sentimentalen Fürsten‹, in: Morgenblatt fuer gebildete Staende 20 (1826), 13.10., Literatur-Blatt, S. 325.
60 Hauff, Mitteilungen aus den Memoiren des Satan, SW 1, S. 356.

ungerührt als angenehme »Predigtrecension von einem dortigen Papst« werten.[61]

Was als spielerische Offenheit, Uneindeutigkeit und Nichtfestlegbarkeit erscheint, ist in alledem weniger ein genuines Moment der Ironie denn gebotenes Verhalten bei ständiger Beobachtung von Markt, Konkurrenz und Publikum. Hauff ist ein Aneigentümlichkeitsvirtuose, ein neuartiges Pendant zum romantischen ›Künstler ohne Werk‹, nämlich Künstler aus den Werken anderer. Das reicht bis in die Struktur seiner Texte hinein, die sich nicht mehr festlegen lassen wollen, weder in der Bewertung ihres imitatorischen Verfahrens noch in der Bewertung im Detail. Dabei geht es eben nicht um Konsequenz und immanente Stimmigkeit, sondern um Nennung und Notation von möglichst Verschiedenem zugleich. Es geht um Äquipräsenz. So wird – um nur ein Beispiel dafür zu geben – das den Berliner Salon skandalisierende Lob der schwäbischen Mädchen der Spottfigur des Ewigen Juden in den Mund gelegt. Dabei kann, ja soll offenbleiben, ob Berliner Teetisch oder schwäbische Spinnstube den Vorzug genießen – denn beide bilden das potentielle Publikum. Hauptsache, sie erkennen sich im Kontext wieder.

Komplementär zur Flexibilität und Ambiguität des Werks steht die Strategie des Namens. Dabei geht es nicht mehr bloß um Autorschaft und »Arrivierung«,[62] sondern entschieden um das *selfbranding* der Marke Hauff. Die virtuose, gewissermaßen Über-Eigentümlichkeit von Hauffs Werk benötigt den Namen als distinkte Marke. Und auch hier hat Hauff sich bei Clauren kundig gemacht und dessen Verfahren radikalisiert. Wo Clauren auf stetige Einübung des Pseudonyms als Marke setzte, entfesselt Hauff eine schnelle Gleichzeitigkeit unterschiedlichster Formen zwischen Anonym und – gestohlenem – Pseudonym, aus deren Irritationen um so dringlicher die Frage nach dem Namen dahinter hervorgehen mochte: eben Hauff.[63] Dem arbeiten auch die entsprechenden Elemente der Texte selbst zu – etwa der Anfang des zweiten Teils der *Memoiren*, die *Kontrovers-Predigt* als Fortsetzung zum *Mann im Mond* oder – als Ganzes – die *Phantasien im Bremer Ratskeller*. Es geht darin nicht mehr um romantische Reflexivität der Autorposition resp. Spiel mit der Erzählerinstanz –

---

61 Wilhelm Hauff an Hermann Hauff, Leipzig, 21.10.1826. Zit. n. Hauff, Wilhelm: Werke, hrsg. v. B. Zeller, Bd. 2, S. 624-626, hier S. 625.
62 Vgl. Bachmaier, Helmut: Die Konzeption der Arrivierung. Überlegungen zum Werke Wilhelm Hauffs, in: Jahrbuch der Deutschen Schillergesellschaft 23 (1979), S. 309-343.
63 Vgl. dazu auch Niefanger, Der Autor und sein Label, in: H. Detering (Hrsg.): Autorschaft, S. 521-539, bes. S. 522 u. 525.

man vergleiche dazu nur E.T.A. Hoffmanns melancholisch-ironischen Blick auf das Verhältnis Autor – Publikum in *Des Vetters Eckfenster* wenige Jahre zuvor! Es geht nicht einmal mehr um Claurens erfolgreiche Strategie der simulierten Kontaktaufnahme mit dem Publikum. Die *Kontrovers-Predigt* hatte zwar im Verhältnis zum *Mann im Mond* den strukturellen Status der Claurenschen Fortsetzungen von *Mimili* gegenüber der Fassung im *Freimüthigen*,[64] nämlich den Autor explizit ins Spiel zu bringen, aber wo es Clauren um Kundenbindung durch Leseransprache und Figurenvertraulichkeit zu tun ist, will Hauff mehr. Es geht ihm mitnichten nur um »Das Spiel mit dem Leser«,[65] sondern um das Prägen und Einprägen des eigenen als Markennamen. Es geht, anders gesagt, um Prominenz, die Fusion von Unterhaltung und Persönlichkeit.[66] Was heute an Co-Medien und Co-Autoren delegiert ist,[67] übernimmt Hauff noch – und bis in die literarischen Texte hinein – selbst. Darin ist zugleich ein wesentliches zweites Moment virulent: Je marktflexibler die Produkte und je gewagter die Strategien des *selfbrandings*, desto wichtiger wird es, die Bewertung selbst in die Hand zu nehmen. Der Markenautor muß es unternehmen, die Kriterien seiner Zuordnung und Bewertung selbst vorzugeben. Hauff tut das zweigleisig. Zum einen deklariert er sich gegen die angeblich als bloß modische, fabrikhaft hergestellte Literatur der Zeit in Reverenz für die zu Traditionsmarken verdichteten Namen von Klassik und Romantik, Goethe, Schiller, Tieck zumal. Zum anderen moderiert er den politischen Kosmopolitismus auf die Ebene versierter Manieren, den burschenschaftlichen Nationalismus zu familialer Geselligkeit und lokalem Patriotismus, wie er überhaupt eine Diätik bürgerlicher Normen – unter Einschluß des »Gastes, der bleibt«[68] – propagiert, dann aber das Erstrebenswerte dieser temperierten Werte zugleich wieder ironisierend offenläßt.

Daß diese Strategie zeitgenössisch aufging, indiziert ein Brief, in dem Karoline Pichler sich bei Therese Huber über das Fabrikmäßige der

---

64 Vgl. dazu Schöberl im Nachwort zu H. Clauren: Mimili/Wilhelm Hauff: Kontrovers-Predigt, S. 129-178, hier S. 138 f.
65 Vgl. Neuhaus, Das Spiel mit dem Leser, bes. S. 17f.
66 Vgl. Gabler, Neil: Das Leben, ein Film. Die Eroberung der Wirklichkeit durch das Entertainment, Berlin 1999.
67 Vgl. exemplarisch die Einbindung und Beschäftigung von Germanisten durch Hugo von Hofmannsthal zu diesem Zweck, wie sie Christoph König dargestellt hat: Hofmannsthal. Ein moderner Dichter unter den Philologen, Göttingen 2001.
68 Vgl. dazu A. Loycke (Hrsg.): Der Gast, der bleibt. Dimensionen von Georg Simmels Analyse des Fremdseins, Frankfurt/M. u. New York 1992.

Cottaschen literarischen Unternehmungen, darüber, daß sich »ein Buch wie eine Uhr zusammensetzen [lasse], wenn nur die Räder und Stifte genau gemacht sind«, mokiert – und dagegen den frühen Tod von Wilhelm Hauff, einem »bessere[n] Kopf«, beklagt.[69] Und über längere Zeit durchs 19. Jahrhundert hat Hauff offenbar damit einen gewissen Seriositätsbonus erlangen können, wie wohlwollende Erinnerungen der älter gewordenen ›bürgerlichen Realisten‹ indizieren. So das ehrende Gedenken an den Autor des *Lichtenstein* in Theodor Storms *Ein stiller Musikant* oder in Wilhelm Raabes Erzählung *Eulenpfingsten*, worin unter Konnotationen des Freiheitlichen auf die *Memoiren des Satan* angespielt wird.[70]

Nicht vergessen sei freilich der Hinweis, daß Heinrich Heine das bei Hauff angelegte Programm der Um-Deutbarkeit, der Uneindeutigkeit von heiligem oder gespieltem Furor, vor allem aber das *self-coining* und *-branding* zur vollendeten Virtuosität entfaltete.[71] Man könnte vielleicht sogar Heines Strategien des Umgangs mit Platen und Börne noch einmal von der *Kontrovers-Predigt* her lesen. Und auch die Attacke von Karl Kraus auf wiederum Heine stünde dann noch im Zeichen der artistischen Balance des eigenen Namens.

Zu Hauff schließlich noch eine abschließende Spekulation. Man könnte es als eine literaturgeschichtliche Ironie lesen, daß ausgerechnet die Märchen, denen Hauff zwar Aufmerksamkeit, aber ganz offenbar nicht dieselbe hochgespannte Selbstaufmerksamkeit widmete wie den Romanen, seinen Namen, wie Fritz Martini sagte, »noch bekannt« sein lassen.[72] Aber vielleicht steckt ja im Beispiel dieses Frühvollendeten des Marktes eine ironische Lehre der Vermarktung. Vielleicht ist es ja tatsächlich so, wie Morelli, Freud oder Sherlock Holmes im Zentrum von Nietzsches »Zeitalter der Vergleichungen« annahmen, daß das Eigen-

---

69 Karoline Pichler an Therese Huber, Wien, 7.1.1828. Zit. n. B. Leuschner (Hrsg.): Schriftstellerinnen und Schwesterseelen. Der Briefwechsel zwischen Therese Huber (1764-1829) und Karoline Pichler (1769-1843), Marburg 1995, S. 143-146, hier S. 145.

70 Vgl. dazu Bothe, Käthe: Wilhelm Hauff in Raabes Eulenpfingsten, in: Mitteilungen der Raabe-Gesellschaft, 20 (1930), S. 69-73. Den Hinweis verdanke ich Hartwig Suhrbier.

71 Die Differenz zu dem, was Stephen J. Greenblatt ›Self-Fashioning‹ nennt, kann und muß hier nicht erörtert werden. Vgl. Greenblatt, Stephen J.: Renaissance Self-Fashioning. From More to Shakespeare, Chicago u. London 1980, bes. S. 1-9.

72 Martini, Fritz: Wilhelm Hauff, in: B. v. Wiese (Hrsg.): Deutsche Dichter der Romantik, Berlin 1971, S. 442-472, hier S. 442.

tümliche, die Unverwechselbarkeit, das Identifizierende nicht im Feld der angespannten Aufmerksamkeit, sondern gerade in der routinierten Unaufmerksamkeit, im Unbeachteten und in den Gewohnheiten, also in dem zu finden ist, was der Spurensicherung obliegt.[73] Dann wäre es vielleicht gerade die Verlängerung der Adoleszenz, die Unentschiedenheit und Um-Entscheidbarkeit, die Flexibilität[74] zwischen Regression und Projektion, das Enkulturationsspiel zwischen Imitation, Emulation und Parodie,[75] was – im Marketing-Jargon – Hauffs *USP*, sein Alleinstellungsmerkmal konstituierte: nämlich die Verbindung von Märchenwelt und Adoleszenz als Adaption, Überbietung und Parodie der – nur durch sie hindurch annehmbaren – Welt, die wir die reale oder gar die erwachsene nennen.[76]

---

73 Ginzburg, Carlo: Spurensicherung. Der Jäger entziffert die Fährte, Sherlock Holmes nimmt die Lupe, Freud liest Morelli – die Wissenschaft auf der Suche nach sich selbst, in: Freibeuter, Jg. 1980, S. 7-17 u. H. 4, S. 11-36. Zum Zusammenhang Hauffs mit dem Spurenparadigma vgl. Schütz, Erhard: Wilhelm Hauff oder die Spuren der zweideutigen Vernunft, in: Literatur für Leser, 6 (1983), S. 141-152.

74 Vgl. dazu die Forderungen an den marktfähigen Menschen, wie sie Richard Sennett reflektiert hat. Sennett, Richard: Der flexible Mensch. Die Kultur des neuen Kapitalismus, Berlin 2000 (1. Aufl. 1998).

75 Vgl. dazu Waal, Frans de: Der Affe und der Sushimeister. Das kulturelle Leben der Tiere, München u. Wien 2002, bes. S. 13 f., 25 u. 36 ff. Vgl. a. Schwartz, Hillel: Déjà vu. Die Welt im Zeitalter ihrer tatsächlichen Reproduzierbarkeit, Berlin 2000.

76 Günter Oesterles Vorschlag, meinen Beitrag in systematischer Engführung von Goethes Bemerkungen zu Einfacher Nachahmung der Natur, Manier, Stil mit dem Modell der Lebensalter, zentriert um die Adoleszenzthematik, neu zu schreiben, muß ich, wiewohl er mir immer zwingender erscheint, einstweilen zurückstellen.

ANDREA POLASCHEGG

Biedermeierliche Grenz-Tänze
Hauffs Orient

1. Die Macht der Evidenz

Die Prosa Wilhelm Hauffs zählt zweifellos nicht zu jener Art von Literatur, die durch den Nimbus des Rätselhaften oder gar Opaken besticht. Diese Diagnose trifft für die Genese der Texte nicht weniger zu als für ihre Atmosphäre. Zwar wurde und wird die literaturwissenschaftliche Suche nach den zahllosen literarischen Quellen und Vorlagen des Autors,[1] die historisch bis ins frühe 18. Jahrhundert hinein und geographisch weit über den europäischen Kontinent hinausführte, mit detektivischem Ernst betrieben.[2] Ein vergleichbarer Bedarf, die Gründe für seine Wahl von Stoffen und Sujets aufzuklären, scheint in der Forschung jedoch nicht zu bestehen. Es mag dem bis heute gehandelten Label des ›Erfolgsschriftstellers‹ und ›Modedichters‹ Hauff[3] geschuldet sein, daß die Be-

---

1 Fritz Martini spricht in diesem Zusammenhang davon, Hauff habe »auf[genommen], was immer ihm aus ausgedehnter und wahlloser Literaturkenntnis zuströmte«. Vgl. Martini, Fritz: Wilhelm Hauff, in: Deutsche Dichter der Romantik. Ihr Leben und Werk, hrsg. v. B. v. Wiese, Berlin 1971, S. 442-472, hier: S. 444.
2 Vgl. dazu vor allem die detailreichen Analysen von Barth, Johannes: »›Der Zwerg Nase‹ und ›Der gebackene Kopf‹. Bemerkungen zu Wilhelm Hauffs zweitem Märchenalmanach«, in: Wirkendes Wort 42 (1992), S. 33-41; ders.: »Neue Erkenntnisse zu den Quellen von Wilhelm Hauffs Märchen«, in: Wirkendes Wort 41 (1991), S. 170-183; ders.: »Neues zum Fliegenden Holländer. Die bislang unbekannte erste Mitteilung der Sage in deutscher Sprache und Wilhelm Hauffs ›Geschichte von dem Gespensterschiff‹«, in: Fabula 35 (1994), S. 310-315; ders.: »Vom ›Fortunatus‹ zum ›Kleinen Muck‹. Zur Quellenfrage der Hauffschen Märchen«, in: Fabula 33 (1992), S. 66-76.
3 Vgl. Pfäfflin, Friedrich: Wilhelm Hauff und der Lichtenstein. Bearbeitet von Friedrich Pfäfflin, Marbacher Magazin 18 (1981), i.b. das Kapitel: »Wilhelm Hauff, ein Erfolgsschriftsteller im 19. Jahrhundert«, S. 1-5. Ebenso jüngst noch Ulrich Kittstein, der Hauffs Orientierung an den »literarischen Moden der zwanziger Jahre« sogar als eines der wichtigsten Argumente für eine erneute literaturwissenschaftliche Beschäftigung mit diesem Autor anführt. Vgl. Kittstein, Ulrich: »Das literarische Werk Wilhelm Hauffs im Kontext seiner Epoche«, in: ders. (Hrsg.): Wilhelm Hauff. Aufsätze zu seinem poetischen Werk, St. Ingbert 2002, S. 13.

weggründe seiner Entscheidung für bestimmte Handlungsorte und Motivkomplexe bislang weitgehend unerörtert geblieben sind, weil sie sich vor dem Hintergrund der Orientierung dieses Autors am Zeitgeschmack gleichsam von selbst verstanden. In jedem Fall ist die Frage nach den ästhetischen oder marktstrategischen Leitlinien für Hauffs Stoff- und Sujet-Wahl, von einzelnen Studien zum *Lichtenstein* abgesehen,[4] kaum je zum Gegenstand der wissenschaftlichen Auseinandersetzung avanciert.

Das gilt auch für Hauffs kompositorische Entscheidung, mehr als die Hälfte der Geschichten und Rahmenerzählungen seiner drei *Märchen-Almanache für Söhne und Töchter gebildeter Stände*[5] in den Orient zu verlegen. Fragen nach Form und Funktion des Hauffschen Orients jedenfalls haben bislang bequem in Nebensätzen wissenschaftlicher Beiträge zum Autor Platz gefunden – und das trotz einer auch in der Germanistik zunehmenden Sensibilität für das Phänomen des literarischen Orientalismus.[6] Hauff habe, so steht in beiläufigen Formulierungen zu lesen, die geographische Ferne des Orients genutzt, um dort Wunderbares, Aben-

---

4 Pfäfflin, Wilhelm Hauff und der Lichtenstein, S. 66ff.; Vögele, Frank: »›Hie gut Württemberg allezeit‹. Eine Untersuchung zum politischen Gehalt von Wilhelm Hauffs Roman *Lichtenstein*«, in: Kittstein, Ulrich (Hrsg.): Wilhelm Hauff. Aufsätze zu seinem poetischen Werk, St. Ingbert 2002, S. 83-112.

5 Mährchen-Almanach auf das Jahr 1826 für Söhne und Töchter gebildeter Stände, hrsg. v. W. Hauff, Stuttgart 1826; Mährchen-Almanach für Söhne und Töchter gebildeter Stände auf das Jahr 1827, hrsg. v. W. Hauff. Stuttgart 1827; Mährchen-Almanach für Söhne und Töchter gebildeter Stände auf das Jahr 1828, hrsg. v. W. Hauff, Stuttgart 1828. Im folgenden zitiert nach der Ausgabe: Hauff, Wilhelm: Sämtliche Werke in 3 Bänden. Nach den Originaldrucken und Handschriften. Textredaktion u. Anmerkungen von Sybille von Steinsdorff. Mit einem Nachwort und einer Zeittafel von Helmut Koopmann. München 1970, abgekürzt als Hauff SW mit Band- und Seitenangabe.

6 Während Hendrik Birus noch 1992 eine unterentwickelte Auseinandersetzung mit diesem Thema in der germanistischen Literaturwissenschaft diagnostizierte (Birus, Hendrik: »Goethes imaginativer Orientalismus«, in: Jahrbuch des Freien Deutschen Hochschulstifts, NF 1992, S. 107-128, hier: S. 108), hat die Zahl von Publikationen aus dem Kontext der Orientalismus-Foschung in den vergangenen Jahren merklich zugenommen. Vgl. exempl. Sudhoff, Dieter: »Orangen und Datteln. Über den ›orientalischen‹ Roman der Restaurationszeit«, in: Eke, Norbert Otto/ Steinecke, Hartmut (Hrsg.): Geschichten aus (der) Geschichte. Zum Stand des historischen Erzählens im Deutschland der frühen Restaurationszeit, München 1994, S. 179-223; Weber, Mirjam: Der »wahre Poesie-Orient«. Eine Untersuchung zur Orientalismus-Theorie Edward Saids am Beispiel von Goethes »West-östlichem Divan« und der Lyrik Heines, Wiesbaden 2001; Harnisch, Antje: »Der Harem in den Familienblättern des 19. Jahrhunderts, koloniale Phantasien und nationale Identität«, in: German Life and Letters 51 (1998), S. 325-341.

teuerliches und Grausames stattfinden zu lassen, ohne seine Leser zu irritieren.[7] Der orientalische Schauplatz sei ein exotisches Kostüm,[8] den Texten übergeworfen zu Zwecken besserer Vermarktung,[9] »Opium« zur nachmittäglichen Flucht aus der wirtschaftlichen und moralischen Trübe des Biedermeier.[10] Die unmittelbare Plausibilität dieser Erklärungen kann sich auf Erkenntnisse der Orientalismus-Forschung ebenso stützen wie auf eine starke literaturwissenschaftliche Intuition. So hat Ludwig Ammann überzeugend nachgewiesen, daß das Interesse der deutschen Leser an literarischen, wissenschaftlichen oder publizistischen Orientalia in den 1820er Jahren einen Höhepunkt erreichte,[11] Hauff seine Märchen also tatsächlich in eine Hochkonjunktur dieses Sujets hinein schrieb. Gleichzeitig stellt sich schon nach einer kursorischen Durchsicht der Texte die Gewißheit ein, daß selbst eine differenzierte Analyse des Hauffschen Orientalismus schwerlich mehr an den Tag brächte, als was jedem halbwegs geschulten Leser bei Erstlektüre bereits ins Auge fällt: Daß es diesem Autor in seinen Märchenalmanachen ganz offensichtlich nicht um eine Darstellung des Orients oder gar um seine Vermittlung nach Europa zu tun war[12] und die Oasen, Basare und Paläste in der *Geschichte Almansors*, in *Kalif Storch* oder dem *Kleinen Muck* bestenfalls uneigent-

---

7 Martini, Wilhelm Hauff, S. 462; Klotz, Volker: Das europäische Kunstmärchen. Fünfundzwanzig Kapitel seiner Geschichte von der Renaissance bis zur Moderne, Stuttgart 1985, S. 211; Sengle, Friedrich: Biedermeierzeit. Deutsche Literatur im Spannungsfeld zwischen Restauration und Revolution, Bd. 2: Die Formenwelt, Stuttgart 1972, S. 967.
8 Schulhoff, Hilde: »Hauffs Märchen«, in: Euphorion 29 (1928), S. 108-132, hier: S. 109; Kittstein, Das literarische Werk Wilhelm Hauffs, S. 20.
9 Ammann, Ludwig: Östliche Spiegel, Ansichten vom Orient im Zeitalter seiner Entdeckung durch den deutschen Leser 1800-1850, Hildesheim 1989, S. 102f.
10 Schwarz, Egon: »Wilhelm Hauff. ›Zwerg Nase‹, ›Das kalte Herz‹ und andere Erzählungen«, in: Romane und Erzählungen zwischen Romantik und Realismus. Neue Interpretationen, hrsg. v. P. M. Lützeler, Stuttgart 1983, S. 117-135, hier: S. 118; Sengle, Biedermeierzeit, Bd. 2, S. 967.
11 Ammann, Östliche Spiegel, S. 4ff.; ebenso der summarische Überblick in: Balke, Diethelm: »Orient und Orientalische Literaturen«, in: Reallexikon der deutschen Literaturgeschichte. Begr. v. P. Merker und W. Stammler, hrsg. v. W. Kohlschmidt/W. Mohr, Berlin 1955, S. 816-869.
12 Der einzige Beitrag, der ernsthaft den Versuch unternommen hat, Wilhelm Hauff aufgrund seiner Märchen als Mittler zwischen Abend- und Morgenland ins kulturelle Feld zu führen, stammt aus dem Jahre 1902 und läßt sich heute nur mehr unter dem diagnostischen Blick auf seine historische Symptomatik lesen. Vgl. Arpad, Marcel: »Wilhelm Hauff und die morgenländische Romantik in Deutschland«, in: Die Kultur. Halbmonatsschrift Kunst 1. Jg. (1902), H. 10, S. 618-629.

liche Räume sind, Projektionsflächen, ein literarisches »Phantasialand« am Neckar.

Und in der Tat gibt es unter den verbreiteten Topoi und Klischees der Orient-Literatur des 19. Jahrhunderts nur wenige, die Hauff für die Ausgestaltung seines literarischen Orients ungenutzt läßt: Seine Wüsten sind von denselben wilden Beduinenstämmen mit denselben stolzen Anführern beherrscht,[13] die besonders die britische Literatur der Zeit durchstreifen.[14] Auch zählen die barbaresken Piraten aus Algier oder Tunis, vor denen auf Hauffs Meeren kein Handelsschiff sicher ist,[15] zum festen Inventar orientalisierender Prosa abenteuerlicher Coleur des späten 18. und frühen 19. Jahrhunderts.[16] Nicht weniger vertraut muten die Interieurs der Sultanspaläste an, wie Hauff sie etwa im *Märchen vom falschen Prin-*

---

13 Besonders dominant erscheint dieser Topos in der Rahmenerzählung zur *Karawane*, dem ersten Märchen-Almanach, wo sich nicht allein die Erzählergemeinschaft unter dem Vorzeichen potentieller Überfälle durch Beduinen konstituiert (Hauff SW 2, S. 12ff.), sondern auch die Hauptfigur – und kompositorische Symmetrieachse – dieser Sammlung selbst als »Räuber Orbasan« entpuppt (Hauff SW 2, S. 103). Vgl. dazu: Wild, Reiner: »Wer ist der Räuber Orbasan? Überlegungen zu Wilhelm Hauffs Märchen«, in: Athenäum 4 (1994), S. 349-364. Nicht weniger wichtig für den Handlungsverlauf ist das Motiv in *Die Errettung Fatmes* (Hauff SW 2, S. 52ff.) und *Saids Schicksale* (Hauff SW 2, S. 243).

14 In Abwandlung eines Shakespeare-Ausspruchs könnte man den literarischen Topos des arabischen Beduinen im 19. Jahrhundert auf die Formel bringen »The prince of desert is a gentleman«. Vgl. zu diesem Themen- und Motivkomplex die differenzierte Studie von Tidrick, Kathryn: Heart Beguiling Araby. The English Romance with Arabia, London 1989.

15 So etwa in *Die Geschichte vom Gespensterschiff* (Hauff SW 2, S. 33), *Die Errettung Fatmes* (Hauff SW 2, S. 50ff.), *Die Geschichte Almansors* (Hauff SW 2, S. 186). Hier läßt Hauff seinen Erzähler Meer und Wüste hinsichtlich ihres Gefahrenpotentials sogar explizit gleichsetzen und über den Versuch des Titelhelden, von Frankreich auf dem Seeweg seine ägyptische Heimat zu erreichen, bemerken: »Doch [....] auf der See ist es nicht weniger unsicher als in der Wüste, wo unversehens Räuber auf die Karawanen fallen, und totschlagen und plündern. Ein Kaper von Tunis überfiel das kleine Schiff, das der Sturm von den größeren Schiffen getrennt hatte und – es wurde genommen, und alle Mannschaft nach Algier geführt und verkauft.« (Hauff SW 2, S. 186).

16 Zum deutschen Bild der barbaresken Völker vgl. die umfangreiche, methodisch allerdings nicht unproblematische Arbeit des tunesischen Germanisten Mounir Fendri: Kulturmensch in »barbarischer« Fremde. Deutsche Reisende im Tunesien des 19. Jahrhunderts, München 1996. Stetig neue Nahrung erhielt dieses literarische Dispositiv aufgrund der tatsächlichen Bedrohung des Mittelmeerhandels durch barbareske Seeräuber, die sich 1817 sogar bis in die Nordsee vorwagten. Zu den politischen Diskussionen und Konsequenzen in den deutschen Ländern vgl. ebd., S. 50ff.

zen entwirft: Da ist »[d]er Boden des Saals [...] mit einem ungeheuren Teppich bedeckt«, »viele kugelrunde, farbige Lampen [erhellen] die Nacht zum Tag«, der Thron ist edelsteinbestückt, baldachinüberspannt, und auch die »Windfuchtel von weißen Pfauenfedern« fehlt nicht.[17] Einzig den Orient-Topos des Harems, der vor allem für die französische Malerei und die britische Literatur der Zeit so ungemein fruchtbar war,[18] spart Hauff konsequent aus.[19] Sein orientalisches Tableau ist also bis an den Rand mit wohlbekannten Figuren und Utensilien gefüllt, die aus ihrem requisitenhaften Charakter kaum einen Hehl machen. Selbst die großzügig über die Texte verteilten arabischen Städtenamen dienen offenkundig in erster Linie atmosphärischen Zwecken.[20] Der redaktionellen Sorglosigkeit des Autors ist es zu danken, daß seine aufmerksamen Leser die vollständige Austauschbarkeit der arabischen Schauplätze sogar unmittelbar nachvollziehen können. So war die *Karawane* des ersten Almanachs ursprünglich nach Bagdad aufgebrochen,[21] endet dann aber kommentarlos in Kairo,[22] und im Laufe von *Saids Schicksale* wandelt sich der Geburtsort des Protagonisten von Balsora[23] unterderhand zu Aleppo.[24] Die Lektüre der Märchen wird dadurch letztlich ebensowenig irritiert wie durch das Erscheinen eines Beduinenfürsten, der sein seidenes Zelt – in einem wundersamen Transformationsprozeß von dessen Stofflichkeit – durch eine »Türe« betritt.[25]

---

17 Hauff SW 2, S. 89.
18 Zur Konjunktur von Haremsszenen in der Malerei vgl. Thornton, Lynne: Frauenbilder. Zur Malerei der »Orientalisten«, in: Europa und der Orient 800-1900, hrsg. v. G. Sievernich/H. Budde, Gütersloh/München 1989, S. 342-355; zur Konzeption von Weiblichkeit in diesem Kontext vgl. Syndram, Karl Ulrich: »Der erfundene Orient in der europäischen Literatur vom 18. bis zum Beginn des 20. Jahrhunderts«, in Sievernich/Budde (Hrsg.): Europa und der Orient 800-1900, S. 356-367; zum Topos des Harems allgemein: Harnisch, Der Harem in den Familienblättern des 19. Jahrhunderts.
19 Allerdings steht dies im Kontext seiner grundsätzlichen Vermeidung einer Thematisierung von Liebe und Sexualität in den Märchen-Almanachen. Zu diesem bemerkenswerten Umstand vgl. Barth, Neue Erkenntnisse zu den Quellen von Wilhelm Hauffs Märchen, S. 177-179. Eine psychoanalytische Erklärung dafür bietet Reiner Wild an: Wer ist der Räuber Orbasan?, S. 353-356 u. 361-362.
20 So auch die – wiewohl unbelegte – Einschätzung Kittsteins in: Das literarische Werk Wilhelm Hauffs, S. 20.
21 Hauff SW 2, S. 13.
22 Hauff SW 2, S. 98.
23 Hauff SW 2, S. 239.
24 Hauff SW 2, S. 250.
25 Hauff SW 2, S. 53.

Um einen solchen Orient ernsthaft in Parametern der Repräsentation zu untersuchen und seine Darstellung auf ihre kulturelle Angemessenheit hin zu prüfen, bedürfte es also schon eines hohen Maßes an politisch korrektem Willen. Sein kulissenhafter Charakter ist so offensichtlich, daß hier nicht einmal mehr der Lieblingssatz der Orientalismus- und Exotismus-Forschung »Das ist eine soziale Konstruktion!«[26] Erkenntnis-Status für sich beanspruchen kann. Und selbst der Versuch, über eine Fokussierung der innerliterarischen Aufgabe des orientalischen Schauplatzes offene Fragen aufzufinden, scheint nur auf neue Evidenzen zu stoßen. Denn ausgerechnet die Frage nach der gattungspoetischen Funktion des Orients wird in den Märchen selbst verhandelt.

Im kompositorischen Windschatten berühmter Erzählsammlungen wie Ludwig Tiecks *Phantasus*,[27] der *Serapionsbrüder*[28] E.T.A. Hoffmanns und Goethes *Unterhaltungen deutscher Ausgewanderten*[29] hat nämlich auch Hauff seine drei Märchen-Almanache zyklisch angelegt, ihre Erzählungen in rahmende Narrationen eingeschachtelt.[30] Und getreu ihren literarischen Vorbildern vertreiben sich auch Hauffs Protagonisten der Rahmenerzählungen die Zeit nicht allein mit Geschichten, sondern auch mit Gesprächen über Dichtung und das Erzählen selbst.

So ist es der alte Derwisch Mustafa, der im *Scheik von Alessandria* alle etwaigen Zweifel ob der dichterischen Aufgabe des Orients in den Märchen ausräumt, indem er zwei Kategorien von Geschichten unterschei-

---

26 Zur Funktionsbestimmung dieser Positionen in den Wissenschaften vgl. die scharfsinnige Darstellung von Hacking, Ian: Was heißt ›soziale Konstruktion‹? Zur Konjunktur einer Kampfvokabel in den Wissenschaften, Frankfurt/M. 1999; im amerikanischen Original: The Social Construction of What?, Cambridge 1999.
27 Tieck, Ludwig: Phantasus, hrsg. v. M. Frank, Frankfurt/M. 1985 (= ders.: Schriften in zwölf Bänden, hrsg. v. M. Frank u.a.).
28 Hoffmann, E.T.A.: Die Serapionsbrüder. Gesammelte Erzählungen und Märchen, Textrevision von Hans-Joachim Kruse, Redaktion Rudolf Mingau, 2 Bde, Berlin/Weimar 1994 (= ders.: Gesammelte Werke in Einzelausgaben, Bd. 4 u. 5).
29 Goethe, Johann Wolfgang: Unterhaltungen deutscher Ausgewanderten, in: ders.: Werke. Hamburger Ausgabe in 14 Bänden, Bd. 6: Romane und Novellen I. Textkritisch durchges. v. Erich Trunz, komm. v. Erich Trunz u. Benno von Wiese. 14., überarb. Auflage, München 1996, S. 125-241.
30 Eine präzise Strukturanalyse des ersten Almanachs bietet Wild, Wer ist der Räuber Orbasan?, S. 356-361. Für die zyklische Komposition der Erzählsammlungen ist nach wie vor – und trotz ihres deskriptiv-schematischen Charakters – Sabine Beckmanns Studie grundlegend: Wilhelm Hauff. Seine Märchenalmanache als zyklische Kompositionen, Bonn 1976.

det: die »Erzählung«, die »ganz ordentlich auf der Erde«[31] bleibt und »sich im gewöhnlichen Leben« zuträgt, und das »Märchen«, das, »weil es dem gewöhnlichen Leben fremd ist [...], oft in fremde Länder, oder in ferne, längst vergangene Zeiten verschoben« wird.[32] Friedrich Sengles zusammenfassende Bemerkung zu Hauffs Orient-Märchen liest sich also wie eine Paraphrase dieser Figurenrede, wenn er schreibt: »Die räumliche Ferne ist verlockender als die zeitliche, die zu den Reizen von Grimms Märchen gehört; denn wunderbare Abenteuer denkt man sich gern in weiter Ferne.«[33]

2. Das Kippen der Evidenz

Betrachtet man das Hauffsche Werk in seiner Gänze, dann scheint die hier anklingende gattungstheoretische Raumverteilung tatsächlich konsistent zu sein: Der Autor hat – mit Ausnahme der Ballade *Entschuldigung*, deren lehrhaftes Szenario in »Stambul« entrollt wird[34] – orientalische Sujets in der Tat ausschließlich in seinen *Märchen-Almanachen* verarbeitet, während sich seine restliche Prosa nicht weiter als bis Italien vorwagt. Selbst unter den Nachlaßstücken ist das einzige orientalisierende Fragment das eines Märchens. Die Namen der hier auftretenden Figuren sowie der Inhalt ihrer Rede weisen es unzweifelhaft als Teil einer Bearbeitung jenes Märchens aus, das mit seiner dramatischen Umsetzung durch Carlo Gozzi (1762 uraufgeführt) und deren Neubearbeitung durch Friedrich Schiller (1801 uraufgeführt) in Deutschland unter dem Titel *Turandot* bekannt wurde.[35] So gesehen erscheint der oben zitierte Derwisch mit

---

31 Hauff SW 2, S. 152.
32 Hauff SW 2, S. 151.
33 Sengle, *Biedermeierzeit*, Bd. 2, S. 967.
34 Hauff SW 3, S. 387-389. Die Ballade ist ohne Verfassernennung am 12. November 1827 im *Morgenblatt für gebildete Stände* erschienen. Vgl. den Kommentar in Hauff SW 3, S. 483.
35 Auch Sibylle von Steinsdorff nimmt diese Zuordnung vor (Hauff SW 3, S. 337f.), allerdings irrt sie mit der Behauptung, der Märchenstoff stamme aus der *Tausendundeinen Nacht* (Hauff SW 3, S. 475). Vielmehr stammt er aus der im Jahre 1710 erschienenen Märchensammlung, publiziert als Übersetzung aus dem Persischen unter dem Titel *Les Mille et un jour*. In Wirklichkeit hatte sie allerdings ihr angeblicher Übersetzer, der damalige Inhaber des Lehrstuhls für orientalische Sprachen am Pariser Collège Royal, François Pétis de la Croix, selbst verfaßt. Vgl. Pétis de la Croix, François: Tausendundein Tag. Persische Märchen. Aus dem Französischen übers. v. Marie-Henriette Müller. Nachwort v. Hartmut Fähndrich, Zürich 1993, S. 5.

seiner Minimal-Poetologie also als durchaus kompetenter Kommentator der Texte, denen er selbst entstammt.

Allerdings tönt die bis ans Banale reichende Eingängigkeit der Rede des weisen Mustafa von der Ferne als Möglichkeitsraum des Wunderbaren so laut, daß der Kontrapunkt überhört zu werden droht, den Hauff mitten in sie hineinsetzt. Denn dieser Sprecher ist Orientale, und als solcher spricht er – für seine deutschen Leser – selbst aus der Fremde. Während Goethes Ausgewanderte und Hoffmanns Serapionsbruderschaft mit ihren zeitgenössischen Lesern denselben kulturellen Beobachterstandort teilen und die Ferne der einen auch die Ferne der anderen ist, verlegt Hauff seine rahmenden Unterhaltungen über die wunderbare Ferne in die Fremde selbst.[36] Er läßt einen ägyptischen Derwisch mit ägyptischen jungen Männern in Alexandria über die Verlegung des Wunderbaren in fremde Länder parlieren, die durchaus das Land mit einschließen können, in dem die Leser seiner Almanache sitzen. Und schon verliert die auf den ersten Blick so sinnfällige Rede über das Wunderbare in der Ferne alle Selbstverständlichkeit. In den Fallstricken der Raumdeixis hängend, kann der deutsche Leser die Frage nicht mehr beantworten, in welchem Landstrich er das Märchenhafte denn nun suchen soll – in der libyschen Wüste oder vor der eigenen Haustür? Der literarische Effekt dieser Unentscheidbarkeit aber entspricht dem tatsächlichen Kompositionsprinzip der Märchen-Almanache weit mehr als alle bisherigen literaturwissenschaftlichen Ordnungsversuche, die an der Idee einer west-östlichen Raumverteilung von Alltags- und Wunderwelt in Hauffs Texten festhalten.[37] Schon das minimalpoetologische Gespräch zwischen

---

36 Daß dieser Umstand der Hauff-Forschung bislang entgangen ist, scheint mir ein weiteres Indiz für die immense Suggestion von Unmittelbarkeit zu sein, wie sie narrativ ausgestalteten Rahmenerzählungen dieser Art innewohnt. Vgl. zur Diegesis grundlegend: Genette, Gérard: Die Erzählung, München 1994, S. 151-188; in enger Anlehnung an Genettes Terminologie: Martinez, Matias/Scheffel, Michael: Einführung in die Erzähltheorie, 2., durchges. Auflage, München 2000, S. 75-80; dienlich auch der Versuch einer Systematisierung in: Stratmann, Gerrit: Rahmenerzählungen der Moderne. Situationen einer Erzählform zwischen 1883 und 1928, Marburg 2000, S. 19-31.

37 Fritz Martini hat diese Idee als erster formuliert und – angesichts der zunehmenden Verdrängung orientalischer Schauplätze durch europäische in der Abfolge der drei Almanache – sogar »eine Entwicklung Hauffs zum Heimatlichen und dessen größeren Realismus« konstatiert (Martini, Wilhelm Hauff, S. 462). Diese Einschätzung teilen noch die jüngst erschienenen Studien von Kittstein, Das literarische Werk Wilhelm Hauffs, S. 19f. und Neuhaus, Stefan: Das Spiel mit dem Leser. Wilhelm Hauff: Werk und Wirkung, Göttingen 2002, S. 125.

Mustafa und seinen jugendlichen Begleitern findet in einer erzählten morgenländischen Welt statt, die – ebenso wie die orientalische Rahmenerzählung des ersten Almanachs – von jeder Form des Wunderbaren frei ist. Und auch einer genaueren Durchsicht der Binnenerzählungen kann nicht verborgen bleiben, daß die Grenze zwischen Märchen und Erzählung, zwischen Wunderbarem und Realistischem keineswegs entlang einer west-östlichen Trennlinie der Schauplätze verläuft. Unter Palmen ereignet sich bei Hauff nicht mehr und nicht weniger Wunderbares oder Grausames als in den Tiefen des deutschen Waldes. Die Bedrohung durch Räuber konstituiert Erzählergemeinschaften im Spessart wie in der arabischen Wüste. Verwandelt und verwunschen wird im *Zwerg Nase* ebenso eifrig wie in der *Geschichte von dem kleinen Muck*. Und es gibt – jenseits einer heuristischen Vorannahme – keinen Anlaß, der Satire deutscher Bürgerlichkeit in *Der Affe als Mensch* größeren Realismus zuzusprechen als der marokkanischen Anekdote in *Abner, der Jude, der nichts gesehen hat*. Selbst die abgeschlagenen Köpfe, zu denen Hauff eine bemerkenswerte Affinität unter Beweis stellt, verteilt er gleichmäßig über die zur Verfügung stehenden Kontinente.[38]

De facto existiert in den Geschichten nichts, was nur in orientalischer Tarnung Zutritt zum biedermeierlichen Wohnzimmer hätte erlangen können, weder Wunderbares noch Grausames – von Erotika ganz zu schweigen. Statt also die Grenze zwischen Orient und Okzident mit der zwischen Märchen und Erzählungen, Sittlichem und Unsittlichem zur Deckung zu bringen, kreuzt Hauff die Achsen und arrangiert seine Geschichten um deren Schnittstelle herum. Damit nimmt er seinem Orient aber bereits im Vorfeld die Möglichkeit, tatsächlich als Projektionsfläche oder Fluchtort seiner biedermeierlichen Leserschaft zu firmieren. Sein Orient ist zwar durch die Ausstattung mit Minaretten, Basaren und Ka-

---

38 Die schöne Bianca in *Die Geschichte von der abgehauenen Hand* verliert den ihren in Florenz (Hauff SW 2, S. 42), der bis zum Rand mit abgeschlagenen Köpfen gefüllte Korb der Fee Kräuterweis in *Der Zwerg Nase* steht in einer deutschen Hütte (Hauff SW 2, S. 115), die politischen Ereignisse, zu denen es im *Scheik von Alessandria* heißt »Sie hatten ihren Sultan umgebracht, und die Pascha, und die Reichen und Armen schlugen einander die Köpfe ab.« (Hauff SW 2, S. 108), finden in Frankreich statt. Und schließlich trägt sich die Geschichte *Der gebackene Kopf* von James Justinian Morier, den Hauff als einen von vier Beiträgen anderer Autoren in seinen zweiten Almanach aufnahm, in der Hauptstadt des Osmanischen Reichs zu. (Vgl. »Geschichte des gebackenen Kopfes«, in: Jakob [sic!] Morier: Hadschi Baba's Abenteuer. Aus dem Englischen übers. v. Rudolf Wald, Zweiter Teil, Leipzig 1824, S. 318-361.)

rawanen deutlich als andere Kultur ausgewiesen, doch gleichzeitig wendet der Autor nicht unbeträchtliche Mühe auf, Östliches und Westliches ineinander zu verschachteln. Fährt man mit dem analytischen Finger nämlich die Grenzlinie zwischen orientaler und okzidentaler Welt durch die Erzählungen hindurch nach, dann stößt man auf allen Konstitutionsebenen auf eine Unzahl interkultureller Grenzübertritte.

Zunächst läßt Hauff – für die deutsche Orient-Literatur des 19. Jahrhunderts äußerst ungewöhnlich – seine Protagonisten mehrfach die kulturellen Seiten wechseln, und das sogar innerhalb einer Erzählung. Die *Geschichte von der abgehauenen Hand* und die parallel dazu konzipierte Lebensgeschichte des Selim Baruch alias Räuber Orbasan am Ende des ersten Almanachs sind sogar durch so viele west-östliche Übergänge geprägt, daß sich die interkulturelle Grenze selbst zum Handlungsraum erweitert: Orbasan wird als Franzose in Ägypten geboren, reist dann viermal von Alexandria nach Paris resp. Italien und zurück, um schließlich in Ägypten gegen die französischen Truppen des Ägypten-Feldzugs zu kämpfen.[39] Und sein orientalisches Pendant, der Grieche Zaleukos, pendelt zwischen der osmanischen und der französischen Hauptstadt hin und her – und unternimmt jenen folgenschweren Kurzbesuch in Florenz, der ihn die Hand kostet.[40] Abgesehen von zwei kleinen Bemerkungen bleiben diese Schauplatzwechsel als interkulturelle Übergänge unthematisiert. Sie dienen in erster Linie als Unterlage für das literarische Hütchenspiel von Verwechslungen, Enthüllungen und schicksalhaften Begegnungen des ersten Almanachs, das Hauffs Prosa – seine Novellen und Romane ebenso wie die Märchendichtung – grundsätzlich auszeichnet.[41]

Der überwiegende Teil der orientalisierenden Geschichten Hauffs allerdings bezieht seine erzählerische Dynamik gerade aus der Akzentuierung kultureller Differenzen. In der *Geschichte Almansors* beispielsweise beschwört der Autor zunächst noch einmal – wie schon in der Geschichte des Räubers Orbasan – die französische Expédition d'Egypte von 1798

---

39 Hauff SW 2, S. 99-103.
40 Hauff SW 2, S. 35-47.
41 Mit dem Zusammenspiel von Anagnorisis und Peripetie arbeitet Hauff u.a. auch in seinen Novellen *Das Bild des Kaisers* (vgl. die Schlüsselszene: Hauff SW 2, S. 718f.) und *Die Bettlerin vom Pontes des Arts* (vgl. auch hier die Schlüsselszene Hauff SW 2, S. 418ff.). Zur Funktion dieses Doppelprinzips in den Märchen-Almanachen vgl. Schwarz, Wilhelm Hauff. Zwerg Nase, Das kalte Herz und andere Erzählungen, in Lützeler (Hrsg.): Romane und Erzählungen zwischen Romantik und Realismus, S. 117-135, hier: S. 119ff.

herauf.⁴² Damit aktualisiert er einen in den 20er Jahren des 19. Jahrhunderts bereits zum Alltagsmythos gesunkenen zeitgeschichtlichen Kontext, der sich wie kaum ein anderer zur spannungsreichen Inszenierung west-östlicher Begegnungen eignete. Hauff richtet den erzählerischen Fokus dabei klar auf die west-östlichen Wechsel, denn er läßt seinen ägyptischen Titelhelden von den französischen Truppen nach Paris verschleppen, um dann Almansors erzwungene Akkulturation zu beschreiben:

> Er mußte vor allem fränkische Kleider anlegen, die sehr enge und knapp waren, und bei weitem nicht so schön wie seine ägyptischen. Dann durfte er nicht mehr seine Verbeugung mit gekreuzten Armen machen; sondern wollte er jemand seine Ehrerbietung bezeugen, so mußte er mit der einen Hand die ungeheure Mütze von schwarzem Filz, die alle Männer trugen, und die man auch ihm aufgesetzt hatte, vom Kopf reißen, und mit der einen Hand mußte er auf die Seite fahren und mit dem rechten Fuß auskratzen. Er durfte auch nicht mehr mit übergeschlagenen Beinen sitzen […], sondern auf hochbeinige Stühle mußte er sich setzen, und die Füße herabhängen lassen auf den Boden. Das Essen machte ihm auch nicht geringe Schwierigkeit; denn alles, was er zum Mund bringen wollte, mußte er zuvor auf eine Gabel von Eisen stecken.⁴³

Doch nicht genug damit, daß Hauff hier die gängige Figuration orientalisierender Reise-Literatur umkehrt und einen Ägypter nach Frankreich statt einen Europäer in den Orient reisen läßt – noch dazu wird die gesamte Akkulturationsgeschichte von einem Orientalen aus orientalischer Perspektive einem ebenfalls orientalischen Publikum erzählt. Dadurch wiederholen sich die kulturellen Differenzen in der Geschichte noch einmal auf der Ebene des Verhältnisses von Erzähler und Leser. Der deutsche Leser erkennt notwendig seine eigene kulturelle Welt in der Erzählung wieder, kann sich aber gleichzeitig aus der orientalischen Perspektive des Erzählers nicht befreien und muß mit ansehen, wie die eigene Normalität im Text zu einem exotischen Anderen schrumpft. Hauff erzeugt damit dieselbe verfremdende Perspektive auf die eigene Kultur, die ein Jahrhundert zuvor den Autor des satirischen Briefromans *Lettres*

---

42 Die Expédition d'Egypte unter dem Oberbefehl von General Bonaparte begann 1798 und mußte – nach militärischer Intervention der Engländer – 1801, politisch erfolglos, abgebrochen werden. Vgl. die ausführliche Darstellung: von Lauren, Henry: L'Expédition d'Egypte. 1798-1801, Paris 1989.
43 Hauff SW 2, S. 180.

Persanes[44] schlagartig berühmt machte. In seinem literarischen Erstling hatte Charles-Louis de Secondat, Baron de la Brède et de Montesquieu 1721 zwei persische Adelige auf die literarische Reise ins absolutistische Frankreich geschickt und sie den in Persien Daheimgebliebenen sowie einander brieflich von ihren Erlebnissen in der Ferne berichten lassen. Mit Hauffs kompositorischer Wahl, in den ersten beiden Almanachen sowohl die Geschichtenerzähler als auch deren Zuhörer in einen orientalischen Kontext zu stellen, nimmt er den literarischen Traditionsfaden Montesquieus[45] wieder auf – allerdings ohne damit auch dessen politisches Erbe anzutreten. Denn anstatt die Strategie interkultureller Verfremdung ins Kultur- oder Gesellschaftskritische weiterzuführen, sind es Banalitäten wie Kleidung und Tischsitten, die Hauff im östlichen Wahrnehmungshorizont spiegelt. Und wo der »andere Blick« seiner Texte tatsächlich kritisches Potential entfaltet, da trifft er eben nicht die eigene Gesellschaft, sondern nur die französische – und selbst das nicht allzu scharf. Hauff läßt zwar seine orientalischen Protagonisten berichten, wie die Truppen der Expédition d'Egypte »wie hungrige Wölfe«[46] in Ägypten einfielen und marodierend und kinderraubend durch das Land zogen, doch die Figur Napoleons geht aus diesem literarischen Krieg ebenso unbeschadet positiv hervor wie aus den Freiheitskriegen in der Novelle *Das Bild des Kaisers*.[47] Überdies bleibt die Wirkung aller kritischen Spitzen von Hauffs interkulturellen Verfremdungen momenthaft; und das nicht zuletzt, weil ihr potentieller Entfaltungsraum innerhalb der Erzählungen ausgesprochen knapp bemessen ist. Wo und wann immer Hauff nämlich eines dieser Montesquieuschen Arrangements schafft, läßt er es wenig später durch einen erneuten kulturellen Vorzeichenwechsel wieder kippen. So ist etwa der Titelheld der *Geschichte Almansors* kaum in Paris akkulturiert, da begegnet ihm bereits ein französischer Orientalist, der

---

44 Montesquieu, Charles de: Perserbriefe. Aus dem Französischen von Jürgen von Stackelberg. Mit Anmerkungen zum Text und einem Nachwort, Frankfurt/M. 1988.
45 Auch Genette reißt die historische und funktionale Konkurrenz von zyklischen Erzählkompositionen und Briefroman seit dem 18. Jahrhundert zumindest an. Vgl.: Genette, Die Erzählung, S. 165f.
46 Hauff SW 2, S. 107.
47 Vgl. dazu: Kittstein, Ulrich: »›Vive l'Empereur!‹ Napoleon und Württemberg in Wilhelm Hauffs Novelle *Das Bild des Kaisers*«, in: ders. (Hrsg.): Wilhelm Hauff, S. 147-167. Allerdings beschränkt sich der Autor auf die Untersuchung der Novelle und nimmt keinen Bezug auf die Inszenierung des französischen Kaisers in *Die Geschichte Almansors*.

ihn in seine Pariser Wohnung einlädt, wo er sich einen Privat-Orient geschaffen hat. Vor den Augen des jungen Ägypters tut sich eine Szenerie auf, die ihn »gar verwunderlich bedünken« will:

> Persische Teppiche lagen auf dem Fußboden, und an den Wänden waren Polster, nirgends aber ein fränkischer Stuhl oder Tisch. Auf einem dieser Polster saß der alte Professor; er sah aber ganz anders aus, als gewöhnlich; um den Kopf hatte er einen feinen türkischen Shawl als Turban gewunden, er hatte einen grauen Bart umgeknüpft, der ihm bis zum Gürtel reichte und aussah, wie ein natürlicher, ehrwürdiger Bart eines gewichtigen Mannes. Dazu trug er einen Talar, den er aus einem brokatnen Schlafrock hatte machen lassen, weite türkische Beinkleider, gelbe Pantoffeln und, so friedlich er sonst war, an diesen Tagen hatte er einen türkischen Säbel umgeschnallt, und im Gürtel stak ein Dolch mit falschen Steinen besetzt. Dazu rauchte er aus einer zwei Ellen langen Pfeife und ließ sich von seinen Leuten bedienen, die ebenfalls persisch gekleidet waren, und wovon die Hälfte Gesicht und Hände schwarz gefärbt hatte.[48]

Hauff beschreibt hier also aus orientalischer Perspektive das Aufeinandertreffen eines leidlich europäisierten Ägypters mit einem französischen Freizeit-Orientalen in einer pseudo-orientalischen Wohnung in Paris. Und allein die hohe Dichte der interkulturellen Brüche weist darauf hin, daß diese Kipp-Momente in den Texten keine dienende Funktion haben. Vielmehr produzieren die west-östlichen Wechsel eine erzählerische Eigendynamik, die alle orientalisierenden Märchen und Erzählungen Hauffs durchzieht. Schon wenn sich im *Kalif Storch* der rätselhafte Text des Zauberpulver-Beipackzettels nach gründlicher philologischer Prüfung als Latein herausstellt[49] oder die Nachteule »in gutem, menschlichen Arabisch«[50] spricht, zeugt dies von Hauffs erzählstrategischem Willen zu kultureller Verfremdung. Um so mehr gilt das für seine Komposition des Rahmengesprächs zum *Scheik von Alessandria*. Hier sehen die deutschen Leser den vertrauten Märchenschatz Grimmscher Provenienz einem Vergleich mit der orientalischen Märchentradition ausgesetzt, der sich auf den ersten Blick für die *Volksmärchen der Deutschen* wenig schmeichelhaft ausnimmt. So urteilt der weise Derwisch über die Märchen im »Frankenland«, sie seien

---

48 Hauff SW 2, S. 181.
49 Hauff SW 2, S. 16.
50 Hauff SW 2, S. 20.

nicht so schön als die unsrigen; denn statt schöner Feien, die in prachtvollen Palästen wohnen, haben sie zauberhafte Weiber, die sie Hexen nennen, heimtückisches, häßliches Volk, das in elenden Hütten wohnt, und statt in einem Muschelwagen, von Greifen gezogen, durch die blauen Lüfte zu fahren, reiten sie auf einem Besen durch den Nebel.[51]

Allerdings täuscht diese Kontrastierung von abendländischen und morgenländischen Erzählformen ihre Explizitheit letztlich nur vor und birgt den nächsten interkulturellen Umschlagpunkt schon in sich. Wie dieselben Leser nämlich nur zu gut wußten, traf man Feen in fliegenden Muschelwagen in *Tausendundeiner Nacht* überhaupt nicht an, sondern in den deutsch-französischen Feerien des Rokoko.[52] Die vermeintlich orientalischen Märchen des Derwischs verwandeln sich also unter dem wissenden Blick des Lesers in europäische, der scheinbar *inter*kulturelle Literaturvergleich entpuppt sich als *inner*kultureller, als Gegenüberstellung zweier heimischer Märchentraditionen. Hauffs west-östliche Kaskaden indes finden auch hier noch kein Ende. Nur wenig später unterläuft der Text seine eigene kulturelle Raumordnung erneut, wenn der weise Derwisch seinen jungen Gesprächspartnern anhand von verschiedenen Erzählformen der *Tausendundeiner Nacht* den Unterschied zwischen »Märchen« und »Erzählungen« erläutert und dabei kurzerhand ein Märchen Christoph Martin Wielands in seine Beispielreihe aufnimmt:

Und dennoch werdet ihr gestehen müssen, fuhr der Alte fort, daß jene Geschichten nicht der schlechteste Teil der »Tausendundeinen Nacht« sind. Und doch, wie verschieden sind sie in ihren Ursachen, in ihrem

---

51 Hauff SW 2, S. 151.
52 Feen, die in goldenen oder diamantenen Wagen, von fabelhaften Wesen gezogen, durch die Lüfte flogen, waren Ende des 18. Jahrhunderts bereits so weit zum Klischeebild des Feenmärchen gesunken, daß Christoph Martin Wieland es zur Charakterisierung seines Don Sylvio verwenden konnte: »In einer solchen Disposition wurde er eine feurige Kugel gewahr, die in der Luft daher schwebte, und nach einer Weile nicht weit von ihm zersprang. Dieses nicht ungewöhnliche Meteor, welches ein Naturforscher mit beobachtenden Augen angesehen hätte, vollendete die Bezauberung eines Don Sylvio. Er erinnerte sich, in seinen Märchen öfters solche flammende Kugeln gefunden zu haben, aus denen allemal eine Fee auf einem diamantnen Wagen, von sechs Schwanen oder vier und zwanzig Hammeln mit goldnem Vließ gezogen, hervor kam.« Vgl. Wieland, Christoph Martin: Die Abenteuer des Don Sylvio von Rosalva, in: ders.: Sämmtliche Werke, Bd. 11 u. 12, Leipzig 1795 (Repr., hrsg. v. d. Hamburger Stiftung zur Förderung von Wissenschaft und Kultur, Bd. 4, Hamburg 1984), Bd. 11, S. 87.

Gang, in ihrem ganzen Wesen von den Märchen eines Prinzen Biribinker, oder der drei Derwische mit einem Aug, oder des Fischers, der den Kasten, verschlossen mit dem Siegel Salomos, aus dem Meer zieht!⁵³

Wo immer Hauff in seinen Texten Orientalisches aufruft – so läßt sich das bisher Dargestellte zusammenfassen –, da stellt er es in ein bipolares Spannungsverhältnis zu Abendländischem, um entlang der kulturellen Grenze Normalfolien und Erwartungshaltungen brechen, Perspektiven wechseln, Kontexte umschlagen zu lassen – und zwar immer so, daß dem Leser nach jedem dritten Schritt im Text der semantische Boden unter den Füßen weggezogen wird und er sich schlagartig im jeweils anderen kulturellen Raum wiederfindet. Diese Tendenz zu west-östlicher Kontrastierung und Brechung läßt sich über die Grenzen der Almanache hinaus selbst in der oben erwähnten Ballade *Entschuldigung* aufzeigen. Wieder wird eine west-östliche Begegnung inszeniert, »ein englischer Kapitän« kommt nach Konstantinopel und löst mit seiner britischen Reittechnik bei den »Türken« höchste Verwunderung aus. Als er stürzt und seine Gastgeber ihm daraufhin diese Fortbewegungsart in der Stadt untersagen, behauptet er aus Furcht, für einen schlechten Reiter gehalten zu werden, beim Ritt betrunken gewesen zu sein, was die Türken wiederum in basses Erstaunen versetzt.⁵⁴ Und auch das *Turandot*-Fragment aus dem Nachlaß müßte nicht von Hauffs Hand geschrieben sein, um seine orientalistische Handschrift zu verraten. Turandots Vater, der Kaiser von China, läßt hier

> in alle Zeitungen, in den chinesischen ›Merkur‹, in den japanischen »Reichsanzeiger«, in den mongolischen ›Beobachter‹, in die tartarische »Allgemeine Zeitung« kurz in alle guten Tagesblätter die zu selbiger Zeit in China und den Nachbarstaaten gelesen wurden einen Aufruf an alle Prinzen setzen.⁵⁵

Befangen in dieser Art unablässiger Kipp-Bewegung, hat Hauffs Orient letztlich überhaupt keine Möglichkeit, sich zu jenem Kompensations- oder Fluchtraum auszudehnen, den die Forschung in ihm sehen will. An den genannten Textbeispielen wird deutlich sichtbar, daß der kompositorische Fokus hier letztlich gar nicht auf den morgenländischen Kulturraum selbst gerichtet ist, sondern allein auf seine Grenzlinien. Hauff nutzt die kulturelle Demarkation zwischen Morgenland und Abendland zur

---

53 Hauff SW 2, S. 152.
54 Hauff SW 3, S. 387-389.
55 Hauff SW 3, S. 338.

Aufführung west-östlicher Grenz-Tänze, deren momenthafte und überraschende Sprünge nach ebenden Regeln funktionieren, die Jean Paul in seiner *Vorschule der Ästhetik* für den »ästhetischen Witz« aufstellt: Nämlich im Differenten Ähnlichkeiten aufscheinen zu lassen, ohne Synthesen zu bilden, und durch »diesen Zwiespalt zwischen doppeltem Schein jenen süßen Kitzel des erregten Verstandes« zu unterhalten, »der im Komischen bis zur Empfindung steigt«.[56] Durch seine Almanache hindurch hält Hauff die west-östliche Spannung zwischen kultureller Ähnlichkeit und Differenz aufrecht und löst sie an keiner Stelle in absolute Identität oder in radikale Alterität auf. Allerdings schöpft er dabei weder das subversive Potential des Witzes noch das sinnstiftende Potential der Metapher aus.[57] Seine orientalisierenden Geschichten sind Augenblicks-Literatur, deren momenthafte Kipp-Effekte sich vollständig selbst genügen.[58]

Eine idealere kulturelle Parallelwelt als den Orient hielt das frühe 19. Jahrhundert für ein solches Projekt des ästhetischen Witzes nicht bereit. Schließlich wurde das Morgenland zu jener Zeit (noch) als eine zwar differente, dem Abendland aber durchaus analoge, weil in sich hochgradig differenzierte Zivilisation wahrgenommen[59] – im Unterschied zu den Völkern der Neuen Welt, des subsaharischen Afrika oder der Südsee mit ihren Konnotaten des ›Natürlichen‹ oder ›Wilden‹.[60]

---

56 Jean Paul: Vorschule der Ästhetik, in: ders.: Sämtliche Werke, hrsg. v. N. Miller, Abt. I, Bd. 5: Vorschule der Ästhetik, Levana, Politische Schriften, München 1963, § 44 Der unbildliche Witz, S. 174. Diese Beobachtung zieht sich mit verschiedenen Akzentuierungen durch die gesamte Komik-Theorie. Vgl. dazu nach wie vor Iser, Wolfgang: »Das Komische: ein Kipp-Phänomen«, in: Das Komische, hrsg. v. W. Preisendanz/R. Waring, München 1976 (= Poetik und Hermeneutik VII).

57 Vgl. dazu die brillante Arbeit von Debatin, Bernhard: Die Rationalität der Metapher. Eine sprachphilosophische und kommunikationstheoretische Untersuchung, Berlin/New York 1995; zum Witz in diesem Zusammenhang Wirth, Uwe: Diskursive Dummheit. Abduktion und Komik als Grenzphänomene des Verstehens, Heidelberg 1996.

58 Zu dieser Fähigkeit von Kipp-Momenten, eine aufgebaute Spannung in ein (epistemo)logisches Nichts aufzulösen, vgl. Plessner, Helmuth: »Lachen und Weinen«, in: Philosophische Anthropologie, hrsg. v. G. Dux, Frankfurt/M. 1970, S. 11-171, hier: S. 106.

59 Beredtes Zeugnis von dieser Rezeptionstradition legt die noch immer beeindruckende Zusammenschau im Ausstellungskatalog *Europa und der Orient* ab: *Europa und der Orient 800-1900*, hrsg. v. Gereon Sievernich und Hendrik Budde. Gütersloh/München 1989.

60 Vgl. unter der Vielzahl wissenschaftlicher Studien zum Exotismus dazu exemplarisch: Kohl, Karl-Heinz: Entzauberter Blick. Das Bild vom Guten Wilden, Frankfurt/M. 1981.

Der Orient war für Europa mit Städten, Handel und Staatlichkeit verbunden, mit Gelehrsamkeit, Architektur und Literatur, und bot somit mannigfaltige Kontrastierungsmöglichkeiten, deren sich Hauff auch ausgiebig bedient. Er stellt in seinen Märchen und Erzählungen westliche und östliche Literatur, Innenarchitektur und Wissenschaft einander gegenüber und erzielt auch mehrfach Verfremdungseffekte durch Spiegelung der osmanischen Ämterstruktur auf den französischen Staat – so etwa, wenn der alte Derwisch Mustafa die Ereignisse der Französischen Revolution auf den lakonischen Punkt bringt: »Sie hatten ihren Sultan umgebracht und die Pascha, und die Reichen und Armen schlugen einander die Köpfe ab.«[61]

Selbstverständlich ist Hauffs Orient über weite Strecken stereotyp, doch als Bedingung der Möglichkeit seiner Wechsel-Spiele muß er es auch sein. Denn für solche Art des Übertragungs-Witzes – auch das wissen wir aus der Theorie der Metapher[62] – bedarf es notwendig einer Schematisierung der Größen, die aufeinander abgebildet werden sollen. Nur Gemeinplätze sind beweglich genug, um von einem semantischen Raum zu einem anderen zu wechseln. In diesem und nur in diesem Sinne fällt Hauffs orientalisierende Augenblicks-Literatur also tatsächlich in die Kategorie der »Schema-Literatur«.[63]

3. Allusive Köder

Allerdings fügen sich keineswegs alle Elemente des Orients der Märchen-Almanache in kippfähige Schemata ein. Einige spezifische oder zumindest spezifisch anmutende Orts- und Personennamen etwa ragen sichtbar aus den stereotypen Flächen des Ostens heraus. Auch verläuft eine nicht unbeträchtliche Zahl politischer, historischer und intertextueller Bezüge quer über das west-östliche Feld der Texte. Wie bei genauerer Betrachtung des *Märchens vom falschen Prinzen* deutlich wird, wendet Hauff sogar nicht unbeträchtliche Mühen auf, um seinen Figuren eine zeitgeschichtliche Kontur zu verleihen, wenn es auch heute eines mindestens ebenso großen philologischen Aufwandes bedarf, um diese Kon-

---

61 Hauff SW 2, S. 107f.
62 Vgl. Black, Max: »Die Metapher«, in: Theorie der Metapher, hrsg. v. A. Haverkamp, 2., um ein Nachwort zur Neuausgabe und einen bibliographischen Nachtrag ergänzte Ausgabe, Darmstadt 1996, S. 55-79.
63 Zimmermann, H. D.: Trivialliteratur? Schema-Literatur! Entstehung, Formen, Bewertung, Stuttgart ²1982.

tur erkennen zu können. So heißt es dort etwa von Omar, dem Gegenspieler des Schneiders Labakan, er sei im Hause »Elfi Bei, des unglücklichen Bassas von Kairo« erzogen worden, der »von seinen Feinden überfallen, [...] nach drei unglücklichen Schlachten, tödlich verwundet fliehen mußte«.[64] Etwas versteckter als in der *Geschichte Almansors* nimmt Hauff hier erneut Bezug auf die Expédition d'Egypte. Er spielt auf die ägyptischen Mamluken an, die die ersten, größtenteils erfolglosen Verteidigungsschlachten gegen General Bonaparte führten.[65] Muhammad Bey al-Alfi war einer von ihnen, auch in Europa bekannt geworden als Besitzer jenes Palastes in Kairo, den Napoleon 1798 okkupierte und zu seinem Hauptquartier machte.[66] Diese Anspielung hat in den 1820er Jahren jeder gebildete Deutsche verstanden. Schon die ab 1807 erscheinende *Déscription de l'Egypte* enthielt mehrere Kupferstiche des Gebäudes samt Bildunterschrift mit dem Namen des Besitzers.[67] Ferner, so wird im *Märchen vom falschen Prinzen* erzählt, ist Omars greiser Vater »Saaud, der Sultan der Wechabiten«.[68] Und auch dies hat zeitgeschichtliche Referenz. Das Haus Saʿūd, ein einflußreicher ostarabischer Beduinenstamm (uns als Königshaus Saudi-Arabiens noch heute wohl bekannt), war im 18. Jahrhundert eine Allianz mit den Wahhabiten eingegangen (ebenfalls bis heute ungemein erfolgreich), den Anhängern einer puritanisch-islamischen Erneuerungsbewegung.[69] Mit Unterstützung der Waffen der Saʿūdis kontrollierten die Wahhabiten bereits Ende des 18. Jahrhunderts fast die gesamte arabische Halbinsel und besetzten ab 1803 sogar die heiligen Stätten von Mekka und Medina, bis sie zehn Jahre später von Mehmet Ali, dem in der ersten Hälfte des 19. Jahrhunderts auch in Deutschland legendären Gouverneur Ägyptens, geschlagen wurden.[70] Und ebendort, in der Nähe von Mekka und Medina, liegt auch der Sul-

---

64 Hauff SW 2, S. 84.
65 Vgl. die Zusammenfassung in: Fischer Weltgeschichte Bd. 15: Der Islam II. Die islamischen Reiche nach dem Fall von Konstantinopel, hrsg. v. G. E. v. Grunebaum, Frankfurt/M. 1999, S. 330-332.
66 Abu-Lughod, Janet L.: Cairo. 1001 years of The City Victorious, Princeton/New Jersey 1971, S. 52.
67 Vgl. den Nachdruck der Abbildungen: Description de l'Egypte. Complete Edition – Vollständiger Nachdruck – Edition complète, Köln 1994, S. 607 u. 622.
68 Hauff SW 2, S. 88.
69 Zur Wahhabiyya im Kontext islamischer Erneuerungsbewegungen vgl. Fischer Weltgeschichte, Der Islam II, S. 280-285.
70 Vgl. Haarmann, Ulrich: Geschichte der arabischen Welt. 4., überarb. u. erw. Aufl., München 2001, S. 375.

tanspalast im *Märchen vom falschen Prinzen*.⁷¹ Sowenig uns diese Zusammenhänge heute noch sagen, so präsent waren Nachrichten aus dem Osmanischen Reich und seinen Provinzen in den deutschen Zeitungen und Zeitschriften des frühen 19. Jahrhunderts und entsprechend auch in den Köpfen von Hauffs erwachsenen Lesern.⁷² 1825 einen Wahhabiten-Sultan in einem Orient-Märchen auftreten zu lassen, kaum sieben Jahre nachdem der vorerst letzte dieser Sultane in Konstantinopel hingerichtet worden war, rief also ein breites Spektrum politischer Assoziationen auf. Allerdings werden diese Assoziationen im Text sofort wieder von der nächsten Anspielung unterlaufen. Alle politische Konnotation des Wahhabitensultans weicht nämlich fast augenblicklich dem intertextuellen Potential der Figuren um ihn herum. Schon die Fee Adolzaide, die jener Sultan ob der zweifelhaften Sohnschaft konsultiert, trägt – durch Beruf, Gewandung und Namen – deutliche Spuren ihres Herkommens aus dem literarischen Rokoko. Und auch der Name der klugen Dienerin Melechsalah⁷³ war dem Publikum vertraut – als Titelheldin eines der schönsten und witzigsten *Volksmärchen der Deutschen* von Johann Karl August Musäus.⁷⁴ Die Fee wiederum überreicht dem Sultan zwei Kästchen, die von ihrer diamantbesetzten Aufschrift bis hin zum äußerst praktischen magischen Inhalt denjenigen zum Verwechseln ähnlich sehen, die in E.T.A. Hoffmanns *Brautwahl* die Gattenfrage entscheiden.⁷⁵ Und zum guten Ende des Märchens schließlich stellt Hauff seinen Wahhabitensultan noch in eine fiktive genealogische Reihe mit der mittelalterlichen islamischen

---

71 Hauffs Sultan läßt sich »ein Becken mit Wasser von dem heiligen Brunnen Zemzem in Mekka bringen« (Hauff SW 2, S. 95) und »der Scheik von Medina« fächelt der Sultanin »[…] mit einer Windfuchtel von weißen Pfauenfedern Kühlung zu«. (Hauff SW 2, S. 89).

72 Wie präsent Hauffs zeitgenössischen Lesern diese Zusammenhänge waren, macht ein Blick in Kleists Berliner Abendblätter deutlich, wo sich am 1. März 1811 – dem Jahr, in welchem der Gouverneur von Ägypten, Mehmet Ali, auf Geheiß des osmanischen Sultans seine Truppen in den Hedschas schickte, um Mekka und Medina zurückzuerobern – ein »Türkisches Gebet« abgedruckt findet, das mit den kommentierenden Worten beschlossen wird: »Dieß Gebet wurde ehemals auch in Mecca für Sultan, als den Beschützer der Gläubigen, gehalten; jetzt aber hat das Haupt der Wahabis sich an dessen Stelle setzen lassen.« (Berliner Abendblätter, hrsg. v. H. v. Kleist, Nachwort und Quellenregister von Helmut Sembner, Faksimile-Ausgabe, Wiesbaden 1980, Teil II, S. 204).

73 Hauff SW 2, S. 91.

74 In ihrem ironischen Ton und dem ungemeinen Sprachwitz ist diese Geschichte die Hauff-kompatibelste unter den 1782-86 erschienenen Märchen. Vgl. Musäus, J. K. A.: Volksmärchen der Deutschen, München 1961, S. 657-744.

75 »Das eine, von gleißendem Gold, hatte auf dem Deckel einen Kranz von funkelnden Dukaten, in dessen Mitte die Worte standen: ›Wer mich erwält, Glück ihm

Dynastie der Abbassiden, die durch ihren berühmten Kalifen Harun al-Raschid aus der *Tausendundeinen Nacht* nicht wegzudenken waren.

Zwar sind die Reihen des Anspielungsreigens in Hauffs übrigen Märchen nicht ganz so eng geschlossen wie in diesem. Doch Allusionen dieser Art ziehen sich durch alle orientalisierenden Geschichten. Der Orientalist mit Turban und künstlichem Bart in der *Geschichte Almansors* spielt auf Silvestre de Sacy an, den berühmten Pariser Professor für Persisch und Arabisch, zu dem alle an orientalischer Philologie interessierten Deutschen der damaligen Zeit pilgerten – unter ihnen Hauffs Württemberger Freund Julius Mohl, der in Paris bereits als Orientalist Karriere machte, als der Autor ihn dort besuchte.[76] Zugleich enthält diese Szene unübersehbare intertextuelle Bezüge zu E.T.A. Hoffmanns Philhellenismus-Persiflage *Die Irrungen. Fragment aus dem Leben eines Fantasten*[77] aus dem Jahre 1820. Denn Hoffmanns ironische Schilderung der interkulturell fadenscheinigen Kostümierung des philhellenistischen Barons Theodor von S. hat Hauff fast wörtlich in seiner Erzählung übernommen.[78]

---

nach seines Sinnes Art!‹ Das zweite Kästchen war sehr zierlich in Silber gearbeitet. Auf dem Deckel standen zwischen mancherlei Schriftzügen fremder Sprachen die Worte: ›Wer mich erwält, beköммt viel mehr, als er gehofft!‹ Das dritte Kästchen, sauber aus Elfenbein geschnitzt, trug die Aufschrift: ›Wer mich erwält, dem wird geträumte Seligkeit!‹« Die beiden nicht zur Braut führenden enthalten ein leeres Buch, das sich in jede gewünschte Lektüre verwandelt, sowie eine Feile, die alte Dukaten »rändiger« werden läßt. Vgl. Hoffmann, E.T.A.: »Die Brautwahl«, in: Die Serapionsbrüder. Gesammelte Erzählungen und Märchen, Bd. 2, S. 105f.

76 Die Rede ist von Hauffs 1826 unternommener Reise durch Nordwesteuropa, auf der er große Teile des zweiten Märchen-Almanachs schrieb. Vgl. Pfäfflin, Wilhelm Hauff und der Lichtenstein, S. 36ff.

77 Hoffmann, E.T.A.: Die Irrungen. Fragment aus dem Leben eines Fantasten, in: ders.: Letzte Erzählungen, Kleine Prosa, Nachlese, bearb. u. erl. v. H.-J. Kruse, R. Mingau u. V. Liebrenz. Berlin/Weimar 1994 (= Gesammelte Werke in Einzelausgaben, Bd. 8), S. 59-107.

78 So präsentiert sich besagter Baron seinem Onkel in einem Aufzug, über den es heißt: »Hatte aber sein Negligé, ein seidener orientalischer Schlafrock, eine turbanartige Mütze und dazu eine lange türkische Pfeife im Munde, schon etwas getürkt, so war hier der Übergang zum neugriechischen Kostüm leicht und natürlich. Also neugriechisch gekleidet saß der Baron mit untergeschlagenen Beinen [...] auf dem Sofa und blies [...] Rauchwolken türkischen Tabaks vor sich her, als die Tür aufging [...] Da ihm aber die Beine, der unbequemen ungewohnten Stellung halber, erstarrt [...] waren, so kugelte er dem Oheim vor die Füße, verlor den Turban und die Pfeife, die ihren glühenden Inhalt ausströmte auf den reichen türkischen Teppich.« (Hoffmann, E.T.A.: Letzte Erzählungen, S. 75f.). Somit dürfte es sich bei Hoffmanns *Irrungen* wohl um eine der von der Forschung bislang mit so geringem Erfolg gesuchten Quellen der *Geschichte Almansors* handeln.

Daneben tauchen bilingual sprechende Namen auf wie »Selim Baruch«[79] – zusammengesetzt aus osmanisch *selim*: *Heil* und hebräisch *baruch*: *Segen* – und fiktive Notabeltitel wie der »Bassa von Suleika«[80], der den *West-östlichen Divan* anklingen läßt. Und immer setzt Hauff diese Anspielungen in seinen Texten auf die gleiche Weise ein, indem er mit ihnen momenthaft eine Sinntiefe aufscheinen läßt, nur um sie unmittelbar darauf wieder zum Verschwinden zu bringen.

In welch auffälligem Mißverhältnis dabei das große Bedeutungspotential der jeweiligen Allusion zu dem Minimum steht, was Hauff davon für seinen Text letztendlich nutzt, zeigt sich in besonders krasser Form in *Die Geschichte vom kleinen Muck*. Wie in der Forschung mehrfach bemerkt, fällt an dieser Erzählung der starke Akzent auf Vater-Sohn-Beziehungen ins Auge.[81] Der Kaufmann Muley berichtet seinen Mitreisenden der *Karawane*, wie sein Vater ihm ehedem nebst einer gehörigen Tracht Prügel auch die Geschichte des kleinen Muck angedeihen ließ, die wiederum mit dem wenig entspannten Verhältnis zwischen Muck und dessen Vater beginnt: Mucks Vater, der den Sohn aufgrund seiner Kleinwüchsigkeit und Kleingeistigkeit stets verachtet hatte, hinterläßt ihm bei seinem Tod nur seine viel zu großen Kleider, in die Muck auf der Stelle schlüpft und sich auf den Weg macht.[82] Nun haben aber beide Söhne, Muck und Muley, eine gemeinsame »Vaterstadt«: Nicea.[83] Diese Stadt liegt im nordwestlichen Kleinasien und war auf den Landkarten des frühen 19. Jahrhunderts – wie auch heute noch – unter dem türkischen Namen Isnik eingetragen.[84] Daß Hauff aber gerade nicht den zeitgenössischen, sondern den spätantiken Namen der Stadt wählte, gab seinen gebildeten Lesern einen unübersehbaren Hinweis auf das kirchengeschichtliche Ereignis, das mit Nicäa unmittelbar assoziierbar war. Wie diese Leser nämlich sehr wohl wußten, hatte hier im Jahre 325 n. Chr. ein großes christliches Konzil stattgefunden, in dessen thematischem Zentrum eben eine Vater-Sohn-Beziehung stand. Denn es ging um die theologisch und kir-

---

79 Hauff SW 2, S. 13ff.
80 Hauff SW 2, S. 54.
81 Vgl. Steinlein, Rüdiger: Die domestizierte Phantasie. Studien zur Kinderliteratur, Kinderlektüre und Literaturpädagogik des 18. und frühen 19. Jahrhunderts, Heidelberg 1987, S. 244ff.
82 Hauff SW 2, S. 66-68.
83 Hauff SW 2, S. 66.
84 Vgl. Art. »Nicäa«, in: Neues Rheinisches Conversations-Lexicon oder encyclopädisches Handwörterbuch für gebildete Stände, in zwölf Bänden, hrsg. v. einer Gesellschaft rheinländischer Gelehrten, Köln 1833-1837, S. 954f.

chenpolitisch entscheidende Frage, ob Christus, der Sohn, wesensgleich mit Gott, dem Vater, sei oder nur sein Geschöpf.[85] Wenn Hauff also dieses Nicäa – und in einem anderen historischen Kontext ist die Stadt nicht namhaft geworden – zur Vaterstadt des kleinen Muck macht, der in die viel zu großen Kleider seines Vaters schlüpft und, auf diese Weise gewandet, in die Welt hinausgeht, dann stößt er damit die Tür zu einem großen theologischen Assoziationsraum auf, in dem man sogar Seitenhiebe auf Schleiermachers Christologie erkennen könnte. Doch schon wenige Zeilen später ist diese Tür wieder ins Schloß gefallen, und es führt kein Weg von diesem Assoziationsraum zurück in den Text. Jedem Versuch, die gesamte *Geschichte vom kleinen Muck* oder auch nur ihre ersten Handlungssequenzen tatsächlich als christologische Allegorie zu lesen, folgt das hermeneutische Scheitern auf dem Fuße. Wie im Falle der Anspielungen auf die Wahhabiten, auf die ägyptischen Mamluken oder Sylvestre de Sacy beläßt es Hauff auch hier bei einem kurzen Aufblitzen der Möglichkeit einer andern Lesart, deren Licht aber sofort wieder erlischt. Er zieht assoziative Längsachsen durch das Syntagma des Textes, die an den Schnittpunkten zwar augenblickshaft Sinn erzeugen, sich in ihrem weiteren Verlauf aber im semantischen Unendlichkeitsraum verlieren. Daß dieses Verfahren, das in seiner Momenthaftigkeit und den dadurch erzeugten Überraschungseffekten dem oben skizzierten west-östlichen Kipp-Spiel sehr ähnlich ist, keine großflächigen semantischen Ebenen hinter den Erzählungen ausrollt, keine konsistente mehrfache Lesbarkeit der Texte ermöglicht, mag seltsam anmuten. Doch bei genauerem Hinsehen erweist sich ebendies als Bestandteil einer literarischen Strategie, die auf Rekrutierung einer erwachsenen Leserschaft abzielt, ohne die primäre Zielgruppe von »Mädchen oder Knaben von 12-15 Jahren«[86] zu verlieren. Denn während der durch Hauffs Allusionen angerissene Horizont von Wissenschafts- und Zeitgeschichte, Literatur und Politik den Wissensstand von Kindern und Jugendlichen deutlich übersteigt, ist gleichzeitig ein Verständnis dieser Anspielungen für die primäre Verständlichkeit der Geschichten nicht relevant, geschweige denn konstitutiv. Die *Geschichte vom kleinen Muck* büßt nichts von ihrer Tragikomik ein, wenn ihre Rezipienten den kirchengeschichtlichen Subtext nicht aktivieren, *Das Märchen vom falschen Prinzen* verliert nichts von seinem Witz, wenn

---

85 Art. »Nicäa«, in: Die Religion in Geschichte und Gegenwart (RGG). Handwörterbuch für Theologie und Religionswissenschaft. 3., völlig neu bearbeitete Auflage, hrsg. v. K. Galling. Tübingen 1956-1965, Bd. 4, Sp. 1453ff.
86 Pfäfflin, Wilhelm Hauff und der Lichtenstein, S. 15.

die Leser die »Wechabiten« nicht kennen.[87] Ohne eine kindliche ereignis- und handlungsbezogene Lektüre zu stören, eröffnet Hauff durch das allusive Verfahren seiner Texte – gleichsam hinter dem Rücken dieser Leserschicht – eine Meta-Ebene der Lektüre, die ihre Begehbarkeit keiner semantischen Kohärenz verdankt, sondern dem durch sie aktivierten bürgerlichen Bildungskanon. Denn der Reiz dieser Meta-Ebene liegt gerade darin, daß sie nur Lesern erreichbar war, die ausreichend kulturelles Kapital besaßen, um an diesem Bildungskanon zu partizipieren. Die Allusionen schmeicheln denen, die sie verstehen, gerade durch die Aktivierung jenes Wissensvorsprungs, der für ihr Verständnis die Voraussetzung ist. Somit lockt der aufgerufene Bildungskanon die entsprechenden Leser auf jene zweite Ebene der Lektüre, wo sie sich gemeinsam mit dem Autor als Teil der »gebildeten Stände« wissen, die sich durch ebenjenen Bildungskanon konstituieren und definieren, während alle anderen Rezipienten – von diesen Vorgängen ungestört – die Texte auf ihrer primären Bedeutungsebene lesen und verstehen.

Hauff bedient sich hier äußerst konsequent sowohl des kanonbildenden Potentials von Anspielungen als auch ihrer Fähigkeit zur »Identitätsstiftung in Abgrenzung gegen andere Gesellschaften oder gesellschaftliche Gruppen in der Gleichzeitigkeit«.[88] Der die Forschung bis heute beschäftigende Umstand, daß Hauff ein »großer, zuweilen fast skrupelloser ›Nehmer‹ vorgegebener Motive, Sujets und ganzer Stoffe«[89] war und sich besonders unter seinen Märchen kaum eines findet, das sich auf weniger als zwei literarische Quellen zurückführen läßt,[90] leistet einen wichtigen Beitrag zum Gelingen seiner Allusions-Strategie. Da Hauffs Märchen zu weiten Teilen aus anderen Texten, ihren Figuren, Motiven, Handlungssträngen und Formulierungen, bestehen, setzen sie – sobald die Leser auf die Meta-Ebene der Lektüre gewechselt und die Texte als allusive Spielfelder lesbar geworden sind – den Dekodierungsmöglichkeiten keine Grenzen mehr: In jedem seiner Texte lassen sich immer noch Spuren eines zweiten und dritten auffinden. Im Lichte jenes Spiels der Anspielungen

---

87 Die Tatsache, daß auch alle bisherigen literaturwissenschaftlichen Interpretationen der Geschichten ohne Rekurs auf die angespielten Kontexte möglich waren, setzt das anschaulich ins Bild.
88 Zymner, Rüdiger: »Anspielung und Kanon«, in: Kanon – Macht – Kultur. Theoretische, historische und soziale Aspekte ästhetischer Kanonbildung, hrsg. v. R. v. Heydebrand. Stuttgart/Weimar 1998, S. 30-46, hier: S 37.
89 Art.: »Wilhelm Hauff«, in: Enzyklopädie des Märchens, Bd. 6, Göttingen u.a. 1989, Sp. 571.
90 Vgl. Anm. 2.

wird Hauffs Kompilation von Textbausteinen so als ein subtiles und endloses intertextuelles Bezugssystem lesbar, das als solches vom Autor keineswegs intendiert gewesen sein muß, um zu funktionieren. Je höher der Bildungsstand von Hauffs Lesern, desto größer ihr Spaß an der stetig steigenden Zahl aufgefundener Anspielungen – und desto größer das Elend der Literaturwissenschaftlerin. Denn wohin ihre mühevolle Rekonstruktion der Quellen und Bezüge in Hauffs Texten sie auch immer führen mag – nach Nicäa, zu Sylvestre de Sacy oder zur Expédition d'Egypte –, stets wartet dort schon der gebildete Leser und amüsiert sich über ein weiteres Exemplar dieser geschäft'gen Narren, die den Witz nie verstehen werden.

4. Conclusio: Harry Potter als Almanach

So leichtfüßig Hauffs Märchen-Almanache also daherkommen, so streng kalkulierend arbeitet ihr Autor mit dem kulturellen Standort und Wissenshorizont seiner Leser. Der biedermeierliche Bildungskanon spielt die Musik zu den west-östlichen Grenz-Tänzen, eine Musik, die Hauffs Erzählsammlungen eben nicht nur »für Söhne und Töchter gebildeter Stände«, sondern auch für deren Eltern und Paten lesbar macht.

Um so bemerkenswerter erscheint der Umstand, daß Prosatexte, deren Mischung aus Kipp- und Anspielungsliteratur der Hauffschen vergleichbar sind, ausgerechnet zu den meistverkauften Romanen der letzten Jahre gehören. Zwar stehen sich in Joanne K. Rowlings *Harry Potter* nicht Osten und Westen, sondern die Zaubererwelt und die der nichtmagischen Menschen – der »muggle«[91] – gegenüber. Doch die erzählerischen Verfahren, deren Rowling sich dabei bedient, gleichen denen Wilhelm Hauffs aufs Haar. Auch die *Harry Potter*-Romane gewinnen ihre erzählerische Dynamik aus ununterbrochenen Kipp- und Wechselspielen von Normalfolien und Perspektiven zwischen zwei Kulturen, und auch sie binden die Leser mit ihrem kulturellen Standpunkt in dieses Verfremdungsspiel mit ein: Zusammen mit dem in der Zauberer-Welt noch nicht akkulturierten Titelhelden stehen auch die Leser des ersten Bandes verwundert vor Eulen, die als Zeitungsboten fungieren und dafür bezahlt werden wollen,[92] Zauberer-Banken, die von Kobolden geführt

---

91 Rowling, J. K.: Harry Potter and the Philosopher's Stone, London 1997, S. 62.
92 Ebd., S. 71f.
93 Ebd., S. 73ff.

werden,[93] oder Fotoporträts, deren Motive sich bewegen.[94] Und mit Harry Potter finden sich auch seine Rezipienten in der Rolle des aparten Fremdlings wieder, wenn Absonderlichkeiten wie etwa jene bewegten Fotografien zum Gegenstand der Unterhaltung mit Zauberern werden:

> Harry turned the card back over and saw, to his astonishment, that Dumbledore's face had disappeared.
> »He's gone!«
> »Well, you can't expect him to hang around all day,‹ said Ron. ›He'll be back [...]«
> Ron's eyes strayed to the pile of Chocolate Frogs waiting to be unwrapped.
> »Help yourself,« said Harry. ›But in, you know, the Muggle world, people just stay put in photos.‹
> «Do they? What, they don't move at all?« Ron sounded amazed. » *Weird!*«[95]

Die Parallelen zu Hauffs literarischem Orientalismus ziehen sich bis in einzelne Formulierungen hinein. Die Zaubererzeitung in *Harry Potter* heißt »Daily Prophet«[96] – und das ist kompositorisch nichts anderes als der »Chinesische Merkur« in Hauffs *Turandot*-Fragment. Und wie in den biedermeierlichen Erzählsammlungen ist auch in den *Harry Potter*-Romanen das kritische Potential solcher Art interkultureller Verfremdungen, Übersetzungen und Spiegelungen nicht ausgeschöpft. Auch Rowling erzielt damit allein »jenen süßen Kitzel des erregten Verstandes« und bleibt mit ihren Irritationen der Normalität ihrer Leser immer außerhalb des Bereichs tatsächlicher Subversion.

Doch die Analogien der Kompositionen Hauffs und Rowlings reichen bis weit hinein in den Bereich der Allusionsverfahren. Denn auch Rowling hat für eine zweite, erwachsene Lesart ihrer Texte gesorgt, und die ist nicht weniger als in Hauffs Almanachen den Angehörigen gebildeter Stände vorbehalten. So benamst die Autorin etwa einen ihrer Lehrer für Verteidigung gegen die dunklen Künste, Werwolf seines Zeichens, mit »Remus Lupin«[97], das Lehrbuch für Wahrsagen »Unfogging the Future« läßt sie von Madame Cassandra Vablatsky[98] verfaßt sein und ruft damit neben der antiken Seherin auch die Gründerin der New Yorker Theo-

---

94 Ebd., S. 114.
95 Ebd.
96 Ebd., S. 74.
97 Rowling, J. K.: Harry Potter and the Prisoner of Azkaban, London 1999, S. 84.
98 Ebd., S. 61.

sophischen Gesellschaft Madame Blavatsky auf – die Liste ließe sich in extenso fortsetzen. Ebensowenig wie für Hauffs Märchen-Almanache sind diese Anspielungen für das primäre Verständnis der *Harry Potter*-Romane konstitutiv. Und weil die Geschichten des englischen Zauberlehrlings – von Tolkiens *The Lord of the Rings* über Geschichten Edgar Allen Poes bis hin zur griechischen und keltischen Mythologie – aus mindestens ebenso vielen anderen Texten bestehen wie Hauffs Erzählungen, ist hier die Suche nach immer weiteren Anspielungen ebenfalls unabschließbar.

Ohne aus dieser Diagnose nun den wissenschaftlich wenig fruchtbringenden Schluß zu ziehen, Wilhelm Hauff sei ein postmoderner Autor oder Joanne K. Rowling eine neoromantische Autorin, fordert die große Reichweite der kompositorischen Parallelen zwischen den Märchen-Almanachen und den *Harry Potter*-Romanen historisch-systematische Mutmaßungen dennoch heraus. So erscheint an Hauffs und Rowlings literarischen Verfahren zweierlei besonders bemerkenswert: Das eine ist die offenkundige Lust ihrer Leser – der biedermeierlichen wie der heutigen – an momenthaften Verfremdungen der eigenen Lebenswelt, die jedoch nicht mehr sind als performative Simulakren jenes Gefühls, das sich im epistemologischen Prozeß bei der Grenzüberschreitung vertrauter Sinnzusammenhänge einstellt. Die Normalität der Leser dieser Texte bleibt unbeschadet, ja, sie steht letztlich auf noch festerem Grund als vor ihrem Durchlauf durch den ästhetischen Witz. Der zweite Aspekt von historisch-systematischem Interesse liegt in dem Umstand, daß der Erfolg Rowlings und Hauffs nicht zuletzt auf einem massiven Einsatz von Anspielungen in ihren Texten beruht, die wie kein anderes literarisches Verfahren sowohl zur Festschreibung kanonischen Wissens als auch zur Konstitution gesellschaftlicher (Leser-)Schichten beitragen. Eine solche Rezeption schlägt sich in Verkaufszahlen, nicht aber in Rezensionen renommierter Literaturkritiker nieder. Als Vertreter der gebildeten Stände amüsiert man sich prächtig über die Allusions- und Kippwitze der Texte, kauft – mehr oder minder heimlich – den nächsten und übernächsten Band und schweigt.

WOLF-DANIEL HARTWICH

Tragikomödien des Judentums
Wilhelm Hauffs *Mitteilungen aus den Memoiren des Satan*
und der romantische Antisemitismus

1. Romantischer Antisemitismus

Die Beschäftigung mit der Darstellung des Judentums im Werk Wilhelm Hauffs steht im Schatten der ideologischen Instrumentalisierung und demagogischen Medialisierung seiner Erzählung *Jud Süß* im Nationalsozialismus. Im folgenden möchte ich Hauffs Gestaltung des jüdischen Motivs in die Tradition einer spezifischen ideengeschichtlichen Ausprägung der Judenfeindschaft stellen, die ich als romantischen Antisemitismus bezeichne. In dieser Absicht werde ich zwei Kapitel von Hauffs *Mitteilungen aus den Memoiren des Satan* interpretieren.

In diesem Zusammenhang verstehe ich unter Romantik weniger die literaturgeschichtliche Epoche im ersten Drittel des 19. Jahrhunderts als eine geistige Bewegung, deren Hintergründe bis ins 18. Jahrhundert zurückgehen und deren Wirkungen bis an die Schwelle des 20. Jahrhunderts reichen. Im Gegensatz zu einem Fortschrittsdenken, das die universalistischen Ideale der Vernunft und Humanität zu realisieren beansprucht, wird hier die Einbindung des Menschen in rational nicht kalkulierbare Zusammenhänge betont. Die sozialen Bindekräfte des Volkes als einer geschichtlich gewordenen und zugleich in mythische Vorzeiten zurückreichenden Gemeinschaft, die emotionalen Ausnahmezustände und geistig-seelischen Pathologien sowie die magisch-mystischen Emanationen der Geisterwelt wirken hier auf das Individuum ein.

Die romantische Auseinandersetzung mit dem Judentum unterscheidet sich grundlegend von den Konzepten der Aufklärung, die das Judentum nach universalistischen Prinzipien beurteilte und seine Assimilierbarkeit an diese Prinzipien diskutierte. Dabei konnte man im Namen der Vernunft auf die Emanzipation der Juden drängen oder mit rationalistischen Argumenten die Notwendigkeit einer sozialen Ausgrenzung der Juden begründen.

Die Romantik und ihre geistigen Vorläufer sind in ihrer Haltung gegenüber der Fremdheit des Judentums nicht so eindeutig. Die romantische Imagination des Judentums verbindet vielmehr starke Faszination und nicht minder intensive Idiosynkrasie. So sind uns von Herder, Klopstock, Schleiermacher, Arnim, Brentano oder Richard Wagner zahlreiche private Äußerungen oder poetische Texte bekannt, die das Judentum überaus negativ zeichnen. Andererseits finden sich bei diesen Autoren auch positive Darstellungen bestimmter Aspekte der jüdischen Religion und Kultur. Auch Hauffs literarische Darstellungen teilen diese Ambivalenz und akzentuieren sie in origineller Weise.

Grundsätzlich ist hier die methodische Frage zu stellen, ob man im Falle der Romantik überhaupt von Antisemitismus sprechen sollte oder ob dieser Begriff für die biologisch-politischen Doktrinen des späten 19. und 20. Jahrhunderts reserviert werden müßte. Gavin I. Langmuir hat mit seinen Arbeiten über die mittelalterliche Judenfeindschaft wesentlich zur Klärung der Begriffe ›Antijudaismus‹ und ›Antisemitismus‹ beigetragen.[1] Der Autor unterscheidet zwei Entwicklungsstufen des Judenhasses. Der christliche Antijudaismus habe die rein theologische Motivation, daß die Juden Jesus nicht als Messias anerkennen wollen. Dieser reale Konflikt, der sich aus den absoluten Geltungsansprüchen zweier konkurrierender Offenbarungsreligionen ergibt, führt zur Ausbildung des feindlichen Stereotyps des Judentums als dem von Gott verstoßenen Volk. Die Entstehung der Ritualmordlegende markiert für Langmuir eine neue Entwicklung der Judenfeindschaft, die er als christlichen Antisemitismus bezeichnet. So läßt sich etwa die Behauptung, daß die Juden christliche Kinder zu liturgischen Zwecken schlachten und verzehren würden, weder aus der offiziellen religiösen Lehre des Judentums noch des Christentums herleiten. Solche in der Volksreligion wurzelnden Phantasien wurden von den kirchlichen und theologischen Autoritäten zurückgewiesen, die hier ein häretisches Potential vermuteten, das sich die populären Prediger aus dem niederen Klerus zunutze machten.

In den Zusammenhang dieser Vorstellungen gehören auch die Legenden über den ewigen Juden und die Juden als Teufelsbündner. Der christliche Antisemitismus sieht im Judentum nicht den religiösen Glauben, dessen Irrtümer und Ketzereien von der Theologie offengelegt werden sollen, sondern in erster Linie einen geheimen Bund, welcher der christlichen Gemeinschaft durch magische Operationen schaden will. Die antisemitischen Mythen werden bis ins 20. Jahrhundert überliefert und gipfeln in der Vorstellung einer jüdischen Weltverschwörung.

---

[1] Vgl. insbes. Langmuir, Gavin I.: Towards a Definition of Antisemitism, Berkeley 1990.

An die Stelle des magisch-religiösen Weltbildes tritt der neuzeitliche Ökonomismus und Biologismus. Die Gemeinsamkeit zwischen mittelalterlichem und modernem Antisemitismus besteht nach Langmuir also in dem phantasmagorischen oder auch chimärischen Charakter dieser Weltanschauungen.

Die gängige Ableitung der romantischen Judenfeindschaft aus dem ›christlichen Antijudaismus‹ erscheint mir dagegen fragwürdig.[2] Denn die Romantiker beziehen sich weniger auf die Deutung des Judentums in der christlichen Theologie, als daß sie selbst eine religiöse Vision teilweise häretischen und synkretistischen Charakters entwerfen. Die Erfindung einer romantischen Kunstreligion, die das Heilige nicht mehr durch Kirche und Dogma, sondern als ästhetische Erfahrung vermitteln will, konnte die archaische Religiosität des Alten Testaments idealisieren und die mythisch-mystischen Formen des Judentums wie die der Kabbala aufgreifen. Die Romantik greift jedoch gleichermaßen die Traditionen des christlichen Antisemitismus auf. Der romantische Antisemitismus inszeniert die gesellschaftliche Ausgrenzung der Juden in einer phantastisch überzeichneten Perspektive. Der magisch-satanistische Hintergrund des mittelalterlichen Antisemitismus tritt wieder in vollem Umfang zutage, wobei volksreligiöse Überlieferungen in starkem Maße einfließen. Die poetische Dämonisierung des zeitgenössischen Judentums ist die Kehrseite der Sakralisierung des antiken und esoterischen Judentums in der romantischen Kunstreligion. Das Judentum wird Teil einer märchenhaften Kunstwelt, deren fiktionaler Status aber im Unterschied zu den mittelalterlichen Legenden immer wieder durch literarische Verfahren der Perspektivierung und Ironisierung bewußtgemacht wird.

Der ästhetische Antisemitismus der Romantik weist gewisse Analogien zu anderen Formen der modernen Judenfeindschaft auf. Zwar läßt sich die romantische Judenfeindschaft nicht als rassistischer Antisemitismus beschreiben, weil ihr der Hintergrund der modernen materialistisch-naturwissenschaftlichen Weltanschauung fehlt. Gleichwohl verbindet beide Erscheinungen der Hang zu einer typisierenden Darstellung menschlicher Individuen. Sprechweise, Sozialverhalten, Physiognomie und Habitus

---

2 Vgl. etwa Frühwald, Wolfgang: »Antijudaismus in der Zeit der Romantik«, in: Conditio Judaica. Judentum, Antisemitismus und deutschsprachige Literatur vom 18. Jahrhundert bis zum ersten Weltkrieg, hrsg. v. H. O. Horch/H. Denkler, Tübingen 1989, S. 72-91; Henckmann, Gisela: »Das Problem des ›Antisemitismus‹ bei Achim von Arnim«, Aurora 46 (1986), S. 48-69; Riedl, Peter Philip: »›… das ist ein ewiges Schachern und Zanken …‹ Achim von Arnims Haltung zu den Juden in den ›Majorats-Herren‹ und anderen Schriften«, Aurora 54 (1994), S. 72-105.

der Juden werden im Sinne kollektiver Eigenschaften zum literarischen Gestaltungsmittel. Dabei werden Züge der Judenfigur aus der Komödien-Tradition aktualisiert. Ebenso wird in romantischen Texten immer wieder das antisemitische Klischee einer sozialen und ökonomischen Konspiration des Judentums satirisch ausgestaltet. Beispielhaft sind hier die Reden Brentanos und Arnims vor der ›Christlich-Deutschen Tischgesellschaft‹, die dem assimilierten Judentum seine Herkunft in schaurig-grotesken Bildern vorhalten und dabei die Legenden des mittelalterlichen Antisemitismus ausschöpfen. Bei anderen Autoren werden die derben Stereotypen der Judensatire im Sinne der romantischen Ironie als exzentrisch-groteske Perspektive relativiert.

2. »Der ewige Jude«

Im folgenden möchte ich die Aufnahme der Mythen des christlichen Antisemitismus in Hauffs *Mitteilungen aus den Memoiren des Satan* betrachten. Die »Unterhaltungen des Satan und des Ewigen Juden in Berlin« greifen ein zentrales Motiv des romantischen Antisemitismus mit einer langen theologisch-poetischen Vorgeschichte auf. Die Figur des wandernden Juden Ahasverus tritt als literarische Figur erstmals 1602 in *Kurtze Beschreibung und Erzählung von einem Juden mit Namen Ahasverus* auf, ihre legendären Vorläufer reichen aber bis ins 12. Jahrhundert zurück. Die Rezeptionsgeschichte der Legende spiegelt die Transformation von christlichem Antijudaismus in christlichen und schließlich politisch-rassistischen Antisemitismus.[3] Bereits die erste literarische Bearbeitung versetzt die mythische Figur in die Gegenwart des Autors, wenn der namhafte Theologe Paulus von Eitzen berichtet, wie er während seiner Studienzeit den Schuster aus Jerusalem, »eine sehr lange person/mit einem langen uber die Achsel hängenden Haar« in einer Hamburger Kirche bei der Predigt getroffen habe. Ahasverus erzählt dem jungen Mann, er habe Jesus »für einen Ketzer und Verführer gehalten, weil er anders nichts gewußt und auch vor den hohen Priestern und Schriftgelehrten [...] anders nit gelehrnet habet«.[4] Die Zurückweisung des christlichen Erlösers durch das Judentum wird narrativ gestaltet, wenn Ahasverus dem Ketzer Jesus

---

3 Vgl. Anderson, George K.: The Legend of the Wandering Jew, Providence 1965.
4 Kurtze Beschreibung und Erzehlung von einem Juden mit Namen Ahasverus, zit. nach dem Faksimile der Erstausgabe, in: Ahasvers Spur. Dichtungen und Dokumente vom Ewigen Juden, hrsg. v. M. Körte/R. Stockhammer, Leipzig 1995, S. 9-14, hier: S. 9f.

verweigert, sich auf dem Kreuzweg an sein Haus anzulehnen und von diesem daraufhin zu seiner Wanderschaft durch die Welt verurteilt wird. Die erste Druckfassung der Legende läßt den göttlichen Sinn dieser Strafe bewußt im ungewissen, wenn Ahasverus meint:

> Was nun Gott mit ime für habe / das er in so lang in diesem elenden Leben herumb führe / ob er in biß am Jüngsten tag / als einen lebendigen zeugen des Leydens Christi zu mehrer uberzeigung der Gottlosen und ungleubigen also erhalten wolle / sey im unwissent / seines theils möchte leiden / das jn Gott aus diesem Jamerthal zu ruhe abforderte.

Die spätere literarische Rezeption gewinnt aus dieser Vermutung das Motiv, daß der Fluch des ewigen Juden bis zum Jüngsten Tage dauere und seine Todessehnsucht unerfüllt bleiben müsse.

Die Legende dokumentiert den christlichen Antijudaismus, da sie der Propaganda gegen die jüdische Religion dient, die mit Ketzerei und Atheismus auf eine Stufe gestellt wird. Avram Andrei Baleanu hat allerdings hinsichtlich der Darstellung des Ahasverus auf gravierende Unterschiede zwischen den verschiedenen Fassungen des Volksbuchs hingewiesen.[5] So erscheint Ahasverus zumindest in der ersten Druckfassung als positive Gestalt. Ahasverus nimmt hier durch seinen bedingungslosen Glauben an die gnadenhafte Wirkung des Kreuzestodes und seine Identifikation mit dem Leiden Christi, bei dessen Kreuzigung er anwesend war, Züge der reformatorischen Frömmigkeit vorweg: »Ja sollestu gesehen unnd gehört haben / wie sawr dem Herrn Christo seine Wunden und Leyden / dein und meinet wegen worden weren«.[6] Erst in der ein Jahr später unter dem Namen Christosthomus Duduleus Westphalus publizierten Fassung wird Ahasverus zum Vertreter der den Juden zugeschriebenen kollektiven Schuld am Tod Jesu. Dieser Text markiert deutlich die Grenzüberschreitung vom christlichen Antijudaismus zum Antisemitismus, wenn hier kollektive äußere Merkmale des Judentums als Symptom der religiösen Zurückweisung Jesu fingiert werden. Arnim zitiert in »Über die Kennzeichen des Judentums« ausführlich diesen Text. Wenn der Autor dabei von den »sonderbaren Erbkrankheiten«, welche den Juden »wegen der Hinrichtung Christi [...] eigen sein sollen«, spricht, zeigt sich wiederum der parodistisch pseudowissenschaftliche Charakter seiner Rede. Arnim bezieht die abstoßenden Schilderungen

---

5 Baleanu, Avram Andrei: Die Geburt des Ahasver, in: Menora 2 (1991), S. 15-43.
6 Kurtze Beschreibung und Erzehlung von einem Juden mit Namen Ahasverus, S. 12f.

der barocken Strafpredigt gegen die jüdische Orthodoxie auf die Lebensgewohnheiten des emanzipierten Judentums, wobei er sie mit zeitgenössischen Klischees anreichert und ins Groteske steigert.

Die Darstellung der Ahasverusfigur mutiert vom religionsdidaktischen Exempel zum antisemitischen Mythos, wenn sie bei Johann Jacob Schudt zum Symbol des jüdischen Volkes in der Diaspora wird. Nachdem der Autor die verschiedenen gelehrten Argumente für die Existenz des Ahasverus widerlegt hat, schließt er, es handele sich um »ein bloses Gedicht« und

> diesser umlauffende Jude seye nicht eine eintzelne Person, / sondern das gantze Jüdische / nach der Creutzigung Jesu in alle Welt zerstreuete / umherschweifende und / nach Christi Zeugnuß / biß an den jüngsten Tag bleibende Volck.

Schudt weicht mit dieser mytho-poetischen Deutung des Ahasverus deutlich von der theologischen Tradition ab.

In dem als Appendix zur Ausgabe des Duduleus abgedruckten Aufsatz »Erinnerung an den christlichen Leser von diesem Jüden«, der ebenfalls judenfeindliche Tendenzen aufweist, wird Ahasverus dagegen zum Vertreter des ursprünglichen biblischen Judentums stilisiert, »dieweil aber das Wort Jude eigentlich so viel als Bekenner heißet«[7] und den »jetzigen vermeinten Juden«[8] entgegengestellt ist. Zugleich erscheint Ahasverus als Vertreter des ursprünglichen apostolischen Christentums, wenn er »sein Weib, Kinder, Gesinde und ganzes Haus verlaßen und nimmer wieder gesehen«[9] wird. Der Text deutet die Wanderschaft des Ahasverus nicht als Strafe, sondern als radikale Nachfolge Jesu, wie sie in den Evangelien gefordert wird. »Diejenigen, die nun [...] der Maßen alles verlassen und dem Herrn Christi nachfolgen, sind [...] die liebsten Jünger.« (Matth. 10. V. 38. Luc 14. V. 27) Karl Simrock hat seiner maßgeblichen Ausgabe der »Kurzen Erzählung von einem Juden aus Jerusalem« die »Erinnerung an den christlichen Leser« mitabgedruckt, während er den »Bericht von den zwölf Stämmen« ausgeschlossen hat. Dabei bezeichnet der Herausgeber in seinem »Vorbericht beide Appendizes als der ersten Fassung des Volksbuches noch fremd«. Allerdings erkannte er offensichtlich die wesentliche Umdeutung der ursprünglichen Intention in den Ausgaben des 17. Jahrhunderts. Der romantische Philologe verweigerte sich in seinem

---

7 Simrock, Karl (Hrsg.): Die deutschen Volksbücher. Gesammelt und in ihrer ursprünglichen Echtheit wiederhergestellt, Bd. 6, Frankfurt/M. 1847, S. 434.
8 Ebd., S. 450.
9 Ebd., S. 447.

Bemühen, »die deutschen Volksbücher« »in ihrer ursprünglichen Echtheit« wiederherzustellen, einer antisemitischen Tendenz, welche Arnims romantischer Antisemitismus begierig aufgriff. Die Grenze vom religionsdidaktischen Exempel zur antisemitischen Mythenbildung wird überschritten, wenn Ahasverus in Johann Jacob Schudts *Jüdischen Merkwürdigkeiten* (1714) zum Symbol des jüdischen Volkes in der Diaspora wird. Der Mythos des ewigen Juden wandelt sich im Lauf des 19. und 20. Jahrhunderts zum antisemitischen Symbol der Weltverschwörung, die das Judentum unter dem Deckmantel einer äußerlichen Assimilation zu allen Zeiten und an allen Orten betreiben soll.

Eine entgegengesetzte, individualistische Deutung der legendären Gestalt bildet sich dagegen im Sturm und Drang heraus. Der Komponist, Schriftsteller und Revolutionär Christian Friedrich Daniel Schubart machte den ewigen Juden 1783 zu einem der Helden des modernen Weltschmerzes und des Protestes gegen die göttliche Allmacht. Goethe entwickelt dagegen 1774 die Sicht des Ahasverus als Vertreter des wahren Glaubens weiter, wenn er in seinem fragmentarischen Epos an die Figur des ewigen Juden eine Religionssatire knüpft, welche die Verweltlichung der christlichen Kirchen aus der Sicht des urchristlich Frommen kritisiert. Diese Interpretationen macht sich Hauffs Satan zu eigen, wenn er diagnostiziert, daß der ewige Jude »mit der Kirche immer noch nicht recht einig sei«[10] und »in der letzten Zeit auf seinen Wanderungen einen solchen Ansatz zur Frömmelei bekommen, daß er ein Pietist zu werden drohte«.[11]

Die Rezeption der Ahasverus-Figur in der Berliner Romantik, auf die Hauff in besonderem Maße Bezug nimmt, geht in zwei Richtungen. So greift Achim von Arnims Doppeldrama *Halle und Jerusalem* die positive Deutung der Ahasverus-Figur in protestantischer Tradition auf und baut sie in seinen romantischen Antisemitismus ein. Ahasverus predigt etwa dem Geldverleiher Nathan das christliche Evangelium der Armut. Der ewige Jude führt die jugendlichen Liebenden aus ihren sinnlich-seelischen Verwirrungen auf einer Pilgerfahrt ins Heilige Land zur Erlösung. Die Figur wird hier über ihren allgemeinen metaphysischen Fluch hinaus mit dem Stigma einer schuldhaften Liebesgeschichte ausgestattet. Das tragische Geschick des wandernden Juden wirkt in die mystisch-eroti-

---

10 Hauff, Wilhelm: Sämtliche Werke in drei Bänden. Nach den Originaldrucken und Handschriften. Textredaktion und Anmerkungen von Sibylle von Steinsdorff. Mit einem Nachwort und einer Zeittafel von Helmut Koopmann, München 1970, Bd. 1, S. 409. Nach dieser Ausgabe wird im folgenden zitiert.
11 Ebd., S. 413.

schen Irrungen der Hauptfiguren hinein, die durch seinen geistlichen Rat auf einer Pilgerfahrt zum heiligen Grabe gesühnt werden. Der ewige Jude findet hier zusammen mit seinem christlichen Sohn die Erlösung im Tode. Eine diametral entgegengesetzte Verwendung des Ahasverus-Motivs findet sich in E.T.A. Hoffmanns später Erzählung *Die Brautwahl* aus dem Jahre 1820. Die offen antisemitischen Judendarstellungen bilden den Kulminationspunkt einer langen verborgenen Motivkette in Hoffmanns Werk.[12] Hauff läßt wohl nicht ohne Grund seinen Satan den ewigen Juden nach dem »Kammergerichtsrat Hoffmann« fragen, der gerade von diesem »hinweggegangen« sei.[13] E.T.A. Hoffmanns Erzählung versetzt zwei legendäre Figuren des 16. Jahrhunderts, den Schweizer Goldschmied Thurneysser zum Thurn und den jüdischen Münzmeister des Brandenburgischen Kurfürsten Joachim II., Lippold, in Gestalt des Meisters Leonhard und des Kaufmanns Manasse ins aufgeklärte Berlin und läßt sie mit ihren magischen Fähigkeiten die Fäden einer Liebesintrige ziehen. Leonhard macht die Werbung von Manasses Neffen, Benjamin Dümmerl alias Baron Bensch, um die so schöne wie kunstsinnige Kommissionsratstochter Albertine Voßkamp, die Bensch schlichtweg ›widerlich‹ findet, zunichte und vertreibt den bösen Geist Lippolds. Leonhard stellt die zeitgenössischen antisemitischen Mythen zustimmend in die Nachfolge der mittelalterlichen Legenden:

> Man will behaupten, er sei ein zweiter Ahasverus und spuke seit dem Jahre Eintausendfünfhundert und zweiundsiebzig umher. Damals wurde er unter dem Namen des Münzjuden Lippold wegen teuflischer Zauberei hingerichtet. – Aber der Teufel rettet ihn vom Tode um den Preis seiner unsterblichen Seele. Viele Leute, die sich auf so etwas verstehen, haben ihn hier in Berlin unter verschiedenen Gestalten bemerkt, woher denn die Sage entsteht, daß es noch zur Zeit nicht einen, sondern viele, viele Lippolds gäbe.[14]

Während Ahasverus bei Arnim als tragische Figur und spiritueller Führer der Unschlüssigen exponiert wird, imaginiert ihn Hoffmann als unheimliche Figur in der Nachfolge seines Sandmanns, deren Bedrohlichkeit

---

12 Vgl. »Jüdische Gespenster: E.T.A. Hoffmann und der romantische Antisemitismus«, in: Das Judentum im Spiegel seiner kulturellen Umwelten. Symposium zu Ehren von Saul Friedländer, hrsg. v. D. Borchmeyer/H. Kiesel, Heidelberg 2002, S. 111-153.
13 Hauff, Sämtliche Werke, Bd. 1, S. 409.
14 Hoffmann, Ernst Theodor Amadeus: Werke, hrsg. v. G. Ellinger, Berlin/Leipzig o.J., Bd. 7, S. 82.

aber mit den Mitteln der Komödie überwunden wird. Hauff entdeckt den ewigen Juden dagegen als genuin komische Figur, wobei er das Ahasverus-Mythologem des romantischen Antisemitismus parodiert und dekonstruiert. Wenn der Satan den ewigen Juden »an einem schönen Sommerabend im Tiergarten zu Berlin«[15] begegnet, bringt der Text die Vergegenwärtigung des Mythos in der literarischen Ahasverus-Tradition auf den neuesten Stand. Anders als bei E.T.A. Hoffmann bewirkt der Einbruch der Geisterwelt in den bürgerlichen Alltag keine Irritation, wie sie von den unheimlichen Gästen in *Die Brautwahl* geradezu boshaft betrieben wird. Wenn der Satan und der ewige Jude einen ästhetischen Tee besuchen, werden sie als mythische Wesen überhaupt nicht wahrgenommen. Während der Satan sich ohnehin der neuesten Mode angepaßt hat, fällt der ewige Jude nur durch seine veralteten gesellschaftlichen Umgangsformen unangenehm auf. Im Unterschied zum abstrakten Prinzip des Bösen, das auch im modernen Leben reibungslos wirksam werden kann, erweist sich der mythische Wanderer als nicht assimilierbar. Die in der protestantisch-romantischen Tradition betonte erhabene Erscheinung des Ahasverus wird von ihrer lächerlichen Seite gezeigt, wenn sein »grauer, stechender Judenbart nicht glatt vom Kinn wegrasiert« ist und die »schöne zarte Hand« der Hausherrin mit einem »Stechkuß«[16] malträtiert.

Die Salon-Episode endet in einem burlesken Eklat. Der ewige Jude schaukelt während der Lesung des poetisch dilettierenden Neffen der Hausherrin aus Langeweile auf dem Stuhl und stürzt schließlich rückwärts um, wobei er sein »zierlich geschnitztes Fauteuil« wie auch »eine Tasse von Meißner Porzellan« zerschmettert.[17] Die Erzählung des jungen Mannes mit dem Titel »Der Fluch« beginnt mit der Schilderung eines Romerlebnisses, die auf eines der Gründungsdokumente der romantischen Kunstreligion, Ludwig Tiecks *Brief eines jungen deutschen Malers in Rom an seinen Freund in Nürnberg*, Bezug nimmt. In beiden Texten wird die musikalische Erfahrung der katholischen Liturgie verbunden mit den erotischen Attraktionen der römischen Weiblichkeit für einen aufgeklärten Protestanten zur religiösen Erweckung. Hauffs junger Dichter verwendet die Szene als atmosphärische Folie seiner Abenteuergeschichte. Ahasverus protestiert als exponierte Figur der protestantischen Kunstreligion gegen die klischeehafte Trivialisierung, die er in der »Erzählung des langweiligen Menschen« erkennt, »wie er ein paar Pfaffen habe singen

---

15 Hauff, Sämtliche Werke, Bd. 1, S. 407.
16 Ebd., S. 417.
17 Ebd., S. 440.

hören, und wie er einem hübschen Mädchen nachgelaufen« sei, »was man überall tun kann, ohne gerade in Rom zu sein«.[18] Hauffs Text parodiert aber zugleich die Sakralisierung der Ahasverus-Figur in der protestantisch-romantischen Tradition. Die metaphysische Tragik der göttlichen Strafe des Ahasverus wird zum komischen Verhängnis säkularisiert, wenn dieser bei Hauff glaubt, es sei »ein Teil des Fluches, der auf mir ruht«, daß er, sobald er »sich in höhere Sphären der Gesellschaft wage, lächerlich werde«.[19]

Das Berlin-Kapitel der *Mitteilungen* schließt mit dem »Intermezzo« einer Wirtshausszene, in welcher der ewige Jude vor zwei alten Zechern ein Trinklied zu Gehör bringt, nachdem er den Satan schon »zuzeiten« merken ließ, »daß er auch etwas Poet sei«.[20] Der Text gipfelt in einer Art Theologie des Alkoholismus, der die Bildlichkeit der frühromantischen Logos- und Liebesreligion persifliert, deren Ursprünge in einer pietistischen Lektüre des Johannesevangeliums Hermann Timm aufgezeigt hat.[21] »Denn, wird einmal der Geist uns trübe, / Wir baden ihn im alten Wein, / Und ziehen mit Gesang und Liebe / In unsern Freudenhimmel ein. //«[22] Ahasverus' Rolle als Verkündiger des wahren Glaubens in der protestantischen Volksliteratur und ihrer kunstreligiösen Überhöhung wird karikiert, wenn es heißt: »die zwei alten Weingeister aber waren ganz erfüllt und erbaut davon; sie drückten dem alten Menschen die Hand und gebärdeten sich, als hätte er ihnen die ewige Seligkeit verkündet«.[23]

3. »Der jüdische Geldteufel«

Hauffs »Unterhaltungen des Satan und des ewigen Juden in Berlin« unterminiert satirisch die Rhetorik des romantischen Antisemitismus, die das gegenwärtige Judentum negativ gegen ein mythisches Judentum absetzt, wie es die Figur des ewigen Juden vertritt. Während in den »Unterhaltungen« aus dem ersten Teil der *Mitteilungen* die Idealisierung des

---

18 Ebd., S. 443.
19 Ebd., S. 440f.
20 Ebd., S. 446.
21 Vgl. Timm, Hermann: Die heilige Revolution. Schleiermacher – Novalis – Friedrich Schlegel, Frankfurt/M. 1978; u. ders.: Fallhöhe des Geistes. Das religiöse Denken des jungen Hegel, Frankfurt/M. 1979.
22 Hauff, Sämtliche Werke, Bd. 1, S. 446.
23 Ebd.

›wahren‹, ›christlichen‹ Judentums parodiert wird, greift »Mein Besuch in Frankfurt« aus dem zweiten Teil der Satansmemoiren die negativen Typisierungen des Judentums in der Berliner Romantik auf. Die beiden Texte bilden in dieser Hinsicht eine Art satirisches Diptychon des romantischen Antisemitismus.

Wenn Hauff seinen Satan in der Frankfurter Börse auftreten läßt, verweist diese Konstellation auf ein Motiv des christlichen Antisemitismus. So wurden die Juden in den mittelalterlichen Antichrist-Legenden beschuldigt, mit dem Teufel im Bunde zu stehen und mit seiner Hilfe gegen die christliche Gesellschaft zu operieren. Joschua Trachtenberg hat die Stereotypen der Juden als Zauberer, Brunnenvergifter, Schänder von christlichen Heiligtümern und Ritualmörder auf das apokalyptisch-dämonistische Weltbild zurückgeführt. Auch der jüdische ›Wucher‹ wurde im Mittelalter als satanistische Praktik aufgefaßt.[24] Hauffs Text modifiziert allerdings dieses Stereotyp, wenn der Satan hier einen christlichen Kaufmann aus der Provinz zum Börsenschwindel verführt. Der jüdische Kontext bleibt allerdings als Motivation des Teufelspaktes präsent. So hat sich der unbedarfte Zwerner aus Dessau in Rebekka, die Tochter des reichen Simon aus der neuen Judengasse, verliebt und will, um sie zu gewinnen, in die jüdischen Finanzkreise aufsteigen. Die Schilderung der neuen Judengasse in Hauffs *Mitteilung aus den Memoiren des Satan* zitiert zahlreiche antisemitische Anschauungen aus der Kritik der jüdischen Emanzipation und Assimilation, wie sie zuerst der preußische Justizkommissar C.W.F. Grattenauer in seiner Schrift *Ueber die physische und moralische Verfassung der heutigen Juden* (1791) verbreitete.[25] Nach Grattenauer soll die rechtliche Gleichstellung der Juden allein ihrer finanziellen Bereicherung dienen. Die jüdischen Akkulturationsbestrebungen schätzt Grattenauer als bloße taktische Verstellung ein. Bildung und Aufklärung solle den jüdischen Nationalcharakter nicht verändern können. Die moralische Natur der Juden, welche allein von egoistischem und materiellem Interesse bestimmt sei, trete ebenso wie ihre physische Konstitution bei aller Assimilation immer wieder zutage. Hauffs Satan gestaltet dieses Judenbild in seiner Schilderung eines »Schabbes in Bornheim«, wobei Herders romantisch idealisierende Idyllik des altisraelitischen Hirtenvolkes und seines musisch-religiösen Genius parodiert wird.

---

24 Vgl. Trachtenberg, Joschua: The Devil and the Jews: The Medieval Conception of the Jew and Its Relation to Modern Antisemitism, New Haven 1943.

25 Vgl. Och, Gunnar: Imago judaica. Juden und Judentum im Spiegel der deutschen Literatur, Würzburg 1995, S. 36-41; S. 266-268; Hertz, Deborah: Die jüdischen Salons im alten Berlin, Frankfurt/M. 1991, S. 292-296.

> Aus dem Garten des goldenen Löwen in Bornheim tönten uns die zitternden Klänge von Harfen und Guitarren und das Geigen verstimmter Violinen entgegen; das Volk Gottes ließ sich vormusizieren im Freien […]. Da saßen sie, die Söhne und Töchter Abrahams, Isaaks und Jakobs, mit funkelnden Augen, kühn gebogenen Nasen, feingeschnittenen Gesichtern wie aus einer Form geprägt […] in malerischen Gruppen unter den Bäumen und der Garten war anzuschauen als wäre er das gelobte Land Kanaan, das der Prophet vom Berge gesehen und seinem Volk verheißen hatte. Wie sich doch die Zeiten ändern durch die Aufklärung und das Geld![26]

Die Figur der Rebekka verweist auf Grattenauers Polemik gegen die kulturellen Interessen jüdischer Frauen, die nur zur einer prätentiösen Scheinbildung führen und sich etwa in einer belletristischen Lesesucht zeigen sollen. Nach Grattenauer bleiben die modernen Jüdinnen »dieselben, aber sie werden gelehrt – sich zu verstellen«.[27] Hauffs Text spielt auf den Zusammenhang der jüdischen Salons in Berlin und ihrer weiblichen Komponente an, die wesentlich zur gesellschaftlichen Integration des Judentums beitrugen und von den konservativen Berliner Romantikern attackiert wurden. So berichtet Zwerner dem Satan über seine Angebetete:

> sie weiß, daß bei uns alles nobler und freier geht als bei ihrem Volk, und schämt sich, in guter Gesellschaft für eine Jüdin gehalten zu werden. Daher hat sie sich auch den Frankfurter Dialekt abgewöhnt und spricht preußisch. Sie sollten hören, wie schön es klingt, wenn sie sagt, »ißßt es möchlich?« oder »es jienge wohl, aber es jeht nich«.[28]

Das Berlinerische erscheint hier als lingua franca der religiösen und kulturellen Neutralisierung des Judentums im Dienste des sozialen Avancements. Hauff plaziert hier einen Seitenhieb auf den verhaßten Clauren, wenn Rebekka dessen Produkte wegen ihrer angenehmen Geistlosigkeit den Werken Goethes, Schillers und Tiecks vorzieht, die »schlechte Jeschäfte in Frankfort« machen.[29] Der Text zitiert auch den Vorwurf Grattenauers, daß die Taufe für die assimilierten Juden nur ein äußerlicher Akt sei, der sie moralisch nicht verbessern könne. So tritt Rebekka zum

---

26 Hauff, Sämtliche Werke, Bd. 1, S. 564.
27 Grattenauer, C.W.F.: Erster Nachtrag zu seiner Erklärung über seine Schrift: ›Wider die Juden‹. Ein Anhang zur fünften Auflage, Berlin 1803, S. 49f.
28 Hauff, Sämtliche Werke, Bd. 1, S. 559.
29 Ebd., S. 569.

Christentum über, um den durch eine betrügerische Manipulation vorübergehend als Börsengenie gefeierten Zwerner zu heiraten, von dem als Gegenleistung der Kauf eines Adelsdiploms erwartet wird. Aber nach der Meinung des Satans sah »Rebeckchen, das liebe Kind [...] nicht aus, als wollte sie mit dem neuen Glauben auch einen neuen Menschen anziehen«[30], wie es der Apostel Paulus fordert. »War sie erst ›Gnädige Frau von Zwerner‹, so war zu erwarten, daß sich die Liebesintrigen häufen«, bevor dem von seinem ›spekulativen Geist‹ verlassenen und ruinierten Zwerner endgültig sein Schicksal ereilen würde, in der provinziellen Ehehölle Dessaus zu versinken. Wenn die erotischen Eskapaden Rebekkas, von der es schon vorher heißt, »wie war sie naiv, andere hätten es lüstern genannt«[31], mit ihrem jüdischen Charakter verknüpft werden, bezieht sich der Text auf eine ältere antisemitische Tradition der christlichen Theologie und Satanologie. Der jüdischen Frau wurde in volksreligiösen Texten des späten Mittelalters eine unkontrollierbare erotische Begierde zugeschrieben, die sie zur Gefahr für die christliche Gesellschaft macht. Johann Andreas Eisenmenger zitierte in seiner Abhandlung *Entdecktes Judentum* von 1700 zahlreiche apokryphe Traditionen, die bereits den biblischen Sündenfall als sexuelle Verführung Evas durch den Teufel und die Dämonen verstehen.[32]

Hauffs *Mitteilungen aus den Memoiren des Satan* verwenden die antisemitischen Klischees nicht in eindeutiger ideologischer oder propagandistischer Weise, sondern unterziehen sie den literarischen Verfahren der ironischen Universalisierung, Perspektivierung und Relativierung. Obwohl Zwerner bedauert, daß »aus Rebekkchen, so gut wie sie sonst ist, [...] auf allen Seiten der jüdische Geldteufel« herausgucke[33], scheint der christliche Liebhaber nicht weniger von diesem bestimmt zu sein als die schöne Jüdin. So erläutert er dem Satan: »wie sollte ich sie nicht lieben, [...] bedenken Sie, fünfzigtausend Taler Mitgift und nach des Vaters Tod eine halbe Million««.[34] Die antisemitischen Vorwürfe gegen das emanzipierte Judentum werden geradezu parodistisch auf den Kopf gestellt, wenn sich hier ein Christ zwar nicht durch Glauben, aber durch Kredit der jüdischen Gemeinschaft assimilieren will. Wenn Hauff die Ansichten des christlichen und romantischen Antisemitismus dem Satan in den

---

30 Ebd., S. 582.
31 Ebd., S. 568.
32 Vgl. Jakubowski, Jeanette: »Die Jüdin«, in: Antisemitismus. Vorurteile und Mythen, hrsg. v. J. H. Schoeps/J. Schlör, München 1995, S. 196–209.
33 Hauff, Sämtliche Werke, Bd. 1, S. 557.
34 Ebd., S. 558.

Mund legt, macht er diese auch zum Teil der Charakteristik seines Protagonisten, der in der theologischen Tradition als Feind der ganzen Menschheit gilt. Der Autor nützt diese misanthropische Perspektive als Darstellungsmittel einer Satirik, deren Extremismus im Falle des Judentums eine heutige Leserschaft immer wieder erschrecken muß. Wenn man den theologisch-metaphysischen Hintergrund der literarischen Konstruktion ernst nimmt, macht der Text aber den inhumanen, in seiner zerstörerischen Negativität satanischen Charakter des antisemitischen Vorurteils deutlich und wird in seiner Wirkung durch die historische Erfahrung noch verstärkt und bestätigt.

Roland Berbig

»diesem schönen Landtag unseres Freundschaftslandes«[1]
Literarische Zirkel und Geselligkeit bei Wilhelm Hauff

1. Biographie und Thema

Von den letzten Lebenstagen Wilhelm Hauffs berichtet Christian Heinrich Riecke seinem Bruder Adolf am 3. Dezember 1827. Er schildert die Gefaßtheit, mit der Hauff sein nahendes Ende annahm, und die familiäre Geborgenheit, in der er sich aufgehoben wußte. Dann heißt es:

> Er sprach viel von uns und anderen Freunden; es war, wenn ich nicht irre, am vorletzten Tag, daß er verlangte, man solle Stühle hereinbringen und den runden Tisch herstellen, damit sich der Feuerkranz versammeln könne.[2]

Die hier zum letzten Abschied mit symbolischer Geste Eingeladenen waren seine Studienfreunde. Sie hatten, wie Hauff selbst, zu den *Feuerreitern* gehört, einer Tübinger studentischen Vereinigung. Als Hauff am 18. November 1827 starb, lag die Universitätszeit bereits mehr als drei Jahre zurück – ungebrochen indes hatte sich dieser Kontakt in seiner Eigenart erhalten und besaß existentielle Bedeutung. Am 1. Dezember des Jahres veröffentlichte der Berliner Schriftsteller Willibald Alexis im *Berliner Conversations-Blatt* Nr. 241 seinen Nachruf auf Hauff. Fünf Tage später schloß sich ein weiterer Artikel an. Alexis, der auch Sekretär der Berliner *Mittwochsgesellschaft* war, hatte durch verzögerte Post noch zwei Briefe von Hauff erhalten, nachdem dessen Tod schon bekanntgeworden war.

Andrea Polaschegg danke ich für kollegiale Hilfeleistungen und freundliche ›Nachbarschaft‹, den Teilnehmerinnen und Teilnehmern an der Marbacher Konferenz für das angenehme Gesprächsklima.

1 Wilhelm Hauff an Moriz [in den Drucken meist ›verbessert‹ in: Moritz] Pfaff, 19. Januar [1826], in: Güntter, Otto: Briefe, Gedichte und Entwürfe von Wilhelm Hauff. Rechenschaftsbericht des Schwäbischen Schillervereins Nr. 31 (1927), S. 73.
2 Christian Heinrich Riecke an Adolf Riecke, 3. Dezember 1827. Zit. n. H. Hofmann (Hrsg.): Wilhelm Hauff. Eine nach neuen Quellen bearbeitete Darstellung seines Werdeganges. Mit einer Sammlung seiner Briefe und einer Auswahl aus dem unveröffentlichten Nachlaß des Dichters. Frankfurt/M. 1902, S. III.

Alexis überschrieb dies zweite Gedenken: *Der Hände-Druck eines Todten*. Zwei literarische Vereinigungen also standen am Grab des noch nicht 25jährigen, gänzlich verschieden und doch unbeschadet nebeneinander.

In diesem Bild, beglaubigt durch den historischen Beleg, spiegelt sich ein Phänomen, das den Lebens- und Berufsweg Hauffs elementar und folgenreich prägt: gesellige Freundes- und Literaturkreise. Der folgende Beitrag wendet sich also von der Person Hauffs zu den Umständen, die sie prägten oder deren sie sich bediente zu eigenen Zwecken. Diese Umstände haben in der Forschung zu Hauff schon immer ihre besondere Rolle gespielt, vornehmlich dort, wo es galt, die augenfällige Erfolgslaufbahn des Autors zu begreifen. Ob diese Bindungen, die Hauff einging, tatsächlich elementar und ob sie wirklich folgenreich waren, bedarf der Prüfung.

Aber damit nicht genug. Spätestens seit dem *Handbuch für literarisch-kulturelle Vereine*³ wissen wir, daß das 19. Jahrhundert ein Jahrhundert literarisch-geselliger Vereine war. Wo nun ist Hauff anzusiedeln, dessen Lebensgeschichte dort endet, wo der Untersuchungszeitraum des Handbuchs ansetzt? Ist er jenen im Handbuch erfaßten Autoren, die für die außerordentliche Verbreitung literarischer Vereine im 19. Jahrhundert stehen, zuzurechnen, oder gehört er zur Nachhut des 18. Jahrhunderts, das man als »Saeculum der Freundschaft« und als »geselliges Jahrhundert« bezeichnet hat?⁴ Reaktiviert er deren abservierte Utopie, die die frühromantischen Experimente nicht überstanden hatte, oder ist er der letzte, der aus ihr Nutzen zog? Erklärt Hauffs Praxis geselliger Kommunikation das Rätsel seines literarischen Erfolgs?

2. Literarisch-gesellige Gruppierungen in Hauffs Werdegang:
Übersicht und Kommentar

Ehe Fakten auszuwerten sind, müssen sie genannt werden. Welchen Gruppierungen gehörte Hauff an, in welchen Zirkeln wirkte er mit? Dank der sorglichen Arbeit Friedrich Pfäfflins fällt eine Übersicht nicht schwer.⁵

---

3 W. Wülfing/K. Bruns/R. Parr (Hrsg.): Handbuch literarisch-kultureller Vereine, Gruppen und Bünde 1825-1933. Stuttgart/Weimar 1998 (= Repertorien zur Deutschen Literaturgeschichte; 18).

4 Adam, Wolfgang: Freundschaft und Geselligkeit im 18. Jahrhundert, in: Der Freundschaftstempel im Gleimhaus zu Halberstadt. Porträts des 18. Jahrhunderts. Bestandskatalog, bearb. v. H. Scholke, Leipzig 2000, S. 10.

5 Ich folge hier dankbar den mit anderen Quellen abgeglichenen Angaben aus: Wilhelm Hauff und der Lichtenstein. Bearbeitet von Friedrich Pfäfflin. Marbacher Magazin 18 (1981).

Sie bedarf allerdings der Kommentierung. Früh war Hauffs Interesse für die Jahnsche Turnbewegung und die Unternehmungen der Burschenschaften geweckt worden. Spätestens am Tübinger Stift, nach der Blaubeurer Vorbereitungszeit, sammelte Hauff dichte Erfahrungen mit formellen, aber auch informellen Gruppierungen. Als er sich in die Matrikel schrieb, lagen bereits erste bewegte Jahre hinter der dortigen Studentenschaft. Dabei war Hauff keineswegs naiv aus Blaubeuren gekommen und zeigte sich bestens unterrichtet.

> Was denkst Du auch von Tübingen und seinen Stürmen? Wir hören hier beinahe nichts von solchen Sachen. […] Von Tübingen kam neulich ein Schreiber hier an, den ich noch aus der Schule kenne; dieser erzählte uns, die Burschen haben wollen das Lamm [Gasthof in Tübingen – d. Verf.] erstürmen, als Gräter und Völker Hausarrest bekamen, […] Wenn sie nur auch Etwas Gutes heraus stürmten! Mit der edlen Turnkunst und allgemeinen Burschenschaft, diesem so nützlichen Verein, wird es wohl in Tübingen bald auf der Neige sein, […] Mögen sie es immer aufheben; wir setzen es dennoch im Stillen fort, […].[6]

Der 1816 gegründete *Tübinger Allgemeine Burschenverein*, der sich *Arminia* nannte, war 1817 zwangsaufgelöst worden, aber er war auch danach unter der Tübinger Studentenschaft lebendig geblieben.[7] Hauffs Brief bezeugt es. Trotz der Karlsbader Beschlüsse 1819, denen sich Württemberg allerdings keineswegs bedingungslos unterwerfen wollte, gelang es, die Burschenschaften als Burschenvereine unter neuer Satzung und Form fortexistieren zu lassen, ja sie erhielten sogar – durch einen königlichen Erlaß vom 2. Januar 1821 – Rechtsschutz für öffentliche Auftritte. So konnte das Vereinigungsfest am Belle-Alliance-Tag zwischen 1820 und 1824 »offen und ungestört«[8] gefeiert werden. Zu Hauffs Nutzen, wie wir

---

6 Wilhelm Hauff an Christian Heinrich Riecke, 3. August 1819, in: Riecke, Karl: Meine Eltern, ihre Geschwister und ihre Freunde. Als Handschrift gedruckt, Stuttgart 1897, S. 26-27.

7 Ostern 1818 war der Versuch einer Neukonstituierung als *Deutsche Burschenschaft zu Tübingen* erfolgt. Deren politisierender Zug wird durch die Schlagworte nationale Einheit und bürgerliche Freiheit kenntlich, aber auch durch die Namensänderung: Man nannte sich nun *Germania*, eine Vereinigung, zu der auch Hauff in Kontakt treten sollte. Vgl. Camerer, J. W.: Geschichte der Burschenschaft Germania zu Tübingen 1816 bis 1906, Urach 1909.

8 Heer, Georg: Geschichte der Deutschen Burschenschaft. Zweiter Band: Die Demagogenzeit. Von den Karlsbader Beschlüssen bis zum Frankfurter Wachensturm

wissen. Er beteiligte sich mit Gedichten und Liedern an diesen Festivitäten. Erhalten hat sich einige Gelegenheitslyrik,⁹ die er jeweils für den 18. Juni verfaßt hatte, dem von der Deutschen Burschenschaft seit 1818 jährlich begangenen Festtag in Erinnerung an die 1815 stattgefundene Schlacht von Waterloo, die Napoleons Niederlage besiegelt und den Befreiungskriegen den erfolgreichen Abschluß gebracht hatte. Gefeiert wurde es auf dem Wörth, wo, nach langem Zug vom Tübinger Markt her, eine Festrede und Gedichte vorgetragen und der Kommers abgehalten wurde:[10]

> Es war ein langer Zug, denke bei 400 Studenten. Alle hatten grüne Zweige auf ihren Kappen. Voraus gingen die Trompeter, die man um viel Geld hatte kommen lassen. Dann kam ein großer Student, ganz schwarz angezogen und hatte eine schöne Schärpe an und 2 ebenso gingen neben ihm. Dann gingen sie auf den Markt und machten einen große Kreis. Dann sangen einige ein Lied und der Große brachte dann unserm Land ein Vivat. [...] Wir gingen jetzt auf einem kürzeren Weg auf den Wörth, wo eine große Allee von Bäumen ist. Dort war ein großer Kreis und Tisch für die Studenten und auch für andere Leute und ein großer Altar von Rasen, wo auch Schwerter daran hingen. [...] Dann führten sie eine Schlacht auf, nicht alle, sondern einige machten allen Löcher in die Kappen und fochten miteinander. Es sind doch sonderbare Gebräuche bei den Studenten.[11]

Deutlich wird: Mit Hauffs Studienbeginn an der Tübinger Universität verlagerte sich, notgedrungener-, aber zu Teilen wohl akzeptiertermaßen, der politisch subversive Akzent auf den offen kulturellen, der aber poli-

---

(1820-1833), Heidelberg 1927, S. 64. Heers Geschichte, so detailliert und weit gehend aus den Quellen gearbeitet, datiert im Zusammenhang mit den *Feuerreitern* bzw. der *Kleinen Compagnie* dennoch unrichtig, wenn er das Jahr 1824 nennt und sie als eine Reaktion auf die strafrechtliche Verfolgung des *Jünglingsbundes* einschätzt.

9 Siehe u.a. die Gedichte *Zur Feier des 18. Junius, Zur Feier des Waterloofestes 1822* (I, II, III, IV und V), in: Hauff, Wilhelm: Sämtliche Werke in drei Bänden. Nach den Originaldrucken und Handschriften. Textredaktion: Sibylle von Steinsdorff. Mit einem Nachwort und einer Zeittafel von Helmut Koopmann, München 1970 (im Folgenden: SW), S. 346-350.

10 Vgl. Camerer, Geschichte der Burschenschaft Germania, S. 39.

11 Hauff hat dieses Fest literarisch verarbeitet und läßt eine junge Dame von außen einen Blick auf die studentischen Gebaren werfen. Hauff, Wilhelm: Briefe eines auf der Universität zu Tübingen befindlichen Mädchens an eine gute Freundin in Stuttgart, in: SW 3, S. 308-315, hier: S. 312-313.

tisch vaterländisch konnotiert blieb. Hauffs studentisches Profil bekam hier seine charakteristische Kontur. Das sogenannte Burschenleben verfehlte nicht seinen Reiz auf ihn. In den *Memorabilien für mich und meine Freunde*, autobiographische Notizen über die Schul- und Studienzeit, begegnet uns der noch ganz jungenhafte Hauff im Aufputz des forschen Studenten, dem der Burschenjargon leicht aus der Feder fließt, der »schanzen [muß] wie ein Vieh«, »Schmollis mit Pfaff« hat und festhält, wer sich mit wem »paukt«.[12] Ganz zufällig war es nicht, daß man Hauff im Wintersemester 1822/23 zum »Ehrenmitglied der Burschenschaft« kürte.[13]

Hauff nahm an ›Kränzchen‹ teil, er suchte Lese- und Vortragskreise und fand sie. Ihm war an Auditorien gelegen, vorzutragen war seine Passion. Die ›Kränzchen‹, liberal ausgerichtet und weitaus straffer organisiert als die heutige Begriffsverwendung suggeriert, trafen sich auf den Stuben eines Mitglieds und sorgten für die »Heranbildung der Jüngeren und für die wissenschaftliche Förderung, wohl auch für die politische Unterweisung«.[14] Verhandelt wurde der Sinn des Studiums, die Bildungsmöglichkeit und -notwendigkeit des Volkes und die Rolle der Kirche im Wandel der Zeit.[15] Dabei war es Zweck, die Teilnehmenden rhetorisch und im schriftlichen Ausdruck zu schulen. Eine gemeinsame Kasse, je nach den finanziellen Möglichkeiten des einzelnen abgestuft, sorgte für das leibliche Wohl, die materielle und unverzichtbare Basis beinahe jeder Form von Geselligkeit. Von Konflikten blieben die ›Kränzchen‹ nicht verschont, auch nicht von nachlassendem Interesse und dem damit einhergehenden Mitgliederschwund.[16] Daß Hauff sogenannter ›Stadt-

12 Hauff, Memorabilien für mich und meine Freunde, in: SW 3, S. 316f.
13 Siehe Pfäfflin, Wilhelm Hauff, S. 11.
14 Lang, Wilhelm: Die Tübinger Feuerreiter 1828-1833, in: Haupt, Herman: Quellen und Darstellungen zur Geschichte der Burschenschaften und der deutschen Einheitsbewegung, Bd. 3, Heidelberg 1966, S. 90.
15 Diese Themenauswahl lehnt sich an jene, die Lang für die zweite Gruppe der *Feuerreiter* mit ihren ›Kränzchen‹ ermittelt hat: Ebd., S. 114. Der politisch-idealistische Zuschnitt jenes Kreises war noch grundsätzlicher. Lang teilt Friedrich Ammermüllers Denkschrift über die Kränzchen mit, die als deren Ziel nannte, »uns als teutsche Jünglinge so weit zu vervollkommen, daß wir einst als teutsche Jünglinge im Stand sind, für unser Vaterland zu wirken und mittelbar auf diese Weise für die ganze Menschheit.« Die Gegenstände der regelmäßigen und beinahe streng strukturierten Zusammenkünfte kamen aus den Bereichen Moral, Naturrecht, Religion, Politik, Kunst und Leben. Vollständig abgedruckt in Lang, Die Tübinger Feuerreiter, S. 178-183. Eingeschlossen waren Rede- und Schreibübungen.
16 Lang berichtet, daß diese ›Kränzchen‹ zuerst in Nachtrabiate ausarteten und schließlich 1830 eingingen. Ebd. S. 90.

Student‹ war, also nicht im Stift wohnte, wirkte regulierend auf seine integrative Beteiligung. Das latent Hermetische der Stiftswelt wurde gegengewichtet, entkrampft. Der abgesteckte Lebensraum, der mit seinen internen Gepflogenheiten und gruppenspezifischen Normierungen Oberhand erlangte und das tägliche Tun einfärbte, wurde gelockert. Dem sozialen Schwebezustand einer studentischen Existenz zogen die weiterwirkenden Familienbande festigende Streben ein.

Aus den ›Kränzchen‹-Teilnehmern rekrutierte sich im Semester 1821/1822 die *Kleine Compagnie* oder *Feuerreiter*. Sie zu erwähnen, unterläßt mit gutem Grund kein Hauff-Biograph.[17] Zusammen kamen in diesem Kreis »die burschenschaftlich Gesinnten«,[18] 27 Mitglieder, die sich, so Schuhmann,

»mit Feuereifer« den altburschenschaftlichen Grundsätzen der Sittlichkeit, Wissenschaftlichkeit und des vaterländischen Bewußtseins [verschrieben] und [...] deshalb den Namen *Feuerreiter* [erhielten], halb Spott-, halb Ehrenname.[19]

Dieses Mischverhältnis hatte Anteil an der Flexibilität derartiger Gruppen. Man wird es getrost als symptomatisch bezeichnen können, Schutz und Waffe in einem. Zu spärlich ist verläßliches Material über diese ersten *Feuerreiter*, um über die wirkliche Beschaffenheit dieser anspruchsvollen Runde zu befinden.

Später, nach 1830, schrieb ein Kreis gleichen Namens ein bemerkenswertes Kapitel revolutionärer Burschenschaftsgeschichte.[20] Wilhelm Lang, der eine Geschichte jener späteren *Feuerreiter* verfaßt hat, trennt die beiden Gruppen deutlich voneinander. Der Name, schreibt Lang, »mag aus dem burschenschaftlichen Feuereifer der damaligen Genossen entstanden sein«,[21] er sei nun auf den neuen Verein übertragen worden. Von burschenschaftlichem Feuereifer fehlt für Hauffs Zeit die belegbare

---

17 Vgl. Hofmann, Wilhelm Hauff, S. 36-38. Ausführlich und mit Namensliste bei Pfäfflin, Wilhelm Hauff, S. 9.
18 Heer, Geschichte der Deutschen Burschenschaft, S. 64.
19 Schuhmann, Dietrich: Die Geschichte der Tübinger Burschenschaft von ihrem Entstehen bis zur Reichsgründung (1816-1871), in: Das Verbindungswesen in Tübingen. Eine Dokumentation im Jahre des Universitätsjubiläums 1977, Tübingen 1977, S. 142.
20 Siehe ausführlicher ebd., S. 142f.
21 Lang, Die Tübinger Feuerreiter, S. 86. Lang zitiert hier auch aus Hauffs *Feuerreuterlied* (SW 3, S. 370).

Spur, trotz aller rhetorischer gelegenheitspoetischer Forschheit, an der es Hauff nicht mangelte.[22]

Der Kreis gab seinen Mitgliedern Über- oder Kneipnamen (Hauff hieß ›Bemper‹ oder ›Bemperlein‹[23]) und bot ein Forum für literarische Bei- und Vorträge. Hauff war aktiv. Die Nützlichkeit erkennend, nutzte er sie. Seine überlieferten Reden sind Zeugnis: *Das Leben ist kurz, die Kunst ist lang* zum Beispiel oder, im Mai 1822 vorgetragen, eine kleine Ansprache über Liebe und Freundschaft. Vor demselben Hörerkreis las er auch die *Phantasie für den September 1850* und gab Kapitel seiner *Memoiren des Satan*[24] zum Besten. Für das Jahr 1823 ist die dortige Lektüre aus dem Manuskript *Der Mann im Mond oder der Zug des Herzens ist des Schicksals Stimme* verbürgt. Kein Zweifel – Auditorium und Text korrespondierten.

Festzuhalten ist: Maßgebliche Werkgeschichte Hauffs verbindet sich in Entstehung und erster Rezeption mit dem geselligen Ort, der sie verursacht und trägt. Dieser wirft ein helles, manchmal grelles und zuweilen flackerndes Licht burschenschaftlicher Ideale auf die frühen Texte, geprägt von freier »Geselligkeit, Sittlichkeit, vaterländischer Gesinnung, Charakterbildung, um für den Dienst im Vaterland tüchtig zu werden«[25], wie sie Lang zusammenfaßt und von Hauff geteilt wurden. Daß Hauff in seinen schriftlichen Mitteilungen zu Verharmlosungen tendierte, besagt nichts oder aber: es ist beredt.[26]

---

22 Davon geben seine Gelegenheitsgedichte beredtes Zeugnis. Um ein Beispiel zu geben: »[…] Es fallen jene rohen Horden, / Es reißen jene alten Orden, / Es sinkt die alte Barbarei; / Und alle Bursche deutscher Lande / Umziehn der Bruderliebe Bande, / *Ein* Bündnis eint sie frei und treu. // Doch was das Volk so schön entzündet, / Die heil'ge Flamme sich entwendet / Von königlicher Frevelhand; / Geschworne Eide sind gebrochen, / Und noch ist Deutschland ungerochen, / Noch trauert still mein Vaterland? // Auf uns auch schleudern sie die Blitze, / Dort, aus des *hohen Rates* Sitze, / Den sie am Rhein sich aufgebaut, / Doch wir verhöhnen die Philister, / Vor Diplomaten und Minister / Den freien Burschen nimmer graut. // […]«, in: SW 3, S. 365f. Vgl. weiter, im Duktus noch schärfer *Die Mainzer Kommission (1827)*, SW 3, S. 366f. Dagegen ist das *Feureuterlied* harmlos und gelangt kaum über die klischeebeladene Studenten- und Bundseligkeit hinaus.

23 Siehe Hofmann, Wilhelm Hauff, S. 39.

24 So Pfäfflin mit Bezug auf den Brief Hauffs an Moriz Pfaff vom 9. September 1825, in: Pfäfflin, Wilhelm Hauff, S. 18. Der Brief ist dort auszugsweise abgedruckt (S. 24f.).

25 Lang, Die Tübinger Feuerreiter, S. 160.

26 Der Charakter dieser Verharmlosung spricht sich deutlich in seinem Brief an Max von Seybothen [undatiert, 1824] aus. Abgedruckt in: Güntter, Briefe, Gedichte und Entwürfe von Wilhelm Hauff, S. 71. Hauffs studentisch-politisches Engage-

Weitere Differenzierung ist möglich. Parallel zu dieser Lektion literarischer Sozialisierung im *Feuerreiter*-Kreis besuchte Hauff den *Musikkranz Fidolia* und unterhielt Kontakte zu Lesegesellschaften. Die den *Feuerreitern* verschwiegenen Besuche in der *Fidolia* nötigten ihn zu einer schriftlich verfaßten Rechtfertigung. Er habe dort »den traulichen, frohen Geist des Vereins« kennengelernt und an dessen »Spitze einige eurer ersten Glieder der Burschenschaft, die auch ich mir zur Richtschnur meines Burschenlebens gemacht habe«,27 angetroffen und sei deshalb ohne Bedenken gewesen. Hauff agierte vermittelnd, um Ausgleich bemüht, Harmonisierung anstrebend. Er hatte seine liebe Not mit der intellektuellen Energie der Kreise – und trieb sein Spiel mit ihr. Bettina Clausen deutet Hauff als einen erfolgsbesessenen Opportunisten, der die radikalen *Feuerreiter*, denen sie »politische[-] Gewissenhaftigkeit« bescheinigt, hintergangen habe, um im »konservativen burschenschaftlichen *Fidolia*-Kreis«28 unbekümmert dem geselligen Gesang zu frönen. So verführerisch es ist, vom »Muster Wilhelm Hauff«29 zu sprechen, das erfolgsbesessen und ausschließlich darauf fixiert ist, die merkantile Welt literarischer Unterhaltung zu erobern, so mechanisch konstruiert ist es jedoch. Weder besaßen die *Feuerreiter* zu diesem Zeitpunkt die unterstellte politische

---

ment ist umstritten und wird zwiespältig beurteilt. Juli 1822, um das am Beispiel zu erhellen, nahm ihn der Tübinger Burschenverein auf, dessen engagierteste Mitglieder in Verbindung zum radikalen und bald strafrechtlich verfolgten Jünglingsbund standen. Schon im September 1822 verließ Hauff den Burschenverein wieder, wurde im Wintersemester 1822/1823 jedoch zum »Ehrenmitglied der Burschenschaft« ernannt. Hauff lieferte Texte für Kommerse, stand den Korps- und Verbindungsstudenten distanziert gegenüber, zog sich aber, als die Vorgänge an politischer Brisanz gewannen und direkte polizeiliche Konfrontation drohte, zurück.

27 Hauff, Rechtfertigung wegen des Eintritts in die *Fidolia*, 23. Januar 1822, in: SW 3, S. [288].

28 Clausen, Bettina: Schriftstellerarbeit um 1825. Autonomes und kopiertes Wert-Verständnis am Muster Wilhelm Hauff, in: Vom Wert der Arbeit. Zur literarischen Konstituierung des Wertkomplexes ›Arbeit‹ in der deutschen Literatur (1770-1930), hrsg. v. H. Segeberg, Tübingen 1991, S. 163.

29 Ebd. Clausen, der wir die in ihrer argumentativen Geschlossenheit wohl beste Untersuchung Hauffs verdanken, tendiert durch ein sich verselbständigendes methodisches Instrumentarium dazu, Hauff in ein absolut fixiertes Durchsetzungsmonster zu verwandeln, dessen Tun von kalter Berechnung und dessen ästhetisches Wertbewußtsein vor dem Gegenwert der ›Unterhaltung‹ zu jedem Ausverkauf bereit ist. Das ist schade, da sie auf vorbildliche Weise das faktische Material gesichtet und geordnet und Hauff aus der bis dahin gängigen Unverbindlichkeitsdeutung befreit hat.

Radikalität – eher wird man von einer burschenschaftlichen politischen *und* geselligen Gesinnungsgemeinschaft zu sprechen haben –, noch ist bei der *Fidolia* jenes »demokratische Element der Liederkranzgesellschaft«[30] zu unterschlagen, das Hauff vor dem Stuttgarter Liederkranz 1826 auch in Erinnerung an die *Fidolia*-Erfahrung beschwor:

> Uns führt die reine Sangesfreude zusammen; das Leben uns damit zu schmücken, ihn in seiner Reinheit und Lauterkeit weithin zu verbreiten, ist unser Zweck; wir fragen nicht nach der Farbe und Meinung unseres Nachbars; die wundervolle Macht der Harmonie hat uns an seine Seite gezogen; wir trafen ihn vielleicht sonst nie im Leben, und doch stimmt unsere Seele in einen Akkord mit der seinigen, sein Gefühl, seine Empfindung ist die unsrige, seine Freude ist unsere Freude.[31]

Musisches grundierte ein Humanitätskonzept, das ganz im Zeichen bürgerlicher Alltagskultur stand.

Weiter: Auch an der 1822 gegründeten *Tübinger Museumsgesellschaft*, einer »Vereinigung des burschenschaftlichen Lesekranzes mit der Lesegesellschaft der Professoren«,[32] beteiligte sich Hauff. Vor dem Lustnauer Tor hatte die Gesellschaft ein neu erbautes Haus bezogen. Die Burschenschaft war einzige studentische Vertretung im Museumsausschuß, da die Korps ihre Beteiligung verweigert hatten. Bildung und Geselligkeit dieser Art überwanden die soziale Differenz, ohne sie aufzuheben. Vorzüge solcher Gemeinschaftsformen wurden gelebt, nicht propagiert. In dem 1822 erbauten großen Museumssaal tagten übrigens die allgemeinen burschenschaftlichen Versammlungen.[33] Möglicherweise hingen die wiederholt erwähnten Museumsbälle auch damit zusammen. Hauff läßt in seinem frühen novellistischen Entwurf *Briefe eines auf der Universität zu Tübingen befindlichen Mädchens an eine gute Freundin in Stuttgart* Bilder aus dieser Welt einfließen, erwähnt den Museumsball und schildert ein Konzert, das sehr wahrscheinlich in diesem Museumsgebäude stattgefunden hat.[34]

---

30 Brusniak, Friedhelm: Über die Macht des Gesanges. Wilhelm Hauff und die Anfänge des schwäbischen Sängerwesens, in: Friedrich Silcher 1789-1860. Studien zu Leben und Werk, hrsg. v. M. H. Schmid, Tübingen 1989, S. 18.
31 Hauff, [Über die Macht des Gesanges], in: SW 3, S. 297.
32 Schuhmann, Die Geschichte der Tübinger Burschenschaft, S. 142.
33 Camerer, Geschichte der Burschenschaft Germania, S. 38-39.
34 Hauff, Briefe eines auf der Universität zu Tübingen befindlichen Mädchens an eine gute Freundin in Stuttgart, in: SW 3, S. 310.

Das Maß seiner umfassenden Einbindung in den universitären Geselligkeits- und Gruppenbetrieb dokumentiert, die daraus folgenden Konflikte eingeschlossen, eine Notiz aus Hauffs *Memorabilien*:

> Wintersemester 1821-22. [...] Nach Tübingen. Fideles Jungburschensemester. Cocles hat seine Liebe aufgesteckt. Konstituierung ordentlicher Kränzchen mit Theurer, Riecke, Cocles, Frisch, Röder, Pfaff, Reyscher, Seybothen, Köhler, Schott (Sigel). Bekanntschaft mit Plieninger. Musikkranz. Suite nach Hechingen. Museumsball. Eintritt in die Fidolia. [...] Verdrießlichkeiten mit der Compagnie, die sich durch meinen Eintritt in die Fidolia beleidigt fühlt. Gedichte in den Kränzchen. Auszug der Fidolia auf einen Berg mit biergefüllten Ranzen. Auflösung der Fidolia und Folge davon. Ihr Begräbnis. Aussöhnung mit dem Kränzchen. [...] In der Burschenschaft zeigt sich kein großer Eifer. Daher Streitigkeiten der Feuerreiter, Gemäßigten und Fidolen. Die Fidolia bringt einen fideleren Geist in die Kneipe, der aber ausartet. Am Ende größeres Interesse darin.[35]

Das war Studentensprache, die die Strapazen und Hintergründe des gewagten Balanceaktes kleinredete und die Lebensdichte zu bändigen suchte. Die eigenen Begabungen bestanden die Probe, das Stift mit seinem Fraktions- und Politisierungsrahmen bot einen geeigneten, aber nicht konfliktfreien Boden für Verankerung. Emanuel Peters lenkt das Forschungsinteresse auf eine zentrale Leerstelle, wenn er fordert, die »Zusammenhänge zwischen internen Gruppenprozessen« zu erforschen.[36] Wer scharfe Dividierung unter politischen oder anderen Prämissen verficht oder danach fahndet, verkennt die wirkungsreiche »Pluralität von Geselligkeiten«.[37] Hauff tarierte die verschiedenen Geselligkeitsformen aus. Deren konkurrierender Charakter potenzierte die Effizienz, Hauff spürte das und spürte es aus. Ein Geflecht, netzartig und autark, war zu knüpfen. Der bescherte literarische Ertrag bestand die Nagelprobe erster Öffentlichkeit.

Auffällig nun ist, daß für Hauff das Ende des Studiums nicht Ende dieser geselligen Welt bedeutete. Damit ist ein struktureller Einschnitt markiert. Obwohl bereits als Hauslehrer angestellt, schrieb er für das Stiftungsfest der Burschenschaft Germania am 12. Dezember 1824 noch ein

---

35 Hauff, Memorabilien, in: SW 3, S. 317.
36 Peter, Emanuel: Geselligkeiten. Literatur, Gruppenbildung und kultureller Wandel im 18. Jahrhundert, Tübingen 1999, S. 332.
37 Ebd., S. 333.

Festgedicht und las ein weiteres Mal vor der *Compagnie* eigene Texte.[38] Die Freunde blieben ein Maß, Hauff drängte es zu verlängern, was schon seinen besiegelten Abschluß hatte. Die 1824 im Stuttgarter Verlag Metzler erschienene Sammlung *Kriegs- und Volkslieder* ging zurück auf Anregung burschenschaftlicher Zirkel seiner Tübinger Alma mater. Während er entschlossen in Verbindung zu Verlagen und Zeitschriften trat, blieb der Kontakt zu den ehemaligen studentischen Gruppen bestehen, ja wurde stabilisiert. Deren organisierter Gruppenzwang und -druck sank, ihre informelle Kraft wuchs. Hauff traf Verabredungen und schrieb umständlich von der Betrübnis, wenn etwas dazwischenkam und man nicht an »diesem schönen Landtag unseres Freundschaftslandes«[39] teilnehmen konnte. Auf diesen bemerkenswerten Umstand, der ausschließlich mit Hauffs Drang nach sozialer Anerkennung begründet wurde,[40] ist zurückzukommen.

Daneben erschloß sich Hauff Geselligkeit im neuen Lebensraum. Bewährtes sollte nicht aufgegeben werden. Was Lebenselement seiner bisherigen Kreativität gewesen war, mußte ersetzt werden. Doch fällt der Ertrag beinahe kümmerlich aus, nur an einem literarisch-musikalisch ausgerichteten ›Kränzchen‹ beteiligte sich Hauff in Stuttgart. Die Lücke, die gerissen war, schien nicht adäquat schließbar. Es wirkt, als wäre er in einen Zwischenraum geraten, und seine Füße erreichten nicht den Boden, um wieder auf bewährte Weise zu stehen und sich zu bewegen. Als er allerdings in der zweiten Hälfte des Jahres 1826 seine einzige große Reise unternahm, suchte er konsequent die Nähe zu literarischen Kreisen in Paris oder in Bremen,[41] um in Berlin schließlich über Willibald Alexis und Julius Eduard Hitzig die dortige *Mittwochsgesellschaft* kennenzulernen. Wenig verband diese Gesellschaft mit den Kreisen, die bis dahin Hauffs Leben bestimmt hatten, beinahe nichts. Das betraf sowohl den verfolgten Zweck als auch das soziale und literarische Profil der Beteiligten. Man verstand sich als eine gesellige Vereinigung von »Freunden der Poesie«, die sich allwöchentlich traf, um »sich gegenseitig das neueste aus der poetischen Literatur durch Vorlesung einzelner Gedichte aus neuen

---

38 Man traf sich zu diesem Zweck in der Post in Waldenbuch. Siehe Pfäfflin, Wilhelm Hauff, S. 14.
39 Wilhelm Hauff an Moriz Pfaff, 19. Januar [1826], in: Günter, Briefe, Gedichte und Entwürfe von Wilhelm Hauff, S. 73.
40 So die These von Clausen, Schriftstellerarbeit um 1825, S. 160-193 (hierzu bes. S. 173f.).
41 Er schloß hier übrigens die Bekanntschaft mit Heinrich Smidt, der später im *Tunnel über der Spree* Vereinskarriere machen sollte.

Sammlungen, dramatischer Werke von nicht zu großem Umfange u.s.w. zur Kenntnis zu bringen«[42]. Kunst zu konsumieren, nicht zu produzieren, bestimmte den Zweck. Selbst auf den Schwaben, provinziell geprägt und professionell orientiert, verfehlte die Mitgliederliste nicht ihre Wirkung: Adelbert von Chamisso, Joseph von Eichendorff, Friedrich de la Motte Fouqué, Karl Immermann, Wilhelm Müller, Friedrich W. Gubitz, Julius Eduard Hitzig, der Stifter und Initiator, und schließlich der umtriebige Willibald Alexis, Schriftsteller und Redakteur, um nur die wichtigsten zu nennen.[43] War die süddeutsche Literaturszene auch im Begriff, überregionale Geltung zu erobern, so versammelte sich hier unübersehbar ein literarischer Kreis, der, norddeutsch orientiert, aber nicht borniert, mithalten wollte – und allem Anschein nach auch konnte.

Hauff hatte keine Zweifel, sich hier inmitten eines Konzentrationsortes literarischen Lebens zu bewegen. Solchen Orten verweigerte er sich nicht. Sie zogen ihn magisch an. Nur zu gerne ging er auf Alexis' Einladung ein, an einer Sitzung dieser Gesellschaft im Frühherbst 1826 teilzunehmen. Ja, dieses Willkommen in einer Berliner literarischen Gesellschaft kam ihm sogar zupaß. Ohne Scheu und erkennbare Zurückhaltung plazierte er hier seine spektakuläre *Controvers-Predigt*. Sie rechnete sich, so verdrießlich sie den einen oder anderen Teilnehmer auch stimmte[44] und unabhängig davon, ob Hauff darauf spekuliert hatte. Diese Gesellschaft in ihrer Beschaffenheit intensivierte seine Beziehungen zu den Berliner Blättern nachhaltig. Clausen sieht in der *Mittwochsgesellschaft* für Hauff ein »optimales Publikum« und zieht zwischen ihr und dem Ober-Censur-Collegium eine personale Verbindungslinie, die zur stillen Goutierung, ja Förderung der Hauffschen Predigt führte, um dem schädlichen Einfluß der Claurenschen Schriftstellerei Einhalt zu gebieten.[45]

Nicht viel hätte gefehlt, dann wäre Hauff in Berlin auch Zeuge einer eigenartigen Vereinsgründung gewesen, die als Gegenstück zur *Mittwochsgesellschaft* entworfen und verwirklicht wurde: der *Tunnel über der Spree*. Seinen Gründer, Moritz Gottlieb Saphir, hatte er in Leipzig noch

---

42 Liederbüchlein der Mittwochs-Gesellschaft. Erstes Heft. Berlin, 21. März 1827, S. VI-VII.
43 Siehe dazu Berbig, Roland: Art. »Mittwochsgesellschaft«, in: Wülfing/Parr/Bruns, Handbuch literarisch-kultureller Vereine, S. 326-332.
44 Siehe dazu u.a. Alexis, Willibald: Meine Zeitgenossen, Nachdruck in: Eine Jugend in Preußen. Erinnerungen. Mit einem Nachwort und Anmerkungen hrsg. v. C. Wurm, Berlin 1991. S. 272-292 (bes. 280-284). Allerdings ist auch großer Beifall als Reaktion auf Hauffs Predigt überliefert.
45 Clausen, Schriftstellerarbeit um 1825, S. 179.

kennengelernt,[46] auch dessen gleichermaßen journalistisch innovative wie zu jedem Skandal bereite *Schnellpost*.[47] Saphir, Freund Claurens, veröffentlichte in seinem Blatt eine Woche vor der persönlichen Begegnung (13. Oktober 1826) eine vernichtende Kritik der *Controvers-Predigt*. Aus dem *Tunnel* und Hauff wäre danach wohl, selbst bei großherzigster Toleranz (keine Tugend Hauffs), nichts geworden.

Wie wirkungsvoll der Vereinskontakt zur *Mittwochsgesellschaft* griff, zeigt die Post, die Hauff am 13. Januar 1827 von Alexis aus Berlin erhielt: »›Die Satansmemoiren‹, Ihr persischer Traum[48] ist neulich im Mittwoch von Hitzig vorgelesen worden; auch zeigte ich an, daß Sie Redakteur des Morgenblatts geworden; die Gesellschaft läßt grüßen.«[49] Damit signalisierte Berlin Interesse an Hauff gleich auf zweifache Weise: an dem Belletristen einerseits und an dem Redakteur eines süddeutschen literarisch-kulturellen Blattes andererseits. Nun, nachdem Hauff am 1. Januar 1827 das Redakteursamt im *Morgenblatt* übernommen hatte, zeichnete sich die Möglichkeit ab, die Begegnung mit der *Mittwochsgesellschaft* in ein produktives Wechselverhältnis zu überführen.

> Kriminalrat Hitzig in Berlin (der Chef der Mittwochgesellschaft) hat mir zugesagt, mit einer Gesellschaft literarischer Freunde Korrespondenzen aus Berlin zu besprechen, und zur Ausarbeitung des Gesammelten hat er Hrn. von Holtey, bekannt durch seine Liederspiele, vorgeschlagen. Es wird ein Probebericht über den Monat Oktober geliefert, der nicht honoriert wird, wenn er nicht gefällt. Die Gesellschaft und v. Holtey wollen den philosophischen Teil der Berliner Anschauungen unseren bisherigen Korrespondenten überlassen und sich über Sitten, Gesellschaft, literarische und musikalische Neuigkeiten und über einiges Gediegenere des Theaters verbreiten.[50]

---

46 Hauff traf Saphir am 20. Oktober 1826 in der sächsischen Buchhandelsmetropole.

47 Saphir hatte sich, als er nach Berlin gekommen war, um eine Mitgliedschaft in der *Mittwochsgesellschaft* bemüht, war dort aber auf Distanz und Ablehnung gestoßen, so daß er zum Gegenangriff überging und einen eigenen Verein gründete. Vgl. Wülfing, Wulf: Art. »Tunnel über der Spree«, in: Wülfing/Bruns/Parr: Handbuch literarisch-kultureller Vereine, S. 430-455.

48 Vorspiel des 2. Teils der *Memoiren des Satan*.

49 Willibald Alexis an Wilhelm Hauff, 13. Januar 1827. Zum Teil publiziert bei Güntter, Briefe, Gedichte und Entwürfe von Wilhelm Hauff, S. 127.

50 Wilhelm Hauff an Johann Friedrich Cotta, 13. September 1827, in: H. Schiller (Hrsg.): Briefe an Cotta. Das Zeitalter der Restauration (1815-1848), Stuttgart 1827, S. 462-463. Unter dem 18. Juli 1827 hatte Hauff Karl Streckfuß, Mitglied der

Eine Brücke zwischen Nord- und Süddeutschland, zwischen *Morgenblatt* und dem *Berliner Conversations Blatt*,[51] von Alexis' *Mittwochsgesellschaft* einerseits und Hauffs Lebens- und Geselligkeitswelt andererseits war geschlagen. Daß die Bauarbeiten von beiden Seiten gleichermaßen betrieben wurden, ist bezeugt. Signifikant ist es obendrein. Hauffs Tod jedoch stoppte den Bau, übrig blieben schwer zu nutzende, daher lange Zeit ungenutzte Brückenpfeiler.

3. Folgerungen I

Versuchen wir den skizzierten Befund weiter auszuwerten. Der Überblick stellt klar: Es gab in Hauffs kurzem Leben de facto zwei Typen literarischer Vereine – die studentisch-geselligen, burschenschaftlichen Gruppierungen an der Tübinger Universität[52] und die Berliner *Mittwochsgesellschaft*. War der erste Typ elementarer Bestandteil seiner im Schwäbischen erfolgten literarischen Sozialisation, so war der zweite Typ Teil von Hauffs »Arrivierung«, um Helmut Bachmeiers Begriff aufzugreifen.[53] Diese Arrivierung zeigt sein literarisches ›Erwachsenwerden‹, das die Regionalität überwand oder doch zu überwinden im Sinn hatte, unter Nutzung gerade regionaler Spezifika. Diese hingen mit der Besonderheit geselligen Lebens zusammen, bei dem der süddeutsche Charakter deutlich abhob vom norddeutschen. Die bald folgenreiche literatur-

---

Mittwochsgesellschaft, für ein eingesandtes Gedicht gedankt und seiner Hoffnung Ausdruck gegeben, es werde sich aus dem Kreis der Gesellschaft ein Berlin-Korrespondent für das *Morgenblatt* finden. Hitzig vermittelte Karl von Holtei. Vgl. Pfäfflin, Wilhelm Hauff, S. 60. Überdies bemühte sich Hauff um die Mitarbeit von Chamisso und rezensierte wenige Wochen vor seinem Tod dessen *Peter Schlemihl* im *Morgenblatt*.

51 Alexis hatte Ende 1826 zusammen mit dem früheren Redakteur der *Vossischen Zeitung*, Friedrich Förster, dieses Blatt gegründet, mit dem die Berliner Presse an Kontur gewann. Alexis hatte, schon im Dezember 1826, Hauff zur Mitarbeit eingeladen, Hauff war darauf eingestiegen und schickte seine *Phantasien im Bremer Ratskeller*, die dort im Mai 1827 veröffentlicht wurden. Am 19. Januar 1827 gab Hauff als weiteren Beleg für das gewünschte Zusammenwirken einen Korrespondenzartikel über Stuttgart an Alexis.

52 Vom Stuttgarter Liederkränzchen ist hier einmal, ohne es geringzuschätzen, abzusehen.

53 Bachmeier, Helmut: Die Konzeption der Arrivierung. Überlegungen zum Werke Wilhelm Hauffs, in: Jahrbuch der Deutschen Schillergesellschaft 23 (1979), S. 308-343.

geschichtliche Fraktionierung hatte sich ihre Gruppen geschaffen oder stand im Begriff dazu. Da Hauff in den einen nicht mehr, in den anderen noch nicht verankert war, spiegeln die beiden Typen in seiner Person eine latente Integration.[54] Waren die Mitglieder aus den studentischen Gruppen gleich in Herkunft, Generation, sozialem Status und intellektueller Bildung bzw. Ausbildung, stand dem in der *Mittwochsgesellschaft* eine heterogene Gruppe gegenüber, die ihre verabredeten Zwecke durch Statuten regelte, deren Teilnehmer weder einer Generation angehörten noch sozial gleichrangig waren. Definierten sich die einen über ein Zusammenspiel von internem studentischem Zirkel und Stiftsöffentlichkeit, begründeten die anderen eine vereinsbestimmte Öffentlichkeit, die mit dem Medium der Presse korrespondierte. Gab es bei den einen überlappende Diskurse, gewissermaßen Diskursinterferenzen, in denen das Politische dem Literarisch-Ästhetischen in die Quere kam, komplimentierte die andere alles aus ihren Reihen, was Streit provozierte und den guten Leumund beschädigte. Bewegte sich die Tübinger *Kleine Compagnie* in der fein austarierten Mitte zwischen literarischer Zuhörerschaft und freundschaftlicher Kritik, bei der sich literarischer ›Produzent‹ und ›Rezipient‹ gegenübersaßen, verstand sich die Berliner *Mittwochsgesellschaft* als literarischer Bildungszirkel, dessen Teilnehmer alle samt und sonders auf der Kritikerbank Platz genommen hatten – selbst die den jeweils von fremder Hand verfaßten Text Vorlesenden. Daß Hauff diese Verabredung als Gast brach und Eigenes vortrug, ist so merkwürdig, wie es bemerkenswert ist. Es ist, als habe er den Wechsel der Gegebenheiten, die ihm bekannt waren, bewußt ignorieren wollen und – müssen. Kalkulierende Berechnung, sagen seine literaturhistorischen Kritiker, Spiegel literarischer Existenz und Präsentation von deren Eigensinn, entgegnen die Fürsprecher. Beiläufig: Auch in diesem ›Vorfall‹ schimmert jene mentale

---

54 Es verbietet sich, spekulativ fortzudenken, aber auffällig ist, daß die Kreise, aus denen Hauff aufstieg und in die er mit hoher Wahrscheinlichkeit weiter hineingewachsen wäre, sich zu jener schwäbischen Gruppe formierten, die Heine im *Schwabenspiegel* – bemüht um die genaue und angemessene Wahrnehmung seines eigenen Standorts im deutschen literarischen Leben – so scharf attackierte. Die Differenzierung dieser Konfliktlage in den dreißiger Jahren, die sich hier kaum andeuten läßt, wurzelt erstens in dem Gruppencharakter, aus dem heraus sie durchfochten wurde, und zweitens in der politischen wie literarischen Nord-Süd-Spannung. Wie sich das dann beispielsweise in einer Zeitschrift wie dem *Deutschen Musenalmanach* einzeichnete und austrug, läßt sich an dem jüngst erschienenen Briefwechsel Franz von Gaudys faktenreich verfolgen. Hillenbrand, Rainer (Hrsg.): Halbzahm in einer Lumpenwelt. Briefe von und an Franz Freiherrn Gaudy, Frankfurt/M./Berlin u.a. 2002.

Differenz zwischen süd- und norddeutscher Geselligkeit durch, die das soziale Verhalten modulierte.

Schließen wir an diesen Gedankengang eine These zur literarischen Arbeit Hauffs: Dessen Erzählen ist geboren aus dem Geist der Geselligkeit. Darin glich er Tieck, dem er nicht nur da verwandt ist. Sein Ziel sei erreicht gewesen, schreibt Bernhard Zeller, »wenn dem Zuhörer oder Leser die Wirklichkeit zum Märchen, und umgekehrt, wenn ihm das Märchen gleichsam zur Wirklichkeit wird«.[55]

Unter dem 9. September 1825, drei Tage nach der Bestätigung, daß er das Stift früher verlassen dürfe, resümierte Hauff den Wert, den der Freundeskreis für ihn bedeutet hatte – und er tat dies mit Blick auf seine Entscheidung, Schriftsteller zu werden:

> Trefflich kam mir hiebey zu Statten, daß ich in Tüb[ingen] nicht beschränkt *auf mich selbst* lebte, was zur Einseitigkeit, Mißtrauen gegen sich oder auch zu Ueberschätzung seiner Talente führen muß; daß ich mich an einen Circel von Freunden anschließen konnte der gegründet auf Jugendeindrüke und brüderlichen Sinn, hauptsächlich durch ein unsichtbares *geistiges* Band durch warme Empfänglichkeit für alles Schöne im Leben, in Literatur und Kunst zusammen gehalten wurde. In dieser brüderlichen, freien Schule wo jeder Publicum und Richter war, hier lernte ich in dem ich um Euren Beifall rang, meine Kräfte üben lernte mich selbst kennen.[56]

Diesem Geist des Geselligen, ebenso regional wie studentisch eingefärbt, war sein Erzählen verpflichtet. Ihm folgte der Dichter und setzte sein Glück daran. Kommunikative Situationen – die zeitgenössische Literatur weist Parallelerscheinungen auf, neben Tieck ist beispielsweise an E.T.A. Hoffmann zu denken[57] – waren letzter Grund dessen, woraufhin erzählt wurde. Sie zu initiieren war die Absicht.

Kaum etwas hat Hauff so motiviert wie eine Situation, aus der sein Erzählen sich entfalten konnte und auf die es zurückwirkte. Er kam vom Mündlichen und hatte seine Stärke dort, wo wir den deklamierenden Erzähler gewissermaßen ›im Ohr‹ haben und aus dem Schriftbild das

---

55 Zeller, Bernhard: Nachwort, in: Zeller, Wilhelm Hauff Werke, Bd.2, S. 666.
56 Wilhelm Hauff an Moriz Pfaff, 9. September 1825. Zit. n. Pfäfflin, Wilhelm Hauff, S. 24f.
57 Das ließe sich weiter ausführen: Auch Hoffmann modellierte seine Geschichten im geselligen Kreis. Die Weinstube mit einem bewährten Freundeskreis und den anderen Gästen zum Beispiel, an denen Hoffmann seine erzählerische Klinge schärfte, aber ebenso der Serapionskreis, den er virtuos in »Literatur« verwandelte.

gesprochene Wort ›hören‹. Seine Gelegenheitstexte haben keine Gnade vor der Nachwelt gefunden, das finden Texte dieser Art beinahe nie. Allein Hauff hielt nicht auf Nachwelt, ihm ging es immer um Mit-Welt, Gegenwart war ihm allgegenwärtig. Auf sie richtete sich sein erzählendes und reimendes Interesse. Seine Texte verstanden sich aus ihrem ›Sitz im Leben‹, und sie bekannten sich – inhaltlich wie formal – zu ihm. Charakteristisch genug, daß der examinierte Theologe Hauff mit einer Predigt in die Clauren-Kontroverse eingriff. Es ist, als habe Hauff den befriedigenden, geglückten Lebensmoment im Auge gehabt, nicht das Jüngste Gericht in Gestalt literaturgeschichtlicher Nobilitierung oder Verdammung. Uns ist ein lebendiger Begriff von jenen Gelegenheiten abhanden gekommen, die diese Texte erzeugten.[58] Wir ›hören‹ nicht mehr Hauffs Stimme, die das Geschriebene vortrug. Sein »Declamir«-Talent,[59] von dem berichtet wird, war unkonservierbar, und dennoch trägt diese Intention nach wie vor zum Verständnis der Wirkung seiner Texte bei.

Sein Erzählen wollte die Leserwelt umformen in eine große gesellige Runde, an der alle teilhaben, voraussetzungslos. Die Einleitung zum Ersten Teil der *Mitteilungen aus den Memoiren des Satan* exerziert es vor: »Es vereinigte sich damals«, heißt es gleich eingangs,

> alles, um das Gasthofleben, [...], angenehm zu machen. Feine Weine, gute Tafel, schöne Zimmer hätte man auch sonst wohl dort gefunden, seltener, gewiß sehr selten so ausgesuchte Gesellschaft. Ich erinnere mich nicht, jemals in meinem Leben, weder vor- noch nachher, einen meiner damaligen Tisch- und Hausgenossen gesehen zu haben, und dennoch schlang sich in jenen glücklichen Tagen ein so zartes, enges Band der Geselligkeit um uns, wie ich es unter Fremden, deren keiner den andern kannte oder seine näheren Verhältnisse zu wissen wünschte, nie für möglich gehalten hätte.[60]

Gleiches gilt, beinahe ganz unnötig zu erwähnen, für die Rahmungen seiner Märchen. Natürlich bewegte er sich dabei ganz im Fahrwasser bewährter Erzählmodelle, doch ändert das wenig an der These. Sich in

---

58 Hierzu Berbig, Roland: Die Gelegenheiten im Gelegenheitsgedicht des 19. Jahrhunderts, in: Berliner Hefte zur Geschichte des literarischen Lebens, hrsg. v. P. Wruck und R. Berbig, 4 (2001), S. 7-23.
59 Davon schreibt Gustav Schwab in: Ders. (Hrsg.): Wilhelm Hauffs sämmtliche Werke mit des Dichters Leben. 36 Bde., Stuttgart 1830-1831, 1853, Erster Band, S. 8.
60 Hauff, Mitteilungen aus den Memoiren des Satan, in: Zeller, Wilhelm Hauff Werke, Bd. 2, S. [339].

einer Gesellschaft, wie immer ihre Wesensart ist, erzählend zu profilieren steht für ein existentielles Grundmuster. Aber es realisiert sich durch die Modulierung des Geselligen, die historisch ist. Die Differenz zwischen jenem klassischen »Wenn es mir erlaubt ist, will ich euch einen Vorschlag machen. Ich meine, auf jedem Lagerplatz könnte einer von uns den andern etwas erzählen«[61] des Selim Barum in *Die Karawane* und dem Auftakt der *Unterhaltungen des Satans und des Ewigen Juden in Berlin* steht für die Bandbreite, die Hauff beherrschte.[62]

Hauff war weit davon entfernt, solche Vorstellungen, die seinen Texten eingeschrieben sind, in eine Programmatik zu zwingen. Für wen und warum? Leicht lassen sich weitere Belege für die Thematisierung und Inszenierung von Geselligkeit finden. Besonders die *Memoiren* bieten reichliches Material, sei es in den Schilderungen ironisch verfremdeter studentischer Geselligkeit oder in der Darstellung jener buntgemischten Gesellschaft, die der Erzähler sich ›einzuverleiben‹ gedenkt, oder die Negativvariante bei der Beschreibung des ästhetischen Tees, den der Teufel mit Ahasverus besucht. Im Leipziger *Eremit für Deutschland* stand Hauff 1826 schließlich nicht an, diese sogenannten ›Ästhetischen Tees‹ in ihrer scheinbaren Trivialisierung und Verkümmerung des literarischen Geschmacks bloßzustellen.[63] Originell war das kaum, und die Frage, inwiefern seine eigene Literatur dort auch einen potentiellen Bestimmungsort hatte, darf gestellt werden und ist es längst.

4. Folgerungen II

Was Hauff tat, war die Anverwandlung literarischer Gegebenheiten, textlich wie materiell, um diesen Erzählzweck des Geselligen zu verwirklichen. Die Intention kam historisch von weit her und tastete mit ihren unerschrockenen Fühlern in die Zukunft moderner medialer Möglichkeiten, die mehr geahnt als begriffen wurden. Hauff erkannte oder ahnte doch, daß ein öffentlicher Kommunikationsraum im Entstehen war, der jenen verklungenen Traum des 18. Jahrhunderts zu rehabilitieren geeignet war. So behandelte er die Journale, Taschenbücher und Almanache, kühn formuliert, als seien sie selbst nichts anderes als unterschiedliche

---

61 Hauff, SW 2, S. 14.
62 »Ich saß, es mögen bald drei Jahre sein, an einem schönen Sommerabend im Tiergarten zu Berlin, nicht weit vom Weberischen Zeit; ich betrachtete mir die bunte Welt um mich her und hatte bloßes Wohlgefallen an ihr; [...]«, in: Zeller, Wilhelm Hauff Werke, Bd. 2, S. 395.
63 Hauff, Der Ästhetische Tee, wiederabgedruckt u. a. in: SW 3, S. 97-100.

Auditorien, die sich gesellig profilieren, organisieren ließen, packe man es nur recht an.[64] Ob der Traum zu retten sei, darüber verlor Hauff keine Gedanken. Am liebsten – das der Anschein – wäre es ihm gewesen, er hätte die freundschaftlich-gesellige Lebenskultur unter abgeschirmtem Dach ins Große transferieren können. Tief verankert war jene Intention im Vorstellungsraum von geselliger Lebens- und Kunstpraxis,[65] wie sie das 18. Jahrhundert zelebriert hatte, nun aber frei von Ideologie und Programmatik. Ihr Höhepunkt lag ein halbes Jahrhundert zurück, doch gerade um die Jahrhundertwende war es zu einer lebhaft geführten ›Geselligkeitsdebatte‹ gekommen, deren zentrales Schlagwort neben dem des Geselligen und der Gruppenbildung ›Freundschaft‹ gewesen war. Sie hatte die Erinnerung an die »Codes des Freundschaftskultes«[66] aufgefrischt und mit der Diskussion um die Individualisierung verknüpft. In Schleiermachers Schrift *Versuch einer Theorie des geselligen Betragens* aus dem Jahr 1799 ist der Widerhall jenes Neuansatzes dokumentiert, bei dem es »um den Kern der Humanisierung von Gesellschaft und die sittliche Vervollkommnung der Menschen geht«.[67] Literatur wurde erinnert als Gegenstand und Medium geselligen Umgangs, die Gesprächskultur nachhaltig aufgewertet und ein sozialer Raum verhandelt, der die Einübung individueller Existenz durch Selbstdarstellung erlaubt.[68]

---

64 Es ließe sich auch formulieren: träfe man nur das rechte Wort. Doch eingeschlossen war die schriftstellerische Praxis, die sich eben nicht auf das Schreiben reduzierte, sondern möglichst überschaubare Beziehungen zwischen allen Beteiligten – Autor, Leser/Hörer, Verlag, Kritiker etc.

65 Susanne Fischer, die Hauffs Selbststilisierung in den von ihm besuchten literarischen, studentischen und geselligen Kreisen hervorhebt, bemerkt, daß Hauff der geselligen Welt immer verpflichtet blieb. Fischer, Susanne: Wilhelm Hauffs Korrespondenz mit Autoren, Verlegern und Herausgebern. Aspekte sozialer Tauschbeziehungen im literarischen Leben um 1825, in: Archiv für Geschichte des Buchwesens 37 (1992). Frankfurt/M. 1992, u.a. S. 133, 156. Auch Fischer tendiert in ihrer aufschluß- und faktenreichen Untersuchung dazu, Hauff vornehmlich aus der individuellen Durchsetzungsperspektive zu beurteilen, und reduziert das Phänomen der geselligen Bindungen auf »eine Art nicht-institutionalisierter Interessenvertretung« (S. 158).

66 Adam, Freundschaft und Geselligkeit im 18. Jahrhundert, S. 29.

67 Arndt, Andreas: Geselligkeit und Gesellschaft. Die Geburt der Dialektik aus dem Geist der Konversation in Schleiermachers *Versuch einer Theorie des geselligen Betragens*, in: H. Schultz (Hrsg.): Salons der Romantik. Beiträge eines Wiepersdorfer Kolloquiums zu Theorie und Geschichte des Salons. Berlin/New York 1997, S. 51.

68 Siehe hierzu Antonie, Stefanie: Bildung und Geselligkeit. Zur Theorie der Geselligkeit, in: A. Kaiser (Hrsg.): Gesellige Bildung. Studien und Dokumente zur Bildung Erwachsener im 18. Jahrhundert, Bad Heilbrunn/Obb. 1989, S. 143-157.

Legt man Schleiermachers definitorische Scheidelinie zwischen freier und gebundener Geselligkeit zugrunde,[69] war es eine zweckfixierte, also gebundene Geselligkeit, die Hauff wesentlich formte. (Sein Weg zur *Fidolia* signalisierte Empfindlichkeit gegen Einengung, aber kein Zurück zur Utopie freier Geselligkeit.) Die Tauglichkeit »institutionalisierter Freundschaftsbeziehungen«,[70] mit Friedrich H. Tenbruck gesprochen, die auch zu einer Annäherung der geselligen Freundesbeziehungen an die familiäre Häuslichkeit führte, wurde in diesem Zuge argumentativ ›aufgefrischt‹. »Die Teilnahme der Compagnie«, schreibt Hauff an Adolf Christian, »an unserer häuslichen Einrichtung hat sich auf so herrliche Art an den Tag gegeben, daß ich nicht umhin kann, Dir, lieber Cocles, insbesondere zu danken.«[71] Den Freunden sein Haus zu öffnen war für Hauff Nachvollzug einer mythischen Geste, die sich über jede historische Zuweisung und Mode feierlich erhob.

Geselligkeit und sie tragende Freundschaft waren keine zeitweiligen lebensgeschichtlichen Entwicklungsetappen, sondern Lebens- und Seinsbestimmung des Dichters. Die eingangs geschilderte Szene der Freunde Hauffs, die an das eigentlich familiär tabuisierte Sterbebett geladen sind, zeigt symptomatisch, wie Hauff bestrebt war, den Kern des Geselligen – die Freundschaft – in die an sich als Gegenmodell zum Geselligen fungierende Familie einzubinden. Wucherpfennig sieht darin ein »Übergangsmodell«.[72] Mit gleichem Recht ließe sich von einem Modernisierungsmodell sprechen. Hauff selbst hatte in der *Kleinen Compagnie* 1822

---

69 »In jeder durch einen äußern Zweck gebundenen und bestimmten Verbindung ist den Theilhabern etwas gemein, und diese Verbindung sind *Gemeinschaften*, κοινωνίαι; hier [in der freien Geselligkeit] ist ihnen eigentlich nichts gemein, sondern alles ist wechselseitig, das heißt eigentlich entgegengesetzt, und dies sind *Gesellschaften*, συνουσίαι«, Schleiermacher, Friedrich Daniel Ernst: Versuch einer Theorie des geselligen Betragens, in: Kritische Gesamtausgabe, hrsg. v. H.-J. Birkner u. a. Abt. I: Schriften und Entwürfe. Bd. 2: Schriften aus der Berliner Zeit 1796-1799, Berlin/New York 1984, S. 169. Siehe hierzu weiterführend: Arndt, Geselligkeit und Gesellschaft.
70 Tenbruck, Friedrich H.: Freundschaft. Ein Beitrag zu einer Soziologie der persönlichen Beziehungen, in: Kölner Zeitschrift für Soziologie und Sozialpsychologie 16 (1964), Heft 3, S. 450.
71 Wilhelm Hauff an Adolf Christian, 16. Februar 1827, in: Riecke, Meine Eltern, ihre Geschwister und ihre Freunde, S. 126.
72 Wucherpfennig, Wolf: »das Wort *gesellig* ist mir verhaßt geworden«. Freiheit und Vaterland, Natur und Familie bei Friedrich Leopold Graf zu Stolberg, in: Gesellige Vernunft. Zur Kultur der literarischen Aufklärung. Festschrift für Wolfram Mauser, hrsg. v. O. Gutjahr/ W. Kühlmann/W. Wucherpfennig, Würzburg 1993, S. 354.

eine Rede über Freundschaft und Liebe gehalten, die nicht originell sein konnte und wollte, aber deren Thematik sich diskursiv zu den maßgeblichen Debatten verhielt: hingebende Freundschaft, ein »Gefühl«, schreibt Hauff, das »in unserm Zirkel […] geheiligt ist«.[73] Nach den Regeln der Rhetorik eingerichtet, hebt die Rede an mit dem Hohenlied auf das Freundschaftsideal im Altertum, um dagegen deren Verkümmerung in der Gegenwart zu beklagen und die Frage nach dem Warum zu stellen. Schuld sei nicht, argumentiert Hauff, die Mattheit des gegenwärtigen Menschengeschlechts, sondern der durch das Christentum eingetretene Wandel. Das Christentum habe dem Weibe die Rechte wiedergegeben, »was die Freundschaft anders gestalten mußte«.[74] Freundschaft verliere zwar, sagt er, an Wärme, aber durch ihr Selbstopfer »auf dem Altar des Herzens« werde sie »heiliger«. Mann und Weib seien sich nun Freunde geworden. Hauff gibt den Prediger für den Gebildeten und schließt die antike Welt dann aber doch in einer überraschenden Wendung mit ihrer Kraft zum Vorbild enger an das christliche Wertgefüge, als es das biblische Dogma und die Kirche billigen.

> Doch nichtsdestoweniger laßt uns jene heilige Vorbilder hingebender Freundschaft, die durch Jahrtausende hindurch zu uns herabschauen und uns die Hand reichen nicht umsonst uns erhalten sein. Sie werden uns ermutigen wenn wir straucheln, ihr Beispiel wird auch uns fester bilden. […] Ihr stehet noch jetzt da in eurer Herrlichkeit und entflammt in empfänglichen Seelen eine höhere Liebe zur Freundschaft und Tugend und empfangt dafür das reine Totenopfer freudiger Tränen, die das entzückte und erhobene Gemüt eurer Größe weint.[75]

Wie Friedrich Schlegel, ohne daß dessen oder Schleiermachers Namen fallen, formuliert Hauff eine Freundschafts- und Liebesidee, die nur innerhalb einer Gruppe Gleichgesinnter »im Bereich der Geselligkeit«[76] Leben gewinnt.

Sprache, Gespräch und Literatur – sie werden in diesem Modell, das Hauff freilich popularisiert, versimpelt und zurückkürzt auf die pathetische Berufung auf Schillers *Ode an die Freude*, Medien geselligen Umgangs. Sie rechtfertigen ihn, sind Ziel und Ausgang. Der Gedanke, eine

---

73 Hauff, [Freundschaft und Liebe], Im Kränzchen den 21. Mai [1822], in: SW 3, S. 291.
74 Ebd.
75 Hauff, S. 293f.
76 Antonie, Bildung und Geselligkeit, S. 144.

»gesellige Biographie«[77] Hauffs zu verfassen, wie ihn Thomas Günther Ziegner mit Blick auf Ludwig Tieck erwägt, verspricht Ertrag – so kurz das Leben Hauffs war, so eingeschränkt das empirische Material auch zu sein scheint. Tiecks literarische Vielseitigkeit, schreibt Ziegner, sei aus der Eigenart der Geselligkeit erwachsen, und er vermerkt, daß mit Tieck das verkümmerte Phänomen der Geselligkeit wieder produktiv gemacht wurde und Einfluß auf die Rezeptionsebene seines Werk hatte. Verwandtes wird sich auch bei Hauff beobachten lassen.

Susanne Fischers Vermutung, Hauff habe immer wieder den »Rückzug in die Geselligkeit«[78] angetreten, die ihm ein Ersatzbereich gewesen sei, deutet defensiv, was offensiv erst eigentlich Sinn macht. Hauff war weit entfernt, das Gesellige zu sakralisieren (dem Zitierten zum Trotz), aber ebenso fern stand er dessen Desavouierung. Intuitiv erfaßte Hauff, daß ihn das Geschick an die Schnittstelle zwischen alt und neu, zwischen Überkommenem und Modernem versetzt hatte. Indem Hauff die Idee von der Geselligkeit seiner Studentenzeit in die schriftstellerische Gegenwart verlängerte und indem er an der aktivierenden Wirkung des Freund-Mythos festhielt, bewirkte er eine Überlappung eines überkommenen mit dem entstehenden Modell moderner Literaturpraxis und sicherte deren positives Potential. Die Vorzüge gebundener, nicht freier[79] Geselligkeit wollte er bewahren, deren Zweck aber auf unmittelbar literarische Erfordernisse und Erwartungshaltungen umdefinieren. So erklärte er einerseits »[i]ch gehöre allen« und andererseits, er »kenne […] nichts schöneres als einen Freund«.[80] Man muß nur seinen Brief an Max von Seybothen aus dem Jahr 1824 lesen, um einen, nein: um Hauffs Begriff von Freund, Freundschaft und Gruppendynamik zu gewinnen. Hier entwirft er im Licht des Abschieds vom Freund die Geschichte des ganzen Freundeskreises:

---

77 Die Darstellung Tiecks, so Ziegner, erfordere förmlich, auf dessen »gesellige Biographie« einzugehen. Ziegner, Thomas Günther: Ludwig Tieck – Studien zur Geselligkeitsproblematik. Die soziologisch-pädagogische Kategorie der *Geselligkeit* als einheitsstiftender Faktor in Leben und Werk des Dichters, Frankfurt/M./Bern/New York 1987, S. 11.
78 Fischer, Wilhelm Hauffs Korrespondenz, S. 160.
79 Vgl. zu freie Geselligkeit Hogrebe, Wolfram: Societas Teutonica. Profile der Frühromantik und das Elend der deutschen Geselligkeit, Erlangen/Jena 1996.
80 Wilhelm Hauff an Karl Winkler, 17. April 1827. Zit. n. H. v. Fallersleben (Hrsg.): Findlinge. Zur Geschichte deutscher Sprache und Dichtung, Leipzig 1860, S. 335.

> Ich kam nach Tübingen ausgerüstet mit mancherlei Kenntnissen, die man gewöhnlich nicht mitbringt; ich kam aber auch mit manchem Fehler, den meine Klosterjahre tragen, namentlich mit einer *weiten, verderbten* Phantasie. Es kam mit mir *Riecke*, damals mein *innigster* Freund. Ehrlich, zurückhaltend aus Charakter, unverdorben, [...] *Frisch* zog mich an durch eine gewisse edle Einfalt des Wesens, *Cocles* durch festen Charakter [...][81]

Vor dem Leser entfaltet sich die Biographie des Briefschreibers als Resultat seiner Freundeswelt. Sie gipfelt in dem für Hauff so typischen Widerspiel von Liebesbezeugung und Selbstliebe, die in dem anderen zu schätzen weiß, was ihn selber auszeichnet:

> Mir warst Du in dieser unveränderten Gestalt deswegen vorzüglich wert, weil auch ich mich in allen diesen Zeiten nicht geändert zu haben glaube, wenigstens die [...] *mitteilende* Liebe zu meinen Lieben, ist mir immer treu geblieben.[82]

Das war mehr als Streben nach Beliebtheit oder uneingeschränkter Anerkennung, und es wirkte zurück auf sein Schreiben, das von diesen Gegebenheiten und deren Begleitumständen zu keinem Zeitpunkt absah. Hauff hatte aus dieser Wahrnehmung seiner eigenen ›Übergangsrolle‹, bei der Geselligkeit und Freundeskreis zu Paten von Erfolg und Marktwert werden, Anteil an der Modernisierung des literarisch-kulturellen Lebens, oder beinahe noch zutreffender: Er verkörperte sie. Wer ihm vorwirft, dabei habe er mit der Münze von Trivialisierung und Banalisierung gezahlt, der verkennt den Diskurstransfer, zu dem er sich versteht. Wer die Münze, die er geschmiedet hat im gelebten und geschriebenen Wort, als Goldunze aufgreift, will nicht sehen, daß manche Rechnung auch mit Silberlingen beglichen werden kann, ohne den Wert heruntergehandelt zu haben.

> Es könnten mir [bei all seinem Erfolg – d. Verf.] Freunde mangeln, die mit mir fühlen, mit mir sich freuen; [...] Wie manche Freundschaften bläst der Wind des Zufalls zusammen, nur – um sie ebenso schnell zu verwehen, und mir mußte es glücken, Freunde zu gewinnen, deren Liebe meine Asche überdauern wird![83]

---

81 Wilhelm Hauff an Max von Seybothen, »am Abend vor Deiner Abreise. [1824]«, in Güntter, Briefe, Gedichte und Entwürfe von Wilhelm Hauff, S. 71f.
82 Ebd., S. 72.
83 Wilhelm Hauff an Moritz Pfaff, [18. Februar 1827], in: Güntter, Briefe, Gedichte und Entwürfe von Wilhelm Hauff, S. 89.

RÜDIGER STEINLEIN

Belustigung für Söhne und Töchter gebildeter Stände
Komik und Phantastik im kinderliterarischen Werk Wilhelm Hauffs

1. Wilhelm Hauff – ein Großer der Literatur für die Kleinen

Es geschieht nicht gerade häufig, daß ausgerechnet der kinderliterarische Teil eines Gesamtwerkes sich als der überlebensfähigste erweist. Ebendas ist bei Wilhelm Hauff der Fall. Diese Wertschätzung beginnt bereits mit der ersten Hauff-Biographie von Gustav Schwab, die 1830 erschien. Hauffs »eigentliches Dichtertalent« habe sich nirgendwo »so rein und von fremdartigem und zufälligem so ungetrübt« geäußert

> wie in diesen Mährchen, deren ursprünglicher Stoff zwar größtenteils nicht ihm selbst angehört, die jedoch mit so freiem Phantasiespiele behandelt und doch so schön abgerundet sind, daß sie auch in dieser Beziehung unter seinen Werken obenan stehen.[1]

Die wahrscheinlich bemerkenswerteste Hommage an Wilhelm Hauff – ja, die merkwürdigste Hommage überhaupt, die je von einem Dichter einem anderen zuteil wurde (wie Peter von Matt unlängst gemeint hat) – stammt von Robert Walser. Sie findet sich in seiner Prosaskizze *Hauff* (1916), und ihre entscheidenden Passagen lauten so:

> Hauff hat einen Roman und zahlreiche Novellen geschrieben, meiner Ansicht nach machen ihn aber seine Märchen zu dem, was er ist: zu einem der feinsten deutschen Dichter. Sein Roman mag gut sein; seine Novellen mögen stellenweise ausgezeichnet sein, die Märchen jedoch sind fabelhaft schön […] Man nehme mir alles weg und lasse mir nur Hauffs Märchen, so bin ich immer noch ein beneidenswerter Mensch, ein reicher Mensch, ein glücklicher Mensch, denn wenn ich Hauffs Märchen lese, so bin ich glücklich. Man gebe mir Hiebe, verabfolge mir meinetwegen eine wohlabgewogene und gehörige Tracht Prügel, steche, zwicke, haue und klemme mich nach Noten, lasse mich aber währenddessen nur Hauffs Märchen lesen, und so spüre ich von den

---

[1] Zit. nach Hinz, Ottmar: Wilhelm Hauff, Reinbek 1989, S. 125.

> Hieben nicht das geringste und bin für die derbe, tüchtige Portion von Schlägen völlig unempfindlich; die Lektüre von Hauffs Märchen macht mich vergessen, daß man mich zwickt und sticht, macht mich gänzlich übersehen, daß man mich klemmt und haut, macht mich alles vergessen und überwinden, macht, daß ich für alles Äußere unempfindlich bin. Der, der Hauffs Märchen liest, merkt nichts von der äußeren Welt, er ist in Hauffs wundervoller Märchenwelt, und alles sonstige existiert nicht für ihn.[2]

In eher traditionellem Stil enthusiastisch äußert sich 1918 auch Tucholsky über den Märchendichter Hauff. Und zuletzt stimmt auch noch Ernst Bloch in diesen Lobgesang ein.[3] Diese Wertschätzung dürfte sich auch mit dem Befund decken, den man durch Leserbefragungen heute erheben kann: wer nach Wilhelm Hauff fragt und überhaupt auf eine literarisch irgend kundige Person stößt, wird mit ziemlicher Sicherheit einzelne seiner Märchen genannt bekommen (*Kalif Storch, Der Zwerg Nase, Der kleine Muck* oder *Das kalte Herz*); und zwar weil diese, wenigstens bei Angehörigen der älteren Generationen, noch aus eigener Kindheitslektüre bekannt sind.[4]

Der italienische Kinderliteraturforscher Luigi Santucci, der Hauff im übrigen zu den Klassikern der Welt*kinder*literatur zählt, hebt in seinem Standardwerk *Das Kind, sein Mythos und sein Märchen* (1964) auf die besonderen Qualitäten von dessen Erzählen für Kinder folgendermaßen ab:

---

2 Walser, Robert: Das Gesamtwerk. Band II: Kleine Dichtungen. Prosastücke. Kleine Prosa, hrsg. v. J. Greven, Frankfurt/M. 1978, S. 284f.
3 Hinz, Wilhelm Hauff, S. 150. Ferner zur Wertschätzung Blochs u.a. Ewers, Hans-Heino: Nachwort, in: Wilhelm Hauff: Sämtliche Märchen, hrsg. v. H.-H. Ewers, Stuttgart 1986, S. 445. Diese Ausgabe wird bei den folgenden Textbeispielen zugrunde gelegt.
4 Zumal bei ›gelernten DDR-Bürgern‹ jener Generationen, aber bis hinauf zu den Jüngeren, sorgte Wolfgang Staudtes legendäre Verfilmung der *Geschichte von dem kleinen Muck* (DEFA 1953) für einen hohen Bekanntheitsgrad auch der Hauffschen Literaturvorlage. Hauffs Märchen gehören überhaupt zu den häufig verfilmten kinderliterarischen Texten. Von sieben seiner Märchen wurden bis Ende der 1980er Jahre 12 Kinderfilme für das Kino bzw. v.a. für das Fernsehen hergestellt (z.T. Realfilm, z.T. Puppentrickfilm). Allein von *Der Falsche Prinz* existieren drei Verfilmungsversionen, ebenso viele von *Das kalte Herz* und zwei von *Die Geschichte von dem kleinen Muck*, darunter die DEFA-Spielfilmversion von 1950. Je eine von *Die Errettung Fatmes, Kalif Storch, Saids Schicksale* und *Der Zwerg Nase*; vgl. hierzu Schmitt, Christoph: Die Adaptionen klassischer Märchen im Kinder- und Familienfernsehen, Frankfurt/M. 1993, S. 563.

Was [...] diesen Schriftsteller für Kindergeschichten so geeignet macht, ist [...] die Vielfalt seiner Farben. Das Fremdländische, das Pathetische, das Wunderbare, das Erregende, das Satirische fügen sich in dem wunderreichen Fächer seiner Erzählkunst aneinander. Doch herrscht das Abenteuerliche bei weitem vor, eine Abenteuerlichkeit, die bezaubert und zugleich überwältigt, die fähig ist, den Heranwachsenden in ihren Bann zu ziehen. Hauff gehört zu den großen Erzählern, die den Atem stocken machen.[5]

Dieses überschwengliche Lob dürfte heute, fast 40 Jahre nach seiner Formulierung am Beginn des Medienzeitalters, das in der Folge v.a. auch die Kinderkultur in erheblichem Maße verändert hat, *so* wohl nicht mehr zutreffen; die Spannungsmodelle und Abenteuermuster sind – zumindest an der Handlungsoberfläche – andere, strukturell werden jedoch v.a. in der Jugend-Fantasyliteratur Modelle fortgeschrieben, die der romantischen Märchendichtung etwa eines E.T.A. Hoffmann entstammen – der Riesenerfolg von *Harry Potter* mit seiner Zwei-Welten-Struktur ist nur ein Beispiel dafür.

2. Wilhelm Hauff und das kinderliterarische Feld im frühen 19. Jahrhundert

Wie seine übrige literarische Produktion verdankt sich auch das kinderliterarische Œuvre Hauffs – also sein *Mährchen-Almanach für Söhne und Töchter gebildeter Stände* – einer recht genauen Beobachtung des literarischen Marktes seiner Zeit und der Möglichkeiten, auf diesem zu reüssieren. Als Hauff im Jahre 1825 daranging, Literatur für Kinder zu produzieren und auf dem literarischen Markt zu plazieren, war diese Literatursparte im deutschsprachigen Raum als eine eigenständige Größe seit etwa einem halben Jahrhundert etabliert, also seit den Bemühungen der Kinderschriftsteller der Aufklärung und des Philanthropismus ab den 1770er Jahren. Einen zusätzlichen Schub hatte dieser Prozeß durch die Romantik und ihren Kindheitsenthusiasmus erhalten, in dem sich sozial- und mentalitätsgeschichtlich die weitere Ausdifferenzierung von Kindheit als eigener Lebensphase und Lebensform im bürgerlichen Lebenszusammenhang widerspiegelt.

Zumal das Erzählen wunderbarer, auch Übernatürliches einbeziehender Geschichten – kurz: Märchen – sich nach 1800 im Bereich der Kin-

---

[5] Zit. Ewers, Nachwort: Hauff, S. 447.

derliteratur gegen die absolute Vorherrschaft aufgeklärten Rationalismus und Utilitarismus durchzusetzen begonnen hatte. Ein Meilenstein auf diesem Wege waren die *Kinder- und Hausmärchen* der Brüder Grimm (seit 1812), deren »Kleine Ausgabe« mit 50 ausgewählten Texten – ein geschickter und buchmarktstrategisch erfolgreicher Schachzug Wilhelm Grimms – just 1825 erschien. Ökonomisch und bei der Kritik wenig erfolgreich war das Unternehmen einer Autorengruppe, zu der auch E.T.A. Hoffmann zählte, die 1816 und 1817 versucht hatte, eine Sammlung von insgesamt sechs Kunstmärchen für Kinder in zwei Bänden zu lancieren. Sie hatte den schlichten, programmatischen Titel *Kinder-Mährchen* und enthielt neben zwei Beiträgen Hoffmanns u.a. auch zwei Märchen des seinerzeit vielleicht bekanntesten und meistgelesenen deutschen Romantikers, Friedrich de la Motte-Fouqué.

Hauff konnte sich also bei der Planung seines Erzähl- und Publikationsunternehmens auf Vorbilder stützen. Was den zu erwartenden Absatz betraf, so konnte der Autor mit einem gewissen Potential an Lese- und damit Kaufinteresse in bürgerlichen Kreisen rechnen – Literatur unterhaltenden Charakters, die sich an Kinder richtete, war eine feste Größe auf dem Buchmarkt. Und Hauff scheint seine Chancen sehr genau eingeschätzt zu haben. So versucht er dem Stuttgarter Verleger Metzler, dem er im Frühjahr 1825 das Manuskript seiner ersten Märchensammlung anbot, in dem Begleitbrief die Sache mit dem Argument schmackhaft zu machen, daß »die Idee eines solchen Almanachs neu und besonders in höheren Ständen vielleicht nicht unwillkommen ist«.[6]

Dabei hatte der Verfasser als Zielpublikum »Mädchen oder Knaben von 12-15 Jahren« im Auge, war sich allerdings sehr wohl im klaren darüber, daß er v.a. die Eltern als Käufer und Mit-Leser gewinnen müsse. Er legte deswegen dem Verleger nahe, für ansprechende Illustrationen und »eine gewiße Eleganz im Aeußern« zu sorgen. Auch bei den 1827 und 1828 erscheinenden Folgebänden kümmerte sich Hauff penibel um Format, Typographie und Ausstattung. Die Almanache sollten auch durch das äußere Erscheinungsbild einen Prestigewert als repräsentative Geschenkbändchen besitzen und so den Verkaufserfolg erhöhen.[7] Der Verleger Franckh, bei dem die beiden Folgebände des *Almanach* erschienen, formuliert in einer Annonce des zweiten Bandes die Erwartung, daß dieser »seines Innern als auch seiner äußern Ausstattung wegen eines der beliebtesten Lesebücher nicht bloß für die Jugend, sondern auch wohl

---

6 Zit. nach Hinz, Wilhelm Hauff, S. 110
7 Ebd. S. 110f.

für Erwachsene seyn«[8] werde. Dabei kam dem Autor sicherlich zugute, daß er die Lebenswelt sowie die literarischen Interessen und Bedürfnisse der jungen Adressaten als Hauslehrer in der Familie des württembergischen Kriegsministers Freiherr von Hügel, in der er von Oktober 1824 bis April 1826 seines Amtes waltete, sehr gut aus eigener Anschauung kannte.

Eine Schwierigkeit, aber zugleich auch Chance für den jungen Autor bestand darin, daß die gängige Kinderliteraturproduktion der Zeit bei den Rezensenten nicht im besten Ruf stand, was ihm die Möglichkeit bot, sich mit seinem Unternehmen von der Konkurrenz positiv abzuheben. Dieses Kalkül ging auf. So ist in einer der ersten Besprechungen des *Märchenalmanach* die Rede (die allerdings zu den Topoi der Kritik gehört) von der »Sündflut elender Kinderschriften, von deren Titeln die Meßkataloge wimmeln«[9] und von denen die Hauffschen Beiträge sich außerordentlich vorteilhaft abhöben. Es sei, so der Rezensent des Leipziger *Literarischen Conversationsblattes* (v. 28.12.1825) »sehr erfreulich, einmal auf ein Talent zu treffen, das dem Berufe, die Kleinen harmlos und doch nicht geistlos zu unterhalten, wirklich gewachsen ist.«[10]

3. Unterhaltung durch kinderliterarische Belletristik

Als Gestalter wunderbarer und unterhaltsamer Handlungen speziell für ein nichterwachsenes Lesepublikum kann Hauff auf das Vorbild der Kunstmärchendichtung der Romantik, die z.T. auch an Kinder gerichtet war, zurückgreifen. Das unmittelbare Vorbild ist zweifellos E.T.A. Hoffmann, u.a. mit seinen beiden Beiträgen zur bereits erwähnten Sammlung *Kinder-Mährchen*, die dem Vielleser Hauff nicht unbekannt gewesen sein dürften: *Nußknacker und Mausekönig* und *Das fremde Kind*. Aber auch die sonstige literarische Produktion Hoffmanns blieb bekanntlich nicht ohne Einfluß auch auf Hauffs Erzählwerk für Kinder, v.a. hinsichtlich seines humoristisch-komischen bis grotesken Einschlages.

Geht man von der Lokalisierung eines Teils der bekanntesten Märchen und Geschichten des Hauffschen *Almanach* in einem fiktiven (und modischen) Orient aus, so ergibt sich als weitere Traditionslinie – ich gehe auf das Modell von *1001 Nacht* wegen seiner ja auf der Hand liegenden

---

8 Zit. n. O. Brunken/B. Hurrelmann/K.-U. Pech (Hrsg.): Handbuch zur Kinder- und Jugendliteratur. 1800-1850, Stuttgart 1998, Sp. 892.
9 Zit. nach Hauff, Wilhelm: Sämtliche Märchen, hrsg. v. S. v. Steinsdorff, München 1979, Nachwort S. 331.
10 Brunken/Hurrelmann/Pech, Handbuch zur Kinder- und Jugendliteratur, Sp. 892.

Vorbildfunktion gerade auch für zyklisches Erzählen hier nicht weiter ein – diejenige zu einem jugendliterarischen Unternehmen, das erstmals 1786 in Erscheinung trat; nämlich August Jacob Liebeskinds *Palmblätter. Erlesene morgenländische Erzählungen für die Jugend* (T. 1, 1786; T. 2, 1788; T. 3, 1796; T. 4, 1800 – mit weiteren Auflagen bis in die 1830er Jahre). Die beiden ersten Teile dieser Sammlung – und darin liegt ihre literaturgeschichtliche Besonderheit – wurden von dem Pfarrer Liebeskind aus Oßmannstädt auf Anregung und unter Anleitung von J. G. Herder erarbeitet. Zum ersten Teil steuerte Herder auch ein für die Entwicklung der Kinderliteratur hin zu einer Wertschätzung des Wunderbaren – also zur Romantik – bedeutsames programmatisches Vorwort bei. Insbesondere preist Herder die – wie er sie nennt – ›morgenländischen Erzählungen‹, weil sie sich zur moralischen Belehrung der jugendlichen Leser – und diese pädagogische Intention ist auch für ihn grundlegend – viel besser eigneten als Fabeln oder Beispielerzählungen aus der Realhistorie oder Gegenwart. Diese ›morgenländischen Erzählungen‹ strahlten den »Glanz des Wunderbaren« aus, seien von »hoher Einfalt«, ihre Lehre sei selten »kleinlich«, ihr »Ton morgenländisch, d.i. einfach, groß und edel«[11]. Nebenbei bemerkt, haben wir hier eine Substitution des Ideals klassischer (griechischer) Kunst (edle Einfalt, stille Größe) durch das ›Morgenländische‹ als wahre Urzeit der erwachenden Menschheit (so Herders geschichtsphilosophische und völkerpsychologische Spekulation).

Eine weitere Brücke zur Kinderliteratur der Folgezeit, v.a. zu Hauffs orientalischer Schauplatzwahl, bilden Jean Pauls pädagogische Überlegungen, Beobachtungen und Einsichten aus seiner *Levana oder Erziehlehre* (1806):

> Wir sind hier der Frage über die Inhalt-Wahl der Kinder-Erzählungen so nahe, daß eine Antwort verstattet sein mag. Orientalische, romantische scheinen die angemessensten zu sein; viele Märchen aus 1001 Nacht, Geschichten aus Herders Palmblättern und Krummachers Parabeln. *Kinder sind kleine Morgenländer. Blendet sie mit einem weiten Morgenlande* […] Setzt ihnen wenigstens im Erzählen die Schwingen an, die sie über unsere Nord-Klippen und Nord-Kaps hinwegführen in warme Gärten hinein […] erzählt von schreckenden, aber besiegten wilden Tieren – (aber am häufigsten Kinder stellt auf eurer Bühne an) – von langen Höhlen, welche in himmlische Gärten führen – von Se-

---

[11] Herder, Johann Gottfried: Palmblätter. Erlesene morgenländische Erzählungen für die Jugend (1786), in: Johann Gottfried Herder's sämmtliche Werke, hrsg. v. B. Suphan, Bd. 16, Berlin 1887, Vorrede S. 589.

ligwerden und Seligmachen – von großen Gefahren und noch schönern Errettungen – sogar von närrischen Kinder-Käuzen (wiewohl Kinder leichter ins Weinen als ins Lachen hineinzuerzählen sind).[12]

Hier haben wir in Umrissen ein psychologisch fundiertes und daraus abgeleitet auch wirkungsästhetisches Programm romantischer Kinderliteratur, dem im wesentlichen auch noch Wilhelm Hauff folgen zu wollen scheint.

In der Folgezeit gab es dann auch weitere Märchensammlungen für Kinder, von denen Hauff Kenntnis gehabt haben dürfte: *Kleine Märchen aus dem Morgenlande* (1802) – morallehrend auf der Linie der *Palmblätter* – oder vom selben Verfasser *Märchen und Erzählungen für die Jugend* (1821), letztere ebenfalls z.T. orientalisch eingekleidet.

Ein anderes Moment belustigender Inszenierung, das es in Hauffs *Mährchen-Almanach* zu berücksichtigen gilt, ist die Komisierung von Figuren von Stand (Adel) in orientalisierendem Gewand. Wir begegnen solchen komisierten Orient-Figuren etwa in Gestalt des Kalifen und seines Wesirs in der *Geschichte von Kalif Storch*. Ich komme auf diesen Punkt später noch einmal zurück.

4. Kinderliterarische Belustigung –
Grundzüge des Hauffschen Unterhaltungskonzeptes

Der Aspekt der Unterhaltung hat in der deutschsprachigen Kinderliteratur spätestens um 1800 seine Existenzberechtigung durchgesetzt, wiewohl dieser Sonderbereich der Literatur immer noch weitgehend im Banne eines aufklärerischen Nützlichkeitsgebotes steht. Das moraldidaktische *prodesse* hat Vorrang vor dem *delectare*, zumal im Sinne von reiner, d.h. sich selbst genügender Unterhaltung. Vergnügen und Belustigung haben ihre Berechtigung nur, insoweit sie zur Beförderung des moralischen und erkenntnismäßigen Nutzens der Lesestoffe beitragen, etwa nach der Maxime Joachim Heinrich Campes, daß »die Herzen der Kinder sich jedem nützlichen Unterrichte nicht lieber öffnen, als wenn sie vergnügt sind«.[13]

---

12 Jean Paul: Levana oder Erziehlehre, § 15, in: Jean Paul, Sämtliche Werke, Abteilung I, Bd. 5, hrsg. v. N. Miller, München 1987, S. 815. Hervorhebung von mir, R.S.
13 Campe, Joachim Heinrich: Robinson der Jüngere, zur angenehmen und nützlichen Unterhaltung für Kinder (1779/1780). Nach dem Erstdruck hrsg. v. A. Binder und H. Richartz. Stuttgart 1981, S. 5. Vgl. a. Dettmar, Ute: Unterhaltung in Poetik und Praxis kinderliterarischer Aufklärung, in: Kinder- und Jugendliteraturforschung 2001/2002, Stuttgart 2002, S. 15-33.

Wie dem im einzelnen auch sei: Kinderliteratur ist seit der Frühromantik, trotz des Fortbestehens der Verpflichtung auf pädagogischen Nutzen, ersichtlich auf dem Weg von der moralisch-pädagogischen Nützlichkeits- zur ästhetischen Spielform.[14]

Diese Zwischenstellung wirkt sich im Falle Hauffs so aus, daß er die gewachsenen Unterhaltungsbedürfnisse seines bürgerlichen Publikums genauso bedient wie dessen weiterbestehende Vorbehalte gegen – verkürzt gesagt – kinderliterarische Phantastik, die weiten Kreisen nach wie vor als pädagogisch bedenklich galt. Programmatisch tritt Hauff für eine harmlose, alltagsverträgliche Kompromißbildung ein. So wird Märchen, die Muse der literarischen Kinderunterhaltung aus der Einleitungsallegorie *Märchen als Almanach*, von einem freundlichen und einsichtigen Vater mit in dessen Haus genommen, nachdem Märchen die gestrengen Kritiker, die es am Betreten der Stadt als seiner möglichen Wirkungsstätte hindern wollen, in den Schlaf besänftigt hat:

> »Ich will dich zu meinen Kindern führen; in meinem Hause geb ich dir ein stilles, freundliches Plätzchen; dort kannst du wohnen und für dich leben; wenn dann meine Söhne und Töchter gut gelernt haben, dürfen sie mit ihren Gespielen zu dir kommen und dir zuhören. Willst du so?‹ ›Oh, wie gerne folge ich dir zu deinen lieben Kleinen; wie will ich mich befleißen, ihnen zuweilen ein heiteres Stündchen zu machen!«[15]

Die hier so überdeutlich zur Schau getragene kinderliterarische Harmlosigkeit im Gestus der Selbstverkleinerung und -bescheidung bedient sich einmal der Programmatik der Grimmschen *Kinder- und Hausmärchen,* wie sie in deren Vorrede zur ersten Gesamtausgabe von 1819 ausfor-

---

14 Die auf die Aktivierung und Formung der Einbildungskraft der Kinder als entscheidendem Element der Produktivkraft Subjektivität zielt. Vgl. hierzu a. Steinlein, Rüdiger: Die domestizierte Phantasie. Studien zur Kinderliteratur, Kinderlektüre und Literaturpädagogik des 18. und frühen 19. Jahrhunderts, Heidelberg 1987. Ders.: Kinder- und Jugendliteratur um 1800 in modernisierungstheoretischer Perspektive – Thesen und Reflexionen, in: Gesellschaftliche Modernisierung und Kinder- und Jugendliteratur, hrsg. v. R. Wild, St. Ingbert 1997, S. 57-80. Vgl. a. die *Kinder- und Hausmärchen* der Brüder Grimm (ab 1812) mit ihrer Fülle an komischen, phantastischen, schwankhaften, grotesken Elementen. 1825 erscheint die ungemein erfolgreiche »Kleine Ausgabe« mit 50 Märchen. Diese Ausgabe bildet die Basis des Aufstiegs der *Kinder- und Hausmärchen* in der Gunst des bürgerlichen Publikums zu *dem* Prototyp von Märchensammlung überhaupt.
15 Hauff, Sämtliche Märchen, S. 11f.

muliert ist. Das Märchen wird dort apostrophiert als »unschuldige[s] Hausmärchen«, als vom Verschwinden bedrohter Ausdruck reinsten, unverfälschtesten und daher auch kindlichen Volksgeistes, der nur mehr abseits der Modetendenzen, z.B. »am Ofen [...] Küchenherd, [an] Bodentreppen«[16] noch anzutreffen ist.

Zugleich beachtet Hauff hier aber auch die Konventionen der älteren kinderliterarischen Wirkungsästhetik. Demzufolge darf das rhetorische Prinzip des *movere* nur bis zu einem mittleren Grad an Emotionalisierung führen; d.h., die gefühlsmäßige Beteiligung des Rezipienten am Rezipierten (sei es Rede oder Schrift) muß stets noch kontrollierbar bleiben, sie darf nicht mit ihm ›durchgehen‹. Und in diesem mittleren Bereich des emotionalen Involviertseins ist der eigentliche Sitz des ›Unterhaltenden‹ zu sehen. Unterhaltung in diesem erlaubten bzw. erwünschten Sinn besteht darin, daß die rationale Orientierung ein Gegengewicht im mittleren affektiven Zustand der Belustigung erhält, und der ist identisch mit dem Zustand des Sich-auf-angenehme-Weise-Unterhaltenfühlens.

Faktisch allerdings greift Hauff in seinen Erzählungen neben kinderliteraturkonformen durchaus auch auf solche allgemeinliterarischen Inszenierungsstrategien zurück, die auf ›härtere‹ Wirkungen ausgelegt sind. So nutzt er in seinem *Almanach* alles, was Leseerfolg verspricht, dabei aber in den »gehobenen Ständen« auch pädagogisch akzeptiert ist. Das Spektrum der Genres und Erzählstrategien, deren Hauff sich in seinem *Mährchen-Almanach* bedient, reicht von dem immer noch einflußreichen kinderliterarisch-belletristischen Modell der moralischen Beispielgeschichte bis zur Schauerromantik und der Kriminalgeschichte (z.B. *Die Geschichte von dem Gespensterschiff* und *Die Geschichte von der abgehauenen Hand*); vom Märchen im exotisch orientalisierenden Gewand bis zur heimatlich württembergischen Sage.

5. Inszenierungsformen des Humoristischen, Komisch-Phantastischen und Wunderbaren im kinderliterarischen Werk Hauffs

Mit der allmählichen Emanzipation der Unterhaltungsfunktionen auch in kinderliterarischer Belletristik nach 1800 geht die Verbreitung von Humor, Komik, Phantastik und Märchenhaft-Wunderbarem einher; kurz von literarisch-ästhetischen Inszenierungselementen, die der Erzeugung

---

16 Grimm, Jacob und Wilhelm: Kinder- und Hausmärchen 1, hrsg. v. H. Rölleke, Stuttgart 1980, S. 15.

einer fröhlichen Stimmung, aber auch von Aufmerksamkeit, Anteilnahme und Spannung durch Verfremdung dienen. Auf die Rolle, die die Grimmschen *Kinder- und Hausmärchen* mit ihrem hohen Anteil an Schwankmärchen und Erzählungen mit komisch-humoristischem Einschlag in diesem Prozeß gespielt haben, sei hier nur am Rande verwiesen.

In der Form des Harmlos-Humoristischen begegnet diese Unterhaltungsstrategie bei Hauff v.a. in *Die Geschichte von Kalif Storch*. Wenn auf einen der Texte des *Almanach* die Charakterisierung von Egon Schwarz »drollige ›Märchenhumoreske‹«[17] zutrifft, dann auf dieses kleine Eröffnungsmärchen des Zyklus *Die Karawane*.

Wir haben es im Falle des Kalifen und seines Wesirs, die sich zum Zeitvertreib in Störche verwandeln und als solche allerlei aus ihrer fortbestehenden Menschensicht possierliche Bewegungen vollführen, zu tun mit einer betulich-freundlichen, nur leise angedeuteten Komisierung adeliger bzw. Personen ›von Stand‹. Eines ihrer Elemente ist die Verbürgerlichung des Kalifen, der mit »Frau Kalifin« und Kindern zum Personal einer biedermeierlichen Familienidylle mit Kaffeeklatsch und Theaterspiel im vertrauten Kreis mutiert.[18]

Einen denkbar scharfen Kontrast zu der kinderliterarischen Märchen-Humoreske *Kalif Storch* bildet die nicht aus der Feder Hauffs stammende Erzählung *Der gebackene Kopf* aus dem zweiten Band des *Almanach*.[19]

Sie wird auch im Gespräch der Rahmenhandlung charakterisiert, und zwar als »eine ununterbrochene Reihe komischer Szenen«.[20] Diese Intrigengeschichte, die so etwas wie die makaber-groteske Variante der *Geschichte von der abgehauenen Hand* (aus dem ersten Almanach) darstellt und wie eine Vorläuferin Gogolscher Grotesken wirkt (etwa *Die Nase*),

---

17 Zit. nach Hinz, Wilhelm Hauff, S. 114f.
18 Vgl. a. Schmitz, Walter: »Mutabor«. Alterität und Lebenswechsel in den Märchen Wilhelm Hauffs, in: Schnittpunkt Romantik. Text und Quellenstudien zur Literatur des 19. Jahrhunderts. Festschrift für Sibylle von Steinsdorff, hrsg. v. W. Bunzel/K. Feilchenfeldt/W. Schmitz, Tübingen 1997, S. 81-117. »Wenn der Kalif seine Deformation als Storch durchlitten hat, wird der Schock der Alterität im bürgerlichen Familiengenre nachgespielt und in Heiterkeit aufgehoben […] Die ›Wandlung‹ des gierigen Feudalherrschers zum bürgerlichen Hausvater wird für ein Publikum aus Frauen und Kindern zur erbaulichen Unterhaltung im Medium des ›Spiels‹.« (S. 99) Zur Komisierung von orientalischen Figuren vgl. etwa den Serailwächter Osmin in Mozarts *Die Entführung aus dem Serail*.
19 Zur Inhaltszusammenfassung vgl. Hauff, Sämtliche Märchen, S. 418.
20 Ebd., S. 188

hat hier keinerlei pädagogische Funktion: Sie ist Unterhaltung pur aufgrund ihres exotischen Sujets und dessen ästhetischer Inszenierung. Vermutlich richtet sich diese Erzählung v.a. auch an die erhofften erwachsenen Mitleser des *Almanach* und ist von Hauff mit Blick gerade auf deren Unterhaltungsbedürfnisse aufgenommen worden.

Ähnlich verhält es sich mit der veritablen Gesellschaftssatire *Der Affe als Mensch*, deren Anregung auf E.T.A. Hoffmanns Text *Nachricht von einem gebildeten jungen Mann* mit seinem Kernstück »Schreiben Milos, eines gebildeten Affen, an seine Freundin Pipi, in Nordamerika« zurückgeht.[21] Die auf das Verlachen der Hauptfigur zielende Erzählung *Abner, der Jude, der nichts gesehen hat*[22] wird als eine Beispiel- und Warngeschichte erzählt, die dazu beitragen soll, (nicht nur) die jugendlichen Leser auf unterhaltsame und witzige Weise – und zwar auf Kosten der jüdischen Hauptfigur – (moralisch und lebenspraktisch) klug zu machen.

Auch im Falle dieser beiden Geschichten steht zu vermuten, daß Hauff sie in erster Linie mit Blick auf die erwachsene Mitleserschaft des *Almanach* aufgenommen hat; zumindest treten in ihnen keinerlei kindliche bzw. für Kinder einfühlbare Orientierungsfiguren auf (wie Jugendliche, junge Männer etc.). *Abner, der Jude* fußt allerdings ersichtlich auf jenem älteren Typus der moralischen Beispielgeschichte im ›morgenländischen‹ Gewande, wie er mit Liebeskind/Herders *Palmblättern* in die intentionale Kinderliteratur eingeführt wurde.

Das Lächerlichmachen moralisch fragwürdigen Verhaltens/Fehlverhaltens und falscher bzw. angemaßter Autoritäten begegnet als literarische Unterhaltungsstrategie und als pädagogisch-didaktisches Element noch in *Das Märchen vom falschen Prinzen*, aber auch in *Die Errettung Fatmes* (in der Figur des reichen alten Thiuli-Kos, der Fatme als Sklavin gekauft hat) sowie in *Saids Schicksale* (dort spielt der geizige und am Ende in seinem Intrigennetz selbst gefangene Kaufmann Kalum-Beck diese Rolle des düpierten und bestraften Geizkragens).

Ähnlich werden in *Die Sage vom Hirschgulden* (dritter Teil des *Almanach*) die bösen (Halb-)Brüder des edlen Kuno von Zollern vor den Lesern der Lächerlichkeit preisgegeben, weil ihnen ihre Selbstsucht statt der

---

21 In: Hoffmann, E.T.A.: Fantasiestücke in Callots Manier (1814/15). Ebenso kommt hier auch das Automatenmotiv in Betracht, etwa in Gestalt der wie eine menschliche Schönheit bewunderten und umschwärmten Automatenpuppe Olimpia aus Hoffmanns »Nachtstück« *Der Sandmann*.
22 Aus Voltaires *Zadig ou la destinée*, Kap. 3: Le chien et le cheval, 1748.

erhofften reichen Erbschaft (Burg und Ländereien, wertvollen Schmuck) nur ein obendrein wertloses Geldstück einbringt. Und zu allem Überfluß müssen sie noch gute Miene zum bösen Spiel machen. Auch in dieser Inszenierung einer württembergischen Heimatsage zeigen sich deutlich die Spuren des Genres ›moralische Beispielgeschichte‹, weil den Lesern ja vorgeführt wird, wie sich die bösen Brüder durch ihr verwerfliches Verhalten letztlich nur selbst schaden – Selbstsucht und Gier zahlen sich nicht aus.

*6. Deformierte Leiblichkeit als Verlach-Faktor –
die Komisierung adeliger Figuren*

Hauffs Märchenuniversum ist aber auch mit einer Reihe von Figuren bevölkert, die in einem Lachen (Lachstimmung) erregenden Sinne körperlich deformiert erscheinen.

Zu ihnen zählen gerade auch Herrscherfiguren, so daß sich eine Verbindung mit der Komisierung von Adeligen ergibt. Die Reihe dieser Figuren wird – wie bereits erwähnt – mit dem *Kalif Storch* und seinem Wesir eröffnet, wobei die Verfremdung durch Exotisierung und die Verwendung eines literarischen Unterhaltungsmodells (märchenhafte Verwandlungsgeschichte) sowie die völlig harmlose, humoristisch-gemütliche Komisierungsstrategie für absolute Unanstößigkeit sorgen.

Die Figur des Herzogs im *Zwerg Nase* erfährt schon eine etwas ausgedehntere, schärfere Komisierung; allerdings auch sie in bekannten Bahnen: der Herzog ist jetzt ein deutscher Landesfürst, ein Duodezherrscher, der den exzellenten Kochkünsten seines Leibkochs nicht widerstehen kann und durch übermäßiges Essen zu beachtlicher Leibesfülle aufläuft. Er wird dadurch zum Typus des milde belächelbaren, an sich gutmütigen und beschränkten Dicken. Darin könnte auch eine Anspielung auf den damaligen König von Württemberg enthalten sein, der sich ebenfalls durch eine nicht unerhebliche Leibesfülle auszeichnete.

Und ganz in der Tradition Hoffmanns komisiert Hauff den Herzog zudem wegen des Wettstreits mit seinem Gast, dem Nachbarfürsten, um den besten Koch mittels der Probe, eine ganz besondere Pastete herzustellen. Jakob entzieht sich bekanntlich dieser Probe mit Hilfe der Gans Mimi und stellt dadurch seinen ehemaligen Herrn, den Herzog, vor dessen hohem Gast bloß. Adeliges Repräsentations- und Renommierverhalten wird hier durch den Kakao gezogen, und zwar am Beispiel des lächerlich wirkenden Kontrastes zwischen dem hochpolitisch behandelten Faktum der Probe einerseits und der Sphäre der Probe: Pastetenherstellung, also Kochkunst andererseits, sowie dem Effekt ihrer Verweigerung durch Jakobs lebensrettende Flucht. Es kommt nämlich deswegen zum Krieg zwischen beiden Ländern aus Gründen beleidigter Ehre (dem sog. »Kräuter-Krieg«, der mit dem »Pasteten-Frieden« endet).

Wo die Grenze der noch tolerierbaren literarischen Herrscherkomisierung in der »Ära Metternich« verlief, zeigen etwa Heinrich Heines Spottgedichte (»Lobgesänge«) auf König Ludwig I. von Bayern sowie auf König Friedrich Wilhelm IV. von Preußen, 1844 – aus dem Umkreis der *Neuen Gedichte*; letztere, unter dem Titel *Der neue Alexander*, konnten zu Heines Lebzeiten auf dem Territorium des Deutschen Bundes nicht veröffentlicht werden.

Noch schärfer und deutlich in den Bereich der Komik des grotesk deformierten Leibes geht Hauffs kinderliterarisches Erzählen im Fall des treulosen Königs im *Kleinen Muck*. Der nämlich erwirbt sich eine riesige Schwellnase und überdimensionale Eselsohren – mithin die in seinem Fall besonders schmählichen Merkmale einer Schulstrafe (das Tragenmüssen einer Eselskappe). Mit diesen Deformationen wird der böse König zugleich zu einer durch und durch ›karnevalesk‹ entworfenen Figur. Allerdings geschieht diese Komisierung im Schutze der Verwendung des traditionsreichen Modells der moralischen Beispielgeschichte, denn als solche ist *Die Geschichte von dem kleinen Muck* ungeachtet ihrer märchenhaften Motive strukturiert.

Im kinderliterarischen Kontext liefert ersichtlich E.T.A. Hoffmann mit seinen beiden Märchen *Nußknacker und Mausekönig* sowie *Das fremde Kind* Vorbilder für die lächerlichmachende Komisierung von Adelsfiguren. In milder Form im Nußknacker-Märchen, wo der König des Binnenmärchens von der harten Nuß wie ein biedermännischer Hausvater die Nachbarkönige und Prinzen zu einem großen Wurstessen einlädt.

Ein erwachsenenliterarisches Vorbild/Modell für Hauffs Komisierung adeligen Verhaltens insbesondere in Form übermäßiger Eßlust liefert die Feenmärchen-Parodie »Geschichte des Prinzen Biribinker« aus dem sechsten Buch von Wielands Roman *Don Sylvio von Rosalva* (1764). Hauff kannte – selbstverständlich – auch dieses Märchen, wie seine direkte Erwähnung in der Rahmenhandlung von *Der Scheik von Alessandria und seine Sklaven* beweist.[23]

Der königliche Vater des Helden, des Prinzen Biribinker, wird zu Beginn des Märchens als eine sympathische, aber auch lächerliche Gegenfigur zu einem spätabsolutistischen Herrscher eingeführt. Dieser König

---

23 Vgl. Hauff, Sämtliche Märchen, S. 187.

ist nämlich von so gewaltiger Leibesfülle, daß die Zeugung eines Thronerben nur unter ganz besonderen Vorkehrungen möglich wird, zugleich und in Übereinstimmung mit dieser lächerlichen leiblichen Erscheinungsform erweist er sich als durch und durch unkriegerisch. Er ist damit Inbegriff eines zivilen und – wie es heißt – auch völlig unbedeutenden Herrschers (obwohl zu Lebzeiten rätselhafter- bzw. paradoxerweise Träger des Beinamens »der Große«) und damit auch komisches Gegenbild zum seinerzeit wohl berühmtesten deutschen König, Friedrich II. von Preußen, der bei Erscheinen des Wielandschen Romans eben erst mit knapper Not den Siebenjährigen Krieg überstanden hatte.

Interessanterweise nutzt Hauff – und wir befinden uns Mitte der 1820er Jahre auf dem Höhepunkt der Reaktion, Unterdrückung von Kritik und Meinungsfreiheit – also die Komisierung höchster Adelsrepräsentanten, nämlich von Herzögen und Königen, zur kinderliterarischen Belustigung, auch wenn er natürlich zum Mittel der Entaktualisierung auf der Ebene der Realitätsbezüge greift und die Lächerlichmachung ins Märchenhaft-Phantastische bzw. Exotische verlegt. Doch haben diese verfremdenden Inszenierungen durchaus gewisse Ähnlichkeiten etwa mit den ›Königsphantasien‹ eines Georg Büchner (vgl. *Leonce und Lena*) ca. zehn Jahre später.[24]

7. Körperliche Deformation als Moment unterhaltsamer Moraldidaxe – Mitleid statt Verlachen

Körperliche Deformation durch ins Groteske gesteigerte Hypertrophierung bestimmter Körperteile begegnet in Hauffs kinderliterarischem Unterhaltungskonzept auch noch in anderem Zusammenhang als dem der Komisierung adeliger Figuren. Die Frage ist, inwieweit wir es hier mit einer literarischen Strategie zur Erhöhung des Unterhaltungswertes der jeweiligen Erzählung zu tun haben oder ob hier die pädagogische Funktion dominiert. Vermutlich werden sich beide Aspekte nicht säuberlich trennen lassen, und die unterhaltsame wie die pädagogische Funktion der Inszenierung bedingen und durchdringen sich wechselseitig bzw. unauflöslich.

---

24 Begriff und Konzept der »Königsphantasie« bei Büchner übernehme ich von Dagmar von Hoff. Sie hat beides im Rahmen ihres Habilitationsvortrages »Königsphantasien in Georg Büchners *Leonce und Lena*« vor der Philosophischen Fakultät II der Humboldt-Universität am 5.6.2002 entwickelt.

So hat auch bei Jakob, dem nachmaligen Zwerg Nase, besonders die ins Grotesk-Abstoßende zielende Hypertrophierung der Nase zunächst die Funktion einer Bestrafung, der Bestrafung allerdings durch eine im Erzählgefüge ihrerseits außerordentlich ambivalente, ja sogar böse Macht: die Fee Kräuterweis. Unter dem Gesichtspunkt der Bestrafung wäre Jakobs Schicksal aber immerhin vergleichbar mit dem des bösen Königs aus dem *Kleinen Muck*. Im äußeren Erscheinungsbild des Helden wird nämlich nach seiner ›Verhäßlichung‹ etwas sichtbar, das auf anstößige Weise (ästhetisch) die Grenzen der Wohlgeformtheit (des menschlichen Ebenmaßes) und im moralischen Sinne diejenigen der Wohlanständigkeit überschreitet. Das gilt im übrigen für die grotesk deformierte Leiblichkeit Jakobs insgesamt, nicht nur für seine titelgebende Riesennase: Also für die unförmige Verwachsenheit seines Rumpfes sowie seine Schweinsäugigkeit. Zudem bekommt der Held durch seine überdimensional langen Arme und großen Hände etwas Affenartiges (er wirkt wie eine Präfiguration des Glöckners von Notre Dame).[25]

Diese deformierende Verfremdung[26] dient allerdings v.a. der Intensivierung der moralisch-didaktischen Botschaft der Erzählung und nicht der Komisierung – also unterhaltsamen Lächerlichkeit – des Helden: seine grotesk deformierte Leiblichkeit, die ihn seiner Umwelt zur Spottfigur macht, ist der Widerstand, an dessen Überwindung er wächst und reift. Indem er es vermag, sich trotz seiner hoffnungslos scheinenden Ausgangssituation aufgrund seines einzigen ›sozialen Kapitals‹, seiner genialen Kochkunst, gegen alle Widerstände und Widrigkeiten durchzusetzen, gewinnt er höchstes Sozialprestige. Und dieses kompensiert in der öffentlichen Wahrnehmung seine prima vista lächerliche Mißgestalt. So gesehen könnte die Geschichte vom *Zwerg Nase* auch hier enden – der Held ›ist wer‹ bei Hofe und in dem Residenzstädtchen.

---

25 Gleichwohl steht im Mittelpunkt dieser grotesk-phantastischen Inszenierung die hypertrophe Nase. Philologischer Spürsinn hat eine Quelle für Hauffs Erfindung ausfindig gemacht. Die Ausgangserzählung a.d.J. 1788 trägt den Titel *Jacob Buckelheim oder Die unglückliche Nase*, und der Verfasser des Aufsatzes verweist auf die physiognomischen Spekulationen Lavaters bezüglich der Bedeutung und Signifikanz der Nasenform. Das ist alles für sich genommen recht erhellend, beantwortet aber nicht die Frage nach der Funktion dieses so sprechenden grotesken Details in Hauffs Märchenerzählung für Kinder. Vgl. Barth, Johannes: »Der Zwerg Nase« und »Der gebackene Kopf«. Bemerkungen zu Wilhelm Hauffs zweitem Märchenalmanach, in: Wirkendes Wort, Jg. 41 (1992), H. 1, S. 33-42.
26 Vgl. hierzu a. Schmitz, »Mutabor«, wie Anm. 18.

Die motivverwandte *Geschichte von dem kleinen Muck* endet ja auch letztlich an diesem Punkt. Allerdings wohl deswegen, weil der Held hier nicht Opfer einer Alteration/Deformation wird wie Jakob, sondern lediglich ›normal‹ kleinwüchsig, aber in sich nicht von derart abstoßender Häßlichkeit ist wie Jakob, der Zwerg Nase. Die Rückgängigmachung der schlimmen, aber längst nicht mehr lächerlich wirkenden oder verlachten Deformation Jakobs ist ein zentraler Märchenzug (die märchentypische Entzauberung); daß sie vonstatten geht, hat zu tun mit einer weiteren Bedeutungsdimension dieses Märchens; und zwar mit seiner ja in erster Linie unheimlich-bedrohlich wirkenden negativen Körperphantasie – es erzählt in verschlüsselter Form auch ein Adoleszenzschicksal: die Deformation Jakobs ist nämlich auch symbolisch zu verstehen als Verbildlichung der Umbrüche, die in Pubertät und Adoleszenz die Heranwachsenden betreffen. Und dieser latente Handlungsstrang kann nur mittels der Rückverwandlung des Helden zu einem glücklichen Ende gebracht werden. Die Wiedergewinnung seiner ursprünglich schönen Gestalt auf dem Niveau eines mittlerweile 20jährigen signalisiert auch seinen gelungenen Eintritt in die Welt der Erwachsenen.

Die Geschichte von dem kleinen Muck hingegen akzentuiert ihre Herkunft aus der moralischen Beispielgeschichte in einem explizit pädagogischen Sinne: das Anhören der Geschichte ersetzt den zweiten Teil der körperlichen Züchtigung durch den Vater des Erzählers, hat also eine unmittelbar ›erzieherische‹ Funktion – belehrende Unterhaltung mittels kinderliterarisch aufbereiteter Fiktion als aufgeklärte Erziehungsstrategie statt handgreiflicher Züchtigung.

Aber auch inhaltlich liegt hier – wie im *Zwerg Nase* – die Inszenierung körperlicher Mängel und Deformationen, die die kindlichen und bürgerlichen Helden betreffen und als lächerlich aufgefaßt werden können, auf einer anderen Ebene als derjenigen intentionaler und der Belustigung dienender Komisierung; es sind nämlich in beiden Fällen Figuren betroffen, die in ihrer Eigenschaft als schuldlose Außenseiter zu Sympathieträgern und Identifikationsfiguren für die jungen Leser gemacht werden – entsprechend ändert sich die Richtung der phantastisch-grotesken Inszenierung: die Leser sollen mit den deformierten Helden mitleiden und nicht moralkritisch über sie lachen. Der moralischen Verurteilung werden hingegen die Reaktionen einer wenig menschenfreundlichen, hartherzigen Umwelt auf diese armen Kreaturen preisgegeben.

8. Unterhaltsame Lächerlichkeit im kinderliterarischen Werk Hauffs – ein ambivalentes Konzept

Im scheinbar harmlos-liebenswürdigen Gewand der »Kauzigkeit«[27] inszeniert Hauff unterschwellig aber auch durchaus beunruhigende Phantasien über den Körper des bürgerlichen Subjekts, über dessen Schicksal als Körperschicksal mit zeitweiliger oder auch dauerhafter Deformiertheit.

Gleichzeitig nutzt der Erzähler Hauff den Körper des Souveräns in dessen grotesk-komischer Inszenierung als Projektionsfläche für Kritik; für Kinder bürgerlicher Herkunft natürlich in gemäßigter und – zumindest im manifesten narrativen Diskurs – aufs Unanstößige reduzierter, unterhaltsamer Form. Wilhelm Hauff ist nicht Georg Büchner.

Insgesamt versteht Hauff es, die moraldidaktisch-moralkritischen Tendenzen seines Erzählens für Kinder, die ja auf der Hand liegen und die ihn letztlich mit der Aufklärung mehr verbinden als mit der Romantik, nie aufdringlich in den Vordergrund treten zu lassen: die unterhaltsaminteressante, amüsante, auf Wirkung beim Lesepublikum zielende Komponente – das offensichtliche Modernitätsmerkmal seines kinderliterarischen Erzählens in jener Epoche – behält die Oberhand. Und dieses Erzählen beabsichtigt – gerade durch die Verwendung komisierender ›belustigender‹ Verfahren – die kindlichen Leser weder ausschließlich »ins Lachen hineinzuerzählen« (Jean Paul), das erheitert und für die Aufnahme guter Lehren empfänglich machen soll, noch auch hat es zum Ziel, moraldidaktisch in den kindlichen Lesern ein strafend verurteilendes Lachen zu erzeugen. Es unternimmt beides und führt zugleich darüber hinaus – geht also nicht auf in einem Verständnis von biedermeierlicher Kinderliteratur = harmlose Literatur. Solche Doppelbödigkeit bzw. Ambivalenz wäre wiederum die romantische Signatur des Kinderliteraten Hauff.

---

27 Hinz spricht davon, daß Hauff im *Zwerg Nase* seiner »kauzig-humoristischen Phantasie freien Lauf gelassen« habe. Hinz, Wilhelm Hauff, S. 114.

HELMUTH MOJEM

Held und Handlung
Fluchtpunkte im Erzählen Wilhelm Hauffs und Karl Mays

Gemeinsam scheint ihnen zunächst nur der orientalische Schauplatz. Wenn hier dennoch der Märchendichter Hauff und der Abenteuerromancier May einander gegenübergestellt werden, dann nicht etwa um eine versteckte Verbindung oder gar die Abhängigkeit des einen vom anderen zu postulieren. Zwar haben sie beide Anteil an einer gewissen Tradition des Erzählens, zwar gibt es auch strukturelle Übereinstimmungen, die Differenzen treten jedoch mindestens ebenso deutlich hervor. Eine Episode, die May offenkundig von Hauff übernommen hat, ermöglicht allerdings, sie zueinander ins Verhältnis zu setzen, Ähnlichkeiten und Unterschiede und damit auch gewisse spezifische Eigenarten des jeweiligen Autors genauer zu bestimmen.

1. Hauffs Held

Wenn es darum geht, die Faszination zu erklären, die von Hauffs Märchen zweifellos ausstrahlt, so wird meist und völlig zu Recht auf die reiche Phantasie ihres Autors verwiesen, die ganze exotische Welten erschaffe. Ernst Bloch benannte einst noch einen zweiten, handfesteren Grund dafür, nämlich die Kolportageelemente dieses Erzählens.[1] Sie, die Hauff bei der Fachwissenschaft immer schon in Verruf gebracht haben, wurden von Bloch jedoch ins Positive gewendet; die Anziehungskraft von Hauffs Stoffen und Schauplätzen verdankt sich diesem Gewährsmann zufolge

---

1 »Jedenfalls überwiegt eine geradezu autochthone märchenbildende Phantasie; nur Erzähler wie Andersen und dann, bei Serapion!, der große E. Th. A. Hoffmann wußten noch das Pulver Mutabor so eigen-neu. Und wieder auch war das leichter in Bildungen zu finden, die so oft in Kolportage eintauchen, als in hoher Literatur. Leichter also im Zelt der ›Karawane‹ mit dem Räuber Orbasan, beim ›Scheich von Alessandria‹ und eben im ›Wirtshaus im Spessart‹ als bei den Edeldichtern der damaligen ästhetischen Tees.« Bloch, Ernst: Das Wirtshaus im Spessart, in: ders.: Literarische Aufsätze, Frankfurt/M. 1965, S. 79–83, hier S. 82f.

ganz wesentlich dem ihnen anhaftenden Grellen, Abenteuerlichen, Spannenden.

So auch bei der *Errettung Fatmes*, einer veritablen Abenteuergeschichte, wo es nach Stoff und Schauplatz höchst exotisch und reißerisch zugeht – Frauenraub im Orient –,[2] wo aber von eigentlicher Spannung kaum eine Rede sein kann, gibt doch schon die Überschrift deutlich zu verstehen, daß am Schluß der Geschichte ein glücklicher Ausgang winkt. Allerdings kein Liebesfinale, denn die Konstellation männlicher Held befreit weibliche Gefangene verliert ihren möglichen Reiz dadurch, daß es sich bei Fatme um die Schwester des Helden Mustafa handelt. Zudem wird nach geglückter Rettung so gut wie kein Wort mehr an sie verschwendet; die Titelgestalt erscheint als bloßer Funktionsträger. Ihre Begleiterin, Zoraide, figuriert nun zwar in der Tat als Mustafas Braut, doch macht man um sie noch weniger Aufhebens. Bei einem der Entführungsversuche Mustafas bleibt sie schlicht unbeachtet; im Falle des Gelingens hätte der Held zwar die Schwester befreit, die Verlobte aber weiterhin in der Sklaverei belassen. Die Geschichte hat also auch keine erotischen Implikationen – was anders beim Zielpublikum Hauffs nicht verwundern kann –, und der Schluß drängt sich auf, daß es darin, Kolportage hin oder her, allein um das Wie der Rettung und um die Person des Retters geht.

Ungeachtet dieser äußerlichen Anspruchslosigkeit, ja Simplizität hat Hauff die Erzählung von der *Errettung Fatmes* dennoch ins Zentrum seines vom Aufbau her genauestens kalkulierten Buches gestellt; gemeinsam mit der *Geschichte von der abgehauenen Hand*. Er hat beide Texte stofflich mit der Rahmenhandlung verknüpft, der bei seinen Märchenalmanachen stets besondere Gewichtigkeit zukommt, und er hat ihre jeweilige Stimmung verstärkt, indem er sie mit dem Spannungsbogen der Rahmenhandlung parallelisierte.[3] So wie dort Selim Baruch der Gefahr steuert, der die Karawane durch die Wüstenräuber ausgesetzt ist, so wird

---

2   *Die Errettung Fatmes* ist eine der wenigen Geschichten Hauffs, für die man bisher keine Quelle nachweisen konnte. Vgl. dazu die Studie von Barth, Johannes: Neue Erkenntnisse zu den Quellen von Wilhelm Hauffs Märchen, in: Wirkendes Wort 41 (1991), S. 170-183.

3   Vgl. dazu die Ausführungen von Beckmann, Sabine: Wilhelm Hauff. Seine Märchenalmanache als zyklische Kompositionen, Bonn 1976, bes. S. 16ff., S. 25ff. u. S. 41. Dort findet sich auch Grundsätzliches zu Hauffs innovativer Technik der Rahmenerzählung. (S. 10ff.). Vgl. auch Wild, Reiner: Wer ist der Räuber Orbasan? Überlegungen zu Wilhelm Hauffs Märchen, in: Athenäum 4 (1994), S. 349-364, hier S. 357f.

hier das Fatme und Zoraide drohende Unglück mit Hilfe Orbasans abgewendet; wie man schließlich erfährt, handelt es sich dabei sogar um ein und dieselbe Person. Diese Konstruktion lenkt den Blick darauf, daß innerfiktional mit der Erzählung von Mustafas Abenteuern ein bestimmter Zweck verknüpft ist: es geht bei der *Errettung Fatmes* nämlich auch um eine Ehrenrettung Orbasans, des berüchtigten Räubers. Damit rückt ein dritter Hauptaspekt der Geschichte ins Gesichtsfeld des Lesers: die Rolle Orbasans. Ohnehin ist er die Zentralgestalt des ganzen Almanachs. Anfang und Schluß des Buches sind ihm gewidmet, sodann hat er einen effektvollen Auftritt in der Mitte und in den beiden zentralen Erzählungen hört er von seinen eigenen Taten berichten. Was die *Errettung Fatmes* betrifft, so kann er mit dem Gehörten zufrieden sein, ist es doch vor allem seiner materiellen und zuletzt auch persönlichen Hilfe zu danken, daß die Angelegenheit zu einem guten Ende kommt. Damit wird er allerdings zum Konkurrenzhelden, dessen Aura die Mustafas schließlich bei weitem überstrahlt.

Zuvor agiert Mustafa indessen allein oder vielmehr, es wird ihm mitgespielt, und die strukturelle Gleichartigkeit seines späteren aktiven Handelns und seines nunmehrigen passiven Erleidens offenbart zwei durchgehende Motive der Erzählung: Mustafa wird von Räubern gefangengenommen, und er wird verwechselt. Beides, das Motiv der Räuber und des Raubs sowie das Motiv der Verwechslung, Verkleidung, Verstellung, bestimmt das Geschehen insgesamt, woraus sich interessante Aufschlüsse über die Intentionen und die Beweggründe Hauffschen Erzählens gewinnen lassen.

Das Räubermotiv, das übrigens in mancherlei Gestalt den gesamten Almanach durchzieht, ist in der Geschichte von der *Errettung Fatmes* geradezu allgegenwärtig. Es setzt ein mit dem Frauenraub der Piraten, dem Fatme und Zoraide zum Opfer fallen. Mustafas Versuch, sie zu befreien, wird beinahe darüber zunichte, daß er selbst in die Hände von Wegelagerern gerät. Sobald er diesen glücklich entronnen ist und erfährt, daß die von ihm Gesuchten als Sklavinnen verkauft worden sind, schickt er sich unverzüglich an, sie zurückzurauben – immerhin hat Thiuli-Kos die Mädchen legal gekauft. Die Rück-Entführung gelingt schließlich unter tätiger Mithilfe des Räubers Orbasan und seiner Spießgesellen.

Von weiteren Implikationen abgesehen, zeigt das Räubermotiv zunächst einmal an, daß die Erzählung in einem weitgehend gesetzlosen, anarchischen Raum spielt. Fatmes Vater ist Kadi, also Vertreter der Justiz. Statt ihr jedoch von Amts wegen Geltung zu verschaffen, schickt er seinen Sohn zur Rettung der Mädchen aus. Ein anderer Vertreter der Obrigkeit, der Bassa von Sulieika, läßt Orbasans Räuberbande in seinem

Herrschaftsbereich unbehelligt ihr Wesen treiben. Von Recht und Ordnung kann also keine Rede sein, Raub, Diebstahl und Übervorteilung, ja selbst tödliche Gewaltanwendung sind an der Tagesordnung – mithin das ideale Spielfeld für eine der Kolportage- oder Abenteuergeschichten, wie sie für das zunehmend wohlverwaltete und dabei in gesellschaftlicher und politischer Hinsicht doch so konfliktträchtige 19. Jahrhundert typisch sind.

Die Verhältnisse in Hauffs Erzählung sind jedoch nicht nur höchst gefährlich, sie sind auch ganz und gar unübersichtlich. In der *Errettung Fatmes* passieren andauernd Verwechslungen, keiner weiß so recht, woran er mit seinem Gegenüber ist, und diese uneindeutigen Zustände werden zudem durch bewußte Verkleidung und Verstellung der handelnden Figuren noch komplizierter. So fällt bereits Mustafa in die Hände der Räuber, weil diese ihn für den Bassa von Sulieika halten. Im Lager angekommen, sieht der Gefangene irrtümlich Hassan für den Anführer der Bande an, was durch dessen Verhalten allerdings provoziert wird. Nachdem Orbasan die beiden Verwechslungen aufgeklärt hat und Mustafa an die Befreiung der Mädchen gehen kann, setzt auch er auf List und Täuschung und führt sich unter der Maske des kurz zuvor ermordeten Bassa bei Thiuli-Kos ein. Entlarvt von seinem früheren Feind Hassan, der hier den Hausangestellten mimt, greift er beim zweiten Rettungsversuch erneut zum Mittel der Verkleidung und gibt sich für einen reisenden Arzt aus. In dieser Rolle gelingt es ihm dann, eine der Frauen zu befreien. Aber er muß dabei feststellen, daß Thiuli-Kos ebenfalls Verwirrung gestiftet hat, indem auf sein Geheiß alle Sklavinnen neue Namen tragen, wodurch prompt die Falsche errettet wird. Selbst bei der dritten und endgültigen Befreiungsaktion kommt ein Versehen vor. Die Eindringlinge verwechseln die Türen und öffnen zunächst die falsche, doch hat das für den nunmehr glücklichen Handlungsverlauf keinerlei Konsequenzen mehr.

Diese massive Präsenz des Motivs, die weit über jede technische Notwendigkeit hinausgeht, ja die durch eine gewisse Gleichförmigkeit im Erzählverlauf sogar dem Leserinteresse abträglich zu werden droht, führt auf das Zentralproblem des Textes, das im Motiv der Verwechslung prekär wird: das der Identität.[4] In der Tat haben die Figuren der Geschichte

---

4 Vgl. dazu Klotz, Volker: Das europäische Kunstmärchen. Fünfundzwanzig Kapitel seiner Geschichte von der Renaissance bis zur Moderne, Stuttgart 1985, S. 208-222, hier S. 212f. Ich danke Volker Klotz für anregende Unterhaltungen zu Hauff; zu Karl May sowieso.

vollauf damit zu tun, ihre ständig bedrohte Identität zu wahren. Hier verknüpfen sich die beiden Hauptmotive, denn das Motiv des Raubs wird in der *Errettung Fatmes* vornehmlich als Menschenraub anschaulich, der in seinen Folgen einem Identitätsverlust gleichkommt. Fatme und Zoraide verlieren durch ihre Entführung jegliches Selbstbestimmungsrecht, sie werden als Sklavinnen depersonalisiert bis zur erzwungenen Aufgabe des eigenen Namens. Auch Mustafa kämpft in den Händen der Räuber lange Zeit vergebens um die Anerkennung seiner Identität, schließlich hängt davon sogar sein Leben ab. Selbst Orbasans persönlichkeitskonstituierender Rang als weitberühmter Räuberhauptmann scheint durch die Amtsanmaßung Hassans kurzfristig in Frage gestellt. Mustafas Rettungsbemühungen für Fatme dienen jedoch auch dazu, sich seiner Identität überhaupt erst wieder zu versichern; für den Fall des Nichtgelingens lastet immerhin der existentiell vernichtende Fluch des Vaters auf ihm. Damit handelt es sich bei der *Errettung Fatmes* gleichermaßen um eine Initiationsgeschichte.[5] Es scheint bezeichnend, daß die ersten beiden Versuche des Helden, bei denen er sich einer falschen Identität bedient, scheitern – sinnfälligerweise ist es einmal die Identität eines Toten, das zweite Mal täuscht der Akteur selbst den Tod seiner Spielfigur vor. Erst beim dritten Mal gelingt die Rettung, unternommen als authentische und mit sich identische Person, mit Hilfe von Orbasan, der seine Identität auch noch einmal nachdrücklich beglaubigt, indem er seinen angemaßten Doppelgänger tötet und damit der zu Beginn der Erzählung sich andeutenden möglichen Erschütterung seiner Position und zugleich allen Mißverständnissen über das edle Räuberhandwerk vorbeugt.

Selbstredend macht das Problem der gefährdeten beziehungsweise der erst noch zu gewinnenden Identität den Text für eine heranwachsende Leserschaft interessant, die darin ihren individuellen Entwicklungsprozeß gespiegelt sieht. Das Thema ist aber wohl auch vor dem Hintergrund der generellen Verunsicherung zu sehen, die infolge der durch die Französische Revolution hervorgerufenen sozialen Umbrüche entstanden war.[6] Einerseits wurde die Hinfälligkeit scheinbar festgefügter Hierarchien sichtbar, in denen jeder seinen althergebrachten Platz hatte. Andererseits brachten die neuen, variableren gesellschaftlichen Verhältnisse und der

---

5 Vgl. dazu auch Wild, Räuber Orbasan, S. 352.
6 Vgl dazu Schmitz, Walter: »Mutabor«. Alterität und Lebenswechsel in den Märchen von Wilhelm Hauff, in: Schnittpunkt Romantik. Text- und Quellenstudien zur Literatur des 19. Jahrhunderts. Festschrift für Sibylle von Steinsdorff, hrsg. v. W. Bunzel/K. Feilchenfeldt/W. Schmitz, Tübingen 1997, S. 81-118.

ihnen zugrunde liegende Kapitalismus mit seinem raschen wirtschaftlichen Wandel – der etwa einem guten Firmen*namen* von heute auf morgen verderblich werden kann – ihrerseits viel Unwägbares und Undurchschaubares mit sich. Von daher stieß und stößt das Schauspiel der bedrohten und zurückgewonnenen Identität, wie im Falle Mustafas, durchaus auf Leserinteresse. Die größere Faszination aber geht von jener Gestalt aus, deren Identität sich zwar hauptsächlich der Fama verdankt, die jedoch, anders als der sich mit seinem Selbst gerade noch gegen die unklaren, widrigen Verhältnisse behauptende Mustafa, ein leuchtendes Gegenbild dazu liefern kann: Orbasan. Ernst Bloch hat das Verhältnis solcher Komplementärfiguren einmal auf den Punkt gebracht:

> Lange vor der Französischen Revolution hat das arme Volk die Fra Diavolo geehrt, halb im Märchenton, halb sagenhaft von ihnen berichtend. Und Hauff, im schönsten Reich neu-alter Märchen und frischer Kolportage, malt mit verwandten Farben sowohl den kleinen Muck, als eine echte Märchenfigur, wie den Räuber Orbasan, als den mächtigen Herrn der Wüste. Verwandt erscheinen die ziehende Sehnsucht des kleinen Muck, der jeden Scherben aufhebt, worin die Sonne glitzert, als sei er ein Diamant, und der Glanz des edlen Räubers Orbasan, sein kriegerischer Anstand, vor dem es dem Zaleukos immerhin ›graute‹. Solch große Herren sind dann *stellvertretend* für die Racheoder Glückwünsche der Kleinsten und führen sie zum Sieg.[7]

Daß diese Helfer-, Rächer- und Siegerfiguren meist unbürgerliche Außenseiter, edle Rebellen oder romantische Räuber sind, ist gewiß kein Zufall, zumal im Kontext der vorliegenden, maßgeblich durch das Räubermotiv bestimmten Erzählung. Eigentlich weist seine Verwendung auf die Verfassung der kapitalistischen Welt hin, wo jeder das Vermögen des anderen bedroht, wo überdies Individualität und Selbstbestimmtheit durch Menschenraub gefährdet sind; die leibhaftige Entführung der Abenteuergeschichte wird zum Ausdruck des gesellschaftlich vermittelten Verlusts an persönlicher Identität. Das Räubermotiv kann diese Zustände aber auch subversiv unterlaufen, indem es, wie die literarische Tradition seit Robin Hood sattsam beweist, die romantische Figur dessen bereitstellt, der im Dienste einer höheren Gerechtigkeit dem System mit den eigenen Mitteln schadet. Darüber hinaus hat Orbasan, bei aller Verwurzelung im Genre des Räuberromans, noch ein individuelles Schick-

---

7 Bloch, Ernst: Über Märchen, Kolportage und Sage, in: ders.: Erbschaft dieser Zeit, Frankfurt/M. 1962, S. 168-186, hier S. 185 (zuerst 1935).

sal, das in der *Geschichte von der abgehauenen Hand* und in der Rahmenerzählung ausgebreitet wird, und siehe da, es zeigt eine gewisse Verwandtschaft mit dem Initiationsprozeß Mustafas, wenn auch die Parallelhandlung zur Entführung Fatmes einige signifikante Variationen aufweist.

Ebenso wie in Akara geschieht auch ein Frauenraub in Alexandria. Zumindest glaubt man dies allgemein, bis sich herausstellt, daß die frischvermählte Bianca mit einem Liebhaber nach Italien entflohen ist. Folgerichtig braucht sie auch nicht befreit zu werden, wohl aber versucht der beleidigte Ehemann, sie bestrafen zu lassen. Seine Bemühungen bleiben ohne jeden Erfolg; ganz im Gegenteil bringt es Biancas Vater sogar dahin, daß der Ankläger samt seinem Vater von der französischen Revolutionsregierung auf die Guillotine geschickt wird. Orbasan, dem Bruder des Ehemanns – abermals ist es ein Bruder –, obliegt nun die Pflicht zur Rache. Wird Mustafa für den Fall, daß Fatme verschwunden bleibt, mit dem Fluch des Vaters belegt, so droht Orbasan, sollte er keine Vergeltung üben, der Fluch der Mutter. Und gleich Mustafa, der seine Befreiungstat umweghaft angeht, unter falschem Namen und mit geliehener Identität, engagiert auch Orbasan für sein Rachevorhaben einen Mittelsmann, Zaleukos, der nach seiner Entdeckung durch die Justiz denn auch nicht am Kopf gestraft wird – hat er den Plan zu Biancas Enthauptung doch keineswegs selbst ersonnen – sondern an der Hand, mit der er das Werk seines Auftraggebers vollbracht hat.

Aber nicht nur die Äußerlichkeiten dieser Geschehensfolge sind gegenüber der Handlung um die *Errettung Fatmes* leicht variiert, die gesamte Initiationsgeschichte Orbasans trägt ein negatives Vorzeichen, ist komplett ins Düstere getaucht. Fernab der hellen, heiteren Atmosphäre der Abenteuergeschichte, wo die Entführung und die Befreiung der beiden Mädchen beinahe so unverbindlich wie ein Spiel ablaufen, reihen sich nun Verrat und Intrige, Familienfehde, Blutrache und Mord aneinander, und somit kann nicht überraschen, daß Orbasan, unglücklich und schuldbeladen nach dem Erfolg seines Racheplans, keinen ebenso bürgerlich-alltäglichen Lebensweg einzuschlagen vermag wie der harmlose Mustafa: er wird Freiheitskämpfer.

Zum einen zollt Hauff an dieser Stelle der modischen schwarzen Romantik seinen Tribut, zum anderen darf man aber nicht vergessen, daß die Faszination, die von solchen gebrochenen Figuren ausging, epochensignifikant war. Die Biographie des wegen seines skandalösen Lebenswandels von der englischen Gesellschaft geächteten und im Gegenzug europaweit bewunderten, soeben im griechischen Unabhängigkeitskampf verstorbenen Lord Byron mag als Beispiel hierfür dienen. Abgesehen davon verrät Orbasans Entwicklung vom dämonischen Rächer zum politischen Rebellen aber verblüffend deutlich, wofür diese Gestalt einsteht, nämlich für das allseits vorhandene und allseits unterdrückte Freiheits- und Gerechtigkeitsverlangen in der Metternichschen Epoche. Der Kampf der Mamelucken gegen die französischen Besatzer findet ja seine offenbare Parallele in den Befreiungskriegen gegen Napoleon, deren Protagonisten – in Tübinger Waterloo- und Theodor-Körner-Feiern vielfach besungen – die Helden von Hauffs Studienzeit waren.[8] Allerdings hatte die Heilige Allianz ihren Partisanen die versprochene Freiheit schmählich vorenthalten, so daß die Bedeutung einer Figur wie Orbasan schier mit Händen zu greifen ist, zumal bei einem Autor, der seine Studienjahre im Schatten der Karlsbader Beschlüsse zubrachte: Sie bietet, wie gesagt, den verbreiteten Freiheitswünschen eine Projektionsfläche, sie liefert aber auch das Inbild eines Retters und Rächers, kurz, sie offeriert den Lesern einen märchen- oder vielmehr kolportagehaften Gegenentwurf zu den Verhältnissen, wie sie nun einmal waren und sind.[9]

Ebendeswegen lassen sich zwischen den Lebensgeschichten Orbasans und Mustafas bei aller Gleichläufigkeit erhebliche Unterschiede an Sinnhaftigkeit und Ausstrahlungskraft konstatieren, deren Differenz sich neben der Art ihrer Erlebnisse auch in der Weise ausdrückt, wie sie mitgeteilt werden. Lezah erzählt Mustafas Schicksale linear hintereinanderweg, und einlinig, linear sind auch dessen Bemühungen. Sie gelten schlicht der räumlichen Annäherung an seine Schwester und wiederholen sich mit einer Beharrlichkeit, die Züge des bürgerlichen Arbeitsethos aufweist. Zunächst gelangt Mustafa unter falschem Namen ins Haus, hört von den Sklavinnen sprechen, wird aber erkannt und muß fliehen. In seiner nächsten Verkleidung als Arzt darf er immerhin schon durch ein Mauerloch die Arme der Frauen berühren und einer von ihnen einen Zettel zustecken; wegen Thiuli-Kos' Schachzug mit den falschen Namen

---

8   Vgl. dazu die einschlägigen Gedichte, in: Hauff, Wilhelm: Sämtliche Werke in drei Bänden. Nach den Originaldrucken und Handschriften. Textredaktion und Anmerkungen von Sibylle von Steinsdorff. Mit einem Nachwort und einer Zeittafel von Helmut Koopmann, München 1970, Bd. 3, S. 346ff. Diese Ausgabe liegt den folgenden Zitaten zugrunde.

9   In diesem Zusammenhang ist die Feststellung bei Beckmann von Belang, daß die Art von Orbasans Agieren in der *Geschichte von der abgehauenen Hand* und in der *Errettung Fatmes* sowie auch in der Rahmenhandlung dem Auftreten übernatürlicher Kräfte in den vier restlichen Märchen des Zyklus entspricht. (S. 78) Ebenso ist hier ihre Beobachtung anzuführen, daß Orbasans schuldhaftes Handeln im Abendland stattfindet, wohingegen er seine Rolle als strahlender Held und Freiheitskämpfer im Orient spielt (S. 54) – was Hauffs Morgenland als exotischen Raum der Freiheit erscheinen läßt.

mißlingt die Rettung Fatmes dennoch. Erst beim dritten Mal, da er gemeinsam mit Orbasan durch die Wasserleitung ins Haus eindringt, ist er erfolgreich, indem er dem Beispiel des selbstbewußten Räubers folgt, der ihm zeigt, wie man dem Problem der verwirrenden Verwechslungen beikommt: »Mein gutes Schwert wird mir jede Türe öffnen!«[10] Im Grunde dankt Mustafa das Gelingen seines Unternehmens also dem Eingreifen des überlegenen Konkurrenzhelden, der im Vertrauen auf sich und seine Waffe – quasi im aristokratischen Modus – ganz selbstverständlich auf den ersten Schwertstreich siegt.

Schon die Erzählung von Mustafas Erlebnissen mündet also in eine Feier Orbasans. Die Schilderung von dessen Lebenslauf ist allerdings noch wirkungsvoller, weil Hauff – geht es doch um ein außerordentliches Schicksal – auch in außerordentlicher Weise davon erzählt. Durch kunstvolle Zusammenfügung fragmentarischer Perspektiven – im Falle von Zaleukos entspricht sie seinem fragmentierten Körper – gewinnt die wahre Identität Orbasans feste Kontur; kombiniert aus der prächtigen Erscheinung des geheimnisvollen Selim Baruch, der schauerlichen Figur des dämonischen Rotmantels und der majestätischen Gestalt des legendenumwobenen Herrn der Wüste, bei denen es sich, wie erst im buchstäblich letzten Satz des Almanachs verlautet, um ein und dieselbe Person handelt.[11] Dieser Überraschungscoup ist vorbereitet durch die unauffällige Kennzeichnung der einzelnen Figurationen mit der Farbe Rot,[12] welche entgegen allen Freiheitssehnsüchten, die sich an Orbasan heften, weniger ein jakobinisches denn ein aristokratisches Rot, die Fürstenfarbe sein dürfte. Die grandiose Erkennungsszene selbst erscheint dann schier als Gegenstück zu dem düsteren Bekenntnis Jaromirs in Grillparzers be-

---

10 Hauff, Sämtliche Werke, Bd. 2, S. 64.
11 Zu dieser Anagnorisisszene vgl. Schwarz, Egon: Wilhelm Hauff: Der Zwerg Nase, Das kalte Herz und andere Erzählungen, in: Romane und Erzählungen zwischen Romantik und Realismus. Neue Interpretationen, hrsg. v. P. Lützeler, Stuttgart 1983, S. 117-135, hier, S. 119; ferner: Klotz. Das europäische Kunstmärchen, S. 208f.
12 Selim Baruchs Pferd trägt »hochrotes Riemenwerk« und entspricht damit dem Anzug seines Reiters: »der Rock und die weiten Beinkleider von brennendem Rot«. (Hauff, Sämtliche Werke, Bd. 2, S. 12). Daß diese Farbe auch für Orbasan kennzeichnend ist, kann man dem Signal entnehmen, das die Räuber vom Überfall der Karawane abhält: ein über dem blauen Zelt der Kaufleute gehißtes »blaues Tuch mit roten Sternen« (S. 49) In der *Geschichte von der abgehauenen Hand* schließlich ist der rote Mantel geradezu das Attribut des geheimnisvollen Fremden (S. 38 u.ö.); er kehrt bekanntlich als Erkennungsmerkmal in der Rahmenerzählung wieder. (S. 98)

rühmter *Ahnfrau.* Nimmt durch dessen rhetorisch ins Wuchtige gesteigerte Aussage, »Bin der Räuber Jaromir«, das tragische Verhängnis seinen Lauf,[13] so wendet der ähnlich effektvolle Schlußsatz der *Karawane*, »Man nennt mich den *Herrn der Wüste*; ich bin der Räuber *Orbasan*«,[14] alles zum Guten. Nicht nur der Erzählzyklus rundet sich, nicht nur die bis dahin rätselhaften Verhältnisse der verschiedenen Personen zueinander werden geklärt. Auch der legendäre Held, der Mythos Orbasan, zeigt sich leibhaftig, das märchenhafte Korrektiv bedrückender Verhältnisse tritt epiphanisch ins Leben. Ein Ende, in dem der Leser – nach Art der Kolportage – getrost eine Verheißung erblicken kann.

2. Mays Handlung

»Karl May ist aus dem Geschlecht von Wilhelm Hauff; nur mit mehr Handlung.«[15] Nirgendwo sonst scheint sich das Diktum Ernst Blochs und diese Verwandtschaft mehr zu bestätigen als eben in der Geschichte von der *Errettung Fatmes*, die bei May in leicht veränderter Form wiederkehrt; zu schweigen davon, daß der Erfolg seines Erzählens vornehmlich einer Heldenfigur geschuldet ist, deren Anziehungskraft aufs Publikum sich ähnlichen Motiven verdankt wie bei Hauffs Orbasan.

Karl Mays wohl bestes Werk, der sechsbändige Orientzyklus, enthält gleich zu Anfang eine weitgehend für sich stehende Episode, die ungeachtet ihrer Abgeschlossenheit sogar den ursprünglichen Titel des ersten Bandes mitbestimmt hat. Als *Durch die Wüste* kennen ihn philologisch unbedarftere Leser, vormals hieß er jedoch *Durch Wüste und Harem*, welch letzteres allein auf die beiden Kapitel »Im Harem« und »Eine Entführung« bezogen ist.[16] Damit scheint sich eine bemerkenswert erotische

---

13 Grillparzer, Franz: Dramen 1817-1828, hrsg. v. H. Bachmaier, Frankfurt/M. 1986, (Bd. 2 der DKV-Ausgabe): »Ja ich bin's, du Unglücksel'ge, / Ja ich bin's, den du genannt! / Bin's den jene Häscher suchen, / Bin's dem alle Lippen fluchen, / Der in Landmanns Nachtgebet / Hart an dem Teufel steht; / Den der Vater seinen Kindern / Nennt als furchtbares Exempel, / Leise warnend: Hütet euch, / Nicht zu werden diesem gleich! / Ja ich bin's, du Unglücksel'ge, / Ja ich bin's, den du genannt! / Bin's den jene Wälder kennen, / Bin's den Mörder: Bruder nennen, / Bin der Räuber Jaromir!« (S. 72)
14 Hauff, Sämtliche Werke, Bd. 2, S. 103.
15 Bloch, Über Märchen (Die Silberbüchse Winnetous), S. 170 (zuerst 1929).
16 Die Erzählfolge begann im Jahr 1881 unter dem Titel *Gölgeda padishanün* in der Regensburger Wochenzeitschrift *Deutscher Hausschatz* zu erscheinen. Der erste

Komponente in der Abenteuererzählung anzudeuten, und doch enthalten diese beiden Kapitel nichts anderes als die Wiederaufnahme von Hauffs Märchensujet. Die Parallelen gehen dabei weit über das Äußerliche hinaus und betreffen auch strukturelle Momente. Ebensowenig wie in der *Errettung Fatmes* wird der Leser in Spannung versetzt, weil das Gelingen der Unternehmung etwa fraglich wäre; verrät bei Hauff der Titel den guten Ausgang der Geschichte, so kann man ihn bei May den beiden Kapitelüberschriften entnehmen. Deren erotischer Konnotation zum Trotz scheint die Liebe immer noch keine Rolle zu spielen; der Held, Kara Ben Nemsi, befreit die entführte Senitza aus Ritterlichkeit und für ihren Verlobten. Das Mädchen ist, Fatme vergleichbar, eine völlig unerhebliche Figur – sprich, auch hier nährt sich die Faszination der Leser allein aus dem Ablauf des Geschehens, aus dem Wie der Rettung und darüber hinaus aus der Person des Helden.[17]

Kara Ben Nemsi, der in Ägypten reisende Ich-Erzähler, wird als Arzt zu der kranken Frau eines gewissen Abrahim-Mamur gerufen. Die kurze Bootsfahrt dahin auf dem Nil ist symbolisch unterlegt, denn die angrenzende Landschaft wandelt sich von einem blühenden Obstgarten zu gestrüppbewachsenem Brachland und schließlich zur felsigen Wüstenei. Inmitten dieser »traurigen, toten Szene« (77) erhebt sich, mit der Umgebung korrespondierend, ein »kahles, nacktes, fensterloses« (77) und zudem ziemlich zerfallenes Haus, das wiederum mit der Person des Besitzers im Einklang steht, einem ursprünglich reich veranlagten, aber nunmehr innerlich zerrütteten Menschen:

> Glühende und entnervende Leidenschaften haben diesem Gesichte immer tiefere Spuren eingegraben; die Liebe, der Haß, die Rache, der Ehrgeiz sind einander behilflich gewesen, eine großartig angelegte Natur in den Schmutz des Lasters herniederzureißen. (78f.)

Die unmittelbare Anbindung an sein erstorbenes Umfeld erfolgt über die Beschreibung von Abrahim-Mamurs Stimme als »kalt, klanglos, ohne Leben und Gemüt«. (79) Es bedürfte gar nicht der ausdrücklichen Kenn-

---

Band der Buchausgabe – *Durch Wüste und Harem* – wurde 1892 veröffentlicht; der Titel änderte sich 1895. Ich zitiere im folgenden nach der Ausgabe: May, Karl: Durch die Wüste. Illustrierte Reiseerzählung, Freiburg i. Br. 1907, deren Text die letzte Bearbeitungsstufe durch den Autor darstellt. Bei Zitaten werden künftig die Seitenzahlen in Klammern beigefügt.

17 Vgl. dazu Roxin, Claus: Bemerkungen zu Karl Mays Orientroman, in: Karl Mays Orientzyklus, hrsg. v. D. Sudhoff/H. Vollmer, Paderborn 1991, S. 83-112, hier S. 84f.

zeichnung dieser Figur als diabolisches Wesen, um zu belegen, daß Kara Ben Nemsis Fahrt übers Wasser eine Unterweltreise ist, ins Reich des Todes führt. Andererseits trägt eine solche mythologische Unterfütterung der Abenteuererzählung nichts Wesentliches an Erkenntnis bei – selbst wenn man an den Alkestis-Mythos denkt, wo Herakles siegreich mit dem personifizierten Tod ringt, um eine Frau aus der Unterwelt zu befreien – außer vielleicht, daß sie dem Geschehen eine gewisse Dignität verleiht. Die allgemeine Konnotation vom Kampf eines lichten Helden gegen eine Teufelsfigur genügte der Leserschaft als religiöse Reminiszenz wohl vollauf, und damit mündet die Situation in ein bewährtes Maysches Schema, den Dualismus zwischen Gut und Böse oder anders zwischen Kara Ben Nemsi und einer zumindest im Ausgangspunkt beinahe ebenbürtigen Schurkengestalt.[18]

Schon die erste Begegnung führt zum Konflikt. Dieser verläuft in drei abgegrenzten Phasen – ein triadisches Modell, das für die gesamte Erzählung konstitutiv bleibt –, wobei regelmäßig der Held den Sieg über seinen Gegenspieler davonträgt. Zunächst in einer allgemeinen verbalen Auseinandersetzung, während derer Abrahim-Mamur unwillentlich sein gesamtes Innenleben preisgibt, was sich auch durch die im Islam unschickliche Entblößung seines Scheitels andeutet. Sodann in einem körperlichen, teils sogar mit Waffen geführten Duell, das gleichfalls mit einer Niederlage des Hausherrn endet. Schließlich in einem erneuten Disput darüber, ob Kara Ben Nemsi den Harem betreten dürfe, was Abrahim-Mamur ihm zuletzt zähneknirschend bewilligt. Der Preis dieses Sieges steht allerdings in keinem Verhältnis zum dazu nötigen Aufwand, denn das Eindringen in die intimsten Gemächer des Hauses, die Begegnung mit der geheimnisvollen Frau stellt für den agonal fixierten Helden offenbar keinen erotischen Reiz dar. Noch weniger kann die Szene als erzählerischer Höhepunkt gelten, vielmehr ist sie lediglich Vorbereitung auf das nachfolgende Befreiungsabenteuer, also das nächste Kräftemessen Kara Ben Nemsis mit Abrahim-Mamur.

War schon die bisherige Situation vermittelst des Arzt-Motivs an Hauffs Geschichte angelehnt, genauer gesagt an Mustafas zweiten Versuch, Fatme zu befreien, so zeigen sich nun, bei der Entführung selbst,

---

18 Vgl. dazu Klotz, Volker: Durch die Wüste und so weiter, in: Karl May, hrsg. v. H. Schmiedt, Frankfurt/M. 1983, S. 75-100, hier S. 85ff. (zuerst 1962). Vgl. auch das Kapitel von Schmiedt, Helmut: Handlungsführung und Prosastil, in: Karl-May-Handbuch, hrsg. v. G. Ueding in Zusammenarbeit mit K. Rettner. 2., erw. und bearb. Auflage, Würzburg 2001, S. 131-152, hier S. 135f. (zuerst 1987).

die eigentlichen Parallelen. Handlung und Schauplatz sind von Hauff übernommen, ja sogar die Personenkonstellation, wo der Verlobte der entführten Senitza, Isla Ben Maflei, Mustafa und Kara Ben Nemsi dem Räuber Orbasan entspricht, ohne daß Mays Erzählen indessen seine spezifische Eigenart verlöre.

Vorbereitet durch einen zweiten Besuch Kara Ben Nemsis im Hause Abrahim-Mamurs, der im Grunde allein der Spannungssteigerung dient, kommt es bei seiner dritten Anwesenheit dort, einem nächtlichen Einbruch durch die Wasserleitung, zur eigentlichen Entführung, dem Höhepunkt des Geschehens. Nach effektvollem Auftakt – Isla Ben Maflei kapituliert bereits bei der ersten Schwierigkeit und macht damit die Größe der Aufgabe deutlich – übernimmt der Held die Initiative. Zweimal droht auch er an den Gegebenheiten, nämlich den Gittern im Kanal, zu scheitern, doch überwindet er die Hindernisse mit letzter Kraft, worauf die Begegnung mit Abrahim-Mamur ansteht. Anfänglich sucht Kara Ben Nemsi sie zu vermeiden, indem er sich vor dem Umherspähenden in einem Wasserbassin verbirgt, dann aber, als sie durch ein Mißgeschick Isla Ben Mafleis unausweichlich wird, lenkt er den Verfolger von den Flüchtenden ab und schlägt ihn sodann nieder. Doch dieser Sieg ist keineswegs endgültig; das Abenteuer findet seine Fortsetzung bei einer Verfolgungsjagd auf dem Nil. Abrahim-Mamur, der das schnellere Fahrzeug hat, holt die Entflohenen bald ein, und es kommt zu einem neuerlichen Duell, dem, um dem vorgegebenen Schema gerecht zu werden, sogar noch ein drittes folgen wird. Kara Ben Nemsi muß sich zunächst unter schwierigsten äußeren Bedingungen – die beiden Boote zwängen sich inmitten gefährlicher Stromschnellen aneinander vorbei – eines Mordanschlags durch Abrahim-Mamur erwehren, was ihm durch wundersame Geistesgegenwart nicht nur bestens gelingt; er rettet sogar den dabei über Bord gegangenen Heckenschützen vor dem Ertrinken und demütigt ihn dadurch erneut. Als Drittes und letztes in der Reihe der Auseinandersetzungen zwischen Held und Gegenspieler findet noch eine Gerichtsverhandlung statt, doch hat Kara Ben Nemsi bereits im Vorfeld die notwendigen Hintergrundinformationen beisammen, um seinen Antagonisten unschädlich zu machen; zudem steht Isla Ben Maflei unter dem Schutz des Großherrn, so daß keine reale Gefahr mehr droht. Dementsprechend heiter ist die Stimmung dieses Auftritts; obwohl die Gerichtsverhandlung bis zur Androhung von Gewalt und Gegengewalt eskaliert, obwohl dem Gegner Abrahim-Mamur nun ein letztes Mal eine vernichtende Niederlage bereitet wird, steht die gesamte Szene bereits im Zeichen der Entspannung, womit die Senitza-Episode freundlich ausklingt.

Worin gleicht nun diese Abenteuergeschichte jener Hauffs, und worin unterscheiden sie sich? Neben den rein stofflichen Übernahmen,[19] dem Besuch des Arztes bei der Gefangenen, seinen doppelsinnigen Reden, der Szene des Pulsfühlens, dem Eindringen der Befreier ins Haus durch die Wasserleitung, kommen bei May auch die in der *Errettung Fatmes* so wichtigen Räuber- bzw. Verwechslungsmotive vor, allerdings viel verhaltener und mit keiner weitergehenden Bedeutung versehen. Zwar wird Abrahim-Mamurs falsche Identität entlarvt, zwar hat Senitza einen anderen Namen bekommen, doch bleiben diese Momente rein äußerlich. Ebenso gibt es Frauenraub und Entführung, ebenso herrscht Gesetzlosigkeit, was nicht zuletzt die Szene der Gerichtsverhandlung belegt, die einer Parodie auf jegliche Justizpraxis gleichkommt. Wichtiger jedoch als dieses Panorama anarchischer Verhältnisse, das, nicht anders als bei Hauff, die heimatlichen Zustände in exotischer Verbrämung veranschaulicht, ist bei May die Figur des Helden, des großen, wirkungsmächtigen Individuums, das alles Unrecht, alle diese Mißstände selbsttätig in Ordnung bringt. Insofern mag Kara Ben Nemsi schon einen Reflex auf die tatsächliche Ohnmacht des Einzelnen gegenüber den gesellschaftlich wirksamen Kräften im Deutschland des 19. Jahrhunderts darstellen, es ist dies jedoch eine eher vermittelte Sicht der Dinge.[20] Der Zentralpunkt Mayschen Erzählens bleibt die naive Feier des großen Einzelhelden, und wenn Mustafa bei Hauff noch eine Identität gewinnt, sich als Figur behaupten kann, so ist dies bei Mays Isla Ben Maflei mitnichten der Fall; Orbasan aber erfährt in der heroischen Gestalt Kara Ben Nemsis eine noch viel triumphalere Auferstehung.[21]

Allerdings – und ich greife hier über den Rahmen der Senitza-Episode hinaus, wie ja auch Orbasan seine Kontur weitgehend in den die *Errettung Fatmes* flankierenden Texten erhält –, allerdings fehlt Kara Ben Nemsi dessen unbürgerlich-romantische Vorgeschichte, noch weniger

---

19 Ausführlicher dazu Hammer, Wolfgang: Karl Mays Novelle »Leilet« als Beispiel für seine Quellenverwendung, in: Jahrbuch der Karl-May-Gesellschaft 1996, S. 205-230, hier S. 208f. Bei der Novelle *Leilet* handelt es sich um die Urfassung der hier besprochenen Senitza-Episode.
20 Vgl. dazu meine Überlegungen zu einem anderen Roman Mays: Satan und Ischariot. Über die Besonderheit eines Abenteuerromans mit religiösen Motiven, in: Karl Mays »Satan und Ischariot«, hrsg. v. D. Sudhoff/H. Vollmer, Oldenburg 1999, S. 23-40, hier S. 27f. (zuerst 1989).
21 Bei dem von Hermann Wiegmann verfaßten Abschnitt zu Mays Orientzyklus im *Karl-May-Handbuch* heißt es: »Dabei ist der Held ein fertiger Held, kein werdender. Er ist selbst schon utopische Realisation des Wunschtraums von einer besseren Identität«. In: Ueding, Karl-May-Handbuch, S. 162.

kann man ihn bei aller tätigen Gerechtigkeitsliebe als edlen Räuber und schon gar nicht als Freiheitskämpfer bezeichnen. Obwohl er gelegentlich gegen die örtliche Obrigkeit Stellung bezieht, geht ihm jeglicher revolutionäre Impetus ab. Andererseits ist er, trotz seiner treuherzigen Bekenntnisse zur europäischen Zivilisation, zur christlichen Lehre, zum Deutschen schlechthin, eben doch ein Gegenentwurf zu uns allen, seinen brav-biederen Bewunderern: ein abenteuernder Nicht-Bürger, befreit vom geregelten Erwerbsleben, Herr seiner Zeit und seiner Entschlüsse, allen Gefahren gewachsen, allen Sätteln gerecht – kurz, für den in seiner durchschnittlichen Existenz gefangenen Karl-May-Leser eine Faszinationsfigur, die mit sämtlichen Reizen des Eskapismus lockt.[22]

Ebenso wie bei Hauff, doch nun ungleich ausdauernder, entledigt sich dieser Held während seines Abenteuers einer Art Doppelgängerfigur. Dort ist es der ehrgeizige Stellvertreter Hassan, der durch sein bösartiges Verhalten das Inbild des edlen Räubers in den Schmutz zu ziehen droht. Hier ein Gegenspieler, eine großangelegte, Kara Ben Nemsi fast schon gleichwertige Gestalt, die indessen dem Laster, dem Bösen anheimgefallen ist, eine Konnotation, die diese Auseinandersetzung religiös markiert und dem von May als Erzählprinzip betriebenen Dualismus eine allgemein anerkannte Grundlage liefert. Wie gezeigt, besteht dieses Erzählen aus der Schilderung einer schier unendlichen Kette von siegreich bestandenen Zweikämpfen, welch anhaltende Bemühung, die Fiktion vom wirkungsmächtigen Einzelnen aufrechtzuerhalten, dann doch etwas zwanghaft wirkt; andererseits werden die Leser offenkundig bis heute nicht müde, sich bestätigen zu lassen, daß es solche Heldenfiguren und solches Agieren auf eigene Faust ohne weiteres geben könne.

Damit scheint dem Text Mays allerdings das Urteil gesprochen. Wenn er wirklich nichts anderes als eine Vergröberung, Vereinfachung der Hauffschen Vorlage betriebe, wenn er sich auf die Apotheose einer religiös beglaubigten Heldenfigur reduzieren ließe, die stereotyp aufeinanderfolgende Situationen zu bewältigen hat, wohingegen die Geschichte des romantischen Freiheitskämpfers Orbasan kunstvoll verschachtelt auf einen sinnfälligen Höhepunkt hin erzählt ist, wenn Hauffs Held, obgleich er im Kampf *gegen* Napoleon Kontur gewinnt, seine Größe doch von dieser epochalen Gestalt bezieht,[23] während Kara Ben Nemsi schlicht und treudeutsch das Lob Bismarcks oder Wilhelms I. singt und obendrein andauernd fatale Assoziationen an koloniale Muster weckt – wenn

---

22 Zu Karl Mays Ich-Helden vgl. man Klotz, Durch die Wüste, S. 83f.
23 Wild setzt Orbasan mit Napoleon geradezu gleich. Vgl. Wild, Räuber Orbasan, S. 363.

dies allein zuträfe, dann müßte man auch jenen Kritikern recht geben, die May immer schon vorgeworfen haben, minderwertige Literatur, Schundromane, billige Surrogate zu produzieren.[24]

Unsittlichkeit wird ihm heute sicherlich keiner mehr vorwerfen, wie dieselben Kritiker es noch Anno 1900 taten, und doch ist die besprochene Senitza-Episode eine wahre Fundgrube für solcherlei Vorstellungen.[25] Es geht schließlich um Frauenraub, also um eine erotisch motivierte Handlung, und obwohl Hauff und auch noch May die entführten Mädchen, die fiktional ja pure Sexualobjekte sind, dem Gesetz des Genres folgend tatsächlich wie beliebige Gegenstände behandeln – man könnte beinahe auch einen geraubten Goldschatz an ihre Stelle setzen –, finden sich bei May dann doch eindeutige Untertöne, die seine Version sehr wohl gegenüber der Hauffschen Fassung konturieren, auf Eigenständiges, freilich ganz und gar Unerwartetes, verweisen.

Dies hängt nicht zuletzt damit zusammen, daß der Maysche Ich-Erzähler, wie Orbasan, auch eine Vorgeschichte hat, doch nun in anderem Sinn, nämlich im philologischen. Es existiert eine Urfassung des Textes, eine selbständige Erzählung, und hier raubt der Held Leilet – so heißt Senitza dort – keineswegs für einen anderen, sondern nur für sich allein.[26]

---

24 Vgl. zusammenfassend dazu die Abschnitte: »Mays Leben« (Claus Roxin) und »Kritik und Rezeption Karl Mays« (Helmut Schmied), in: Ueding, Karl-May-Handbuch, S. 103f. u. 498f.

25 In der biographischen Karl-May-Forschung hält sich hartnäckig die These, daß May in dieser Episode oder vielmehr in ihrer selbständigen Vorfassung ein erotisches Erlebnis gestaltet habe, das ihm 1861 mit seiner 19jährigen Zimmerwirtin Henriette Meinhold in Glauchau zuteil geworden sei – und das ihm, als der düpierte Ehemann Anzeige erstattete, die Entlassung aus seiner Hilfslehrerstelle bescherte. Vgl. zu dieser Affäre Hammer, Karl Mays Novelle »Leilet«, S. 211 sowie Hoffmann, Klaus: »Nach 14 Tagen entlassen ...«. Über Karl Mays zweites ›Delikt‹ (Oktober 1861), in: Jahrbuch der Karl-May-Gesellschaft 1979, S. 338-354.

26 Die Erzählung *Leilet* wurde erstmals 1876 unter dem Pseudonym M. Gisela in der Zeitschrift des Kolportageverlegers Heinrich Münchmeyer *Feierstunden am häuslichen Heerde* veröffentlicht. Textgleiche Fassungen, nun unter dem Namen Karl Mays, doch mit wechselnden Überschriften, erschienen 1877 in der von Peter Rosegger herausgegebenen Zeitschrift *Heimgarten – Die Rose von Kahira –* und 1879 in dem Blatt *Sonntagsruhe –* nun unter dem Titel *Am Nil.* Selbst im Jahr 1881, als der Autor die Erzählung bereits für den im *Deutschen Hausschatz* publizierten Zyklus *Giölgeda padishanün* umgearbeitet hatte, gab es noch einmal einen Abdruck der alten Version in der Zeitschrift *Für alle Welt –* der Titel lautete nun *Entführt*; das Pseudonym Karl Hohenthal. Vgl. dazu Plaul, Hainer: Illustrierte Karl May Bibliographie. Unter Mitwirkung von Gerhard Klußmeier, München u.a. 1989.

Seine Betroffenheit, sobald er ihrer durch ein Loch in der Wand »im leichten, sich innig an die Glieder schmiegenden Gewande«[27] zum ersten Mal ansichtig wird, spricht eine nur allzu deutliche Sprache:

> Leilet mit dem reinen, blassen, schwermuthsernsten und doch so milden, unvergleichlich schönen Angesichte, Leilet mit Augen so offen und groß, so tief und klar, in deren Blicke sich die ganze unberührte Unschuld eines Kindes mit dem Herzensglühen des beglückenden Weibes vermählt, Leilet mit der weichen, herrlichen Gestalt, wie sie kaum der Meißel des Künstlers dem Marmor zu entlocken vermag […] Ich habe noch nie die Liebe gekannt […] und jetzt –? Ein einziger Augenblick, ein einziger kurzer Moment hat tief hinunter in das starre Herz gegriffen, um ein Leben, Knospen, Treiben, Blühen, ein Sehnen, Verlangen und Begehren zu erwecken, von dessen Dasein ich bisher keine Ahnung hatte […][28]

In der Neubearbeitung der Erzählung für den *Deutschen Hausschatz* und die im Verlag von Friedrich Ernst Fehsenfeld erscheinende Buchausgabe hat May diesen Zug zum Glück ausgelassen und auch sonst noch einiges geändert, die massive Sexualsymbolik, die den Text unterschwellig prägt, blieb aber bestehen, ja verstärkte sich zum Teil sogar noch erheblich.

Gleich zu Anfang wird hervorgehoben, daß die von Abrahim-Mamur entführte Senitza noch Jungfrau sei – ein Umstand, der bei Hauff keine Rolle spielt, ebensowenig wie die Frage, ob Fatme und Zoraide es während ihres Aufenthalts bei Thiuli-Kos wohl auch bleiben. Dies ist andererseits den im 19. Jahrhundert geltenden Moralvorstellungen geschuldet, andererseits macht es die ohnehin verfängliche Situation noch delikater. Denn bereits im ersten Gespräch mit Kara Ben Nemsi entblößt der Mädchenräuber sein Inneres – »Er mußte die Kranke mit der letzten, trüben und also schwersten Glut seines fast ausgebrannten Herzens lieb haben« (81) – und damit korrespondierend auch sein Äußeres, »die Scham seines Scheitels« (82), nämlich seinen kahl geschorenen Kopf, worin man, wenn man will, metonymisch die Bloßlegung seiner Lüsternheit sehen kann. In der Vorfassung heißt es bezeichnenderweise, daß Abrahim-Mamur für seine indirekte Offenbarung eine »Strafe« verdiene.[29]

Sodann baut May das von Hauff übernommene Motiv des Eindringens ins Haus durch die unterirdische Wasserleitung zu einer gigantischen Deflorationsphantasie aus. Gleich zweimal muß der Held auf seinem

---

27 M. Gisela: »Leilet«, in: Feierstunden am häuslichen Heerde, S. 23.
28 Ebd., S. 23.
29 Ebd., S. 10.

Weg durch den Kanal Gitter durchstoßen und sich durch enge Öffnungen zwängen, bis er im Hof endlich mit Senitza direkt in Kontakt treten kann: durch ein Gitter, das diese einen Spalt weit geöffnet hat. Damit ist die für diese Erzählung strukturbestimmende Dreizahl erreicht; zu allem Überfluß hat Kara Ben Nemsi schon beim vorangehenden Besuch vorsorglich den Riegel eines anderen Fenstergitters gelöst. Freilich nimmt der zielstrebige Retter bei diesem seinem Beginnen den eigentlich Isla Ben Maflei, Senitzas Verlobtem, zugedachten Part ein, der allerdings zu schwach ist, schon das erste Gitter zu durchstoßen, doch entspricht dieser Rollentausch ja auch der äußerlichen Abenteuerhandlung. Vom inneren Hof aus soll Senitzas Fenster zunächst mit Hilfe einer »starken und ziemlich langen Stange« (109) erklettert werden, doch findet sich statt dessen eine Leiter, auf der nun doch der rechtmäßige Bräutigam empor- und mit der Entführten wieder herabsteigt, so daß man Kara Ben Nemsis Stange für diesmal nicht bedarf. Indessen fällt die Leiter bei dieser Rettungsaktion um, was erneut schwere Zweifel an der Leistungsfähigkeit Isla Ben Mafleis weckt. (In der Erstfassung gleitet Leilet ohne weiteres an der von ihrem Erretter bereitgestellten Stange hinab; der Lärm, der zur Entdeckung der Flüchtenden führt, wird nun von ihr verursacht.)

Daß somit nicht mehr der harmlose Bräutigam sondern allein Kara Ben Nemsi als der eigentliche Nebenbuhler Abraham-Mamurs bei Senitza zu gelten hat, wird durch derlei doppeldeutige Handlungen offensichtlich. Diese Konstellation prägt dann auch die Fortsetzung des Geschehens und seinen Symbolgehalt, wenn es nämlich zu der Verfolgungsfahrt auf dem Nil und zu deren Höhepunkt, dem Duell am Katarakt, kommt. Die vorherige Motivik wird jetzt nämlich wiederaufgegriffen, auch hier zwängt man sich – in diesem Fall die Boote – durch einen schmalen, wassergefüllten Kanal, ja die Rivalität wird augenfällig, wenn die beiden Fahrzeuge auf engstem Raum aneinander vorbeidrängen. Sie entscheidet sich durch das Mißlingen von Abrahim-Mamurs Mordversuch und seinen anschließenden Sturz ins Wasser, welcher Fall, und Arno Schmidt hätte das Wort an dieser Stelle mit Ph geschrieben,[30] an Isla Ben Mafleis Leitersturz denken läßt. Schon vorher hatte Kara Ben Nemsi dem Kapitän des feindlichen Schiffes die frech emporragende Reiherfeder vom Turban geschossen, um anschließend als erster die enge Durchfahrt des Katarakts zu passieren.

So vergnüglich sich derlei im einzelnen auch liest, so liegt doch das, was man diesem erotischen Subtext zum Abenteuergeschehen entneh-

---

30 Schmidt, Arno: Sitara und der Weg dorthin. Eine Studie über Wesen, Werk & Wirkung Karl May's, Frankfurt/M. 1985 (zuerst 1963).

men kann, auf der gleichen Linie wie die vorhin konstatierte Apotheose einer Heldenfigur, die ihren Kontrahenten außer an Kraft und List eben auch noch an Potenz überlegen ist und dies pausenlos dartut. Zwar vermag letzteres vielleicht einen Teil der Faszination zu erklären, die von einer solchen Geschichte zumal auf Heranwachsende ausgeht, doch wird die Geschichte und ihre Aussage deshalb schwerlich bedeutender. Allerdings halte ich dafür, daß die hier herausgestellte Sexualsymbolik dem angeblich nur halbbewußt produzierenden Vielschreiber keinesfalls unkontrolliert in die Feder geflossen ist. Arno Schmidt, dem nicht leicht eine Spalte oder Höhle im Mayschen Œuvre entging, hat die Senitza-Episode wohlweislich mit Schweigen übergangen; sicherlich weil sie seiner These einer homosexuellen Prägung des Werks widerspricht, aber wohl auch wegen des darin nicht zu ignorierenden Gestaltungswillens – gerade der Vergleich mit der Vorfassung macht die Umarbeitung, also den gezielten Schreibakt deutlich.

Zumindest reicher, vielgestaltiger, kunstvoller wird Mays Erzählen durch die erotischen Untertöne. Und kunstvoll ist es, zu guter Letzt, auch was die Abenteuergeschichte selbst betrifft, nun ganz von allen Beiklängen abgesehen. Hauffs Almanach besticht – sieht man von der Figur des Orbasan einmal ab – vor allem durch seine Komposition, bei May geraten die Leser hingegen, noch ehe sie der Faszination durch die Gestalt des Helden erliegen können, in den Bann der Handlung. Dazu trägt allerdings auch ein sinnvoller Textaufbau bei. Das gesamte Geschehen der Senitza-Episode läuft in drei Phasen ab, die ihrerseits dreigeteilt sind, wobei jeweils die zweite, die mittlere Aktion den Höhepunkt darstellt: Die erste feindselige Begegnung Kara Ben Nemsis mit Abraham-Mamur kulminiert in dem mit Fäusten und Waffen ausgetragenen Kampf, dem ein verhalteneres Wortduell vorangeht und eine ebensolche verbale Auseinandersetzung nachfolgt. Da Mays Erzählen aus einer zuweilen schier atemlosen Aneinanderreihung von Abenteuern besteht, ist ein solches allmähliches Absinken der Spannung geeigneter, die nächste Szene vorzubereiten, als die gebräuchlichere Steigerung auf einen finalen Höhepunkt hin, von dem aus die Anspannung dann jäh abfallen müßte. Gleiches läßt sich bei Kara Ben Nemsis nächtlichem Vordringen zu Senitza feststellen, wobei er drei Gitter passieren muß; die Überwindung des zweiten Hindernisses im Kanal gestaltet sich eindeutig am schwierigsten und gefährlichsten, wohingegen die Szene am dritten Gitter lediglich als Auftakt des nächsten Abenteuers anzusehen ist. Und auch die sich anschließenden neuerlichen drei Auseinandersetzungen des Helden mit Abraham-Mamur gipfeln im Duell am Katarakt, dem mittleren, das sich aufgrund der spannenden Begleitumstände, der lebensbedrohlichen

Fahrt durch die Stromschnellen, von dem früheren nächtlichen Kampf und der späteren Gerichtsverhandlung abhebt. Das Nonplusultra an Dramatik erreicht unter den drei hervorgehobenen Szenen abermals die mittlere, das Durchtauchen des Kanals, welche Situation von May gegenüber Hauff zu einem Höchstmaß an Eindringlichkeit gesteigert ist.[31] Dort verlautete noch im sachlichen Tonfall eines Berichts:

> Mit Waffen und Brecheisen wohl versehen, stiegen Mustafa, Orbasan und zwei andere Männer hinab in die Wasserleitung; sie sanken zwar bis an den Gürtel ins Wasser, aber nichtsdestoweniger gingen sie rüstig vorwärts. Nach einer halben Stunde kamen sie an den Brunnen selbst, und setzten sogleich ihre Brecheisen an. Die Mauer war dick und fest, aber den vereinten Kräften der vier Männer konnte sie nicht lange widerstehen, bald hatten sie eine Öffnung eingebrochen, groß genug, um bequem durchschlüpfen zu können. Orbasan schlüpfte zuerst durch, und half den anderen nach.[32]

Die gleiche Szene nimmt bei Karl May vier Seiten ein, und es lohnt, die Gestaltung dieses Höhepunkts an abenteuerlicher Handlung näher zu betrachten. Zunächst probiert Isla Ben Maflei den Einstieg in den Kanal, scheitert aber alsbald; eine folgenlose Aktion, die hauptsächlich dazu dient, die Schwere der Aufgabe, der sich nun Kara Ben Nemsi unterzieht, gebührend zu unterstreichen. Der Held durchbricht sodann ein erstes, bei Hauff nicht vorhandenes Gitter, was ihn lediglich Kraft und Mühe kostet, aber noch keiner Gefahr aussetzt. Allerdings erzeugen einige Hinweise auf die geradezu klaustrophobische Raumsituation eine Atmosphäre der Unheimlichkeit – der durchgehend unterirdische Kanal, das von dickem Schlamm durchsetzte, trübe Wasser, die Erwähnung von Wassermäusen und Ratten –, die sich der latenten Bedrohung durch Abraham-Mamur hinzugesellt. Dann aber verändert sich der Schauplatz und damit einhergehend auch die Erzählweise. Wurden bisher die örtlichen Gegebenheiten und die Reaktionen des Helden darauf beschrieben, also die Hindernisse, die sich ihm in den Weg stellten, und ihre bravouröse Überwindung, so tritt dazu nun, die Identifikation des Lesers

---

31 Bei Klotz heißt es zur spezifischen Raumsymbolik in Mays Abenteuererzählungen: »Auch hier ist der Raum Indiz der Handlung, ist er dingliche Explikation dessen, was in und um ihn geschieht. Der Geheimgang ist zugleich Instrument und Symbol des Abenteuers. Wie das Abenteuer ist er ein Etwas, in das die Helden sich einlassen ohne Gewißheit über den Ausgang.« Vgl. Klotz, Durch die Wüste, S. 81f.
32 Hauff, Sämtliche Werke, Bd. 2, S. 64.

mit Kara Ben Nemsi geradezu erzwingend, die eindringliche Schilderung seines Innenlebens, seiner Gedanken und Gefühle:[33]

> Als ich mich nach meiner ungefähren Berechnung unter dem inneren Hofe befinden mußte, senkte sich plötzlich die Wölbung bis auf die Oberfläche des Wassers herunter, und ich wußte nun, daß ich mich in der Nähe des Bassins befand. Der Kanal glich von hier aus nur noch einer Röhre, welche so vollständig mit Wasser gefüllt war, daß die zum Atmen nötige Luft fehlte. Die noch übrige Strecke mußte ich also unter Wasser durchkriechen oder tauchend durchschwimmen, was nicht nur höchst unbequem und anstrengend, sondern auch mit größter Gefahr verbunden war. Wie nun, wenn sich ein zweites, unvorhergesehenes Hindernis in den Weg stellte und ich auch nicht so weit zurückkehren konnte, um den nötigen Atem zu holen? – – Oder wenn ich beim Emportauchen bemerkt wurde? (114f.)

Genauso kommt es denn auch; und es ist ein schöner Beleg für die Suggestionskraft Mays, daß in Ernst Blochs Nacherzählung dieser Szene dem Helden beim Auftauchen tatsächlich eine Kugel um die Ohren pfeift,[34] wo sich das Original doch mit dem Eintreten der ersten fatalen Möglichkeit, dem Gitter im Kanal, begnügt:

> Bei dieser Entdeckung bemächtigte sich eine wirkliche Aengstlichkeit meiner.
> Zurück konnte ich nicht mehr, denn ehe ich die Stelle zu erreichen vermochte, wo die höhere Wölbung des Kanals mir gestattet hätte, emporzutauchen und Atem zu schöpfen, war ich jedenfalls schon erstickt, und doch schien das ziemlich starke Siebwerk sehr haltbar befestigt zu sein. Hier gab es freilich nur zwei Fälle: entweder es gelang mir, hindurchzukommen, oder ich mußte elend ertrinken. Es war kein Augenblick zu verlieren. (115)

---

33 Vgl. dazu auch die Analyse der Erzählszene bei Wiegmann, Hermann: Stil und Erzähltechnik in den Orientbänden Karl Mays, in: Sudhoff/Vollmer, Karl Mays Orientzyklus, S. 113-127, hier S. 124.

34 Bloch, Über Märchen (Die Silberbüchse Winnetous), S. 171. Angesichts eines solchen Zeugnisses für die Wirkungsmacht Mayschen Erzählens scheinen mir die stilistischen Unbeholfenheiten, die dem Autor anläßlich dieser Szene ja in der Tat vorgeworfen werden können, unerheblich. Vgl. Kittstein, Werner: Fiktion als erlebte Wirklichkeit: Zur Erzähltechnik in Karl Mays Reise-Romanen, Teil I, in: Jahrbuch der Karl-May-Gesellschaft 1997, S. 117-175, hier S. 143 u. 155.

Es ist nicht zu übersehen, wie viele Augenblicke der Erzähler hier verliert, ja geradezu vertrödelt, um die Spannung der Situation bis ins letzte auszukosten. Die Bemerkungen und Betrachtungen des Helden, so nachvollziehbar sie auch sein mögen, dienen hauptsächlich als retardierendes Moment des auf Aktion angelegten Abenteuergeschehens. Dies läßt sich sogar bei der nachfolgenden, auf die Entscheidung zwischen Leben und Tod zugespitzten Passage feststellen, bei der die Perspektive beinahe ausschließlich nach innen, auf die Gefühle, die Seelenzustände ja sogar auf die inneren Organe Kara Ben Nemsis gerichtet ist – von der Handlung her geht es ja schlicht darum, ob sich das Gitter aufsprengen läßt oder nicht – und die somit aufs äußerste gedehnt erscheint:

> Ich stemmte mich gegen das Blech – vergebens; ich drückte und preßte mit aller Gewalt dagegen, doch ohne Erfolg. Und wenn ich hindurch kam und hinter ihm nicht sofort das Bassin sich befand, so war ich dennoch verloren. Ich hatte nur noch Luft und Kraft für eine Sekunde; es war mir, als wolle eine fürchterliche Gewalt mir die Lunge zerbersten und den Körper zersprengen – noch eine letzte, die allerletzte Anstrengung; Herr Gott im Himmel, hilf, daß es mir gelingt! Ich fühle den Tod mit nasser, eisiger Hand nach meinem Herzen greifen; er packt es mit grausamer, unerbittlicher Faust und drückt es vernichtend zusammen; die Pulse stocken; die Besinnung schwindet; die Seele sträubt sich mit aller Gewalt gegen das Entsetzliche; eine krampfhafte, tödliche Expansion dehnt die erstarrenden Sehnen und Muskeln aus – ich höre einen Krach, kein Geräusch,[35] aber der Kampf des Todes hat vermocht, was dem Leben nicht gelingen wollte – das Sieb weicht, es geht aus den Fugen, ich fahre empor. (115f.)

Und noch etwas Weiteres kann man dieser Textpassage ablesen. Zunächst scheint sie, wie die gesamte Erzählung überhaupt, sprachlich geprägt von der Dominanz eines allgegenwärtigen, handlungsmächtigen »Ich«: »Ich stemmte«, »Ich drückte und preßte«, »wenn ich hindurch kam«, »Ich hatte nur noch Luft«. Allmählich gerät dieses »Ich« jedoch in die Defensive, die Dinge entgleiten seinen Händen, es wird ihm mitgespielt, was sich in passivischen Formulierungen ausdrückt: »es war mir, als wolle eine fürchterliche Gewalt mir die Lunge zerbersten«, »Herr Gott im Himmel, hilf, daß es mir gelingt«, »Ich fühle den Tod mit nasser, eisiger Hand nach meinem Herzen greifen«. Folgerichtig kommen andere

---

35 Die von Hermann Wiedenroth und Hans Wollschläger herausgegebene Ausgabe der Werke Karl Mays – Abt. IV, Bd. 1. Nördlingen 1988 – verbessert an dieser Stelle zu dem logischeren »ich höre keinen Krach, kein Geräusch« (S. 126).

Handlungsmächte, andere Instanzen ins Spiel, die nun den Geschehensablauf bestimmen: »eine fürchterliche Gewalt«, »Herr Gott im Himmel«, »der Tod« mit seiner »nassen, eisigen Hand«, die hernach zur »grausamen, unerbittlichen Faust« sich steigert, schließlich »das Entsetzliche«. Das »Ich«, das eigentlich als Widerpart dieser Kräfte zu fungieren hätte oder vielmehr sie durch sein Handeln beherrschen und überflüssig machen müßte, erscheint nun als ihr Opfer, hat es doch seine integrale Persönlichkeit, seine Identität verloren und figuriert als bloßes Bündel von Organen und deren Funktionen: »Lunge«, »Herz«, »Pulse«, »Besinnung«, »Seele«, »Sehnen«, »Muskeln«. Mit einem Wort: der omnipotente Held, das dominante Ich wird entmächtigt, erscheint als Spielball anderer Kräfte, er, der es gewohnt ist, die Situation selbst zu bestimmen, muß sie nun durchleiden. Es mögen sich hier bei den Lesern Christusassoziationen einstellen, zumal ja das Ganze ein gutes Ende findet, man mag ferner darauf hinweisen, daß die Größe der Gefahr und die Außerordentlichkeit des Abenteuers Kara Ben Nemsi nur noch strahlender daraus hervorgehen lassen, dennoch macht die auf Schritt und Tritt anzutreffende, penetrante Übersteigerung des Mayschen Helden solche Momente der beinahe eintretenden Niederlage kostbar. Bezeichnenderweise ist es nie ein leibhaftiger Gegenspieler, der dem Protagonisten solchermaßen zusetzt; das strukturbestimmende agonale Prinzip bleibt von dieser Erscheinung unberührt. Der entscheidende Faktor bei solchen Situationen liegt immer in den jeweiligen Gegebenheiten und Umständen: etwa der nachgebende und trügerische Boden des Schotts Dscherid beim Mordanschlag Hamd el Amasats auf Kara Ben Nemsis Führer (*Durch die Wüste*), die Miasmen der schiitischen Leichenkarawane, an denen sich der Held mit der Pest infiziert, die absolute Finsternis und Stille bei seinem neuerlichen Duell mit Abrahim-Mamur in den unterirdischen Gängen der Ruine von Baalbek (beides in *Von Bagdad nach Stambul*) etc. etc.

Somit ergibt sich das Paradox, daß die eindringlichsten Momente dieser Mayschen Heldengeschichten von der augenblicksweisen Entmächtigung des allgewaltigen Helden handeln; geradezu ein konträrer Befund zur Charakteristik Hauffschen Erzählens. Wurde dort gegen die bedrängende und gleichwohl ungreifbare Macht der realen Verhältnisse die Fiktion eines in sich souveränen, glanzvollen Räuberfürsten gesetzt, so erscheint dieser Figurentypus bei May dermaßen vergrößert und vergröbert – von seinen im Vergleich zum Freiheitskämpfer Orbasan fatal affirmativen Tendenzen zu schweigen –, daß die für einen Augenblick aufscheinende Möglichkeit einer Niederlage des Unüberwindlichen die Leser schon wieder in ihren Bann zu schlagen vermag. Vielleicht weil die Heroengestalt dadurch in ihrer allzu sicheren Identität erschüttert und wieder auf menschliches Maß reduziert wird, vielleicht weil die von ihr sonst unglaubwürdig leicht beherrschten Gegenkräfte endlich mit jener Gewalt auftreten, die ihnen im wirklichen Leben eignet. Vielleicht aber auch nur, weil man als Leser bei solchen Gelegenheiten nicht allein von der bloßen Identifikation mit dem Helden zehrt, sondern über das spannende Mit-Leiden hinaus, in der Situation als ganzer aufgeht, sich nicht nur hineinversetzt, sondern sie vielmehr in sich aufnimmt, die exotischen Schauplätze, die atmosphärischen Bedingungen, die raumzeitlichen Verhältnisse, kurz das gesamte Geschehen. In solchen Momenten findet Mays ja in der Tat stereotypes und zuweilen geradezu unerträglich simples Erzählen seine Erfüllung, vermag, in bescheideneren Kategorien, zu leisten, was der überdimensionierten Heldengestalt schwerlich noch gelingt: die utopische Überwindung der Wirklichkeit durch abenteuerliche Handlung.

Marc Silberman

Hauff-Verfilmungen der 50er Jahre
Märchen und postfaschistischer Medienwandel

Neuerdings stellte Reiner Wild Folgendes fest: Hauffs Märchen »gehören zu den wenigen deutschen Kunstmärchen, die gewissermaßen zu Volksmärchen wurden; sie gehören, in welcher medialen Verpackung auch immer, bis heute zum Kernbestand literarischer Sozialisation und zum Kernbestand des literarischen Kanons.«[1] Diese mediale Verpackung schließt nicht nur meinen Gegenstand ein, d.h. Verfilmungen für das Kino und das Fernsehen in Formen wie Spielfilm und Animationsfilm, sondern auch Hauff-Stoffe im Theater, Puppenspiel, Radiohörspiel, auf Schellack- und Vinylschallplatten sowie Tonbandkassetten, in Comics und Computerspielen und als Spielzeugfiguren. Andere haben auch angemerkt, daß Hauffs stark mimisch akzentuierte und bewegte Bilder filmisch seien[2] und daß die präzisen Milieuschilderungen und Charakterisierungen zum Teil konkreten Regieanweisungen entsprächen.[3] In den eigenen Nachforschungen konnte ich 23 Hauff-Verfilmungen ausfindig machen, was bestimmt keine vollständige Liste darstellt. Die früheste müßte die verschollene Kinofassung der Erzählung *Die Bettlerin vom Pont des Arts* von Rudolf Opels aus dem Jahre 1916 sein, und die jüngste scheint der 1987 gedrehte Märchenfilm *Zwerg Nase* von Katja Georgi aus der DEFA-Trickfilmproduktion der DDR zu sein. Wie zu erwarten, sind die beliebtesten Märchen auch die meistverfilmten Texte, darunter *Der kleine Muck*, *Kalif Storch*, *Zwerg Nase*, *Der falsche Prinz* und *Das Wirtshaus im Spessart*; zu den Verfilmungen gehört aber auch der 1940 von Veit Harlan produzierte *Jüd Süß*, der unter anderem Motive von Hauffs historischer Novelle verarbeitete. Zusätzlich gibt es mindestens 28 Märchenspiele für das Fernsehen, angefangen mit Lotte Reinigers 10minütigem Silhouettenfilm *Caliph Stork* aus dem Jahre 1954 im Auftrag der briti-

---

1 Wild, Reiner: »Wer ist der Räuber Orbasan?« Überlegungen zu Wilhelm Hauffs Märchen, in: Athenäum: Jahrbuch für Romantik (1994), S. 350.
2 Martini, Fritz: »Wilhelm Hauff«, in: Deutsche Dichter der Romantik, hrsg. v. B. v. Wiese, Berlin 1971, S. 46.
3 Schmitt, Christoph: Adaptionen klassischer Märchen im Kinder- und Familienfernsehen, Frankfurt/M. 1993, S. 47.

schen BBC und der amerikanischen CBS, über die für das Fernsehen eingerichteten Hauff-Märchen der Augsburger Puppenkiste bis zu den vielen internationalen Ko-Produktionen für die wöchentlichen Kinderprogramme der 70er und 80er Jahre wie *Märchen der Welt* beim ARD oder *Welt des Märchens* beim ZDF (siehe Anhang mit Filmliste).

Diese etwas bescheidenen Zahlen besagen natürlich nichts über die eigentliche Verbreitung und Popularität der medialen Aufbereitung der Hauff-Texte. Dazu gibt es einfach zuwenig Daten, was Einsatz, Vertrieb und Ausstrahlung im Kino und Fernsehen betrifft. Lediglich eine von Christoph Schmitt vorgelegte Untersuchung über das Familienfernsehen in der alten Bundesrepublik bringt überschaubare Statistiken zu Märchensendungen. Nach seiner Darstellung waren in allen drei untersuchten Abschnitten (1954-59, 1960-69, 1970-79) die Volksmärchen der Gebrüder Grimm an erster Stelle, Märchen von Hans Christian Andersen an zweiter Stelle und Hauff an dritter bzw. vierter Stelle vertreten.[4] Ein ähnliches Bild läßt sich für das Kinogenre Märchenfilm vermuten. Ein kursorischer Blick in einschlägige deutsche Fernsehzeitschriften ergab im Sommer 2002 eine entsprechende Rangliste von eingesetzten Märchenfilmen und Wiederholungen, v.a. in den morgendlichen und frühnachmittäglichen Kindersendezeiten. Bezogen auf Hauff im Kinderfernsehen schlußfolgerte Schmitt also:

> Daß Hauff wesentlich weniger adaptiert wird als Andersen, liegt auf der Hand: Seine Erzählungen sind zwar die am meisten gelesenen *deutschen* Kunstmärchen [Schmitt zitiert Harald Riebe im *Lexikon der Kinder- und Jugendliteratur* (1975, S. 524)], sind aber außerhalb des deutschen Sprachgebietes, wo die meisten der eingekauften [Fernseh-] Märchen produziert wurden, weniger bedeutsam, während Andersen zur Weltliteratur gezählt werden muß ...[5]

Soviel zur Systematik der Hauff-Verfilmungen. Da der mediale Hauff vorwiegend durch die Hauff-Märchen fortlebt, ist ein Wort zur Rezeption dieser Texte im Rahmen der historischen Entwicklung des Märchenfilms angebracht. Als Schriftsteller gehörte Hauff selber zu den aktiven

---

4 Schmitt, Adaptionen klassischer Märchen, Tabellen S. 149-56. Die Zahl der Märchensendungen nach Autor im Fernsehen der BRD (einschließlich Wiederholungen) sieht folgendermaßen aus:
1954-59: Grimm = 69, Andersen = 23, Hauff = 15
1960-69: Grimm = 76, Andersen = 24, Hauff = 23
1970-79: Grimm = 64, Andersen = 20, 1001-Nacht = 26, Hauff = 14
5 Schmitt, Adaptionen klassischer Märchen, S. 222.

Mitgestaltern eines Genrewechsels, der das Märchen von einer Dichtungsform der Erwachsenenlektüre in ein beliebtes Genre der Kinderliteratur verwandelte. Dabei ergaben sich hierarchische Unterscheidungen zwischen »anspruchsvollen« Kunstmärchen (z.b. von Goethe und Novalis) und »unterhaltsamen«, volkstümlichen Geschichten von Hauff.[6] Dessen strategische Ausrichtung auf einen jugendlichen Adressatenkreis – Hauffs drei Märchenalmanache wandten sich ausdrücklich an »Söhne und Töchter gebildeter Stände« – war jedoch nicht nur und nicht vordergründig als pädagogischer Appell gedacht, sondern auch als Angebot an die bürgerlichen Eltern, die die Bücher kauften oder aus den Leihbibliotheken entliehen und den Kindern vorlasen.[7] Insofern will ich daran festhalten, daß vom Literaturbetrieb her Hauff als Kinderautor für jugendliche Leser genauso wichtig wie für Erwachsene war. Von seinen Schreibstrategien her wandte er sich explizit an Kinder und implizit an einen ästhetisch und politisch interessierten Erwachsenenkreis, denen seine ironischen Brechungen und indirekten Hinweise wohl verständlich waren. Darüber hinaus darf nicht übersehen werden, daß Kindergeschichten – oft in der Maske von Abenteuergeschichten – die Funktion haben können, Gesellschaftsstrukturen transparent zu machen: sowohl den Kindern als auch den Erwachsenen. Wie sich noch zeigen wird, sind Hauffs Verwandlungsmärchen besonders wirkungsvoll in Umbruchszeiten, wie z.B. in den Jahren nach dem zweiten Weltkrieg.

Auch Märchenverfilmungen, die es seit den Anfangsjahren der Kinematographie gab, beweisen tendenziell diese doppelte Adressatenstrategie. Der Franzose George Méliès produzierte den wohl ersten Märchenfilm nach den Gebrüdern Grimm im Jahre 1899, sein *Aschenputtel*, angeregt durch die ballettartige Uraufführung in Paris von Jules Massenets Oper *Cendrillon* (1899). 1907 kam die erste deutsche Grimm-Verfilmung heraus, *Hänsel und Gretel*, nach der Oper von Engelbert Humperdinck (diese transmediale Dimension der Märchenverfilmungen kann man bis heute verfolgen). Die erste deutsche Märchenverfilmung mit »filmkünstlerischem Anspruch« (hier wieder dieser hierarchisierende Begriff) war *Rübezahls Hochzeit* von Paul Wegener im Jahre 1916.[8] Selbstverständlich

---

6 Vgl. Mayer, Mathias/Tismar, Jens: Kunstmärchen, 3. Aufl., Stuttgart 1997, S. 98.
7 Ottmar Hinz weist auf die »modisch-elegante Publikationsform der Almanache« hin und die Tatsache, daß Hauff »zuallererst die Eltern als Käufer und Mit-Leser gewinnen mußte.« Vgl. Hinz, Ottmar: Wilhelm Hauff in Selbstzeugnissen und Bilddokumenten, Reinbek 1989, S. 110f.
8 Weitere Einzelheiten zu den Anfängen des Märchenfilms bei Höfig, Willi: »Film«, in: Enzyklopädie des Märchens, Bd. IV, hrsg. v. K. Ranke, Berlin/New York 1984, S. 1114.

waren die damaligen Kinoproduktionen keine »Kinderfilme«. Weder die Bezeichnung noch die Funktion einer kinder- oder jugendgerechten Kinounterhaltung existierte, genausowenig wie ein Schutzgesetz, das Kinder oder Jugendliche von einer Kinovorstellung ausgeschlossen hätte. Kein Wunder, daß sich Stimmen erhoben, die den »moralisch sauberen« Märchenfilm einforderten, um Kinder vor dem »Kinoschund« zu schützen und ihnen die konservativen Werte einer vorindustriellen Idylle zu vermitteln.[9] Märchen- und Sagenstoffe boten den Filmproduzenten fantastische Elemente, die für die bildhafte Umsetzung durch filmtechnische Mittel besonders attraktiv wirkten, und so waren frühe Märchenverfilmungen, auch später in den 20er Jahren, dadurch gekennzeichnet, daß sie reale Schauspieler und Naturaufnahmen sowie Trickaufnahmen benutzten. Erst allmählich setzte sich die Ansicht durch, daß je radikaler die Stilisierung, desto adäquater die Bearbeitung des Märchenstoffes. Daher wurde und wird der Scherenschnitt-, Silhouetten-, Puppentrick- und Animationsfilm als der eigentliche Märchenfilm bevorzugt, während der »Realfilm«, weil zu konkret, als die umstrittenste Form der Märchenumsetzung gilt.

Im Laufe der 20er Jahre zeichnete sich eine mediale Verschiebung ab. Die bis nach der Jahrhundertwende populären Märchenaufführungen zur Weihnachtszeit, die ein bürgerlich-familiäres Publikum in die Theater lockten und einen zusätzlichen saisonbedingten Gewinn bedeuteten, ließen wohl aus mangelndem Interesse und aufgrund reformpädagogischer Ziele nach dem ersten Weltkrieg nach. In die Bresche sprang Mitte der 20er Jahre das neu erschaffene Rundfunkmedium mit der »Kinderecke« und der »Jugendbühne«,[10] und bis Ende des Jahrzehnts hatte sich eine selbstdefinierte Kinderfilmproduktion entwickelt, meist bestehend aus pädagogisch überarbeiteten Märchen der Gebrüder Grimm, die nicht

---

9 Heidtmann, Horst: Kindermedien, Stuttgart 1992, S. 38.
10 Hickethier, Knut: »Ilse Obrig und *Das Klingende Haus der Sonntagskinder*. Die Anfänge des deutschen Kinderfernsehens«, in: Geschichte des Kinderfernsehens in der Bundesrepublik Deutschland: Entwicklungsprozesse und Trends, hrsg. v. H. D. Erlinger/D. U. Stötzel, Berlin 1991, S. 97. Bertolt Brecht und Walter Benjamin erkannten die Möglichkeiten des neuen Mediums und überlegten sich, wie man es mit neuartigen Stoffen beliefern konnte, z.B. mit dem *Flug der Lindberghs: Ein Radiolehrstück für Knaben und Mädchen* (1929-30). Benjamin verfaßte sogar eine Hörspielfassung von Hauffs *Das kalte Herz* mit Musik und in der Regie von Ernst Schoen, gesendet am 16.05.1932 vom Südwestfunk. Vgl. Bushoff, Brunhild: »Zwischen Görner und Brecht: Theater im Kinder- und Jugendfunk bis 1932«, in: Kinder- und Jugendtheater in den Medien, hrsg. v. J. Kirschner, Berlin 1998, S. 47.

im Kino, sondern als Unterrichtsfilme über staatliche Bildstellen zugänglich gemacht wurden. In der Tat blieb der Märchenfilm – seien es Adaptionen von klassischen Volksmärchen und Kunstmärchen oder von modernen und zeitgenössischen Kunstmärchen – über Jahrzehnte hinweg identisch mit dem Kinderfilm schlechthin,[11] und der wachsende Markt für Jugendunterhaltung verbrauchte auch die als kinderwirksam erwiesenen Hauff-Märchen zunächst für Radiohörspiele und Schallplatten, dann für verfilmte Puppenspiele, Trick- und Scherenschnittfilme und schließlich für Kurz- und sogar Langfilme. Im Dritten Reich änderte sich nichts an dieser Situation, als die relativ umfangreichen Märchenadaptionen im Kino sowie im frühen Fernsehprogramm eingesetzt wurden.[12]

Mit der Spaltung Deutschlands und seiner gemeinsamen Medienlandschaft nach dem zweiten Weltkrieg entwickelten sich zwei unterschiedliche Konzeptionen des Märchenfilms. In der DDR sowie in anderen sozialistischen Ländern wurde das Märchengenre traditionell als Moralvermittler verstanden und unterlag so der breiteren politisch-ideologischen Erziehung junger Menschen. Märchen- und Kinderfilme waren besonders strukturierte Fiktionen im Kontext sozialistischer Sozialisation; sie sollten eine gesellschaftliche Wirkung erzielen, den Menschen als veränderbar und lernfähig zeigen und passende Helden und Vorbilder produzieren. Konfliktsituationen zwischen Klugen und Dummen, statt Guten und Bösen, und Klassengegensätze zwischen einfachen Menschen und den Herrschenden charakterisierten demnach die Märchenfilmhandlung.[13] Erst nach einem Beschluß des Zentralkomitees der SED

---

11 Nach einer Einschätzung wurden bis 1930 über 120 Märchenfilme in Deutschland produziert. S. Hobsch, Manfred: »Deutsche Märchenfilme für das Kino«, in: Lexikon des Kinder- und Jugendfilms, hrsg. v. H. Schäfer, Meitingen 1998-2002, Lfg. 9 (September 2001).

12 Vgl. »Das Kinderfernsehen im Dritten Reich«, in: Erlinger/Stötzel, Geschichte des Kinderfernsehens, S. 93-99. Das früheste deutsche Fernsehen hatte schon Sendungen für Kinder, die hauptsächlich aus Kindergymnastik (Körperertüchtigung) und Geschichten (Märchen, Puppenspiele) bestand. Spezielle Formen des Kinderfilms wurden jedoch im Dritten Reich aus ökonomischen und politischen Gründen nicht weiterentwickelt, während die Sparte »Jugendfilm« für direkte und indirekte Propaganda ausgebaut wurde; zwischen 1933 und 1945 wurden etwa 30 zum Teil »prädikatisierte« Kinofilme für Jugendliche (besonders für Jungen) mit vorbildlichen Helden und militärischen Themen produziert, z.B. *Pour le Mérite* (1938), *D III 88* (1939), *Kampfgeschwader Lützow* (1941), *Junge Adler* (1944).

13 Vgl. Giera, Joachim: Tradition und Kontinuität: Tendenzen und Entwicklungen im DEFA-Kinderspielfilm von 1970 bis 1980 (Dissertation, Humboldt-Universität) Berlin, 1982, S. 2-4.

wurde 1953 eine spezielle »Kinderfilmgruppe« beim DEFA-Spielfilmstudio in Babelsberg eingerichtet,[14] und von Anfang an (1954) gab es beim Fernsehen der DDR das Fernsehspiel für Kinder. Nichtsdestoweniger gab es in den 50er Jahren starke Vorbehalte gegenüber Märchenfilmen:

> Enge Realismusauffassungen ließen die Märchenfabeln als idealistisch, illusionär-romantisch und mystisch determiniert erscheinen. Blutige, grausame Details schienen zu verhängnisvollen negativen Denk- und Verhaltensweisen in Beziehung zu stehen, deren Bekämpfung und Überwindung zu den ideologischen Hauptaufgaben der Zeit nach der Befreiung vom Faschismus gehörten.[15]

Zwar gehörten die Märchen zum kulturellen Erbe, aber sie seien nicht unbedingt für Kinder geeignet. In der zweiten Hälfte der 50er Jahre kam es jedoch zu Verfilmungen für Kinder, die durch den Einsatz phantastischer Elemente den Adressaten Möglichkeiten für die Austragung von Konflikten und Widersprüchen zeigen sollten (zwischen 1950 und 1962 gab es 12 DEFA-Märchenfilme auf der Grundlage klassischer und moderner Stoffe). Vielleicht brachte das Mißtrauen gegenüber gerade dieser Phantasie die Produktion von zeitgenössischen Märchenfilmen in den zehn Jahren nach 1962 fast zum Erliegen, in einer Zeit nämlich, in der Konfliktaustragung in der DDR nicht auf der Tagesordnung stand. Danach übernahm das Fernsehen die »Vormachtstellung« als Kindermedium mit der Folge, daß das Fernsehstudio in Berlin-Adlershof und das Dresdener Trickfilmstudio die Hauptverantwortung für das Märchengenre übernahmen.[16]

In der Bundesrepublik konnte sich fast von Anfang an der Märchenfilm nur im nichtkommerziellen Bereich durchsetzen (im öffentlichen Fernsehen, in Kirchen, Jugendzentren und Schulen), während im Kino

---

14 Einzelheiten zum DEFA-Kinderfilm der 50er Jahre bei Odenwald, Ulrike: »Aufbruch zur Kontinuität: Die frühe DEFA-Kinderfilmproduktion«, in: Apropos: Film (2001), Jahrbuch der DEFA-Stiftung, Berlin 2001, S. 296-326.
15 Richter-de Vroe, Klaus: »Zwischen Wirklichkeit und Ideal«, in: E. Berger/J. Giera (Hrsg.): 77 Märchenfilme: Ein Filmführer für jung und alt, Berlin 1990, S. 19.
16 Bis 1970 hatte die DEFA über 60 Kinderfilme produziert, zum Teil mit den bekanntesten Theater- und Filmschauspielern der DDR. Nach dem Medienwechsel ins Fernsehen führten die DEFA-Kinderfilmregisseure eine Art Schattendasein und benutzten das Kinogenre manchmal für besonders phantasievolle, utopische und emanzipatorische Filmerzählungen. Kinder- und Jugendfilme machten etwa ein Fünftel der gesamten DEFA-Produktionen aus. Vgl. Wiedemann, Dieter: »Der DEFA-Kinderfilm«, in: Schäfer, Lexikon des Kinder- und Jugendfilms.

höchstens »Familienfilme« rentabel waren.[17] Nicht nur Probleme der Finanzierung und mangelnden filmgerechten Vorführung drängten das Genre ins Zwielicht der optischen, technischen und künstlerischen Unzulänglichkeit, sondern auch konservative Ansichten zur altersgerechten Unterhaltung. So wurde 1957 das Jugendschutzgesetz dahingehend geändert, daß Kinder unter sechs Jahren vom Kinobesuch völlig ausgeschlossen wurden, um sie u.a. vor einer »verfrühten« Darbietung der Märchen mit ihren visualisierten Gewalt- und Phantasiemöglichkeiten zu schützen. Damit mußte das Fernsehen die Verantwortung für die Kinderunterhaltung wahrnehmen, und es ließen sich schließlich als Großmutterersatz enggesetzte Betreuungs- und Unterhaltungsbedürfnisse erfüllen. Anfangs übernahm das Fernsehen inhaltlich und präsentationsspezifisch das Angebot des Hörfunkmediums und des Theaters sowie Material aus den 30er und 40er Jahren, jedoch ohne neue Inhalte zu bearbeiten.[18] Es war eben nicht in der Lage, Normen und Leitbilder mit den physischen und psychologischen Zerstörungen der Nachkriegsrealität in Verbindung zu setzen, so daß das Fernsehen die Märchenadaption als Genre schlechthin in Verruf brachte. Mit seiner verkitschten heilen Welt, wo Gewalt und Böswilligkeit zurückgenommen wurden und Konflikte sich immer zum Guten wendeten, wurde das Märchen im Fernsehen zum Inbegriff kindlichen Bildungsgutes, das durch Reduzierung und Hervorkehrung bestimmender Merkmale dem angeblich »naiven« Vorstellungsvermögen des Kinderpublikums entsprechen sollte.

Ein Aufschwung in der Märchenfilmproduktion zeichnete sich erst im Laufe der 70er Jahre ab, als die intentionale Kinderunterhaltung und Vorschulprogramme im Fernsehen breiteren Raum einzunehmen begannen.[19] Die Märchenrenaissance, die auch zu einem Boom für entspre-

---

17 Hobsch schätzt beispielsweise, daß für den Kinderfilm die Amortisation der Produktionskosten bei 4-8 Jahren anzusetzen waren, während es 1-2 Jahre für andere Kinogenres betrug. Vgl. Hobsch, Deutsche Märchenfilme für das Kino, S. 4.

18 Durchschnittlich 48,67 % der Kindersendungen waren im Fernsehen der 50er Jahre aus dem Bereich Märchen, Fabeln und Erzählungen, dominiert von Marionetten- und Puppenspiel. Vgl. Merkelbach, Bernhard/Stötzel, Dirk Ulf: »Das Kinderfernsehen der ARD in den 50er Jahren«, in: H. D. Erlinger/B. Merkelbach/D. U. Stötzel: Fernsehen für Kinder. Vom Experiment zum Konzept, Arbeitsheft Bildschirmmedien 16 (1990), Siegen, 1990 S. 50.

19 Nicht unwesentlich zu dieser Wende trug die Veröffentlichung von Bruno Bettelsheims *The Uses of Enchantment* (1976; auf deutsch *Kinder brauchen Märchen*, 1977) bei, in der er argumentierte, daß Märchen eine wichtige psychologische Bedeutung für Kinder haben, da sie ihre existentiellen Ängste ernst nehmen, sie über ihr Inneres aufklären und damit ihre Persönlichkeitsentwicklung fördern.

chende Kinderplatten, Tonkassetten, Spielzeuge und Bücher führte, kam jedoch vorwiegend dem internationalen Märchenschatz und den modernen Märchen zugute sowie Kindersendungen wie *Sesamstraße*, *Fliewatüt*, *Das feuerrote Spielmobil* bis zu *Lassie*, die ihre Besetzung und Motivik zum großen Teil aus Märchen schöpften. Seit den 90er Jahren spielt im vereinten Deutschland die traditionelle Märchenverfilmung im Rahmen der Kinderunterhaltung eine immer geringere Rolle. Der zeitgenössische Kinderfilm verliert die nationale Ausprägung mit verborgenem Symbol- und Sinngehalt zugunsten internationaler Vermarktungsstrategien und richtet sich zunehmend nach der Kaufkraft der Kinder, die die Entscheidungen der Eltern steuern.

Nach diesem Einblick in das Problemfeld Märchenfilm als Kinderfilm sollen im folgenden drei Hauff-Verfilmungen der 50er Jahre im Mittelpunkt stehen, drei »Realfilme«, die wohlgemerkt nicht in erster Linie für Kinder konzipiert wurden. Die ersten zwei DDR-Märchenfilme überhaupt waren Hauff-Verfilmungen: Paul Verhoevens *Das kalte Herz* (1950), seine einzige Arbeit für die DEFA, und Wolfgang Staudtes *Die Geschichte vom kleinen Muck* (1953), sein einziger Märchenfilm. Beide haben die Kunstmärchenvorlagen bewußt, aber unterschiedlich umgeformt und erweitert und damit zwei der bekanntesten und erfolgreichsten Filme in der 45jährigen Geschichte der DEFA geschaffen.[20] Kurt Hoffmanns *Das Wirtshaus im Spessart* (1957) griff auf Motive der Rahmenerzählung von Hauffs drittem Märchenalmanach zurück, um eine kommerziell erfolgreiche Komödie in der jungen Bundesrepublik zu lancieren.

Das kalte Herz war mit seinem technischen Stab und bekannten Schauspielern von vornherein als Großproduktion geplant; für diesen ersten DEFA-Farbfilm richtete man sogar ein spezielles Farblabor auf dem Babelsberger Studiogelände für den Kameramann Bruno Mondi ein, der eine ausgefeilte Farbdramaturgie für den optisch opulenten Film entwickelte.[21] Angekündigt als »Märchen für Erwachsene«, orientierte sich

---

20 Obwohl es schwierig ist, zuverlässige Besucherzahlen für die DDR-Kinos festzustellen, schätzt Wiedemann 13 Millionen Zuschauer für *Die Geschichte vom kleinen Muck* und 11 Millionen für *Das kalte Herz*; s. »Es war einmal ... – Reise ins DEFA-Märchenland«, in: I. König/D. Wiedemann/L. Wolf (Hrsg.): Märchen: Arbeiten mit DEFA-Kinderfilmen, München 1998, S. 11.

21 *Das kalte Herz* (DEFA, 1950), Regie: Paul Verhoeven, Drehbuch: Paul Verhoeven und Wolff von Gordon nach dem gleichnamigen Märchen von Wilhelm Hauff, Dramaturgie: Marieluise Steinhauer, Kamera: Bruno Mondi, Trick: Ernst Kunstmann, Musik: Herbert Trantow, Bauten: Emil Hasler, Kostüme: Walter Schulze-

Verhoevens Film mit aufwendigen historischen Kostümen und Bauten sowie mit für damals erstaunlichen tricktechnischen Leistungen (von Ernst Kunstmann, der auch für die Tricktechnik in Staudtes Film zeichnete) eng an der Vorlage. So schaffen die von dem Glasmännlein und dem Holländer-Michel beherrschten Landschaften eine wunderbare Märchenatmosphäre. Filmästhetisch ist jedoch *Das kalte Herz* dem UFA-Kino der 40er Jahre noch weitgehend verpflichtet. Die Bildsprache und der Schnitt sind eher konventionell, z.B. in der synthetisch-revuehaften Volksfestszene am Anfang, und die Spielweise, v.a. der jungen Menschen, erinnert in ihrer Glätte und Äußerlichkeit an klassische Rollenfächer des Theaters.[22]

Hauff erzählte eine Art Parabel vom verlorenen Sohn, der auf der Suche nach Reichtum und Ansehen seine Seele (bzw. sein Herz) an den Teufel verkauft. Erst nach jahrelanger Wanderung weit von der Heimat, nach Übersättigung und Langeweile, nach hartherzigem Verhalten gegenüber Mutter und Frau, kommt der Uneinsichtige auf den richtigen Pfad und findet sein Glück dort, wo es ihn verlassen hatte. Die Handlung ist von Dualismen strukturiert, von feindlichen sozioökonomischen Prinzipien der selbständigen, handwerklichen Glasmanufaktur und dem auf Profitvermehrung abzielenden Kapitalismus der Holzverkäufer. Das strenge, aber hilfreiche Glasmännlein mahnt zu Bescheidenheit, Treue und Seßhaftigkeit, während der arglistige, zerstörerische Holländer-Michel den Geist des Geldes, der Schnelligkeit und der Mobilität verkörpert. Das Filmdrehbuch übernahm diese Fabel als ganze und änderte sie behutsam, indem es beschreibende Elemente raffte, den Handlungskern nicht berührende Episoden verknappte, Handlungsabsichten der Figuren verstärkte und Märchenmotive spannend ausbaute. Außerdem be-

---

Mittendorf, Schnitt: Lena Neumann, Darsteller: Lutz Moik (Peter Munk), Hanna Rucker (Lisbeth), Paul Bildt (Glasmännlein), Erwin Geschonneck (Holländer-Michel), Lotte Loebinger (Peter Munks Mutter), Paul Esser (Ezechiel). Paul Verhoeven (1901-1975; nicht mit dem gleichnamigen, 1938 geborenen, holländischen Regisseur zu verwechseln, der inzwischen Actionfilme in Hollywood dreht) war Charakterschauspieler und Regisseur für Bühne, Film und später Fernsehen. Ab 1937 war er Regisseur bei UFA, und bis 1945 hatte er fast 15 Filme abgedreht, die Mehrzahl davon Liebes- und Ehekomödien. Nach dem Krieg etablierte er sich in München und wurde von der DEFA für *Das kalte Herz* herangezogen, weil der vorgesehene Regisseur Erich Engel die staatliche Firma verließ und Verhoeven die nötige Erfahrung mit Farbfilm vorweisen konnte (vgl. seinen UFA-Farbfilm von 1945, *Das kleine Hofkonzert*, eine musikalische Liebeskomödie).

22 Vgl. I. König/D. Wiedemann/L. Wolf (Hrsg.): Zwischen Marx und Muck. DEFA-Filme für Kinder, Berlin 1996, S. 78.

tont die Filmstory die sozialen Gesichtspunkte und Klassenunterschiede. Durch Ausstattung der Innenräume und durch Kostüme werden die (bösen) Reichen von den (ehrlichen) Aufstiegswilligen und (ausgebeuteten) Arbeitenden klar differenziert. Zusätzlich werden die herzlosen Geldgeschäfte und verräterischen Betrügereien des Protagonisten im Vergleich zu der Vorlage ausführlich gezeigt. Schließlich häufen sich visuelle und handlungsunabhängige Details, die alle darauf zielen, zu zeigen, wie Geldgier – aber nicht Geld an sich – die Interessen der einzelnen und der Gemeinschaft unterminiert.

Die Hauptfigur, der Kohlenbrenner Peter Munk, wird als (sozialer) Außenseiter der Dorfgemeinschaft eingeführt. Seine Sehnsucht nach Freiheit und Flucht, um aus seiner marginalisierten Position herauszukommen, wird durch das klischeehafte Bild der Eröffnungssequenz angedeutet, in dem er aufsteigende Vögel am Himmel erblickt, oder in einem späteren Bild, in dem er vom Fenster aus den leuchtenden Mond lange anschaut. Später lockt ihn der Holländer-Michel – von Gestalt ein Riese – aus dem Schwarzwald und in die weite Welt des Kapitalismus, indem er seine männliche Identität anspricht:

PETER: »Hier bin ich nicht rausgekommen.«
HOLLÄNDER-MICHEL: »Das ist kein Leben für einen richtigen Mann.«

Die versprochene Traumwelt ist die des zirkulierenden Warenkapitals, die in den folgenden Szenen als rücksichtslos, vulgär, sexualisiert und egoistisch dargestellt wird. Der Preis für dieses Leben ist das Gewissen: mit einem steinernen Herzen in der Brust braucht sich Peter nicht mehr um (weibliche) Gefühle der Angst, der Liebe und der Treue zu kümmern. Das Gegengewicht dazu ist der Schatzhauser, ein Männlein von kleiner Gestalt, der in der lieblichen Natur, umgeben von kleinen, ruhigen Tierchen, anzutreffen ist. Seine Werte sind Verstand, produktive Arbeit und Liebe, wovon er Peter durch strenges Zureden und Drohungen überzeugen will. Am Schluß der Filmerzählung entdeckt der geläuterte Protagonist die Vorzüge dieser Ethik in einer idealisierten Gemeinschaft von offensichtlich gleichgesinnten Arbeitern im heimatlichen Tal, an der Seite seiner Frau. Die geschlechtsspezifische Gewichtung des männlich-potenten Kapitalismus und der weiblich-schützenden Geborgenheit der Heimat bildet den Appell an schutzbedürftige Menschen, die Gefallen an dem wundersamen Glasmännlein als unsichtbarem Drahtzieher entdecken sollen, der doch alles zum Guten führt. Außerdem steigern die konventionellen Einstellungen des klassischen Heimatfilms, die am Anfang und am Schluß die Filmhandlung einrahmen, diese naive Botschaft von Sicherheit und Glück im trauten Kreis der eigenen Leute.

Es gibt aber ein weiteres Identifikationsangebot für die Filmzuschauer, das ich für wichtig halte. In den letzten 15 Minuten führt Peter zwei Gespräche, die für sein weiteres Verhalten stark motivierend wirken. In dem ersten Gespräch mit dem reichen, zynischen Ezechiel, der sich auch als herzloser Klient des Holländer-Michels bekennt, gibt Peter seine Angst vor dem Tod preis:

> PETER: Was denkst du vom Tode?
> EZECHIEL: Man wird begraben.
> PETER: Und die Gehenkten?
> EZECHIEL: Verfaulen am Strick.
> PETER: Und ihre Herzen?
> EZECHIEL: Fressen die Raben […]
> PETER: Was, meinst du, wird aus unseren Herzen?
> EZECHIEL: Hab' mal mein Schulmeister gefragt, der hat mir gesagt, den Toten werden die Herzen gewogen. Die leichten steigen und die schweren sinken. Ich denke, unsere Steine werden ein gut' Gewicht haben. Aber das hat noch lange Zeit.
> PETER: Für mich nicht. Für mich nicht. Ich will leben! Hörst du? Ich will leben!

Daraufhin entscheidet sich Peter, wie in der Vorlage, sein Herz von dem Riesen durch List zurückzuholen. Das gelingt ihm und gibt zu viel trickreichem, filmischem Feuerwerk Anlaß.[23] Als empfindsamer Mensch muß er aber jetzt die Konsequenzen seiner bisherigen Unmenschlichkeit erkennen – die Schuldner ins Elend gebracht, seine Mutter vernachlässigt, die eigene Frau durch einen Schlag getötet. Er beklagt sein Schicksal bei dem Glasmännlein im Wald:

> PETER: Ich will nicht mehr weiter leben. Schlag mich tot, damit mein elend Leben einfach ein Ende hat.
> SCHATZHAUSER: So einfach ist das nicht, mein Lieber. Du denkst, du stirbst und alles ist getan. Wer trocknet die Tränen? Wer wendet die Not, die du verschuldet hast?
> PETER: Wie kann ich noch einmal ein anderes Leben beginnen?
> SCHATZHAUSER: Versuch es!

---

23 Entgegen der Vorlage benutzt Peter im Film kein Kreuz, um den Riesen abzuwehren; die Drehbuchautoren ließen alle christlichen Anspielungen wegfallen. Vgl. *Das kalte Herz*, in: Hauff: Sämtliche Märchen, hrsg. v. H.-H. Ewers, Stuttgart 1986, S. 397. Das entsprechende Gespräch mit Ezechiel befindet sich auf S. 393-394. Im folgenden wird nach dieser Ausgabe zitiert.

PETER: Was muß ich tun, damit sie mich wieder lieben?
SCHATZHAUSER: Lebe mit denen, die zu dir gehören! Du schaffst es. Steh auf! Schau, hier wachsen Stämme, und da liegt doch deine alte Axt. Beginne! Schlag zu, und so soll alles ausgelöscht sein.

Hier weicht das Drehbuch von der Vorlage ab, wo auf Peters verzweifelten Wunsch nach dem Tode der Schatzhauser ihm seine Frau und seine Mutter präsentiert: »Sie wollen dir verzeihen«, sprach das Glasmännlein, »weil du wahre Reue fühlst, und alles soll vergessen sein ...«[24]

Die Filmstory weitet diesen Austausch vor dem Happy-End aus. Bezug nehmend auf die Schuldgefühle, die durch vergangene Verbrechen verursacht wurden, spricht der Schatzhauser die Hoffnung aus, daß ein neuer Anfang durch die Rückkehr zu harter Arbeit eine reale Alternative ist, die sogar diese schlimme Vergangenheit auslöschen kann. Durch die magische Wandlung steht Peter plötzlich in seiner alten Arbeitskluft mit Arbeitermütze in der Hand da, und wie aus einem bösen Traum erwachend, sieht er seine totgeglaubte Frau Lisbeth mit ausgestreckten Armen hinter sich stehen. Die traumatischen Erlebnisse, die durch guten Willen und tüchtige Arbeit wiedergutzumachen sind, deutet auf ein frühes Muster der Vergangenheitsbewältigung in der deutschen Nachkriegsgeschichte.

Während *Das kalte Herz* mit einer magischen Wandlung des Protagonisten das Versprechen eines neuen Anfangs in einer noch zu verwirklichenden neuen Gesellschaft gestaltet, setzt sich Wolfgang Staudte in *Die Geschichte vom kleinen Muck* eher mit den Hindernissen auf dem Wege zu dieser neuen, erträumten Gesellschaft auseinander. Hauffs Geschichte zeigt die Wandlung eines naiven, zwergenhaften Jungen in einen einsamen, verbitterten, aber weisen Erwachsenen. Nachdem die Eltern gestorben sind, ist der arglose, verarmte kleine Muck auf sich selbst gestellt, ohne Erbe und ohne Tradition. So geht er voller Illusionen auf dem klassischen Erkenntnisweg der Wanderschaft in die Welt hinaus, um das Glück zu finden. Mit wunderbaren, seine Benachteiligung ausgleichenden Pantoffeln für schnelles Fortkommen und einem goldsuchenden Zauberstab ausgerüstet, wird er immer wieder mit den nüchternen Realitäten einer lieblosen, von boshaften und habgierigen Menschen bevölkerten Hofgesellschaft konfrontiert. Zum Tode verurteilt und dann verbannt, rächt er sich an den untreuen Höflingen und zieht sich anschließend von der Gesellschaft zurück. Im Gegensatz zur realistischen Tendenz des Historien- und Kostümfilms, der sich Verhoeven bediente, nahm Staudte die Exotik von *Tausendundeiner Nacht* in der Vorlage als

---

24 Hauff, Das kalte Herz, S. 399.

Inspiration wahr. Orientalische Bauten und Musikmotive, phantasievolle Kostüme und Ausstattung, eine spielerische Leichtigkeit und Eleganz der Schauspieler und die bemerkenswerten Spezialeffekte lassen die märchenhafte Welt überzeugend entstehen.[25] Auch die einzelnen Etappen des ernüchternden Erkenntnisweges werden vorlagengetreu in dem Film wiedergegeben, aber dieser Muck wird kein reicher Misanthrop, der am Schluß fern der schlechten Welt lebt, sondern er lernt, daß ehrliche Arbeit und Liebe das eigentliche Glück ausmachen. Auffallend, und auch typisch für die sozialkritische Ironie der frühen Staudte-Filme, ist die betonte Situationskomik, die durch Dramaturgie, Kameraeinsatz und Schnitt die allgemeine Korruption am Hofe bei dem Sultan und seinen subalternen Ratgebern entlarvt.

Das Erzählen bei Hauff ist nicht nur eine erzählstrukturelle Eigenschaft, sondern auch eine ethische Leistung; es wirkt gruppenbildend, indem es Vertrauen und Mitleid erweckt.[26] Die einzelnen Geschichten der drei Märchenalmanache sind alle in Rahmenhandlungen eingebettet, in denen eine vorübergehend geschlossene Gruppe von zufällig aufeinandertreffenden Menschen sich durch gegenseitiges Erzählen näherkommt. Diese geselligen Erzählgesellschaften fungieren für Hauff als Modell der gebildeten Öffentlichkeit, als der utopische Entwurf einer Gemeinschaft von Leidensgefährten, die im Erzählen hergestellt wird. So wird *Die Ge-*

---

25 *Die Geschichte vom kleinen Muck* (DEFA, 1953), Regie: Wolfgang Staudte, Drehbuch: Peter Podehl und Wolfgang Staudte nach dem gleichnamigen Märchen von Wilhelm Hauff, Dramaturgie: Helmut Spieß, Kamera: Robert Baberske, Musik: Ernst Roters, Bauten: Erich Zander, Kostüme: Walter Schulze-Mittendorf, Trick: Erich Kunstmann, Schnitt: Ruth Schreiber, Darsteller: Thomas Schmidt (der kleine Muck), Johannes Maus (der altgewordene Muck), Friedrich Richter (Mukrath), Trude Hesterberg (Frau Ahazvi), Alwin Lippisch (Sultan), Silja Lesny (Prinzessin Amarza), Heinz Kammer (Bajazid), Gerhard Hänsel (Hassan), Charles Hans Vogt (Magier), Harry Riebauer (Läufer Murad), Friedrich Gnass (Stadtwächter). Wolfgang Staudte (1906-1984) war Theaterschauspieler in Berlin, bis ihm aus politischen Gründen 1933 die Spielerlaubnis entzogen wurde. Er wurde Rundfunksprecher (spezialisiert auf Märchensendungen!), später Autor und Regisseur von Werbefilmen, um dann, ab 1941, Kinofilme zu drehen. 1946 konnte Staudte den ersten deutschen Nachkriegsfilm (*Die Mörder sind unter uns*) und bis 1955 weiter für die DEFA produzieren, bis er in die BRD auswanderte. Für Staudte, der einen Ruf für erfolgreiche sozialkritische Filme erworben hatte, war die Verfilmung eines Hauff-Märchens zunächst eine Verlegenheitslösung, als sich seine Arbeit mit Brecht an der Verfilmung von *Mutter Courage und ihre Kinder* verzögerte. Die Hauff-Verfilmung lief ab 1955 in der BRD unter dem Titel *Ein Abenteuer aus Tausendundeiner Nacht* (Neuer Filmverleih GmbH).

26 Schmitz: »Mutabor«, kommentiert dieses Schlüsselmotiv bei Hauff, S. 96-104.

schichte vom kleinen Muck als fünfte von insgesamt sechs Märchen in einer Karawanengesellschaft von Handelsreisenden vorgetragen. In diesem Fall konstruiert der Ich-Erzähler Muley sogar eine zweite, distanzierende Binnenrahmenhandlung: sein Vater erzählte ihm diese merkwürdige Abenteuergeschichte, weil der junge Muley den alten Muck beleidigt und grob behandelt hatte. Am Schluß versichert er seinen mitreisenden Zuhörern, daß er reuevoll die pädagogische Lektion seines Vaters angenommen hätte und seitdem den alten Muck zusammen mit seinen Kameraden (denen er die Geschichte erzählte) verehren würde.

Der Erzählprozeß ist natürlich nie neutral, sondern bedingt durch den jeweiligen sozialen Kontext: wer erzählt wem, und was charakterisiert ihre gegenseitige Haltung? Die Filmfassung betont den zentralen Erzählgestus, indem der technische Stab einführend in orientalischer Schrift schon als kleine Erzählung über die Leinwand abrollt. Wichtiger jedoch als diese Einstimmung auf das Narrative ist die anschließende, veränderte Rahmenhandlung. Hier wird nicht dem unartigen Sohn die Geschichte vom kleinen Muck als Straflektion eines erbosten Vaters auferlegt, sondern jetzt erzählt der alte Muck seine Geschichte selber, und zwar nachdem eine Kinderschar unter Anleitung des Bandenführers Mustapha eine wilde (filmisch wirksame) Verfolgungsjagd auf ihn begonnen hat. Dem listigen, buckligen Zwerg gelingt es, die Kinder in seiner Töpferwerkstatt einzuschließen, und er besteht darauf, der unwilligen, widerstrebenden Gruppe die Geschichte vom bösen Alten – für den sie ihn halten – zu erzählen, bis die Uhr schlägt. So beginnt der alte Muck im konventionellen Märchenduktus zu sprechen, unterbricht sich aber sofort, um die Leidensgeschichte eben nicht in der distanzierenden Haltung einer phantastischen Geschichte zu präsentieren, sondern als eigenes Erlebnis und historisch geborgte Wahrheit: »Es war einmal ... nein, so kann ich gar nicht anfangen! Ich war einmal genau so einer wie du, Mustapha.«[27]

Einerseits funktioniert es durch die willkürlich begrenzte Erzählzeit, die Gefangenen allmählich in eine feste, freiwillige Erzählgemeinschaft zu verwandeln, denn die zweimalige Unterbrechung der Binnenfilmhandlung durch die abgelaufene Uhr (die eigentliche *Geschichte vom kleinen Muck* wird in drei Abschnitte eingeteilt) erweckt die Neugier der

---

27 Während Mustapha (der wohl dem jungen, bestraften Muley in der Hauffschen Vorlage entspricht) wie ein etwa 14- bis 16jähriger Junge aussieht, wird der junge Muck vom Kinderschauspieler Thomas Schmidt wie ein etwa Achtjähriger gespielt und zwar ohne deutlich erkennbare Deformation (keinen großen Kopf). In der Vorlage ist der junge, zwerghafte Muck ausdrücklich am Anfang des Märchens 16 Jahre alt.

Kinder derartig, daß sie das Weitererzählen unter sich verhandeln und vorandrängen. In der Schlußsequenz feiern die Kinder den alten Muck, tragen ihn triumphierend auf ihren Schultern durch die Stadt und schützen ihn jetzt vor dem Hohn der uneinsichtigen Erwachsenen. Dargestellt wird also die enthusiastische Akzeptanz des Außenseiters und seine Verehrung durch die neu gebildete (Erzähl-) Gemeinschaft der Jugendlichen.

Andererseits läßt die Verschiebung der Erzählerstimme eine bemerkenswerte innergesellschaftliche Auseinandersetzung hervortreten, die Rückschlüsse auf vorhandene Spannungen in der sich formierenden DDR-Gesellschaft erlauben.[28] Statt des räumlich und zeitlich distanzierten Erzählers von Hauff, haben wir es hier mit Muck selber zu tun, dem die Kinder (sowie die Zuschauer) gebannt zuhören. Der Protagonist seiner nacherzählten Geschichte wird durch eigene Fehler und falsche Entscheidungen belehrt und gebildet, bis er – der erwachsene Muck, der physisch entstellte, aber gütige und hilfsbereite Sonderling – am Schluß vor ihnen steht. Der Erkenntnisgewinn der Kinder und der Zuschauer basiert auf einem Identifikationsangebot, das von der sympathisch dargestellten Muck-Figur und seinem nacherzählten Kampf gegen eine bornierte, hierarchisch organisierte Gesellschaft ausgeht. Die Verdoppelung des jungen, lernfähigen Protagonisten des Märchens mit den jungen Zuschauern und ihrer Anteilnahme in der Rahmenhandlung appelliert gleichermaßen an die Zuschauer im Kino. So schließt das mündlichvisuelle Erzählen die Zuhörer/Zuschauer zu einer Gemeinschaft zusammen und verfestigt die Verbindung zwischen gesellschaftlichem Leben und Erzähltem.

Mit Ausnahme der klugen, selbstbewußten Prinzessin Amarza und ihres freundlichen Geliebten Hassan (beide von den Drehbuchautoren neu erfunden) sind die Erwachsenen im Film durchweg als weltfremd (Mucks Vater), schrullig und herrschsüchtig (Frau Ahazvi), verarmt und ausgebeutet (der Läufer Murad) oder machtbesessen und egoistisch (der Sultan) dargestellt, d.h. nicht als Identifikationsfiguren zu erkennen. Vor allem am Hofe muß sich der kleine Muck bewähren, und hier trifft er auf die Karikatur einer abgeschotteten, ausschweifenden Gesellschaft von

---

28 Die Drehzeit für Außen- und Studioaufnahmen dauerte vom 16.02. bis 31.07.1953 für Staudtes Film; in dieser Zeit starb Stalin (März) und ereignete sich die schwerste Krise der jungen DDR, der Aufstand vom 17. Juni. Es ist typisch für Märchenfilme, daß sie oft als Weihnachts- und Familienunterhaltung im Dezember in den Kinos uraufgeführt wurden, und so erging es sowohl Staudtes als auch Verhoevens Hauff-Verfilmungen.

Untertanen. Von zwei Seiten wird er bedroht: von dem Intrigantentum und der Arroganz auf der einen, von der Profitwirtschaft des Krieges auf der anderen. Die letztere Gefahr ist der Inbegriff des Unglücks, anspielend auf ost-westdeutsche Spaltungstendenzen. Der Sultan plant einen Krieg gegen das östliche Nachbarland, weil »dort die Sonne eher aufgeht« und seine geldgierigen Kriegsberater eine lukrative Finanzquelle im Krieg wittern. Der schnelle Bote Muck kann jedoch durch eine kluge, tatkräftige Entscheidung die Kriegserklärung unterschlagen, den Frieden sichern und schließlich die Prinzessin Amarza mit Hassan aus dem Nachbarland zusammenbringen. Gegen die andere Gefahr, gegen den Personenkult um den Sultan und die Unterwürfigkeit seiner Lakaien, richtet Staudte die ganze Kraft seiner polemisch überhöhten filmischen Mittel der Satire, um auch Schadenfreude zu erzeugen. Die drastische Karikatur zeigt ein selbsteingebildetes Regierungshaupt, das seinen Palast nie verläßt und vom eigenen Charisma überzeugt ist, dabei jedoch nur inszenierte Rituale der Unterwürfigkeit genießt. Während die Höflinge um den Sultan herum sich in Untertänigkeit üben, konkurrieren sie gegenseitig um die Machtpositionen. Die burlesken, klamaukhaften Brechungen decken subalterne Verhaltensmuster und engstirnige Glaubenssätze auf, die wohl bei den DDR-Zuschauern auf Resonanz stießen, die das von der Partei-Elite inszenierte öffentliche Theater der Macht regelmäßig zu sehen bekamen.

Staudte entwarf mit seinem jugendlichen Erzählerkreis eine Utopie von freien, selbstbestimmten Menschen.[29] Dem DEFA-Pressedienst schien sie eine Antwort auf die Gemeinschaft der Leidensgefährten, die in Deutschland den Zweiten Weltkrieg überlebt hatten:

> Sein ethischer Gehalt [des Muck-Stoffes] ist heute genau so aktuell wie vor hundert Jahren, ja, aktueller noch nach den Verirrungen der faschistischen Knechtschaft, deren Folgen es uns so erschweren, eine neue, bessere, von den Gefühlen des Edelmuts und der Freundschaft getragene menschliche Gesellschaft aufzubauen.[30]

Noch aktueller in der Umbruchszeit 1953, als Staudte seinen Film drehte, war der Appell an ein Publikum gerichtet, für das die Einsichten und das

---

29 In einem Vorabbericht aus dem Studio wies der Drehbuchautor Peter Podehl darauf hin, daß schon bei den allerersten Überlegungen (1951) zu einer Muck-Verfilmung nach dem Erfolg von Verhoevens *Das kalte Herz* an ein Erwachsenenpublikum gedacht wurde: »Zur Geschichte des Films vom *Kleinen Muck*«, in: Neue Filmwelt 5 (1953), S. 16.
30 Zitiert nach Orbanz, Eva (Hrsg.): *Wolfgang Staudte*, Berlin 1977, S. 27.

konsequente Verhalten des kleinen Muck eine tröstliche Botschaft beinhalten dürften: diejenigen, die vom Unrecht erzählen und dagegen etwas tun, sollen nicht als verachtungswürdige Außenseiter behandelt werden, sondern es sind die Unangepaßten, die das Vertrauen der Mitmenschen verdienen – wahrlich eine märchenhafte Vorstellung!

Das Wirtshaus im Spessart – Titel der Rahmenerzählung von Hauffs drittem Märchenalmanach – funktioniert als Gerüst für die fünf dazugehörigen Märchen, die den Erzählfluß nach Bedarf unterbrechen und beschleunigen. Die gleichnamige Filmadaption – frei nach Hauff – ist ein westdeutsches Kinolustspiel aus dem Jahre 1957 von Kurt Hoffmann, das auf die Märcheneinlagen verzichtet, aber dafür die Ballade eines Moritatensängers und mehrfache Songeinlagen zur Begleitung eines romanhaften Verwirrspiels um unsichere Geschlechter- und Klassenidentität einsetzt.[31] Wie die zwei DEFA-Märchenfilme gehört diese Komödie zum Typus der Wandlungsgeschichte, in der eine innere menschliche Qualität sich gegen Äußerlichkeiten zu bewähren hat. Hier wird jedoch die Verwandlung nicht durch märchenhafte, phantastische Mächte, sondern durch das uralte Erzählmittel der Verkleidung herbeigeführt, die zu einem genußvollen visuellen sowie narrativen Hergang führt. Darüber hinaus

---

31 *Das Wirtshaus im Spessart* (Georg Witt-Film, München, 1957), Regie: Kurt Hoffmann, Drehbuch: Heinz Pauck und Luiselotte Enderle frei nach Hauff, Kamera: Richard Angst, Musik: Franz Grothe, Liedtexte: Willy Dehmel und Günter Neumann, Bauten: Robert Herlth, Ausstattung: Kurt Herlth, Kostüme: Elisabeth Urbanicic, Schnitt: Claus von Boro, Darsteller: Liselotte Pulver (Komtesse Franziska Sandau), Carlos Thompson (Räuberhauptmann, ehemaliger Graf Antonio Patricio), Günther Lüders (Baron Eberhard Sperling, Verlobter der Komtesse), Rudolf Vogel (Gaukler Perrucchio, ehemaliger Diener des Grafen), Ina Peters (Zofe Barbara), Kai Fischer (Räuberbraut Bettina), Veronika Fitz (Magd Luise), Herbert Hübner (Graf Sandau, Vater der Komtesse), Hubert von Meyerinck (Oberst), Helmuth Lohner (Felix), Hans Clarin (Peter), Wolfgang Neuss (Räuber Knoll), Wolfgang Müller (Räuber Funzel), Paul Esser (Räuber-Korporal), Otto Storr (Pfarrer). Hoffmann (1910-2001) lernte sein Handwerk in den 30er Jahren als Assistent des Filmregisseurs Reinhard Schünzel, der die Verwechslungskomödie *Viktor und Viktoria* (1933) machte, wohl eine Art Vorbild für den *Wirtshaus*-Film. Seine erste Produktion entstand 1939 und zeigte schon deutlich seine Vorliebe für musikalische Komödien mit zeitfremder Thematik, die durch präzises Timing gekennzeichnet waren. In den 50er Jahren genoß er den Ruf als der kommerziell erfolgreichste und fähigste Vertreter der bundesdeutschen Filmkomödie. Auf *Das Wirtshaus im Spessart* folgte 1960 das »Farbfilm Grusical« *Das Spukschloß in Spessart* und 1967 das »Kabarettical« *Herrliche Zeiten im Spessart* (beide ohne Anlehnung an Hauff). 1974 wurde das romantische Schauermärchen *Die Räuber im Spessart*, ein Theaterstück »verfremdet« nach Hauff, uraufgeführt.

änderten die Drehbuchautoren nicht nur die Figurenkonstellation, sondern auch die Fabel und dadurch Hauffs moralische Exempelgeschichte in entscheidenden Aspekten. Wie in den vorherigen Analysen ist auch hier zu fragen, inwiefern solche Änderungen durch kontextbedingte, gesellschaftliche Entwicklungen Mitte der 50er Jahre in der Bundesrepublik zu verstehen sind.

Hauff bedient sich in seiner Rahmenerzählung beliebter Formeln zeitgenössischer Unterhaltungsromane, die von Räuberromantik und der Enträtselung dunkler Familienschicksale leben. Der Goldschmied Felix ist mit einem Zirkelschmied auf dem Wege, seiner ihm noch unbekannten Patin und Gönnerin ein Schmuckstück als Dankegeschenk zu überreichen. Beim Durchwandern des für seine Raubüberfälle berüchtigten Waldes im Spessart werden sie von der Nacht überrascht und kehren in ein Wirtshaus ein, wo sie auf zwei weitere Gäste treffen. Um sich die Zeit und die Angst vor den Räubern zu vertreiben, einigen sich die vier darauf, einander Geschichten zu erzählen. Neue Gäste treffen bald in die zwielichtige Waldschenke ein, darunter die Gräfin Sandau. Sie schließen sich der Angstgemeinschaft an, bis eine Räuberbande hereinstürzt, die die Gräfin als Geisel gegen Lösegeld gefangennehmen will. Der junge Felix schlägt vor, daß er und die Gräfin die Kleider tauschen, so daß sie – als Geselle kostümiert – entkommen kann, um Hilfe zu holen, während er sich als Gräfin verkleidet mit zwei Begleitern in die Hände des Räuberhauptmanns begibt. Nach fünf Tagen ist es klar, daß das Lösegeld nicht gezahlt und die Räuberbande von Soldaten gesucht wird. Der Hauptmann erklärt sich bereit, den Geiseln die Flucht zu ermöglichen, wenn die »Gräfin« ein gutes Wort für ihn einlegt. Der gerettete Felix wird triumphierend zum Schloß der dankbaren Gräfin geführt, wo sich schließlich herausstellt, daß sie niemand anders als seine Patin ist.

Hauffs Geschichte setzt mit der Ahnung einer folgenreichen Enthüllung ein, die zuerst durch die Märchen der Erzählgemeinschaft episch verzögert und dann durch die doppelte Verkleidung ausgekostet wird, bis die angenehm glückliche Wendung endlich vollzogen wird. Hoffmanns Verfilmung löst sich dagegen fast ganz von der Vorlage, indem die Verkleidung zum Anlaß einer mehrfachen Geschlechterverwechslung wird, die zu einer spektakulären Dynamik der Verkennung und einer Radikalisierung des Humors führt. Durch das Rollenspiel entsteht nämlich eine verkehrte Welt, wo vergangenes Leid zu unvorhersehbaren Verwicklungen und unerwarteten Wendungen führen kann, eine zwar mit Requisiten des 19. Jahrhunderts ausgestattete Welt, die sich jedoch von den labilen gesellschaftlichen Verhältnissen der BRD der 50er Jahre nicht unterscheidet.

Durch verschiedene Aktualisierungen im Film wird die vordergründige Gesellschaftskritik am Wirtschaftswunderland sogar überdeutlich. Die bekannten Kabarettisten Wolfgang Neuss und Wolfgang Müller z.B. singen unmittelbar die westdeutsche Gegenwart an. Sie sind Handlanger der Räuberbande, die unentwegt davon träumen und singen, wie sie friedliche Bürger werden möchten: »… ein Häuschen mit Garten, das könnte so schön sein.«[32] Unüberhörbar ist die Vergegenwärtigung von Brechts Botschaft in *Die Dreigroschenoper*, wo Bürger sich wie Räuber und Räuber sich wie Bürger verhalten. In diesem Fall ist konkret der Graf ein Räuber, der Baron – Verlobter der Gräfin, der des Grafen Geldschulden begleichen soll – ein Tor und der Räuberhauptmann ein edler Menschenfreund. Ähnlich direkt sind die Slapstickeinlagen mit dem lächerlichen Obristen, der manisch »Zack! Zack!« ruft und von einem ein Kinderlied spielenden Blasorchester begleitet wird.

Weniger deutlich, aber dafür signifikanter ist ein von den Drehbuchautoren völlig neu eingefügter Handlungsstrang. Ausgehend von dem Kleidertausch zwischen Felix und der Gräfin in der Vorlage, erweiterten sie die verdoppelte Verkleidung in einen Rollenwechsel, der zunächst die Geschlechterdifferenz verwischt, aber tendenziell die Bedingtheit aller gesellschaftlichen Strukturen enthüllt. Denn die Filmfabel beläßt es nicht bei dem Cross-dressing des jungen Handwerkers im Räuberlager. Jetzt wird noch die Gräfin Sandau – nicht mehr die noble, mütterliche Erscheinung der Vorlage – als Möchtegern-Räuber ins Feld geführt. Liselotte Pulver spielt die junge, lustige Frau in einer ihrer bekanntesten Hosenrollen der 50er Jahre. Nachdem der geizige Vater sich weigert, das Lösegeld herauszugeben, entschließt die rebellische Tochter, verkleidet als Bursche, sich ins Räuberlager einzuschleichen, um ihre Retter zu befreien. Jetzt beginnt erst recht die Verwirrung, da die äußerliche Geschlechtergleichheit allerhand Anlaß zur Verkennung und Verwechslung gibt. Die Maskerade entwickelt sich nach bewährter kinematischer Art: anfangs gelingt es der Pulver, durch visuelle Attribute (Hosen, Mütze, Stiefel) und burschikoses Verhalten (breitbeiniges Sitzen, kräftiges Schulterklopfen, laute Stimme) sich als Mann auszugeben. So wird sie als Diener des Räuberhauptmanns aufgenommen, wo sie ihm beim Stiefelputzen und Kleiderausziehen behilflich sein muß. Da es eine Komödie ist, werden ständig selbst-reflexive Signale als Augenzwinkern für die eingeweihten Zuschauer gegeben, und durch den Einsatz von spezifisch

---

32 Seit 1949 hatte sich das Kabarett-Team Neuss und Müller auf bissige Kommentare über die Saturiertheit und Vergeßlichkeit der Bundesdeutschen in der Adenauer-Zeit spezialisiert.

weiblich kodierten Filmmitteln in den Einstellungen mit der androgyn wirkenden Pulver – Nahaufnahmen, Soft-Focus, Backlighting – wird die Grenzüberschreitung wieder in die Schranken gewiesen. Allmählich unterminiert die betonte Körperlichkeit beider Verkleideter die Aufhebung der traditionellen Geschlechterdifferenz. Der als Gräfin verkleidete Felix wird beim Rasieren der Bartstoppeln bloßgestellt, und die als Bursche gekleidete Gräfin kommt auch in Schwierigkeiten: sie muß eine Ausrede finden, warum sie nicht vorsingen kann; ihre zarten Finger muß sie verstecken; sie weigert sich, ihre Mütze abzunehmen, die das lange, weibliche Kopfhaar verdeckt, und – Höhepunkt des sexuellen Durcheinanders – sie muß als Bursche des Hauptmanns neben ihm im Bett schlafen. Die Biologie behauptet sich immer offener mit der Konsequenz, daß allmählich die visuellen Geschlechterkontraste und die physischen Unterschiede sich maximieren. Es kann folglich nicht überraschen, daß – sobald das Geheimnis der Verkleidung gelüftet ist – die echte Gräfin dem Räuberhauptmann in zierlicher Weise Kaffee serviert.

Die Maskerade ist sowohl ein Motiv als auch ein struktureller Bestandteil der textuellen Tarnung in diesem Film: sie funktioniert so, daß sich ein Bruch oder eine Wunde gerade noch am Rande der (sozialen) Wahrnehmung konstruiert. Dies erklärt vielleicht auch die unklare Genrezugehörigkeit des Films: angefangen als Parodie eines Horrorfilms mit den übertriebenen Effekten des bedrohlichen Waldes, bald übergegangen in eine Räubergeschichte mit den visuellen Einsprengseln eines Heimatfilms, mündet die Handlung schließlich in eine romantische Komödie.[33] Aber unter der Oberfläche einer trügerisch konventionellen Romanze verbergen sich unklare Ängste vor der eigentlichen Identität. Denn anders als bei Hauff, wo die Protagonisten kaum erotische Gefühle empfinden, geschweige denn Liebesverhältnisse eingehen, ist hier die Suche nach der Vereinigung von Gegensätzen jenseits der Trennung durch Geschlechterdifferenz die Hauptsache. Setzt also die Verkleidung im Falle der Gräfin Sandau diese Suche in Bewegung?[34] Von der komödiantischen

---

33 Außenaufnahmen wurden im »authentischen« Spessart gemacht (im Haibachtal und am Schloß Mespelbrunn), um auf das Lokalkolorit eines typischen Heimatfilms der 50er Jahre anzuspielen.
34 Der als Gräfin verkleidete Felix benutzt seine Maskerade, um die begleitende Kammerzofe Barbara zu verführen, so daß sie am Schluß auch ein glückliches Paar bilden. In der Vorlage bleibt der gerettete Felix ledig und, durch die mütterliche Gräfin und Patin finanziell unterstützt, scheint der erfolgreiche Goldschmied in einer Art Männerbund aufzugehen (vgl. Hauff, Das Wirtshaus im Spessart, S. 410).

Filmfabel her ist dies der logische Erzählanlaß, die unglücklich verlobte Gräfin anders zu paaren: sie muß in die Nähe des edlen Räuberhauptmanns kommen, weil ihre bevorstehende Hochzeit mit dem törichten Baron Sperling aus »Pflichten ihres Standes« und nicht aus innerer Überzeugung geschehen soll.

Die Maskerade ist nichts anders als die Dezentrierung des einheitlichen Ichs und deutet in diesem Fall auf ein Subjekt, das im Kriege mit sich selber ist: mit seiner Klasse und mit seinen Gefühlen. Insofern löst die Verkleidung eine komplizierte Krise der Zugehörigkeit aus, denn auch der Räuberhauptmann entpuppt sich als getarnte Figur: er ist ebensowenig ein Räuber, wie die Gräfin ein Bursche ist. Es stellt sich heraus, daß dieser ansehnliche Sohn eines verarmten italienischen Grafen auf der Suche nach einem deutschen Grafen, der seinen Vater betrügerisch bestahl, zufälligerweise im Spessart in die Hände einer Räuberbande fiel; als er gerade aufgehängt werden soll, schlug wie ein Zeichen ein Blitz in den Baum, so daß die Bande ihn spontan zum Hauptmann auserkor. Diese »märchenhafte« Geschichte erzählt der italienische Graf Antonio Patricio der inzwischen wieder glamourös aussehenden Gräfin in einem alten Turm im Schlosse ihres Vaters, wo sie ihn rettete und versteckte. Daß der Turm die Rumpelkammer ist, vollgestopft mit Fest- und Jägerandenken des gräflichen Großvaters, läßt auf ein gestörtes Verhältnis zur Vergangenheit schließen, das verdeutlicht wird, wenn die Gräfin richtig schlußfolgert, daß niemand anders als ihr eigener Vater derjenige war, der den großzügigen Vater des unwiderstehlichen Grafen Antonio betrogen hatte. Damit ist der Weg für das verliebte Paar frei: am Tage der Hochzeit »entführt« der junge Graf die verbitterte Gräfin in der Hochzeitskutsche, und sie entfliehen nach Italien, wo sie wohl heute noch glücklich leben …!

Der Rollenwechsel als Überlebensstrategie ist ein Versuch, Lebens- und Spielräume zu erweitern. Daß die Verwandlung durch Maskerade bloß ein Zwischenspiel bleibt, daß die Geschlechter- und Klassenunterschiede am Ende wieder in Ordnung sind, daß die Väter sich als blöd und hilflos herausstellen, das sagt einiges über die Tagträume der begeisterten Zuschauer dieses Filmes aus. Für die Filmfiguren sowie die Zuschauer ist die (vorläufige) Identifikation mit dem Anderssein eine Grenzüberschreitung, die die binären Gegensätze zeitweilig außer Kraft setzt: Mann/Frau, obere/untere Klasse, jung/alt, Macht/Ohnmacht. Die Entscheidung, Hauffs Erzählung in eine reine Verkleidungskomödie umzuarbeiten, ermöglicht demnach, das Handeln der Verkleideten als ein Spiel der Unauffälligkeit zu inszenieren: verliert man die Maske, wird einer erkannt als das, was man ist.

Am Schluß vom *Wirtshaus im Spessart* beschreibt die Gräfin ihre Verkleidung wie folgt: »… es ist der Zauber, womit Ihr mich umhüllt habt, um meine Verfolger mit Blindheit zu schlagen.«[35] Wilhelm Hauff war ein Schriftsteller, der die Märchenform für indirekte Gesellschaftskritik souverän zu gebrauchen wußte. Die einleitende Erzählung von *Märchen als Almanach* macht das deutlich, wenn Mutter Phantasie ihr Kind Märchen mit dem Gewand des Almanachs bekleidet, damit es von den Wächtern der Stadt nicht zurückgestoßen wird. Die wiederholte Verarbeitung von populären, lehrhaften Märchen führt dazu, daß sie nach den jeweiligen gesellschaftlichen Bedingungen und den wechselnden Wertesystemen immer wieder neu konkretisiert und sozialhistorisch angereichert werden. Im Falle von Filmadaptionen können medienspezifische Mittel gerade das Schwebende des Märchens, die Balance zwischen Fiktion und historischer Realität, zwischen Phantasie und materieller Wirklichkeit ausloten. Gleichwohl symptomatisch für Märchenerzählungen ist die auch bei Hauff betonte räumliche oder zeitliche Verlagerung der Handlung, eine bewußte Strategie des Ausweichens vor dem Realitätsprinzip, um Hoffnung auf Änderung dieser Realität zu nähren. Auf dem Hintergrund des gesellschaftlichen Zusammenbruchs nach 1945 suchen die drei hier besprochenen Hauff-Verfilmungen nach einer neuen Vertrauensgemeinschaft, und jeder auf seine Art verarbeitet die mit Reue beladenen Wünsche sowie die durch Schuld erahnten Grenzen im Nachkriegsdeutschland. Die deutlichen Spaltungstendenzen, die durch die politischen Spannungen des Kalten Krieges entstanden und sich im Herbst 1949 in der Etablierung der zwei deutschen Staaten festschrieben, entsprechen nicht von ungefähr der dualistisch imaginierten Phantasiewelt, die Hauffs Märchen bereithalten. Ähnlich schwingen wohl bestimmte Filmhandlungen mit aktuellen Bemühungen mit, eine kriegsmüde Bevölkerung und verarmte Flüchtlinge zum Aufbau einer neuen Gesellschaft zu überzeugen. Leistungs- und Arbeitsmoral unter mühevollen, entbehrungsreichen Zuständen zu bewähren ist eine typische Hauff-Lehre. Schließlich war eine zentrale Frage im Nachkriegsdeutschland die nach der Zugehörigkeit, eine Frage, die von postfaschistischen Ängsten und Illusionen überlagert war. Auch Hauff lebte in einer von Zensur und Selbstzensur gekennzeichneten Gesellschaft, die die imaginäre Erfahrung der Alterität und Sehnsucht nach Flucht hervorbrachte. Das Kindermärchen verlieh seiner kritischen Haltung genau die Tarnung, die er brauchte. Kein Wunder, daß drei der interessantesten Hauff-Verfilmungen gerade im Deutschland der 50er Jahre entstanden.

---

35 Hauff: Das Wirtshaus im Spessart, S. 407.

MARC SILBERMAN

Anhang:
Hauff-Verfilmungen

1. Kinofilme

Rudolf Opel, *Die Bettlerin vom Pont des Arts* (1916, Wall-Film Berlin)
Wilhelm Prager, *Das Märchen vom kleinen Muck (Eine Geschichte aus dem Morgenlande)*, ab 1941 im UFA-Verleih unter dem Titel *Der kleine Muck* (1921, UFA-Kulturfilmabteilung)
Ladislaus Tuszinsky, *Zwerg Nase* (Österreich, 1921, Astoria Film)
Erwin Báron und Wilhelm Prager, *Der falsche Prinz – Ein deutsches Märchen im orientalischen Gewande* (1922, UFA-Kulturfilmabteilung)
Fred Sauer, *Das kalte Herz: Der Pakt mit dem Satan* (1923, Hermes-Film GmbH)
Adolf Wenter, *Das kalte Herz* (1923, Orbis-Film AG)
Ewald Mattias Schumacher, *Kalif Storch* (1923), Scherenschnitt-Film
Louis Seel, *Kalif Storch* (20er Jahre), Trickfilm
Heinz Paul, *Der falsche Prinz* (1927, Lothar Stark GmbH)
[Regisseur unbekannt], *Das kalte Herz* (1929, Mercedes-Film, München)
Gebrüder Diehl, *Kalif Storch* (1930 Stummfilm, 1937 vertont, 1942 neu vertont, 1950 Teil eines Kompilationsfilms), Scherenschnitt-Film [der gleiche 20minütige Scherenschnittfilm wurde immer wieder neu »verpackt«: der Stummfilm wurde zweimal nachsynchronisiert, jeweils mit verschiedenen Stimmen, und dann mit anderen kurzen Märchenfilmen der Gebrüder Diehl kompiliert]
Veit Harlan, *Jüd Süß* (1940, Terra-Film)
Franz Fiedler, *Der kleine Muck* (1944, Sonne-Film)
Hans Held, *Kalif Storch* (BRD, 1950), Trickfilm
Paul Verhoeven, *Das kalte Herz* (DDR, 1950)
Francesco Stefani (Stephani), *Zwerg Nase* (BRD, 1952)
Wolfgang Staudte, *Die Geschichte vom kleinen Muck* (DDR, 1953)
Václav Krška, *Labakan* (ČSSR/Bulgarien, 1956), d.i. *Das Märchen vom falschen Prinz*
Kurt Hoffmann, *Das Wirtshaus im Spessart* (BRD, 1957)
Gottfried Kolditz, *Der junge Engländer* (DDR, 1958), d.i. *Der Affe als Mensch*
Irma Rausch-Tarkowskaja, *Märchen in der Nacht* (UdSSR, 1981), nach Hauff-Motiven aus *Das kalte Herz* und *Das Wirtshaus im Spessart*
Kurt Weiler, *Die Geschichte von Kalif Storch* (DDR, 1984), Zeichentrickkurzfilm
Katja Georgi, *Zwerg Nase* (DDR, 1985), Puppentrickfilm

2. Fernsehfilme

Lotte Reiniger, *Caliph Stork* (England, Primrose Productions; im Auftrag des BBC und CBS, 1954), Silhouettenfilm
Augsburger Puppenkiste (von Walter Oemichen) – im Fernsehen
Zwerg Nase (1955)
Der kleine Muck (1957)
Das kalte Herz (1978)
Gustav Rudolf Sellner, *Abu Kasems Pantoffeln: Eine orientalische Geschichte* (ARD/NWRV, 1957), d.i. Der kleine Muck
Hans-Günther Bohm, *Zwerg Nase* (DDR, 1958), Fernsehspiel
Udo Langhoff, *Kalif Storch* (BRD, 1965), Fernsehspiel
Peter Trabold, *Der falsche Prinz* (ARD/SWF, 1967), Fernsehspiel
Peter Trabold, *Saids Schicksale* (ARD/SWF, 1969), Fernsehspiel
Otto Anton Eder, *Der kleine Muck* (ORF, 1971)
Werner Reinhold, *Das kalte Herz* (ZDF, 1977), 6teiliges Fernsehspiel
Peter Dörre, *Das Märchen vom falschen Prinzen* (ORF, 1978)
Peter Schulze-Rohr, *Die Sängerin* (ZDF, 1978)
Karl-Heinz Bahls, *Zwerg Nase* (DDR, 1978), Fernsehspiel
Phaidon Sofianos, *Die Errettung Fatmas* (Athen, Studio Television Enterprises Paemia; im Auftrag des BRA, 1979), Handpuppenspiel
Phaidon Sofianos, *Der falsche Prinz* (Athen, Studio Television Enterprises Paemia; im Auftrag des BRA, 1979), Handpuppenspiel
Phaidon Sofianos, *Der kleine Muck* (Athen, Studio Television Enterprises Paemia; im Auftrag des BRA, 1979), Handpuppenspiel
Phaidon Sofianos, *Das kalte Herz* (Athen Studio Television Enterprises Paemia; im Auftrag des BRA, 1979), Handpuppenspiel
Johannes Hoflehner, *Zwerg Nase* (ORF, 1980)
Johannes Hoflehner, *Die Geschichte vom Kalif Storch* (ORF, 1981)
Florian Leupschitz, *Das kalte Herz* (ORF, 1983)
Shuichi Nakahara, *Kalif Storch* (Animationsfilm Shanghai/Apollo-Film Wien; im Auftrag des ZDF und ORF, 1983)
Karl-Heinz Kramberg, *Die Errettung Fatmes* (ARD/BR, 1984)
Phaidon Sofianos, *Saids Schicksale* (Athen, Studio Television Enterprises Paemia; im Auftrag des BRA, 1984), Handpuppenspiel
Dušan Rapos, *Das Märchen vom falschen Prinz: Ein orientalisches Märchen um Schein und Sein* (Bratislava, Slovenska Filmova Tvorba/ZDF/ORF Raiuno/TVE/Films du Sabre, 1984)
Brita Wielopolska, *Der fliegende Teppich* (Dänemark, 1984/85), nach Hauff

Mit Dank an Frau Doris Hackbarth, Bundesfilmarchiv Berlin, für die großzügige Beratung; vgl. auch die Hauff-Filmographie von Joachim Giera: »Wilhelm Hauff: Das kurze Leben und der lange Ruhm – Ein Beitrag zum 200. Geburtstag«, in: *Kinder- und Jugendfilm Korrespondenz* 90.2 (2002), S. 5 (NB falsche Angaben zur Datierung von Sauers 1923 Verfilmung *Das kalte Herz* sowie der falsche Titel von Wenters *Das kalte Herz* 1923).

Hans-Christoph Dittscheid

Erfindung als Erinnerung
Burg Lichtenstein zwischen Hauffs poetischer Fiktion und Heideloffs künstlerischer Konkretisierung*

>»Dieses merkwürdige Luftschloß ist eine der allerinteressantesten Erscheinungen, auf die man auf der Alb stößt; denn ein Luftschloß ist es eigentlich, da es in den Wolken zu schweben scheint.«
>(Memminger, *Ausflug auf die Alb*, 1811)

>Gerlind Hermann zum 10. April 2003

Der im Jahr 1826 erschienene Roman *Lichtenstein* hat Wilhelm Hauff einen ungeahnten Erfolg beschert, den der Autor jedoch infolge seines frühen Todes 1827 nicht mehr erleben durfte. Sein Wunsch, damit ein patriotisches Denkmal zu stiften, hat sich nicht nur in literarischer Hinsicht erfüllt. Der Roman wirkte so nachhaltig, daß er sogar zu einem »Nachbau« des Schauplatzes der Handlung verführte – einer Burg auf jenem Lichtenstein, der schon Hauff zu seinem Roman inspiriert hatte. Inwieweit der Roman architektonisch umgesetzt werden konnte und in welcher Hinsicht das Bauwerk eigenen, von Hauff unabhängigen Gesetzen folgte, erscheint einer »grenzüberschreitenden« sprach- und kunstwissenschaftlichen Untersuchung wert. Die folgenden Beobachtungen sind lediglich als Beitrag zu einer solchen Klärung zu verstehen.

---

* Für wertvolle Hinweise danke ich H. Breyvogel (Stuttgart), H. Merk (Stuttgart), E. Osterkamp (Berlin), F. Pfäfflin (Marbach), Th. Scheuffelen (Marbach), J. Traeger (Regensburg) und F. Werner (Worms). Herzog W. von Urach gestattete freundlicherweise die Benutzung des Uracher Depositums im Hauptstaatsarchiv Stuttgart (ehem. Schloß Lichtenstein). Für die Redaktion des Manuskripts sorgten J. Gelinek (Berlin), G. Hermann (Neu-Ulm) und A. Polaschegg (Berlin), denen ich für ihre Mühe herzlich danke.

HANS-CHRISTOPH DITTSCHEID

1. Der literarische Hintergrund – Hauffs Lichtenstein

Mit der Burg – im Roman als »Schloß« oder »Schlößchen« bezeichnet – auf dem Lichtenstein wird der Leser zuerst in einem Dialog zwischen dem Helden der Erzählung, Georg von Sturmfeder, und dem Pfeifer von Haardt konfrontiert:

> Ich möchte wissen, wer den Gedanken gehabt, auf den Felsen ein Schloß zu bauen? – Das will ich Euch sagen, erwiderte der Spielmann, der mit allen Sagen seines Landes vertraut war: Es lebte einmal vor vielen Jahren eine Frau, die mußte viel Verfolgung erdulden und wußte sich nicht zu raten. Da kam sie an diesen Felsen und sah, wie ein großer Geier mit seiner Familie und allem Haushalt dort lebte und gegen alle Nachstellung sicher war. Da beschloß sie, den Geier zu verdrängen. Sie ließ das Schloß dorthin bauen, und als alles fertig war, ließ sie die Brücke aufziehen, stieg auf die Zinne ihres Turmes und sprach: »Nun bin ich Gottes Freund und aller Welt Feind!«[1]

Es ist demnach eine Sage, über die wir uns dem Lichtenstein nähern. Die Vorgeschichte setzt wie im Märchen ein: »Es war einmal…«. Eine nähere historische Präzisierung zu geben ist nicht in Hauffs Sinn. Es bleibt offen, wann genau die rätselhafte Erbauerin die natürlichen Vorzüge des uneinnehmbaren Standorts erkannte und für den Bau einer Burg zu nutzen wußte. Die auf dem Lichtenstein zu erlangende Sicherheit und Freiheit wußte zuerst die Natur zu schätzen – ein Geier, der hier sein Nest baute. Der Vergleich der Burg mit einem Vogelnest sollte hinfort noch oft bemüht werden. Dieser Topos blieb sogar für die Heraldik verbindlich. Das Wappen der Lichtensteiner zeigt die Schwinge eines Vogels.

Das Bauwerk wird unter psychologischen Aspekten beurteilt. So wird die Zugbrücke zu einem Symbol der Unantastbarkeit. Im Turm findet die Entfernung von der Welt ihren sichtbarsten Ausdruck. Auf seiner Zinne fühlt die Burgherrin sich als »Gottes Freund und aller Welt Feind«. Mit der Sage und diesem Ausspruch folgt Hauff der ältesten literarischen Beschreibung des Lichtenstein von Martin Crusius aus dem späten 16. Jahrhundert.[2] Der Ausspruch verklärt den Lichtenstein im Sinne der Romantik zur Gottesburg.

---

1 Hauff, Wilhelm: Lichtenstein. Romantische Sage aus der württembergischen Geschichte, Berlin 1922, S. 267f.
2 M. Crusius, Annales Suevici, Frankfurt 1596. Vgl. Drescher, Max: Die Quellen zu Hauffs *Lichtenstein*, Leipzig 1905, S. 36ff. – Hier zit. nach Gratianus, M. Carl Christian: Die Ritterburg Lichtenstein, Landsitz Sr. Erlaucht des Grav Wilhelm

Im weiteren Verlauf des Romans erfolgt eine bildartige Beschreibung der Burg:

> Georg hatte indes Zeit genug, das Schloß und seine Umgebungen zu betrachten. War ihm schon in der Nacht beim ungewissen Schein des Mondes und in einer Gemütsstimmung, die ihn nicht zum aufmerksamsten Beobachter machte, die kühne Bauart dieser Burg aufgefallen, so staunte er jetzt noch mehr, als er sie, vom hellen Tag beleuchtet, anschaute.
> Wie ein kolossaler Münsterturm steigt aus einem tiefen Albthal ein schöner Felsen frei und kühn empor. Weitab liegt alles feste Land, als hätte ihn ein Blitz von der Erde weggespalten, ein Erdbeben ihn losgetrennt oder eine Wasserflut vor uralten Zeiten das weichere Erdreich ringsum von seinen festen Steinmassen abgespült. Selbst an der Seite von Südwest, wo er dem übrigen Gebirge sich nähert, klafft eine tiefe Spalte, hinlänglich weit, um auch den kühnsten Sprung einer Gemse unmöglich zu machen, doch nicht so breit, daß nicht die erfinderische Kunst des Menschen durch eine Brücke die getrennten Teile vereinigen konnte. –
> Wie das Nest eines Vogels auf die höchsten Wipfel einer Eiche oder auf die kühnsten Zinnen eines Turmes gebaut, hing das Schlößchen auf dem Felsen. Es konnte oben keinen sehr großen Raum haben, denn außer einem Turm sah man nur eine befestigte Wohnung, aber die vielen Schießscharten im unteren Teil des Gebäudes und mehrere weite Öffnungen, aus denen die Mündungen von schwerem Geschütz hervorragten, zeigten, daß es wohlverwahrt und trotz seines kleinen Raumes, eine nicht zu verachtende Feste sei; und wenn ihm die vielen hellen Fenster des oberen Stockes ein freies, luftiges Ansehen verliehen, so zeigten doch die ungeheuren Grundmauern und Strebepfeiler, die mit dem Felsen verwachsen schienen und durch Zeit und Ungewitter beinah dieselbe braungraue Farbe wie die Steinmasse, worauf sie ruhten, angenommen hatten, daß es auf festem Grunde wurzle und weder vor der Gewalt der Elemente noch dem Sturm des Menschen erzittern werde. Eine schöne Aussicht bot sich schon hier dem überraschten Auge dar, und eine noch herrlichere freie ließ die hohe Zinne des Wartturmes und die lange Fensterreihe des Hauses ahnen. [...][3]

---

von Wirtemberg. Vergangenheit und Gegenwart, Tübingen 1844, S. 31-33. Ebd. lautet der Ausspruch »Nun bin ich Gottes Freundin, aber der ganzen Welt Feindin.« Gratianus identifiziert die anonyme Erbauerin mit Henriette von Mömpelgard, die zu Beginn des 15. Jahrhunderts lebte.

3 Hauff, Lichtenstein, S. 268f.

Mit diesen Worten bietet Hauff weniger eine exakte Baubeschreibung als vielmehr eine typisch romantische Annäherung an Architektur, bei der das Stimmungshafte überwiegt. An Bestandteilen der Burg genannt werden lediglich der Turm, die Wohnung und die Brücke. Wiederum ist es die natürliche Lage, die den Bau auszeichnet. Der isoliert aufragende Fels läßt den Standort uneinnehmbar erscheinen. Nur eine schmale Brücke überwindet den tiefen Graben. Was die Natur im Felsen bereits angelegt hat, setzt das Bauwerk lediglich fort. Die Burg erscheint als Solitär. Der Vergleich des abgespaltenen Felsens mit einem Münsterturm zitiert unvermutet Sakrales. Man könnte dabei an das nahe Ulmer Münster denken. Der Bau wurzelt auf dem Felsen, den er nach oben fortsetzt; er bedient sich desselben als Baumaterial, das zwischen Braun und Grau oszilliert.

Für eine Burg völlig ungewöhnlich, erscheint das Bauwerk als fragiles Gebilde: es »hängt« scheinbar am Felsen. Die unumschränkte Fernsicht, die die hohe Zinne des Turms gewährt, unterstreicht den Eindruck des freien Schwebens. Die Burg vollzieht den Übergang zwischen fester Verwurzelung einerseits und himmelwärts Ragendem andererseits. Das Bauwerk wird zur Metapher für Transitorik.

Zur atmosphärischen Wirkung trägt bei, daß der Bau zuerst bei Nacht betrachtet wird – »beim ungewissen Schein des Mondes«. Charakteristisch sind die Kühnheit und Isolierung seiner Lage, seine elementare Verankerung, seine Unzerstörbarkeit und endlich die Grenzenlosigkeit des Panoramas. Wer hier wohnt, kann sich gegenüber dem Rest der Welt als freier, unumschränkter Herrscher fühlen.

Hauff beschließt seinen Roman, indem er auf die Gegenwart des Lichtenstein eingeht:

> Und sie erscheinen uns da, diese Sagen, wie ungewisse Schatten, die eine große Gestalt vom Berge in die Nebel des Tales wirft, und der kältere Beobachter lächelt, wenn man ihnen wirkliches Leben und jene Farben verleihen will, die ihr unsicheres Grau zu einem Bild des Lebens umwandeln. Auch Lichtensteins alte Feste ist längst zerfallen, und auf den Grundmauern der Burg erhebt sich ein freundliches Jägerhaus, fast so luftig und leicht wie jene spanischen Schlösser, die man in unsern Tagen auf die Grundpfeiler des Altertums erbaut.
> Noch immer breiten sich Württembergs Gefilde so reich und blühend wie damals vor dem entzückten Auge aus, als Marie an des Geliebten Seite hinabsah und der unglücklichste seiner Herzoge den letzten Scheideblick von Lichtensteins Fenstern auf sein Land warf. Noch prangen jene unterirdischen Gemächer, die den Geächteten aufnahmen, in ihrer alten Pracht und Herrlichkeit, und die murmelnden

Wasser, die sich in eine geheimnisvolle Tiefe stürzen, scheinen längst verklungene Sagen noch einmal wiedererzählen zu wollen.

Es ist eine schöne Sitte, daß die Bewohner dieses Landes auch aus entfernteren Gegenden um die Zeit des Pfingstfestes sich aufmachen, um Lichtenstein und die Höhle zu besuchen. Viele hundert schöne Schwabenkinder und holde Frauen, begleitet von Jünglingen und Männern, ziehen herauf in diese Berge, sie steigen nieder in den Schoß der Erde, der an seinen kristallenen Wänden den Schein der Lichter tausendfach wiedergibt, sie füllen die Höhle mit Gesang und lauschen auf ihr Echo, welches die murmelnden Bäche der Tiefe melodisch begleiten; sie bewundern die Werke der Natur, die sich auch ohne das milde Licht der Sonne, ohne das fröhliche Grün der Felder so herrlich zeigt. Dann steigen sie herauf zum Lichte, und die Erde will ihnen noch schöner bedünken als zuvor; ihr Weg führt immer aufwärts zu den Höhen von Lichtenstein, und wenn dort die Männer im Kreise schöner Frauen, die Becher in der Hand, auf die weiten Fluren hinabschauen, wie sie, bestrahlt von einer milden Sonne, im lieblichsten Schmelz der Farben sich ausbreiten, dann preisen sie diese lichten Höhen, dann preisen sie ihr gesegnetes Vaterland. Dann kehrt, wie in den alten Tagen, Gesang und Jubel und der fröhliche Klang der Pokale auf den Lichtenstein zurück und weckt das Echo seiner Felsen und weckt mit ihm die Geister dieser Burg, daß sie die fröhlichen Gäste umschweben und mit ihnen hinabschauen auf das alte Württemberg. Ob auch das holde Fräulein von Lichtenstein, ob Georg und der alte Ritter mit ihnen heraufschweben, ob jener treue Spielmann in den Tagen des Frühlings seinem Grab entsteigt und, wie er im Leben zu tun pflegte, hinaufzieht nach der Burg, das Fest mit Gesang und Spiel zu schmücken? Wir wissen es nicht; doch wenn wir im Abendscheine, auf den Felsen gelagert, die Landschaft überschauten, wenn wir von den guten alten Zeiten und ihren Sagen sprachen, wenn sich die Sonne allmählich senkte und nur das Schlößchen noch selig und freundlich in seiner Einsamkeit, von den letzten Strahlen mit einem rötlichen Schein umgossen, auf seinem Felsen ruhte, da glaubten wir im Wehen der Nachtluft, im Rauschen der Bäume, im Säuseln der Blätter bekannte Stimmen zu vernehmen; es war uns, als flüsterten sie uns ihre Grüße zu, als erzählten sie uns alte Sagen von ihrem Leben und Treiben.

Manches haben wir an solchen Abenden erfahren, manches Bild stieg in uns auf und schien sich vor unseren Blicken zu verwirklichen, und die es uns woben und malten, die uns ihre romantischen Sagen zuflüsterten, wir glauben, es waren – die Geister von Lichtenstein.[4]

---

4 Hauff, Lichtenstein, S. 519-521.

Hauff baut in seinem Roman die Vorstellung von der Burg in mehreren Etappen auf, von der Sage über die nächtliche Anschauung beim Mondenschein zu einem konkrete Konturen annehmenden Bild. Er läßt die Lichtensteiner Burg in Worten Gestalt und Farbe annehmen und nimmt so deren sinnlich wahrnehmbare Gestaltung vorweg.

Zuletzt freilich nimmt Hauff sich die Freiheit des Literaten, das erzeugte Bild wie eine Seifenblase zerplatzen zu lassen, indem er die Vision im Sinne der romantischen Ironie aufhebt. Eine solch weitgehende Freiheit des literarischen Genres bleibt der bildenden Kunst von vornherein versagt. Gleichwohl bleibt zu fragen, ob es den Gestaltern auf dem Lichtenstein gelang, dem Monument etwas von dem schwebenden, schattenhaften Charakter von Sage und Roman zu übermitteln.

2. Der Bauherr, Graf Wilhelm von Württemberg

Nicht schattenhafte Geister, sondern ein unternehmender gräflicher Bauherr hatte die Idee, Burg Lichtenstein zur Wiedergeburt zu verhelfen. Die Burg entstand in nur dreijähriger Bauzeit zwischen 1840 und 1842. Bauherr war Graf Wilhelm von Württemberg (1810-1869),[5] ein Vetter des damals regierenden Königs Wilhelm von Württemberg. Graf Wilhelm hatte sich als Generalmajor, Kommandant, Generalleutnant und General der Infanterie sowie als Spezialist auf dem Gebiet der Artillerie militärisch besonders ausgezeichnet. Aber auch als Wissenschaftler und Kunstfreund hatte Graf Wilhelm zahlreiche Interessen vorzuweisen. Er forschte auf historischen, kunsthistorischen, archäologischen und meteorologischen Gebieten. Forschungsreisen hatten ihn bis nach Nordafrika geführt. Er war seit 1843 erster Vorsitzender des Württembergischen Geschichts- und Altertumsvereins und seit 1844 auch des Vereins für Vaterländische Naturkunde. In Anerkennung dieser wissenschaftlichen Aktivitäten war er 1845 zum Ehrendoktor der Philosophie durch die Tübinger Universität ernannt worden.

Im Bau der Burg Lichtenstein suchte der Graf mehrere Funktionen miteinander zu vereinen. Die Burg wurde zum Stammsitz seiner durch die Heirat (1841) mit Prinzessin Theodolinde von Leuchtenberg begründeten Familie. Die exklusive Lage an einem der markantesten Punkte auf der Schwäbischen Alb sicherte der Burg ihre Attraktivität als beliebtes

---

5 Pfäfflin, Friedrich: Wilhelm Hauff und der Lichtenstein, in: Marbacher Magazin 18 (1981), S. 79ff.

Ziel des damals aufkeimenden Tourismus, wie schon Hauff ihn am Ende des Romans schildert. In der Burg trafen sich museale, genealogische, literarische, militär-, kunst- und naturgeschichtliche Interessen ihres Bauherrn. Wilhelms unentwegtes persönliches Engagement führte in der letzten Entstehungsphase um 1857 sogar zu eigenhändig ausgeführten Ergänzungen rund um die Burg, als die äußeren Verteidigungswerke mit Mauer, Türmen und Graben aufgeführt wurden.[6]

Als Bauherr trug Graf Wilhelm dafür Sorge, daß sein »Schlößchen« in der Öffentlichkeit recht verstanden werden konnte. Dazu sollten zwei Auftragsarbeiten beitragen. So erschien im Jahr 1844 von Gratianus,[7] einem Pfarrer, die ausführlichste Dokumentation mit einer Beschreibung, deren Manuskript vor der Drucklegung dem Grafen und seinem Architekten Heideloff zur redaktionellen Bearbeitung zugeleitet worden war. Der am Bau tätige Dekorationsmaler Georg Eberlein, ein Schüler Heideloffs, hat das Bauprojekt mit den wichtigsten Plänen und knappem Kommentar 1852 publiziert.[8] Es fällt auf, daß Gratianus und Eberlein, im Unterschied zur terminologischen Inkonsequenz Hauffs, in ihren Publikationen von der »Burg« Lichtenstein sprechen.

Rücksichtnahmen auf die öffentliche Rezeption sind mit der Genese der Burg untrennbar verbunden. Wie sehr das Schloß auch als Attraktion für das touristische Publikum gedacht war, erhellt daraus, daß Heideloff zugleich mit den Bauplänen auch die Billetts für Besucher zu entwerfen hatte. Burg Lichtenstein war also von Anfang an mehr als ein Denkmal des privaten Interesses. Wie sehr der Graf sich mit seinem neuen Stammsitz identifizierte, zeigt das als Stich verbreitete Porträt, das Erich Correns 1848 fertigte und den Grafen mit Burg Lichtenstein im Hintergrund zeigt.[9]

---

6 Ebd., S. 85ff.
7 Gratianus, Die Ritterburg Lichtenstein.
8 Eberlein, Georg: Der im mittelalterlichen Styl neu erbaute Lichtenstein, Burg Sr: Erlaucht des Herrn Graven Wilhelm von Württemberg, Reutlingen 1852. Die Publikation sollte sukzessiv in acht Heften erfolgen, von denen jedoch nur das erste erschienen ist. Im einführenden Text des Heftes erweckt Eberlein den Anschein, als sei er der künstlerische Erfinder der Anlage.
9 Bidlingmaier, Rolf: Lichtenstein. Die Baugeschichte eines romantischen Symbols, in: Reutlinger Geschichtsblätter 33 (1994), S. 113-152, hier S. 119.

HANS-CHRISTOPH DITTSCHEID

3. Der Baumeister, Carl Alexander Heideloff

Den Entwurf hatte Graf Wilhelm dem Architekten Carl Alexander Heideloff (1789-1865)[10] übertragen. Heideloff zählte damals zu den versiertesten Kennern und engagierten Apologeten mittelalterlicher Architektur in Deutschland, er hatte sich als Konservator, Maler, Kunstschriftsteller, Bühnenmaler, Baumeister und Professor in Nürnberg einen Namen gemacht. Über seine Biographie und sein Schaffen, vor allem als Restaurator, informiert umfassend die Monographie von Urs Boeck.[11]

Heideloff verband bald eine enge Freundschaft mit dem Grafen, die in einer umfangreichen Korrespondenz ihren Niederschlag fand. Aus über 60 erhaltenen Briefen geht hervor, daß die Planung und der Bau des Lichtenstein in die aktivste Zeit Heideloffs fiel. Dieser fand, bedingt durch notorische Arbeitsüberlastung und die Entfernung seiner aktuellen Wirkungsstätte Nürnberg, allerdings nur selten Gelegenheit, den Lichtenstein zu besuchen. Er weilte dort in den Jahren 1839-1841 jeweils nur für wenige Tage. Um so mehr war er auf den im nahen Reutlingen tätigen Baumeister Johann Georg Rupp angewiesen, insbesondere auf dessen Bauaufnahmen vor Ort, seine ersten Planungen und seine Bauleitung. Den vollendeten Bau hat Heideloff offensichtlich nicht mehr in Augenschein nehmen können.

Schon aufgrund der äußeren Umstände war der Lichtenstein für Heideloff zu einem Gegenstand der sehnsuchtsvollen Phantasie geworden: »[...] besonders aber sehe ich dem gewünschten Urlaub schon deshalb mit Sehnsucht entgegen, um endlich einmal meinen jungen Leuten auf Burg Lichtenstein – die ihren Meister lange entbehrt haben – zu Hilfe kommen zu können, damit nicht durch Mangel an gehöriger Leitung und Instruktion Inconvenienzen herbei geführt werden«[12], schreibt er 1840 aus Nürnberg.

---

10 Bergdoll, Barry: »Heideloff, Karl Alexander von«, in: Encyclopedia of Architects, hrsg. v. A. K. Placzek, Band 2, New York – London 1982, S. 349ff. (mit Bibliographie).
11 Boeck, Urs: Karl Alexander Heideloff, (= Mitteilungen des Vereins für die Geschichte der Stadt Nürnberg, Bd. 48), Nürnberg 1958, S. 314-390 (zugleich phil. Diss.Tübingen). Diese Arbeit, im Manuskript bereits 1955/1956 abgeschlossen, bedeutet eine Pionierleistung in der Erforschung historistischer Baukunst in Deutschland. Sie legt ihr Hauptgewicht auf Heideloffs Tätigkeit als Restaurator. Im Anhang ist eine Autobiographie Heideloffs als Quellentext enthalten.
12 Brief an Graf Wilhelm vom 28. Dez. 1840, HStA Stuttgart, Best. GU 13.

Heideloff war demnach auf Künstler angewiesen, die nach seinen Plänen und Ideen zuverlässig arbeiteten. Als Zeichner und Dekorationsmaler agierte sein Schüler Georg Eberlein, dem er außerordentliches Talent bescheinigte: »Eberlein ist ein ganz geschickter Zeichner, und hat den Burgengeschmack los.«[13] Eberlein nahm seine Publikation von 1852 zum Anlaß, darauf hinzuweisen, daß der überwiegende Teil der Ausstattung auf ihn selbst und eigene Entwürfe zurückgehe. Die acht begleitenden Tafeln enthalten die wichtigste zeichnerische Dokumentation des ausgeführten Bauwerks, darunter die Grundrisse, die – sinnvollerweise den felsigen Sockel einschließenden – Aufrisse, zwei stimmungsvolle Ansichten von Waffenhalle und Kapelle im Erdgeschoß, zwei Schnittzeichnungen der Hirschstube, exemplarische Beispiele der »spätgotischen« Ornamentik sowie die malerische Hauptansicht von Südosten.

Als gebürtiger Stuttgarter verfolgte Heideloff die Planung des Lichtenstein mit besonderem Ehrgeiz, der über das aktuelle Bauprojekt der Burg weit hinausreichte. Jeder Planungsauftrag aus dem nächsten Umkreis des württembergischen Königshauses nährte seine Hoffnung, in der schwäbischen Heimat an führender Position auf Dauer künstlerisch tätig werden zu können. Welche Karriere er sich dabei erhoffte, erläuterte er am 21. November 1839 gegenüber dem Grafen:

> Se. Majestät der König [hat] schon dreimal nach mir gefragt, warum ich noch nicht in Stuttgart bin und wie es mit dem Theater Modell stehe und ob dieses bald fertig ist […]. Daher will ich mich jezt tüchtig zusammen nehmen, um bald fertig zu werden, ich glaube dies wird die beste Empfehlung seyn und die Verwendung Euer Erlaucht für mich erleichtern, denn wie ich erfahren habe, ist Dannecker bereits in Ruhestand versezt, ich will sehen, wie sich die Sache gestalten, könnte ich seine Stelle erhalten, entweder als Gallerie Director oder General-Conservator, so könnte vielleicht mein Würkungskreis für mein liebes Vaterland von einiger Bedeutung seyn, den[n] bereits bin ich aus Stuttgardt und anderen Gegenden Würtembergs mit Bau-Angelegenheiten beehrt worden, aus denen auf das Vertrauen zu mir, und somit auf ein erfolgreiches Entgegenkommen bei dem Würkungskreise einer solchen Stelle zu rechnen wäre.[14]

Für das Erreichen dieses – nie erlangten – Ziels sollte Graf Wilhelm eine Schlüsselrolle spielen, indem er sich bei seinem königlichen Vetter für eine leitende Position Heideloffs am Hof einsetzen sollte. Die Lichten-

---

13 Brief an Graf Wilhelm vom 31. Okt. 1840. HStA Stuttgart, Best. GU 13.
14 HStA Stuttgart, Best. GU 13.

steiner Planung, ungleich mehr aber noch das Projekt für ein neues Stuttgarter Hoftheater, erwiesen sich dabei als wichtige Bausteine für die ersehnte Karriere im Schwabenland. Daneben hatte Heideloff noch weitere Verpflichtungen. So restaurierte er zu gleicher Zeit die Stiftskirche in Stuttgart und plante ebendort außer dem Hoftheater noch eine Ehrensäule[15] zum 25jährigen Regierungsjubiläum des Königs sowie ein Kurbad für den Vorort Cannstatt. Aus der Korrespondenz geht hervor, daß die Pläne für das königliche Theater sowie für die Ehrensäule klassizistisch ausfielen, während die Cannstatter Planung als »maurisch« umschrieben wird. Für das Theater fertigte Heideloff in Nürnberg ein Modell, das er wie folgt beschrieb:

> Es ist 7 fuß lang und 2 fuß breit, nach dem allerhöchsten Willen Seiner Majestät so viel thunlich einfach und nach dem Muster des Theaters Della Scala in Mailand gehalten und verfehlt einen prachtvollen Effect nicht. Das Parterre und die Logen sind sehr fleißig ausgearbeitet. Es würde gewis für Euer Erlaucht interessant seyn, hier am Platze zu sehen, welche delicate Mittel in Anwendung gebracht werden müssen, um die Freiheit der Formen zu erschwingen.[16]

> Ich schmeichle mir, Seiner Majestät [...] einen Beweis zu liefern, daß ich nicht blos der altdeutschen Baukunst, sondern im gleichen Grade dem modernen Styl Vertrauter bin, nur finde ich den erstern in seinen weit reichhaltigern Motiven überhaupt weit anziehender.[17]

Die württembergischen Aufträge reichten also weit über den Lichtenstein und die dort gefragte Mittelalter-Kompetenz hinaus. Heideloff sah sich als versierter Stilpluralist gefordert:

> Euer Erlaucht wünschen noch [...], daß ich mehrere Moderne Bauzeichnungen mitbringen möchte. [...] Mein Theater Modell wird mich bei Sr. Majestät am besten rechtfertigen und den Beweis liefern, daß ich auch diesen Theil der Baukunst kenne und in meiner grösten Gewalt habe, und außer den Werken der alten Griechen und Römer auch mit den Werken der Italiener vom Jahr 1000 bis heute vollkommen vertraut bin [...]. Hier als Professor der Baukunst an der polytechnischen Schule trage ich keine andere Baukunst vor als die der

---

15 Vgl. Boeck, Heideloff, S. 328, Abb. 6.
16 Brief an Graf Wilhelm von Württemberg vom 25. Februar 1840. HStA Stuttgart, Best. GU 13.
17 Brief an Graf Wilhelm von Württemberg vom 29. Februar 1840. HStA Stuttgart, Best. GU 13.

Griechen und Römer und vorzüglich die Moderne; die Altdeutsche Baukunst trage ich privatim vor.[18]

Dieses Geständnis legt nahe, daß Heideloffs Herz weder für die Antike noch für den zeitüblichen Klassizismus, sondern für das Mittelalter schlug. Diesen Standpunkt erläutert sein 1844 in Nürnberg erschienenes Werk *Die Bauhütte des Mittelalters in Deutschland*, auf dessen Frontispiz er als »Ritter Carl Heideloff« firmiert. Darin verteidigt er die Gotik aus religiösen wie nationalen Gründen als unverwechselbar deutschen Stil. Deshalb setzte er sich auch zum Ziel, an die »vorreformatorischen« Verhältnisse der deutschen Spätgotik anzuknüpfen. Lassen wir Heideloff selbst ausführlich zu Wort kommen:

> »Odi profanum vulgus et arceo«, sagt Horaz, und wir sagen es [...] mit ihm. Denn es ist eine große [...] Wahrheit, [...] daß alle Blüthe und Herrlichkeit der Kunst auf religiösem Grunde ruht und daß mit dieser tiefen Basis auch das Gebäude stürzt [...]. Die Schwerter ruhen, und dringend mahnt die lang vernachlässigte Kunst ihre Priester, die alten Hütten wieder aufzurichten, die der Gegenwart unter verändertem und zeitgemäßem Namen das leisten sollen, was jene alten Einrichtungen ihrer Zeit leisteten.[19]

Seit der Reformation ist die wahre und reine Baukunst der Bau-Hütte zum gemeinen Handwerk herabgesunken. Der lebendig wirkende Geist gieng verloren, als die obersten Meister in jenen unheilvollen und politischen Wirren die Leistung der Hütten fahren lassen mußten [...][20].

Mehr als irgend ein anderes Architektur-Glied tritt der Spitzbogen in allen Theilen des Gebäudes als Ur-Element auf. Er erscheint als freie, nur dem Bedürfniß der Höhe dienende Form, bald hier als tragendes Glied, bald dort als Verzierung an den Facaden, Fensterfüllungen, Thürmen und Thürmchen, und gehört in diesen Eigenschaften die das Nützliche, wie das Schöne, umschließen, schon längst als Erbgut Deutschland an, für dessen Klima und geistiges Bedürfniß er besonders erfunden zu seyn scheint. In seiner nach oben strebenden, nach oben weisenden Form will er den Himmel mit der Erde verbinden und im Gotteshause den frommen Beter an die Unendlichkeit des ewigen

---

18 Brief an Graf Wilhelm von Württemberg vom 17. April 1840. HStA Stuttgart, Best. GU 13.
19 Ritter Carl Heideloff, Die Bauhütte des Mittelalters in Deutschland, Nürnberg 1844, S. VII.
20 Ebd., S. 1.

Baumeisters erinnern; hier in unsern Tempeln ist er unstreitig das geistig wirksamste Bauglied, weit mehr, als der immer wieder in sich selbst ruhig zurückkehrende Rundbogen. Aber auch in der bürgerlichen Baukunst wird er stets als höchst geschmackvoll und malerisch-schön seine Stelle behaupten und hier wie dort seine Anwendung finden, wenn der geschmacklose Haarbeutel-Styl aus Ludwig des Vierzehnten Zeiten, und der neuerdings aufgestandene Zopfstyl, genannt Rococco, kaum noch dem Namen nach bekannt seyn werden. […] Das behaupte ich nach meiner Erfahrung und innigsten Ueberzeugung, daß Deutschland in dem deutsch-byzantinischen und in dem sogenannten gothischen, zwei herrliche […] Baustyle besitzt, auf die es sich durch die immer weitere Cultivierung ein Eigenthumsrecht erworben hat, auf welche es stolz seyn darf.

Der erste hat bei uns in zahlreichen Tempeln und Gebäuden das Bürgerrecht erhalten; der zweite ist unser einheimisches Kind, in ihm hat die gesammte Baukunst den Culminations-Punkt erreicht; er ist der Triumph des deutschen Genies, eins mit dem National-Charakter, aus einem Guß mit ihm, der Neid der Welschen, die ihn oft zur Zielscheibe ohnmächtigen Spottes machten, groß und hehr, wie kein anderer, ist er seines Volkes Stolz.

Diese beiden Style, von denen wir unerreichbare Vorbilder in Menge besitzen, sollten ausschließlich im deutschen Vaterlande eingeführt werden. Fortschreiten soll die Kunst allerdings, soll ihre Kräfte im Reich der Formen und des Schönen allzeitig versuchen und keine Gränzen, als das Urschöne anerkennend, allseitig wirken […]

Als praktischer Baumeister habe ich die traurige Epoche von dreißig Jahren durchlebt, in der Deutschland, begeistert durch die Werke Stuart's und Revett's, griechische Baukunst als Universal-Architektur aufstellte und sie als allgemein geltenden Styl […] einführen wollte – Percier und Fontaine, Norman, Leclair etc. waren die heftigsten Vertheidiger dieser Ansicht […], auch mehrere deutsche Künstler von Range bekannten sich zu ihr, weil sie es wohl unter der damaligen Gewaltherrschaft Napoleon's nicht für gerathen finden mochten, einer deutschen Kunst ausschließlich zu huldigen […]. Doch die Zeiten jener Körper- und Geistesknechtschaft sind vorüber, und für die gute Sache tritt wieder mancher rüstige Kämpfer in die Schranken, dem deutsche Kunst und in ihr deutsche Nationalität am Herzen liegt.[21]

---

21 Ebd., S. 127f. Mit den zitierten Autoren nennt Heideloff die Hauptvertreter des englischen und französischen Klassizismus, die auch für Deutschland vorbildlich gewesen sein sollen.

Die intendierte Vereinigung nationaler, künstlerischer und religiöser Aspekte spricht dafür, in Heideloff einen Hauptvertreter der Romantik in nazarenischer Tradition zu erkennen. Wie Schinkel, mit dem er korrespondierte, vereinte Heideloff architektonische und figürliche Versiertheit. Sein Stilideal war die »Dürerzeit«. Der Dürerbrunnen auf dem Maxplatz gehörte zu Heideloffs ersten Nürnberger Arbeiten.[22] Zu seinen beruflichen Verpflichtungen zählte die Durchführung der Nürnberger Dürerfeste, die das Zeitalter Dürers in Ausstellungen und »Tableaux vivants« wiedcraufleben ließen. Ludwig Emil Grimm hat Heideloff beim Dürerfest 1828 im Kreise nazarenischer Künstler angetroffen,[23] von denen einige in altdeutscher Tracht und mit langen Haaren auftraten. Beim Dürerfest des Jahres 1840 war Graf Wilhelm von Württemberg Heideloffs persönlicher Gast. All diese Aktivitäten Heideloffs sprechen dafür, daß der an ihn ergangene Auftrag, den Handlungsort von Wilhelm Hauffs *Lichtenstein* in gebaute Form umzusetzen, geradezu ins Zentrum seiner künstlerischen Interessen zielte.

4. Landschaftsgarten und Burgenbau der Neugotik

Als Burgenbaumeister war Heideloff vor seinem Lichtensteiner Engagement bereits durch die Restaurierung der Veste Coburg[24] ausgewiesen. Die ideengeschichtlichen Wurzeln der Lichtensteiner Burg sind im Kontext des Landschaftsgartens in England zu suchen. Die seit den zwanziger Jahren des 18. Jahrhunderts in England entstandene neue Ausrichtung der Gartenkunst auf die Landschaft zog nach und nach alle übrigen künstlerischen Gattungen in ihren Bann. Der Landschaftsgarten wurde zum Inbegriff des englischen Beitrags zur europäischen Kunstgeschichte der frühen Neuzeit.[25] In Auflehnung gegen den geometrischen Schema-

---

22 Mende, Matthias: Das Dürer-Denkmal in Nürnberg, in: Denkmäler im 19. Jahrhundert, hrsg. v. H.-E. Mittig/V. Plagemann, München 1972, S. 163-181, Abb. 2, 4, 7-9.
23 Zur Beschreibung des Dürerfestes 1828 durch Ludwig Emil Grimm, der Heideloff im Kreis der namhaftesten deutschen Künstler antraf, vgl. H. Lüdecke/S. Heiland (Hrsg.): Dürer und die Nachwelt, Berlin 1955, S. 192, 388.
24 Vgl. Boeck, Heideloff, S. 365-367, Abb. 25-32.
25 Vgl. Dobai, Johannes: Die Kunstliteratur des Klassizismus und der Romantik in England, Bd. I 1700-1715, Bern 1974, S. 529ff. Buttlar, Adrian von: Der Landschaftsgarten, München 1980. Hammerschmidt, Valentin/Wilke, Joachim: Die Entdeckung der Landschaft. Englische Gärten des 18. Jahrhunderts, Stuttgart 1990.

tismus des französischen Barockgartens, dem auch England gehuldigt hatte, zielt der englische Landschaftsgarten auf Idealisierung der scheinbar unberührten, frei wachsenden Natur, sowie auf die Inszenierung eines individuellen Erlebnisses von Bildung und Empfindung. Während der Wanderung durch den Park reihten sich sentimental bestimmte Bilder, Figuren und Bauwerke aneinander; ihre Auswahl und Abfolge war in der Regel vom Geschmack des Gartenbesitzers und seines Gartenarchitekten abhängig.

Staffageartigen Bauwerken fiel die Rolle zu, das intendierte Bildungserlebnis im Landschaftsgarten nachhaltig zu verstärken.[26] In diesem Zusammenhang kam es auch zu einer Wiederentdeckung der Gotik. Gotische Parkgebäude fungierten als »Eyecatcher«, Tempelchen oder Aussichtstürme; mit der Zeit entwickelten sich auch schloßartige Gebäude, die in malerischer Asymmetrie als Burgen in Erscheinung traten. Zu den Spezialisten für gotische Parkgebäude rechneten unter anderen Batty Langley, Robert Milne sowie Sanderson Miller.[27]

Auch in theoretischer Hinsicht ermöglichte der Landschaftsgarten eine Wiederentdeckung der Gotik. Das schon im 16. Jahrhundert bei Raffael mimetisch erklärte Prinzip des Spitzbogens[28] behielt in der Romantik seine Gültigkeit.[29] Und wie der Landschaftsgarten ist auch die nachbarocke Neugotik der Kategorie des Pittoresken[30] verpflichtet.

---

26 Jourdain, Margaret: The Work of William Kent, London 1948. Wittkower, Rudolf: Lord Burlington and William Kent, in: Palladio and English Palladianism, London 1974. Dobai, Kunstliteratur Bd. I 1700-1750, S. 529ff. Brown, Jane: The Art and Architecture of English Gardens, New York 1989, S. 40ff. Dittscheid, Hans-Christoph: Vitruvs Wiedergeburt inmitten der Natur. Zur Rolle der Architektur in Sckells Konzept des Landschaftsgartens, in: Die Gartenkunst XIV/2. 2002, S. 311-325.

27 McCarthy, Michael: »Miller, S.«, in: Encyclopedia of Architects, hrsg. v. A. K. Placzek, Bd. 3, New York – London 1982, S. 199f. – Aldrich, Megan: Gothic Revival, London 1994, Reprint 1997, S. 43ff.

28 In Raffaels »Brief« an Papst Leo X. heißt es: »Immerhin entstand diese Architektur [der deutschen Bauart – »maniera tedesca«] auf einer vernünftigen Grundlage; denn sie entstand aus ungefällten Bäumen, deren Äste, zusammengebogen und – gebunden, ihren Spitzbogen ergab.« Zit. nach Germann, Georg: Einführung in die Geschichte der Architekturtheorie, Darmstadt 1980, S. 99.

29 Watkin, David: Sir John Soane. Enlightenment Thougt an the Royal Academy Lectures, Cambridge 1996, Taf. VII.

30 Hussey, Christopher: The Picturesque. Studies in a point of view, London 1927. Dobai, Kunstliteratur Bd. I 1700-1750, S. 529ff.

Für den Bau pittoresker gotischer Villen im Landschaftsgarten wurde Strawberry Hill das meistfrequentierte Muster der englischen Neugotik im 18. Jahrhundert. Der auch als Literat tätige Horace Walpole, ein Sohn des englischen Premierministers Robert Walpole, hatte diese Villa um 1750 begründet und kontinuierlich nach ständig wechselnden Plänen ausgebaut. Dabei bediente er sich einmal profaner, dann wieder sakraler Motive in zwangloser Mischung. Für Walpole gilt erstmals die Verbindung von gotischem Roman und burgenartiger Schloßarchitektur; er war der Autor von *The Castle of Otranto*, dem ersten gotischen Roman der Neuzeit.[31]

An mehreren Orten in Deutschland wurde die von Strawberry Hill inspirierte Neugotik in Landschaftsgärten rezipiert. Das Gotische Haus in Wörlitz (1773ff.)[32] und die Löwenburg in Kassel (1791ff.)[33] gehören zu den spektakulärsten, heute noch weitgehend erhaltenen Beispielen. In beiden Fällen spielte der experimentelle Umgang mit der ungewohnten Gotik eine entscheidende Rolle. Der Bau gotischer Parkburgen lud hier wie schon in Strawberry Hill zu beständiger Veränderung und Ergänzung ein. Nicht zuletzt darin besteht eine auffällige Affinität zum literarischen Genre des Romans.

31 Vgl. Miller, Norbert: Strawberry Hill. Horace Walpole und die Ästhetik der schönen Unregelmäßigkeit, München/Wien 1986. Tuting, Marion: Rokoko-Gotik, Hildesheim/Zürich/New York, 2004.

32 Vgl. Hartmann, Adolph: Der Wörlitzer Park und seine Kunstschätze, Berlin 1913, S. 70-91. Neumeyer, Alfred: Die Erweckung der Gotik in der deutschen Kunst des 18. Jahrhunderts, in: Repertorium für Kunstwissenschaft 49 (1928), S. 101-110. Rode, August: Beschreibung des Fürstlichen Anhalt-Dessauischen Landhauses und Englischen Gartens zu Wörlitz, Dessau 1788, neu hrsg. v. L. Grote, Dessau 1928, S. 74f. Harksen, Marie Luise: Die Kunstdenkmäler des Landes Anhalt, Landkreis Dessau-Köthen, 2. Teil: Stadt, Schloß und Park Wörlitz, Burg b. Magdeburg 1939, S. 115-165. Clemen, Paul: Strawberry Hill und Wörlitz, in: Fidder, E. (Hrsg.): Festschrift f. Wilhelm Worringer Königsberg 1943, S. 37-60. Harksen, Marie-Luise: Erdmannsdorff und Wörlitz, in: Hirsch, E. (Hrsg.), Der Dessau-Wörlitzer Kulturkreis, Wörlitz 1965, S. 158-164. Ders.: Der Dessau-Wörlitzer Kulturkreis, S. 103-106, 161. Biehn, Heinz: Residenzen der Romantik, München 1970, S. 31-38. Harksen, Marie-Luise, Erdmannsdorff und seine Bauten in Wörlitz, Wörlitz-Oranienbaum-Luisium 1973, S. 36-40. Harksen, Marie-Luise: Führer durch das Museum Gotisches Haus in Wörlitz, Wörlitz-Oranienbaum-Luisium 1975. Kleinschmidt, Harald/ Bufe, Thomas: Dessau-Wörlitzer Gartenreich, Halle 1997, S. 217-219.

33 Vgl. Biehn, Residenzen der Romantik, S. 57-63. Dittscheid, Hans-Christoph/ Einsingbach, Wolfgang/Fink, Alf: Löwenburg im Bergpark Wilhelmshöhe, Bad Homburg 1976. Dittscheid, Hans-Christoph: Kassel-Wilhelmshöhe und die Krise des Schloßbaus am Ende des Ancien Régime, Worms 1987, S. 159ff.

Auch auf dem Lichtenstein stehen wir vor einer Anlage, die ihre Herkunft aus dem englischen Landschaftsgarten keineswegs verleugnet. Die Burg ist visueller und geistiger Mittelpunkt eines romantischen Landschaftskonzepts. Der Blick reicht von hier bis zu den Tiroler und Schweizer Alpen in schier endlose Weite. Dieser Aussichtspunkt auf der Alb wurde seit Beginn des 19. Jahrhunderts zum Ziel von Touristen, die im Lichtenstein ein romantisches Denkmal schwäbischer Identifikation suchten – und lange Zeit nicht fanden. Hauffs Roman schloß diese Lücke 1826 literarisch, Graf Wilhelms Burg 1842 architektonisch.

Allgemein ist zu beobachten, daß das Konzept des Landschaftsgartens zu Beginn des 19. Jahrhunderts auf die freie Natur projiziert wurde.[34] Das gilt auch für den Lichtenstein. Die 1803 erstmals durchgeführte künstliche Ausleuchtung der Nebelhöhle, aus Anlaß des Besuchs von Kurfürst Friedrich I. von Württemberg, bedeutete die Initialzündung der romantischen Entdeckung der Lichtensteiner Landschaft.[35] Seither wurde die Wanderung zum Lichtenstein zu dem von Hauff geschilderten Ritual an Pfingsten. Es begann im Tal bei der beleuchteten Nebelhöhle. Der sich anschließende Weg glich einem Pilgerzug, und der von Hauff metaphorisch gesehene Lichtenstein wurde zum Inbegriff für das Hohe, Lichte, Helle und Weite. Der Aufstieg zum Lichtenstein bedeutete für die Romantik einen Weg zu Läuterung und Erkenntnis.

Verschiedene Monumente begleiteten sinnstiftend diesen Weg. Die Ruinen der Alten Burg Lichtenstein waren durch Graf Wilhelm persönlich freigelegt worden. Ihr runder Bergfried wurde als Rest eines römischen Wartturms gedeutet.[36] Die ähnlich spekulative Interpretation des

---

34 Vorausgegangen war die Entdeckung der freien Natur, wie sie etwa an einer Alpenkette zutage tritt, in Shaftesburys Schriften zu Beginn des 18. Jahrhunderts (The Moralists, 1704/1709 u.a.). Vgl. Meyer, Horst: The wildness pleases: Shaftesbury und die Folgen, in: Park und Garten im 18. Jahrhundert, Heidelberg 1978, S. 16-21.

35 »Es war der Besuch Friedrichs I. von Württemberg, als derselbe im Jahr 1803 den Churhut erhielt. Im Sommer dieses Jahres wurden von ihm zum ersten Male die Naturmerkwürdigkeiten des reizenden Albgebirges besichtigt, besonders die Nebelhöhle, welche hiezu festlich beleuchtet wurde. Damit wurde zugleich die Einkehr auf dem nahegelegenen Lichtensteiner Schloß, damalige Jägerwohnung, verbunden. Von da an war der Impuls gegeben, daß jährlich die Nebelhöhle beleuchtet wird, welches in dem von der Natur so schön geschmückten Feste, den Pfingsttagen, geschieht.« Zit. nach Eberlein, Der im mittelalterlichen Styl neu erbaute Lichtenstein, S. 5.

36 Vgl. Gratianus, Die Ritterburg Lichtenstein, S. IV, 11.

Namens Lichtenstein als Relikt eines keltisch-römischen Lichtkults[37] wurde zu einem weiteren Ausdruck der romantischen Landschaftsrezeption. Das von Heideloff entworfene Hauff-Denkmal integriert den literarischen Genius in die Naturkulisse. Hauff wird zum dauerhaften Betrachter der Szene, die er in Worten entworfen hat. Die Stele des Dichters ragt als Solitär nahe am Abgrund auf. Sie überträgt die Situierung der Burg auf die Skulptur. Das Denkmal soll die Burg und ihr Umfeld als möglichst authentisch im Sinne des Autors Hauff legitimieren. Hauffs Sicht wird damit für den Besucher zum Vorbild. Die Kenntnis des Romans wird bei ihm stillschweigend vorausgesetzt.

Zeitgenössische Ansichten[38] zeigen die Burg Lichtenstein am Honauer Talrand als Bekrönung der felsigen Landschaft. Der Fels, auf dem sie gründet, hebt sich wie ein Sporn von der übrigen Felsenkette des Berges ab. Das von Höhenzügen gesäumte Wiesental und der den Tiefenraum durchquerende Wanderweg muten wie Zitate aus einem Landschaftsgarten an. Die Ästhetik des Landschaftsgartens hat eine Akzentuierung der Felsenkette in Gestalt einer Burg geradezu herausgefordert.

5. Zur Genese

Die Planung
Drei mit jeweils unterschiedlichen Rollen versehene Protagonisten haben das Entstehen der Burg Lichtenstein bewirkt und befördert: Wilhelm Hauff als Quelle der literarischen Inspiration, Graf Wilhelm von Württemberg als Bauherr und Carl Alexander Heideloff aus Nürnberg als Baumeister. Bei einem Bau wie dem Lichtenstein dominiert die Ideen- und Planungsgeschichte gegenüber der reinen Baugeschichte, zumal sich glücklicherweise eine umfangreiche Korrespondenz erhalten hat.[39] Sie läßt erkennen, daß Graf Wilhelm zunächst den grundsätzlichen Entschluß gefaßt hatte, eine schwäbische Burgruine wiederaufzubauen – welche genau, das sollte sich erst sukzessiv entscheiden. Er hatte einige andere bereits geprüft, bevor seine Wahl auf den Lichtenstein fiel. Für diesen Ort sprachen wohl die faszinierende landschaftliche Lage, die überschaubare Größe sowie die verkehrsgünstige Lage – ein überraschend

---

37 Ebd., S. 14.
38 Die Lithographie von Wieser entstand nach einer Zeichnung von Ferdinand Friedrich Wagner d.Ä., um 1840, als die Burg gerade im Entstehen begriffen war.
39 Vgl. Bidlingmaier, Lichtenstein, S. 116ff. und Pfäfflin, Wilhelm Hauff, S. 79ff.

»modernes« Argument. Den entscheidenden Ausschlag aber dürfte Hauffs 1826 erschienener Roman und seine sofort einsetzende Popularität geliefert haben.

Zuerst mußte Wilhelms Vetter, König Wilhelm I. von Württemberg, 1837 dem Verkauf der ehemaligen, 1803 von einem Forsthaus abgelösten Burg zustimmen. Im November desselben Jahres ließ Graf Wilhelm durch den Leutnant Dürrich den Nürnberger Architekten Carl Alexander Heideloff um Pläne für den Bau bitten. Dieser antwortete wenige Tage später am 24. Nov. 1837 geradezu emphatisch:

> [...] habe ich mit großer Freude ersehen, daß Euer Erlaucht den kostbaren Entschluß gefaßt haben, das in der Geschichte Dero Vaterlandes so berühmte Schloß Lichtenstein nicht nur zu kaufen, sondern solches auch in dem alten Style aus der Zeit des Herzogs Ulrich wieder herstellen zu lassen. [...]
>
> Es gebührt Euer Erlaucht der unverwelkliche Kranz des Ruhms, auf vaterländischem Boden das erste und nachahmungswürdige Beispiel der Erhaltung des erhabenen Styls altdeuscher Baukunst, den ersten sprechenden Beweis der Achtung vor den Überresten einer kräftigen deutschen Vorzeit bekundet zu haben.
>
> Mir, dem Württemberger, der ich auf dem herrlichen Schloß Lichtenstein so viele schöne Tage meiner Jugend verlebte und aus dem wie im Adlernest auf dem kegelförmigen, scharfen Felsen des tief aufgerissenen Albthals so malerisch gelegenen Schlößchens meine Blicke wie hingezaubert in das wundervolle Thal heftete, welches zu den größten Schönheiten der Alb gehört, den ersten und bleibenden Eindruck in mir aufnahm, mir muß es besonders angenehm seyn, mit der Restauration dieses Bauwerkes von Euer Erlaucht betraut zu werden. [...].
>
> Schon der für einen Künstler so erhebende Gedanke, sich in seinem Vaterlande gleichsam einen Gedächtnißstein zu setzen, läßt mir im Voraus die Versicherung geben, auch mit beschränkten Mitteln das Möglichste auszuführen [...]
>
> Euer Erlaucht brechen in Hochdero Vaterlande eine Bahn, die bald von allen, welche das Vaterländische lieben, betreten werden wird, um so mehr, als unser altdeutscher Baustyl, neben größerer Wohlfeilheit, auch noch das Angenehme der Rückerinnerung des Romantisch-gotischen hat, Eigenschaften, welche unsern modernen, unmalerischen, langweiligen Gebäude[n], welche die Phantasie wenig ansprechen, ganz abgehen.[40]

---

40 HStA Stuttgart, GU 8 Bü 8, hier zit. nach Bidlingmaier, Lichtenstein, S. 116f.

Wenn Heideloff als ausgewiesener Kenner der Materie dem Projekt das Prädikat des ersten vaterländischen Bauwerks zuerkannte, so ist dies wohlgemerkt auf Württemberg zu beziehen. Der dezidierte Wunsch des Bauherrn, eine Burg im Stil von Herzog Ulrich wiedererstehen zu lassen, läßt dessen Faszination durch Hauffs *Lichtenstein* bereits deutlich anklingen.

Graf Wilhelm schrieb Heideloff am 29. November 1837 erstmals persönlich an und antwortete:

> Hochgeehrtester Herr Director!
> Ihre[] freundlichen schmeichelhaften Zeilen vom 24. d. M. erfreuten mich unendlich. [...] Längst schon verfolgte ich den Plan, die Ehre der wenigen Freunde ritterlicher Vorzeit, deren Spuren leider mit jedem Tag mehr verschwinden, durch Ankauf einer derselben und Herstellung [...] im ursprünglichen Style zu retten. Ein langes Verzeichnis aller im Lande noch vorhandenen Ruinen ließ ich ausfertigen und gieng es der Reihe nach durch. [...]
> In dem Lichtensteiner Schlößchen, dessen Eigenthümlichkeiten Sie so treffend bezeichnen, schien mir sich alles zu vereinigen, meinen Zweck zu erreichen, und es mußte mir daher doppelt erfreulich seyn, daß meine Wahl von Ihnen gebilligt wurde und Sie, mit dem rühmlichst bekannten Geschmacke für alles, was die ehrwürdige Vorzeit betrifft, meinem Projekte den Geist, das Leben einhauchen wollen. [...]⁴¹

Carl Alexander Heideloff war demnach der Wunscharchitekt des Grafen. Dieser leitete ihm die ersten Planungen des lokalen Baumeisters Johann Georg Rupp aus dem nahen Reutlingen zu. Heideloff legte diese seinen eigenen Planungen erkennbar zugrunde, distanzierte sich aber davon zugleich in einem aufschlußreichen Brief vom 1.2.1839:

> Erlauchtester Herr Graf, Gnädigster Gönner und hochverehrter Freund!
> Vor Allem beehre ich mich, Euer Erlaucht höchst schäzbares Verlangen durch die anliegenden Zeichnungen vom Lichtenstein, – 5. Piecen vom Rupp und 4. von mir – zu befriedigen und dabey zu bemerken, daß ich mich zwar im Allgemeinen an die Entwürfe des H. Rupp gehalten, jedoch gefunden habe, daß derselbe bezüglich der winklichten Form und der dabei vorkommenden Wendungen den richtigen Standpunkt verfehlt haben dürfte. Um jedenfalls den erforderlichen größern

---

41 Bidlingmaier, Lichtenstein, S. 117-120.

Raum zu gewinnen, habe ich die Pfeiler benutzen zu müssen, als wohlbegründete Nothwendigkeit eingesehen, aber nicht verfehlen kann ich, wie schwierig es ist, solche Andeutungen zu geben, ohne an Ort und Stelle selbst, die Einsicht der alten Localbauverhältniße von Zeit zu Zeit zu wiederholen und mit der Planzeichnung in Verbindung zu setzen. […][42]

Die Kritik an Rupps Plänen ging wohl vom Grundriß aus. In diesem war Rupp offensichtlich dem erhaltenen Bestand der mittelalterlichen Burg gefolgt. Daraus resultierten die als zu klein beanstandeten Räume. Heideloff dagegen setzte sich über die kräftige mittelalterliche, den Palas in Querrichtung teilende Wand hinweg und ersetzte sie durch einen Pfeiler. Der dadurch gewonnene Raum kam im Erdgeschoß dem zentralen Waffensaal zugute.

Die an Rupp geäußerte Kritik berührt das generelle Verständnis von mittelalterlicher Architektur. »Winklicht« darf wohl mit »malerisch« gleichgesetzt werden. Rupps Pläne[43] zeichnen sich durch eine gewisse Ängstlichkeit im Umgang mit der offensichtlich ungewohnten Burgenthematik aus. Heideloff setzte dagegen auf deutlich steilere Proportionen und malerische Überschneidungen, die er mit Hilfe einer Zweiteilung und Staffelung der Palas-Hälften erzielte. Die leitmotivischen Treppengiebel, für eine Burg ungewöhnlich, stehen für das quasi organische, sukzessive Aufwachsen des Bauwerks. Die von Heideloff erhaltenen Entwürfe machen deutlich, daß die Vertikalisierung und Verschachtelung des Äußeren erst nach und nach, im Sinne einer Evolution, erzielt wurde. Die endgültige, gesucht asymmetrische und im Turm gipfelnde Gestaltung gleicht auffällig Heideloffs Vorstellungen zur »Restaurierung« der Veste Coburg.[44]

Heideloff war sich bewußt, mit seinen Vorstellungen gegenüber der historisch verbürgten mittelalterlichen Form der Burg teilweise eklatant zu verstoßen. Zur Rechtfertigung schrieb er Wilhelm:

Uebrigens werden Euer Erlaucht es gewis billig und interessant finden, daß das neue Gebäude in der äußern Erscheinung nicht der frühern einfachen Form nachgeahmt, sondern, wie ich angegeben, in einer zur Hälfte erhöhten, und zur Hälfte abgebrochenen Form hergestellt wer-

---

42 HStA Stuttgart, GU Prov. Nr. 8, Schreiben Heideloffs an Graf Wilhelm vom 1. Februar 1839 aus Nürnberg.
43 Vgl. Bidlingmaier, Schloß Lichtenstein S. 127, 130, 135.
44 Vgl. Boeck, Heideloff, Abb. 26.

de; denn eine solche Contour muß sich von der Form weit interessanter und eindruksvoller ausmachen als die bisherige. [...]⁴⁵

Die ästhetische Erscheinung wog für Heideloff demnach höher als die Beachtung historischer Treue, wie Wilhelm sie zu Beginn der Planung immerhin ausdrücklich gefordert hatte. Das Projekt der mittelalterlichen Burg wandelte sich somit von der historischen Reproduktion zu einer immer freieren Imagination.

Das Prozeßhafte dieses Vorgangs verdeutlichen sechs Entwurfsblätter, die Heideloff in einem Brief am 14. März 1840 aus Nürnberg dem Grafen übersandte. Damals, im Jahr des Baubeginns, hatte das Projekt noch keineswegs seine endgültige Form gefunden. Die Proportionen gleichen noch den von Rupp gewählten, und für den nur eingeschossigen Palas werden unterschiedliche Dachformen vorgeschlagen mit Walmdach, Zwerchhaus oder Treppengiebel. Der Turm endet noch mit genau 100 Fuß Höhe, doch zeigt bereits eine Markierung die Zahl 140, die die endgültige Erhöhung vorbereitet. Heideloff hat auf empirischem Weg, durch sukzessives Erhöhen von Palas und Turm und das Differieren der Traufhöhen zur definitiven, malerisch-»winklichten« Form gefunden.

Heideloffs Stuttgarter Skizzenbuch⁴⁶, das er während der Erbauung 1841 angelegt hat, zeigt die Burg in suggestiven Fern-, Nah- und Unteransichten. Ihre Umrisse bauen sich von First zu First, Giebel zu Giebel auf und kulminieren im Motiv des Turms. Die Phantasie des Zeichners

---

45 HstA Stuttgart, GU Prov. Nr. 8, Schreiben Heideloffs an Graf Wilhelm vom 1. Februar 1839 aus Nürnberg.
46 Heideloffs Skizzenbuch befindet sich in der Graphischen Sammlung der Staatsgalerie Stuttgart, Inv. Nr. 2202. Der braune Pappeinband weist einen grünen Leinenrücken auf sowie drei zeitgenössische Aufkleber »Aus dem Nachlasse / von / Heideloff. 45 Bll.«, darüber »28.« sowie ein querovales Wappen und einen Schild mit Adlerschwinge, offensichtlich das Lichtensteiner Wappen. Der Band mißt 222 × 297 mm und enthält 42 Blatt Zeichnungen, die fast ausschließlich dem Lichtenstein gelten. Vgl. Gauss, Ulrike: Die Zeichnungen und Aquarelle des 19. Jahrhunderts in der Graphischen Sammlung der Staatsgalerie Stuttgart, Stuttgart 1976, S. 84. Während die übrigen Zeichnungen des Skizzenbuchs in Bleistift gezeichnet sind, stellt nur das Frontispiz eine in Feder umgesetzte Bleistiftzeichnung dar, es mißt, wie die übrigen Blätter, 214 × 286 mm.
Auf die Existenz des Skizzenbuchs machte mich freundlicherweise Dr. Ferdinand Werner (Worms) aufmerksam, der mir auch Abbildungen und Kopien der Quellenpublikationen von Eberlein und Gratianus zur Verfügung stellte. Das Studium des Skizzenbuchs und die Möglichkeit der Publikation verdanke ich Frau Dr. Ulrike Gauss (Staatsgalerie Stuttgart).

kreist vor allem um die Integration der Burg in die Natur. Dabei wird um die maßstäbliche Behauptung des Bauwerks gegenüber der Landschaft gerungen. Die sich damals voraussichtlich noch als Baustelle präsentierende Burg erscheint in vorweggenommener Vollendung. Im Verhältnis von Bauwerk und der Rückenfigur des Betrachters ist die Burg malerisch entrückt. Bauwerk und Betrachter sind durch unüberwindliche Gräben oder Steilansichten getrennt; die maßstäbliche Reduzierung des Bauwerks suggeriert dabei größere Distanzen, als tatsächlich gegeben sind. Eine Vedute Heideloffs zeigt die Burg vor der untergehenden Sonne, deren Strahlen den Umriß des Bauwerks wie ein Nimbus umfangen. In solcher Überhöhung gleicht der Lichtenstein der Gralsburg. Hauff hatte diese Idee bereits in Worte gefaßt.

6. Zum ausgeführten Bau der Burg Lichtenstein

Der 1842 im Rohbau vollendete Bestand beschränkt sich auf den notwendigsten Kernbereich einer Burg, die drei sowohl archäologisch als auch literarisch vorgegebenen Konstanten Turm, Palas sowie Vorburg mit Zugbrücke. Der Wohntrakt besteht aus zwei aneinandergeschobenen, in der Höhe differenzierten Kuben mit Treppengiebeln und Satteldächern. Sie überragt der runde Turm mit seinen Zinnen, die den höchsten Aussichtspunkt, die Plattform, umschließen. Im Unterschied zu mittelalterlichen Bergfrieden weist der Turm abenteuerlich schlanke Proportionen auf. In seiner Steilheit mutet er wie ein Phantom an. Er dient nicht wie ein Bergfried zur Bewohnung, sondern – wie schon beim mittelalterlichen Vorgänger – als Treppenturm mit Wendeltreppe. Seine Proportion und der helle Verputz suggerieren sein Aufragen bis zum Himmel. Hauffs Vergleich des abgespaltenen Felsen mit einem Münsterturm hat eine solch schlanke Proportionierung des Turms vorweggenommen.

Heideloff hat für sein Burgen-Konglomerat heterogene Motivanleihen bemüht. Der von Südost nach Nordwest orientierte, blockförmige Palas besteht aus zwei unterschiedlich hohen Teilen. Der nordwestliche ist mit seinen drei Geschossen der höchste. Er weist an der nordöstlichen Längsfront im Erdgeschoß drei weitgespannte Rundbogenarkaden mit Maßwerk auf. Von diesen Arkaden aus bietet sich ein weiter Ausblick über das tiefgelegene Echaz-Tal. Das erste Obergeschoß des rückwärtigen Palasteils öffnet sich in einem asymmetrisch angebrachten Erker sowie in einem Biforien- und zwei Triforienfenstern. Im Gegensinn sind die maßstäblich verkleinerten Fenster im zweiten Obergeschoß verteilt. Zwei übergiebelte Gauben beleben die Traufseite.

Der vordere Teil des Palas beschränkt sich auf nur zwei Geschosse. Ein wiederum asymmetrisch angebrachter polygonaler Erker belebt die westliche Ecke. Die nach Südosten weisende Schmalseite bildet die Front und Hauptansicht der Burg. Ein Arkadenfenster belichtet die Hirschstube im Erdgeschoß, drei Biforienfenster das erste Obergeschoß. Die Mitte des Treppengiebels akzentuiert ein Triforiumfenster.

Der Giebel des rückwärtigen Palas-Teils überragt den vorderen Giebel. Er setzt sich von diesem dadurch ab, daß seine Stufen durchbrochen sind und die Giebelmitte einen Dachreiter trägt.

Der im Südwesten angebaute, alles überragende Rundturm sorgt für eine deutliche Asymmetrie im Gefüge des Ganzen. Vier Monoforien belichten seine Wendeltreppe, ein Biforium die oben liegenden Kabinette. Von der nordwestlichen Längsseite gesehen, liegt der Turm genau auf der den Palas teilenden Achse. In den Dispositionen von Grund- und Aufriß wird ein auf Symmetrie und Axialität bedachtes Grundschema erkennbar, dem ein auf malerische Asymmetrie zielendes zweites Gestaltungsprinzip dialektisch zuwiderläuft.

Die Architektur des Palas mit den Treppengiebeln und dem auf der westlichen Schmalseite angebauten polygonalen »Chörlein« läßt an die Vorbildlichkeit von Nürnberger Patrizierbauten denken.[47] Entsprechende Formen eines Palas mit getreppten Giebeln hatte Heideloff zuvor für die Veste Coburg vorgeschlagen.[48] Einen in der Höhe ähnlich dominierenden, seitwärts stehenden Rundturm weist die von Heideloff mitentworfene Burg Landsberg bei Meiningen auf.

Vom Burgtor der Vorburg auf dem Lichtenstein geht die schmale hölzerne Brücke aus, zweifellos das fragilste Element der Burg. Ihre von Hauff beschriebene, von Heideloff umgesetzte Form als Zugbrücke entspricht vordergründig den Erfordernissen der Wehrarchitektur. Darüber hinaus macht sie auch die psychologische Bedeutung des Motivs deutlich: Wer die Burg bewohnt, kann sich bei hochgezogener Brücke vom Rest der Welt auf Zeit verabschieden und gleichsam unantastbar fühlen.

---

47 Vgl. Heideloff, Carl: Nürnberg's Baudenkmale der Vorzeit, oder Musterbuch der altdeutschen Baukunst für Architecten und Gewerbsschulen, Nürnberg o.J. Dort heißt es: »seine [Nürnbergs] Privathäuser […] sind ein Schatz, den in solcher Größe keine Stadt aufweisen kann. Und gerade diese sind es, welche dem Architekten das meiste Interesse gewähren, und in unserer gegenwärtigen Zeit, welche die hohe Schönheit der mittelalterlichen Baukunst wieder auf's Neue erkennt, ihm praktischen Nutzen bringen können.« (S. 3).
48 Vgl. Boeck, Heideloff, S. 365-367.

Unter ähnlich subjektivem Blickwinkel können auch die Fortifikationen gesehen werden, die Graf Wilhelm 1857 rund um die Burg hatte ausführen lassen. Der persönliche Bezug zu diesen Bauten erhellt sich daraus, daß die Türme und die Bastion nach den Kindern des Grafen benannt wurden. So heißt Turm I Augustenturm, Turm II Marienturm, die Bastion nach dem zweiten Sohn Karlsbastion, Turm III Eugenienturm sowie Turm IV Mathildenturm.

Die gesamte Burg ist durchzogen von der Ambivalenz zwischen objektivierbarer, dem Bild einer Burg zuarbeitender Erscheinung und einer davon unabhängigen, malerisch-subjektiven Vereinnahmung.[49] Die Wahrnehmung dieser Doppelbödigkeit verleiht der Ästhetik der Lichtensteiner Burg ihre spezifisch romantische, sonst eher den Bildkünsten vorbehaltene Dimension. In dieser Hinsicht profitierte der Bau von Heideloffs professioneller Beherrschung der verschiedenen künstlerischen Gattungen.

Die Fassaden leben von der Verschiedenartigkeit und Farbigkeit der bis auf den Turm unverputzten Materialien. Die Wände bestehen aus dem lokal anstehenden Tuffkalkstein, dessen hellgraue Farbe schon von Hauff beschrieben wird. Die von Löchern und Spalten durchzogene Oberfläche suggeriert ein scheinbar hohes Alter. In den unteren Lagen des Palas und am Turm sind Buckelquader verbaut, die von der alten, von Wilhelm freigelegten nahen Burg stammen. Über den Fenstern an Turm und Palas finden sich in rotem Ziegel gemauerte Entlastungsbögen. Ihre Farbe kontrastiert gegenüber der hellgrauen Wand ähnlich wirkungsvoll wie die Form der Buckelquader. Die Wandgestaltung zielt auf scheinbar zufällige, pittoreske Effekte.

Im Kontext der malerischen Wirkung muß auch die abundante Verwendung von Spolien gesehen werden, unabhängig davon, daß diese auch zur Sinnseite ihren Beitrag leisteten. So findet sich im Hof der Vorburg ein gotisches Tabernakel mit dem Schweißtuch der Veronika in die Wand eingelassen. Das unvermutete kirchliche Zitat mit dem Antlitz Christi erinnert an die sakrale Überhöhung, die dem Lichtenstein schon in der von Hauff referierten Sage eignet. Gratianus erläutert, das Tabernakel stamme aus der »Klosterkirche zu Offenhausen«, datiere um 1500 und habe »unter dem glaubig andächtigen Bauernvolk Wunder gewirkt«, doch habe es »die lebensfreudigen Klosterfrauen nicht bessern« können.[50]

---

49 Die Marburger Magisterarbeit von Christian Ottersbach über den Lichtenstein (1998) deutet Mauer und Graben der Burg politisch als Zeichen von »Macht«, ein in dieser Einseitigkeit ins Leere zielender Versuch, der im übrigen bezeichnenderweise nicht auf die Verbindungen der Burg zum Landschaftsgarten eingeht. (Expl. im Württ. Landesarchiv Stuttgart)
50 Gratianus, Die Ritterburg Lichtenstein, S. 80.

Der Stein »redet«, die Spolie löst beim Kenner anekdotenhafte Assoziationen aus.

Das gilt erst recht für die insgesamt 57 Büstenporträts historischer Persönlichkeiten, die mit Hilfe von Inschriften-Kartuschen zu identifizieren sind. Sie sind als Spolien auf den ersten Blick erkennbar, da ihr Renaissance-Habitus gegenüber der gotischen Inszenierung der Burg eklatant absticht. Diese im Äußeren wie im Inneren der Burg anzutreffenden Büsten stammen vom einstigen Stuttgarter Lusthaus, einem Hauptwerk der deutschen Renaissance. Sie waren dort als Träger der Gewölbe am rund um das Erdgeschoß verlaufenden Altan angebracht. Ihr Programm entsprach einer skulptierten Ahnengalerie, die auf den Erbauer des 1593 vollendeten Lusthauses, Herzog Ludwig, und seine beiden Ehefrauen bezogen war.[51]

Als König Wilhelm 1845 das Lusthaus abreißen ließ, um an seiner Stelle ein neues Hoftheater aufführen zu lassen, war es der Uracher Vetter Graf Wilhelm, der wenigstens die wertvollen Konsolen vor der gänzlichen Zerstörung rettete und auf den Lichtenstein bringen ließ.[52] Heideloff hatte, wie die Korrespondenz verrät, die Rettung dieser Büsten und ihre Verlegung auf den Lichtenstein initiiert, wollte aber für sie ein eigenes Museum als freistehenden Flügel bauen, dessen Pläne sich erhalten haben.[53] Der Verzicht auf das Museum und die schlichte Anheftung

---

51 Walcher, Karl: Die Skulpturen des Stuttgarter Lusthauses auf dem Schloß Lichtenstein, in: Württembergische Vierteljahreshefte für Landesgeschichte IX. 1886, S. 161-191, X. 1887, S. 161-170.
52 Dazu schreibt Walcher: »Unter den wenigen, die beim Abbruch dieser Perle deutscher Renaissance Sinn für die Schönheit der Details und Pietät für ihre Erhaltung an den Tag legten, ragte außer dem hochbegabten Meister C. Beisbarth insbesondere hervor der damalige erlauchte Graf Wilhelm von Württemberg, spätere Herzog von Urach.« Dem Architekten Carl Beisbarth, der mit Heideloff befreundet war, ist die zeichnerische Aufnahme und Rekonstruktion des Lusthauses und seines Skulpturenschmucks zu verdanken. Vgl. Weber-Karge, Ulrike: »... einem irdischen Paradeiß vergleichbar.« Das Neue Lusthaus zu Stuttgart, Sigmaringen 1989, S. 22, Abb. 41, 42, 80; zur ehem. Anbringung vgl. Abb. 1, 37, 38.
53 Heideloff schreibt am 29.7.1845 an Graf Wilhelm: »Nun das alte Lusthaus ist jezt abgebrochen? Wie ich von einem Fremden gehört habe; und habe erfahren, daß Euer Erlaucht alle Figuren, Wappen u.s.w. an sich gebracht habe, was mich auserordentlich gefreut hat. Diese Reliquien werden doch Euer Erlaucht auf den Lichtenstein bringen lassen? welche ein neuer Bau aufnehmen muß.« HStA Stuttgart, Best. GU 13.
Am 19.12.1845 schreibt Heideloff an den Grafen: »[...] kann ich das nächste Frühjahr, um nach Stuttgart zu kommen, kaum erwarten, was auch beim nächsten besten Wetter geschehen soll. Und manches Interessante werde ich mitbringen

der Büsten und Kartuschen an die Fassaden von Tor, Türmen, Fremdenbau, Vorburg und Palas sowie ins Innere des Treppenturms hat Heideloffs Planung nicht entsprochen. Die laienhafte, plakative Anbringung läßt einerseits das Geschichts- und Familienbewußtsein des Grafen wie andererseits die Ignoranz seines königlichen Vetters als Zerstörer des Ursprungsbaues hervortreten. Jeder der in Stein gemeißelten Köpfe bedeutete einen Baustein zur alt-württembergischen Genealogie, und diese teilt sich in der beigegebenen Namenskartusche mit. Die durch den Abbruch des Stuttgarter Lusthauses ermöglichte Spolienausstattung erlaubte es dem Grafen, den bis dahin vorwiegend »fränkisch« eingestimmten Bau nunmehr als unverwechselbar »schwäbisch« hervortreten zu lassen.

Graf Wilhelm konnte sich als Retter eines wichtigen Stücks Alt-Württembergs feiern lassen. Walcher kommentierte den Abbruch des Lusthauses wie folgt:

> Der Verlust dieses Denkmals […] ist für den Württemberger unersetzlich, um so mehr, wenn man annehmen muß, daß mit diesem Denkmal eine Walhalla von damaligen verwandten königlichen Geschlechtern […] zu Grunde gegangen ist.[54]

In der kulissenhaften Staffelung der Baukörper und in der malerischen Auffassung der Oberflächen verrät sich der Bühnenbildner in Heideloff. Dieser sagte einmal von sich selbst, er sei »so zu sagen im Theater gebohren und erzogen« worden.[55]

Zur dauerhaften Belebung der Burgenkulisse im Sinne des Hauffschen Romans gehörte eine Figur, die Walcher 1886 auf den Zinnen des Eugenienturms nahe dem Haupteingang stehend noch registriert hat. Den »flotten Edelmann mit Federbarett« habe man damals mit Georg von Sturmfeder, dem Helden des Romans, identifiziert.[56] Die Ausstattung

---

und mittheilen, und ein großes Vergnügen hatte ich, als ich von Eberlein vernommen, daß Euer Erlaucht so glücklich waren, die herrliche Würtembergische Ahnenbilder von dem bedeutungswürdigen Lusthaus zu erhalten, und da Euer Erlaucht diese noch nicht alle im Besitz haben, so bitte ich Sie um alles in der Welt, den Rest so schnell als möglich in Hochdero Hände schaffen zu lassen, sonst ist es zu spät und ich fürchte, es würde Euer Erlaucht sonst reuen. – Ich habe bereits dazu für den Lichtenstein eine Ahnen Halle projectirt, welche einfach ist und nicht viel kostet – in die können die armen Bilder herrlich und mit Ehren ausgestellt werden, den[n] sie sind wahre Meisterwerke.« HStA Stuttgart, Best. GU 13.

54 Walcher, Skulpturen des Stuttgarter Lusthauses, S. 162.
55 Brief an Graf Wilhelm vom 28. Dez. 1840. HStA Stuttgart, Best. GU 13.
56 Walcher, Skulpturen des Stuttgarter Lusthauses, S. 163.

der Burg mit lebensgroßen, mittelalterlich kostümierten Figuren spiegelt Heideloffs Versuch, den Komplex theatralisch zu inszenieren. Dabei kam ihm seine Affinität zur Welt des Theaters und seine exzellente Kenntnis historischer Kostüme zugute, die er sich in seiner Autobiographie zugute schreibt.[57]

7. Der Standpunkt des Betrachters

Wie weit das Maß an Inszenierung bei der Burg ging, läßt sich am Verhältnis zwischen Bauwerk und Betrachter ermessen, das Heideloff bereits in seinem Skizzenbuch variationsreich erprobt hatte.[58] Die Burg ist vor allem auf einen einzigen relevanten Betrachterstandpunkt hin komponiert – die Ansicht von Südosten. Eine ummauerte Kanzel, vom Bau durch eine tiefe Schlucht getrennt, weist dem Anschauenden einen unverrückbaren Standort für die Betrachtung zu. Von hier aus läßt sich die nordöstliche Flanke des Palas in ihrer Tiefe übersehen, es präsentieren sich gesuchte Überschneidungen aller drei Giebel, und auch die fragile hölzerne Brücke ist in ganzer Länge sichtbar. Dieser malerische Blickpunkt ist schon von Heideloff mehrfach aufgesucht worden, er bestimmt als Hauptansicht die gezeichneten und gemalten Veduten[59] seit etwa 1840

---

57 »[...] nie sind Schillers, Göthes, Kotzebues und andere Deutsche Dramaturgen Ritterschauspiele in Decoration und Costume richtiger und zeitgemäßer aufgefaßt und zur Scene gebracht worden, als zu jener Zeit«, so beschreibt er im Rückblick seine und seines Onkels Tätigkeit im Dekorationsgeschäft der königlich-württembergischen Schlösser und Theater. Das im Germanischen Nationalmuseum Nürnberg verwahrte Manuskript ist vollständig zitiert bei Boeck, Heideloff, S. 384ff., hier 384.
58 Zum Skizzenbuch vgl. Anm. 47.
59 Sammlungen zeitgenössischer Veduten befinden sich im Deutschen Literaturarchiv in Marbach sowie im Städtischen Museum Ludwigsburg. Vgl. Max Schefold, Alte Ansichten aus Württemberg, 3 Bände, Stuttgart 1956, 1957, 1974. Bd. 1, Abb. 168-170, Bd. 2 (Katalog), S. 326-331, Bd. 3 (Katalog-Ergänzungen) S. 168f.
Repräsentativ für eine systematische Wiedergabe des Lichtenstein im Medium der Photographie ist ein Band mit 26 Photographien, die der Photograph Paul Sinner aus Tübingen im Jahre 1875 fertigte. Der Band befindet sich im Deutschen Literaturarchiv in Marbach und mißt 471 × 320 mm. Er ist als Faksimile im Hauff-Museum in Honach ausgestellt. Für freundliche Mitteilungen danke ich Prof. Dr. Thomas Scheuffelen, Marbach. Auch in dieser Photo-Serie spielt die Ansicht der Burg von Südost die entscheidende Rolle.
Eine umfassende moderne Bild- und Textdokumentation des äußeren und inneren Bestandes der Burg bietet: Hild, Katharina/Hild, Nikola: Lichtenstein, Reutlingen 2000.

ebenso wie die Stahlstiche oder die seit 1875 nachweisbaren, jedoch schon seit 1857 geplanten Photographien[60], die zur modernen Postkarte führten. In dieser Fixierung auf einen einzigen relevanten Aspekt erweist der Lichtenstein seine Verpflichtung gegenüber den pittoresken Sehgewohnheiten, wie sie der Landschaftsgarten mit sich brachte.[61]

Die Fixierung auf Betrachterstandpunkte wurde vom Bauherrn über 15 Jahre nach der ersten Vollendung noch weiter ausgebaut und perfektioniert. Mit der inzwischen neu entwickelten und sich rasch verbreitenden Photographie klopfte ein neues Medium ans Tor der Burg. Mit größter Eile reagierte Graf Wilhelm im Jahre 1857.[62] Er ließ die Burg auf drei Seiten mit einem Mauerring mit Graben umgeben und dessen Ecken mit den genannten vier Türmen bewehren. Als Architekt betätigte sich Wilhelm nun höchstpersönlich; eine Vielzahl eigenhändiger Skizzen sind von ihm überliefert und zeigen, wie er sich der selbstgestellten Aufgabe annäherte. Die Türme waren zur Aufnahme von Kanonen geeignet. Turm I hat eine runde, die Türme II und III eine dreieckige Form. Zug um Zug wurden Türmchen und Erker angefügt, um dem Ganzen eine möglichst abwechslungsreiche Form zu verleihen. Der Graf folgte einer Maxime Heideloffs – langweilig durfte das Äußere keinesfalls wirken.

Um die ästhetischen Ansprüche der Photographen zu befriedigen, forderte der Graf nicht nur Eile in der Ausführung, sondern auch einen Bewurf mit Kalk, der zum Anschein hohen Alters gefärbt werden sollte. Der malerische Effekt ging über alles. Mauer, Türme und Graben ließen die Anlage nach außen hin größer und wehrhaft erscheinen, vor allem aber pittoresk wirken. Mit entwaffnender Ehrlichkeit bekannte sich der Graf seinem Architekten Strohbach gegenüber im Jahre 1857 zur Methode seiner Gestaltungen: »[...] Es ist wie gesagt eine bloße Papperei [sic!], die aber dem Ganzen viel mehr Zeichnung giebt.«[63] Mit ungewöhnlicher Konsequenz reagierte damit das historische Bauwerk auf die moderne Herausforderung der Photographie.

---

60 Zu den 1857 einsetzenden Vorhaben, den Lichtenstein abzulichten, vgl. unten Anm. 63.
61 Vgl. Hussey, The Picturesque; Dobai, Kunstliteratur 1700-1750, S. 529ff.
62 Dazu ausführlich Pfäfflin, Wilhelm Hauff, S. 85-96 mit einschlägigen Zitaten, die die ausschließlich ästhetische Seite der damaligen Ergänzungen eindrucksvoll belegen.
63 Zit. nach Pfäfflin, Wilhelm Hauff, S. 96.

8. Zu den Innenräumen der Burg

Auf das Innere der Burg soll in diesem Zusammenhang nur kursorisch eingegangen werden.

Graf Wilhelm scheint mit Hauff als Dichter wetteifern zu wollen, wenn er selbst einen poetischen Grundstein in den Aufgang des Turmes legt:

> Eine Wart aus Römerzeit
> stand vom Schlösslein gar nicht weit.
> Feuerzeichen brannten dort,
> bis die Römer mußten fort.
> Ritter nisten drauf sich ein
> nannten drum sich Lichtenstein,
> legten diese Burg hier an
> mussten manchen Strauss erstahn.
> Weiland Herzog Ulrich fand,
> hier allein noch Schutz im Land.
> Drauf schaut ich als Jägerhaus
> freundlich in die Welt hinaus,
> bis Graf Wilhelm mich erneut;
> hat verursacht manchen Streit
> doch bis jetzt ihn nicht gereut.

Diese Zeilen, für den Eintretenden rechts an der Wand aufgeschrieben, werfen ein Licht auf Wilhelms historisches Verständnis. Was Römer als Wartturm begründet haben, Ritter in eine Burg integrierten und der absolutistische Hof in ein »freundliches« Jagdhaus verwandelte, fällt Wilhelm in vierter Etappe als facettenreiches Erbe zu. Wie die sagenhafte Begründerin und im Roman Herzog Ulrich, so nimmt auch Wilhelm die streitbare Differenz zur Außenwelt leitmotivisch für sich in Anspruch.

Die Disposition des Erdgeschosses sieht eine programmatische Dreiteilung vor. Das Vestibül empfängt den Besucher mit Rüstung und Waffen des Ritters – macht ihn gleichsam zum Ritter. In die Halle hinein ragt der rohe Fels des Lichtenstein, ein Zitat der den Bau tragenden Materie. Wendet der Besucher sich nach rechts, empfängt ihn die geräumige Trinkhalle, die das Leibeswohl im ritterlichen Alt-Württemberg mit Emblemen, handfesten Sprüchen und Illustrationen schmackhaft macht.

Gegenüber, auf der linken Seite, liegt die Kapelle, an deren rechteckigen Grundriß ein Chor mit Apsis angefügt ist. Es handelt sich um den einzigen Raum der Burg mit Rippengewölbe. Die Schlußsteine tragen

Reliefs mit Darstellungen des Rosenkranzes, Kopien nach Veit Stoß. Entscheidend für die Raumwirkung sind die bemalten gotischen Fenster, die aus verschiedenen Kirchen stammen dürften. Um mittelalterliches Ambiente zu erzeugen, wurde die Kapelle auch mit Tafelmalerei reich geschmückt. Zwei Altartafeln, Verkündigung an Maria und Geburt Christi, stammen von Dürers Lehrer Michael Wohlgemut. Eine weitere Tafel zeigt den Tod Mariens; ihr unbekannter Meister wird als »Meister von Lichtenstein« bezeichnet.[64]

Die Kapelle wurde konsequenterweise nach katholischem Ritus geweiht. Herzog Ulrich gehörte in vorreformatorische Zeit, und diese Zuordnung wird genau beachtet. Dem kam entgegen, daß Theodolinde von Leuchtenberg, seit 1841 mit Wilhelm vermählt, der katholischen Konfession angehörte. Der hl. Theodolinde wurde die Kapelle deshalb geweiht. Es ist bezeichnend, daß eine solche Dichte der überwiegend als Spolien zusammengetragenen Kunstwerke im religiösen Kontext anzutreffen ist. Seit Walpole und Wackenroder eignet der Neugotik ein kontemplativer Kunstgenuß mit sakraler Aura.[65]

Die »Beletage« hält mit Königszimmer und Rittersaal die wichtigsten offiziellen Gesellschaftszimmer bereit. Im Königszimmer begegnet man einem Wandbild von Herzog Ulrich von Württemberg, der als Ganzfigur in Rüstung von seinem Hund begleitet wird. Das von Heideloff entworfene und begonnene Bild folgt einem von Tizian kreierten Typus herrschaftlicher Porträts, auf denen Kaiser Karl V. in ganzer Figur von seinem Hund begleitet wird.[66]

Heideloff teilte dem Grafen am 10. Mai 1841 folgendes mit:

> Ich habe die beiden Herzoge Eberhard I. und Ulrich gezeichnet, und gab ihnen Stellungen, welche nach meiner überzeugung der Aesthetik um so mehr entsprechen, da die ganze Umgebung Decorationsmäßig behandelt ist. Ich hätte gewünscht, diese Fürstenbilder auf Goldgrund zu malen, aber 15 f. Gold geht darauf, per Bild [...]. Den Plafond werde ich in den Acht Feldern die durchlauchtigsten Vorfahren beider

---

64 Vgl. Minzenmay, Albert: Schloss Lichtenstein, Tübingen o.J., S. 17f.
65 Vgl. Kamphausen, Alfred: Gotik ohne Gott, Tübingen 1952. Davis, Terence: The Gothick Taste, Newton Abbot/London/Vancouver 1974. Kat. der Ausstellung »Gothick«, Brighton 1975.
66 Am Anfang der Reihe dieser ganzfigurigen Porträts von Kaiser Karl V. mit seinem Hund steht das Gemälde, das Tizian in Bologna um 1532/1533 schuf und das sich heute im Prado zu Madrid befindet. Vgl. Cagli, Corrado/Valcanover, Francesco: L'opera completa di Tiziano, 2. Aufl., Mailand 1978, Kat.Nr. 158, Taf. XVIII.

Herzoge mit ihren Frauen anbringen, welche noch Grafen waren. Was sich herrlich machen wird.[67]

Heideloff nutzte demnach auch die Decke als Malgrund und entschied offenbar im Alleingang über die thematische Festlegung als Ahnensaal.

Gratianus informiert, der Königssaal heiße nach König Friedrich (II. von Württemberg), der hier 1803 eingekehrt sei. Dieser Friedrich war ein Onkel von Graf Wilhelm. Der Königssaal sei, so Gratianus weiter, »von dem Professor Heideloff gemalt, aber [...] leider noch nicht vollendet. [...] an der Decke sprechen uns 16 gemalte Wirtembergische Ahnenbilder an von 1240 bis 1593«,[68] oder von Graf Ulrich I. dem Stifter bis zu dem 1593 verstorbenen Herzog Ludwig. Innerhalb dieser Ahnenreihe taucht auch der aktuelle Bauherr Graf Wilhelm auf. Sein Bildnis steht über dem des letzten Vertreters der Lichtensteiner, des 1454 gestorbenen Hanns von Lichtenstein.[69] Wilhelm etablierte sich auf diese Weise als »neuer« Lichtensteiner.

Das anschließende Wappenzimmer vereint als Frieskomposition die württembergischen Wappen von 1228 bis 1454. Gratianus versichert, die Wappen seien »nicht blos imaginiert, sondern nach den Zeichnungen der ächten Insiegel entworfen« worden.[70] Ein Großteil der Raumausstattung begnügt sich mit Trompe-l'œil-Malereien, Augentäuschung also, die sich dem haptisch Fühlbaren entzieht und statt seiner das Flüchtige sucht. Auffällig ist dabei die spätgotische Ornamentik, wie die Fischblase, die im Gegensatz zur in sich ruhenden Geometrie hochgotischen Maßwerks Asymmetrie und Bewegung signalisiert.

Der als Rittersaal deklarierte Festsaal erinnert mit dem nach Nordwesten weisenden »Chörlein« an einen Sakralraum. Die großformatigen Porträts links und rechts des Chörleins lassen vom Format her an Nebenaltäre denken. Auf dem rechten ist Graf Wilhelm mit romantischem Kostümharnisch in der Rolle als Ritter zu sehen. Die plakative Anbringung seiner Lebensdevise: »Recht – oder garnicht« läßt darauf schließen, daß er diesen Wahlspruch vor allem in der Wunschrolle des Ritters durchzusetzen gedachte. Gegenüber antwortet ein Porträt des Bauherrn in aktueller Uniform. Diesen gemalten Porträts Wilhelms gesellt sich eine klassisch idealisierte Marmorbüste am Eingang zur Burg hinzu. Die Bild-

---

67 Brief an Graf Wilhelm vom 10.5.1841 aus Stuttgart. HStA Stuttgart, Best. GU 13.
68 Gratianus, Die Ritterburg Lichtenstein, S. 86–89.
69 Gratianus, ebd.
70 Ebd., S. 90.

nisse sprechen für die verschiedenen Rollen, die Wilhelm innerhalb oder außerhalb der Burg zu spielen gedachte. Die Burg wurde ihm zu einem Ort der Reflexion und Selbstbespiegelung.

Die Wappen Leuchtenberg und Württemberg bekrönen die beiden Saaltüren und kehren, ergänzt um das lichtensteinische, in den Glasgemälden der Spitzbogenfenster wieder. Neben dem Hinweis auf die Vereinigung der Häuser Württemberg und Leuchtenberg findet man Figuren aus Hauffs *Lichtenstein*. Am ersten Erkerpfeiler ist der Pfeiffer von Hardt, unter den zehn Medaillons an den Wänden u.a. Georg von Fronsberg und Marx Stumpf von Schweinsberg zu erkennen. »Kernhafte altdeutsche Reime« zieren nach Gratianus die Wände.

Zunehmend klein und biedermeierlich wirken die Räume, je höher man steigt: Im zweiten Obergeschoß trifft man auf die privaten Gemächer für Gäste, die Sammlung altdeutscher Gemälde und die Zimmer der Gräfin. Zuoberst im dritten Obergeschoß liegen Schlaf- und Arbeitszimmer des Grafen.

Das Vorzimmer wies an den Wänden »altdeutsche Porträts,« darunter Albrecht Dürer, Herzog Christoph und Herzog Ulrich auf.[71] Das nach Norden orientierte Zimmer enthielt nach Gratianus »Zimmergeräthe, alle in altdeutscher Form«, während an den Wänden Erinnerungsstücke an die Reise des Grafen nach Algier versammelt waren. »Das merkwürdigste aber ist das auf dem Tisch in goldenem Rahmen aufgestellte Miniaturgemälde, das seelenvolle Bildniß der Grävin Theodolinde.«[72]

Im oberen Ende des Turms liegen fünf auschließlich für den Burgherrn bestimmte Kabinette »für wissenschaftliche Zwecke«, darunter »das mathematische Cabinet: hier befindet sich die Sammlung mathematischer Instrumente mit einer astronomischen und einer Penduluhr«, »das physikalische Cabinet mit den physikalischen Instrumenten; beide Cabinette werden mit den neuesten Instrumenten vermehrt«, »das Antiquitäten-Zimmer, welches viele Merkwürdigkeiten aufbewahrt«, wie »Gesichtsabdrücke und Büsten merkwürdiger Männer in Gyps«, darunter Heinrich IV. von Frankreich, Cromwell, Karl XII. von Schweden, Newton, Robespierre »und andere Revolutionsmänner«, Napoleon. Es enthielt ferner »die Münzen und Medaillen-Sammlung«, sowie »Alterthümer, ausgegraben in Lichtenstein in der Alten Burg« und »Schnitzwerke in Holz: Christi Hinführung zur Kreuzigung mit vielen Figuren, im Gefolge

---

71 Ebd., S. 95.
72 Ebd., S. 96.

das Schweißtuch Christi«, schließlich »Seltenheiten, welche der Grav Wilhelm aus Afrika zurückgebracht hat«. Im Stock darunter liegen Bibliothek und Jagdzimmer, das »eine merkwürdige Sammlung alter Feuerrohre« enthielt.[73]

Von der Plattform auf der Oberseite des Turms kann ein grandioser Ausblick genossen werden. Gratianus hat ihn wie folgt beschrieben:

> Unübertreffbar ist von der hohen Warte die unbeschränkte Allumsicht, [...] sie gewährt mit einem Wort das herrlichste Panorama, und gehört unbedingt zu den interessantesten, ausgedehntesten Aussichten der ganzen Alb.
>
> Zunächst unter uns in der schwindelnden Tiefe des Thals liegt das Dörflein Honau, in dessen wenige Straßen wir hinabschauen wie der Adler aus dem Horst. [...] Abwärts durchzieht die Straße das Thal als ein weißes Band, und ein schlängelnder Stahlfaden scheint das Flüßchen in seinen Wendungen [...]. Den weiten südöstlichen Horizont gränzt eine ununterbrochene Kette von Alpen und Firnen in ewigem Schnee: es treten, wenn das Gebürg aufgeht, nicht nur die Tyroler und Vorarlberger Alpen hervor, leztere auch dem ungeübten Auge in völliger Gestalt sichtbar, sondern auch die Schweizer Firnen erscheinen mit ewigem Schnee bis in das Berner Oberland; erkannt werden der Zugspitz, der Hochvogel, die Rothwand, der Falknitz, Sentis und Glarnisch u.a.[74]

Mit dieser Öffnung auf das Panorama hat Wilhelm die Lichtensteiner Burg auf ihre ursprüngliche, angeblich schon römische Bestimmung als »Warte« zurückgeführt. Die Installation eines Observatoriums zur Himmelsbeobachtung bestätigt diese Einschätzung. Die Aufstellung der modernsten astronomischen Geräte ebendort wird von Gratianus bestätigt.[75] Der Turm mit seinen wissenschaftlichen Kabinetten, der Plattform und dem Observatorium erweist sich als Ziel und Bekrönung in dem als Weg der Erkenntnis zu begreifenden Aufstieg zum Lichtenstein. Im Motiv der wehenden Fahne erfährt dieser Aufstieg seine höchste und letzte Sublimierung.

---

73 Ebd., S. 100.
74 Ebd., S. 96-99.
75 »[...] das Observatorium, oder die obere Warte, mit ganz freier Umsicht, wo ein großes astronomisches Fernrohr mit den neuesten mathematischen Vorrichtungen der Astronomie auf dem erhöheten Schlußstein der Mitte aufgestellt ist«, beschreibt Gratianus, Die Ritterburg Lichtenstein, S. 96.

Damit ist die Bekrönung der Burg vom unmittelbaren Aufeinandertreffen von Individuum und Kosmos gekennzeichnet. Ähnlich unmittelbar begegnen sich in der Öffnung der Burg gegenüber dem Massentourismus und ihrer gleichzeitigen schroffen Abkehr von der Welt weitere, diametral auseinanderliegende Extrempositionen. Die Burg Lichtenstein veranschaulicht den Übergang vom chthonisch Gebundenen zum Ätherischen, den Aufstieg von der Schwäbischen Alb zum Blick in den gestirnten Himmel. Die Burg bedeutet eine gebaute Transitorik vom Profanen zum Sakralen. Die darin gesuchte Überhöhung kommt in der Affinität zum Sakralbau zum Ausdruck. Nicht zufällig ist in der Kapelle die dichteste Konzentration von Kunstwerken anzutreffen. Den – für Besucher schwer einsehbaren – Giebel auf der Nordwestseite ziert eine monumentale Muttergottes-Statue. Die angestrebte Metamorphose der Burg zum Sakralbau entspricht der durch Hauff vorgezeichneten romantischen Tendenz.

Ähnlich wie Hauffs Roman pocht die Burg auf größtmögliche »poetische« Freiheit. Die anfangs vom Grafen eingeforderte historische und archäologische Treue wird durch Poesie ersetzt. Der Bau ist weit davon entfernt, die »Lücken« der literarischen Beschreibung im Roman zu schließen. Die Heterogenität der bemühten historischen und stilistischen Zitate bleibt spannungsvoll ungelöst. Die Lusthaus-Büsten »passen« zwar inhaltlich, nicht aber stilistisch. Für das dennoch wirksame Amalgam sorgt nicht die Kunst, sondern die faszinierende Naturlandschaft der Schwäbischen Alb.

Zeitgenossen hatten bereits vor dem Bau den Lichtenstein mit einem Luftschloß verglichen: »Dieses merkwürdige Luftschloß ist eine der allerinteressantesten Erscheinungen, auf die man auf der Alb stößt; denn ein Luftschloß ist es eigentlich, da es in den Wolken zu schweben scheint«, heißt es in Memmingers *Ausflug auf die Alb* von 1811.[76] Dieses Wort gilt erst recht für Heideloffs Kreation.

Weitere Luftschlösser folgten. Für Franz Liszt, mit dem ihn eine persönliche Freundschaft verband, plante Heideloff 1843 »eine Sängerburg à la Wartburg« auf einer Rheininsel.[77] Als Vorgeschmack für dieses Projekt

---

76 Ersch. im K.W. Hof u. Staatskalender 1811, S. 79f., zit. nach Gratianus, Die Ritterburg Lichtenstein, S. 63.

77 Heideloff berichtet Graf Wilhelm am 21. Oktober 1843 aus Nürnberg: »Franz Liszt, den Europäischer Ruf den ersten Ton-Künstler seiner Zeit nennt, hat auf seiner Durchreise nach München in Nürnberg einige Concerte gegeben und jenen Ruf auf das glänzendste gerechtfertigt. Da der Künstler an mich empfohlen war, so habe ich ihm während seiner Anwesenheit alle nur mögliche Auf-

empfahl Heideloff seinem Freund, eine Konzertreise nach Stuttgart für einen Besuch auf dem Lichtenstein zu nutzen. Dazu kam es sowenig wie zum Bau der »Sängerburg«. Diese mutet an wie die Vorwegnahme von Ludwigs II. »Schloß« Neuschwanstein.

Auf dem Lichtenstein wurde dem Sublimen auch in der Skulptur entsprochen. Im Denkmal für Wilhelm Hauff, dessen Herme einen einsam aufragenden Felssporn bekrönt, wiederholt sich die Situation des Bauwerks und wird auf dessen – angenommenen – literarischen Urheber übertragen. In der Konfrontation mit dem Bildnis des Autors erhebt die Burg den Anspruch, als authentische Umsetzung der Hauffschen Vision gelten zu können.

Eine unverkennbare Reverenz hat Heideloff Hauff in seinem Skizzenbuch erwiesen. Das Frontispiz[78] läßt die Burg Lichtenstein nur ausschnitthaft, eingewachsen in den Wald, erahnen. Auf einem separaten Streifen im Vordergrund sieht man einen am Boden liegenden jungen Mann, der in einem Buch zeichnet. Da er dies mit der linken Hand tut, dürfte es sich um Heideloff selbst handeln, der hier sein Spiegelbild festgehalten hat. Heideloffs »Bild im Bild« bedient sich mit Rahmen und Symbolen mancher Anregungen aus Philipp Otto Runges »Zeiten«.[79]

---

merksamkeit bewiesen, die er aber auch als Mensch und echter Künstler in jeder Beziehung verdient, und ich zähle die Tage seines Aufenthalts bei mir unter die angenehmste meines lebens. Da Liszt nie in Stuttgart war, so habe ich ihn sehr gebetten, diese Residenz (meine Vater-Stadt) ja zu besuchen, und Euer Erlaucht seine unterthänige aufwartung zu machen, und somit den Besuch von Lichtenstein zu erwirken, der ihm jezt nach meiner Erzählung und nachdem er eine Zeichnung bei mir davon gesehen hat, sehr am Herzen liegt. Er hat sich am Rhein auf der Rheininsel Nonnenwerth angekauft, und will nun auch die Nachbarin, die Rheininsel Grafenwerth acquiriren, dessen Kauf bereits hohen Orts nachgesucht hat. Dazu projectire ich ihm gegenwärtig einen Wohnsitz, eine Sängerburg a la Wartburg in kleinerem Maassstab. [...] Sehr glücklich würde ich mich schätzen, wenn sich Liszt durch Erlaubniß zu einem Besuch auf Lichtenstein Euer Erlaucht Wohlwollen erwerben könnte, aber er muß auf der Burg einen Flügel finden. Vielleicht komme ich selbst, wenn das Wetter gut bleibt [...]« HStA Stuttgart, GU 13.

Heideloff fertigte ein Porträt von Liszt an, das 1843 als Stahlstich veröffentlicht wurde und 1844 die Liszt-Monographie von G. Schilling zierte. Vgl. Dömling, Wolfgang: Franz Liszt und seine Zeit, Laaber 1985, S. 227, Abb. 11. Für freundliche Hinweise danke ich Frau Dr. Bettina Berlinghoff (Regensburg).

78 Zu Heideloffs Skizzenbuch vgl. Anm. 47.
79 Traeger, Jörg: Philipp Otto Runge, München 1975, S. 43-60, Kat.Nr. 265-283. Ders.: Philipp Otto Runge, *Die Zeiten*, in: P. Schmid/K. Unger (Hrsg.): 1803. Regensburg im Brennpunkt einer europäischen Epochenwende, Regensburg

Dabei wird Runges Abstraktion bei Heideloff ins Naturalistische transformiert. Heideloffs Bild entspricht einer Vision. Das eben im Entstehen begriffene Bauwerk rückt in die Perspektive des Dornröschenschlosses – als märchenhafte »Erinnerung an Lichtenstein«. Die symbolischen Zeichen in den unteren Ecken verweisen auf Malerei und Architektur. Da beide Künste in Heideloff vereint waren, ist tatsächlich wohl niemand anderes als er selbst der Dargestellte, der zeichnerisch umsetzt, was er in Hauffs *Lichtenstein* gelesen hat. Literatur und Bauwerk treffen sich im Medium des visionären Bildes.[80]

2003, S. 583-585. Runges *Zeiten* kommen nicht nur in formaler Hinsicht, in Sonderheit mit ihrem Rahmenwerk, als Anregung für Heideloffs Zeichnung in Frage; die vier Kupferstiche bieten mit ihrer historischen Thematik auch inhaltlich einen naheliegenden Anknüpfungspunkt für Heideloffs Zeichnung, die als Frontispiz des Skizzenbuchs anzusehen ist.

80 In dem 1875 mit Photographien von Paul Sinner zusammengestellten Band (vgl. Anm. 61) findet sich handschriftlich neben einem der Bilder ein Gedicht, das angeblich von Justinus Kerner stammt und den Bildcharakter des Lichtenstein zum Thema hat:
»Ein Bild, wie wenn die Wolke bricht, / die Burg erscheint in blauer Luft, / Als wie erbaut aus Mondenlicht / Zur Leuchte dieser Felsen Kluft; / Vom Thal der Glocken fern Geläut / Das Echo das aus Felsen spricht, / den Frieden der Waldeinsamkeit.«

Abb. 1: Carl Alexander Heideloff: »Ansicht der Burg Lichtenstein von Südosten«. Heideloff hat mit dieser Skizze die für die ästhetische Rezeption verbindlich gewordene, durch eine Aussichtskanzel fixierte Hauptansicht der Burg festgehalten.

Abb. 2: Carl Alexander Heideloff: »Ansicht der Burg Lichtenstein von Norden«. Die Nordseite der Burg zeigt das unmittelbare Aufwachsen der Burg aus dem Felsen, der wie ein Sockel des Bauwerks erscheint. Die schlanke, steile Burg reckt sich himmelwärts. In der wehenden Fahne kulminiert der Sublimierungseffekt der Architektur.

Abb. 3: Titelblatt zu Heideloffs Skizzenbuch zu Burg Lichtenstein. In der unteren Rahmenleiste sieht man einen jungen Mann in der freien Natur liegen, mit einem Stift eine Stelle in einem Buch markierend. Er schaut auf. Was er mit aufgerissenen Augen vor sich sieht, ist wohl Burg Lichtenstein, die man auf der teils in Blei, teils in Feder gezeichneten Ansicht sieht, eingewachsen von Bäumen, die nur einen kleinen Ausschnitt des Treppengiebels freigeben. Die Utensilien des Malers (Palette, Pinsel) und des Architekten (Maßstab, Riß, Zirkel und Dreieck) in den Ecken der Randleiste deuten darauf hin, daß Heideloff sich selbst dargestellt haben könnte. Das Blatt trägt den Titel des Skizzenbuchs: »ERINNERUNGEN AN LICHTENSTEIN«. Das damals erst Geplante und in Ausführung Begriffene wird damit bereits in die historische Perspektive gerückt.

Abb. 4: Carl Alexander Heideloff: »Burg Lichtenstein, Ansicht vom Honauer Tal«. Die Skizze läßt die Burg als integralen Bestandteil ihrer landschaftlichen Umgebung erscheinen. Zugleich dominiert sie den landschaftlichen Prospekt.

Abb. 5: Carl Alexander Heideloff: »Burg Lichtenstein, Blick vom Altan nach Norden«. Mit der über die spätgotisch verzierte Brüstung ins Tal schauenden Rückenfigur eines jungen, in altdeutscher Tracht gekleideten Mannes blickt der Betrachter ins Honauer Tal nach Norden in Richtung Reutlingen. Der Altan befindet sich in Höhe des zweiten Obergeschosses; das spätgotische Ornament der Brüstung entspricht der Ausführung. Mit dieser Zeichnung versetzt Heideloff die Burg in die Zeiten von Hauffs Roman.

Abb. 6: Carl Alexander Heideloff: »Entwurfsskizze zu einem Denkmal für Wilhelm Hauff«. Die Büste Hauffs wird in diesem Stadium des Entwurfs noch von einem säulenartigen runden Schaft getragen. Mit diesem Blatt kann der Gedanke eines Hauff-Denkmals auf Heideloff zurückgeführt werden. Das Denkmal überhöht einen felsartigen Sporn. Die ehemalige Ausrichtung des Denkmals auf die Burg und sein unmittelbarer Blickkontakt sind durch die später ausgeführten Bastionen und Mauern verstellt worden. Es entsprach also Heideloffs Intention, mit diesem Denkmal Wilhelm Hauff als eigentlichen »Erfinder« der Burg zu ehren.

Abb. 7: Carl Alexander Heideloff: »Burg Lichtenstein, Blick auf ein Türgewände des Rittersaals«. Das von einem Kielbogen bekrönte Gewände umrahmt die Wappen Württembergs. Der geöffnete Türflügel gibt den Blick in die »barocke« Enfilade der folgenden Räume im ersten Obergeschoß frei.

Abb. 8: Carl Alexander Heideloff: »Burg Lichtenstein, Blick in den Rittersaal nach Westen«. Der perspektivische Blick läßt eine weitgehend symmetrische Gestaltung der Wanddekoration erkennen. Die Detaillierung der von spätgotischen Formen durchsetzten romantischen Wandmalereien hat später Heideloffs Schüler Eberlein in seiner Lichtenstein-Publikation für sich reklamiert, auch im Entwurf. Die sich kreuzenden Diagonallinien an Boden und Decke geben dem Raum etwas Flüchtiges.

Abb. 9: Vorentwurf für Burg Lichtenstein durch Johann Georg Rupp, Aufriß von Nord.

Abb. 10: Vorentwurf für Burg Lichtenstein von Johann Georg Rupp, Aufriß von Süd.

Abb. 11: Carl Alexander Heideloff: Burg Lichtenstein von Südosten. Die Burg ist in ihrer landschaftlichen Exposition, hoch auf steilem Felsen über dem Tal, gezeigt. Der Zeichner Heideloff sitzt als Rückenfigur im Vordergrund am Boden. Die Burg verdeckt die untergehende Sonne, deren Strahlenkranz dem Ensemble aus Landschaft und Bauwerk einen mystischen Glanz verleiht – ein bereits von Hauff beschriebenes Motiv.

Abb. 12: Carl Alexander Heideloff: Burg Lichtenstein in steiler Unteransicht. Den Standpunkt des auf der Talseite tief unten am Fels stehenden Betrachters und der steil über ihm aufragenden Burg verbindet eine schmale Treppe, die in einem Tor mündet.

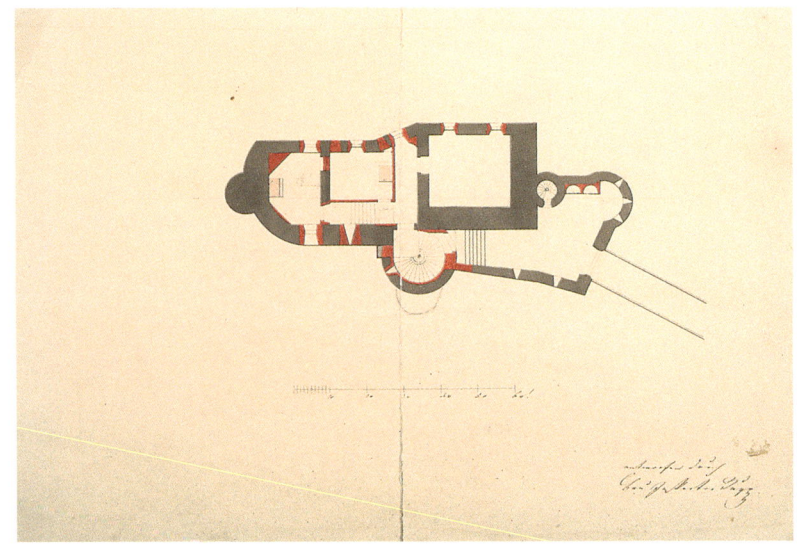

Abb. 13: Vorentwurf für Burg Lichtenstein von Johann Georg Rupp, Grundriß.

Abb. 14: Johann Jakob Müller von Riga (1765-1832), Romantisch verklärte Ansicht der alten Burg Lichtenstein, belebt mit Figuren, wohl aus Hauffs »Lichtenstein« stammend, um 1830.

Abb. 15: Burg Lichtenstein, Hauptansicht von Südost, Zustand 2003.

Abb. 16: Carl Alexander Heideloff: »Burg Lichtenstein, Gesamtansicht von Südost«. Die Ansicht entspricht der Hauptansicht (vgl. Abb. 1). Von ihr aus wird die Distanz zwischen Bauwerk und Betrachter evident. Um diesen Eindruck zu forcieren, hat Heideloff bewußt einen kleinen architektonischen Maßstab gewählt. Von diesem Standpunkt aus ergeben sich vielfältige »malerische« Überschneidungen der von vorn nach hinten gestaffelt angelegten Baukörper. Ganz im Sinne von Hauffs Roman bedeutet die filigrane Brücke den einzigen Zugang über der tiefen Schlucht. Das Aufgebot an Bauten entspricht in seiner Reduzierung den vom Roman vorgegebenen wenigen Elementen.

Abb. 17: Burg Lichtenstein. Stich von F. Abresch nach einer Zeichnung von E. Mauch, Stahlstich.

Abb. 18: Burg Lichtenstein. Anonyme Ansicht nach 1841, Gouache. Das Blatt führt die Sublimierung des Burgmotivs am Steilhang eindringlich vor Augen.

Abb. 19: Schloß Hohenschwangau, Glasmalerei in einem Fenster des Haupttreppenturms von Burg Lichtenstein. Das von Domenico Quaglio, Daniel Ohlmüller und Georg Friedrich Ziebland für Kronprinz Maximilian, den späteren König Maximilian II. von Bayern seit 1832 restaurierte Schloß Hohenschwangau dürfte mit seiner Lage im Vorgebirge und seiner ambitiösen Wiederbelebung einer spätmittelalterlichen Burg wesentliche Anregungen für den Lichtenstein gegeben haben. Umgekehrt hat später der Lichtenstein nach Bayern zurückgewirkt; die ersten Projekte für Schloß Neuschwanstein sind offensichtlich an Burg Lichtenstein orientiert. Mit dieser Glasmalerei eines der mutmaßlichen Vorbilder als Guckkastenbild in der Lichtensteiner Burg festzuhalten, ist ein kurioser Gedanke. Den Einfluß bayerischer Vorbilder dürfte Gräfin Theodolinde, geb. Prinzessin von Leuchtenberg aus München, verstärkt haben. Der Zeitpunkt der Eheschließung zwischen Wilhelm und Theodolinde (1841) fällt mitten in die Bauzeit der Lichtensteiner Burg.

Abb. 20: Anonymer Stahlstich mit Ansicht des Lichtensteiner Forsthauses an Stelle der späteren Burg.

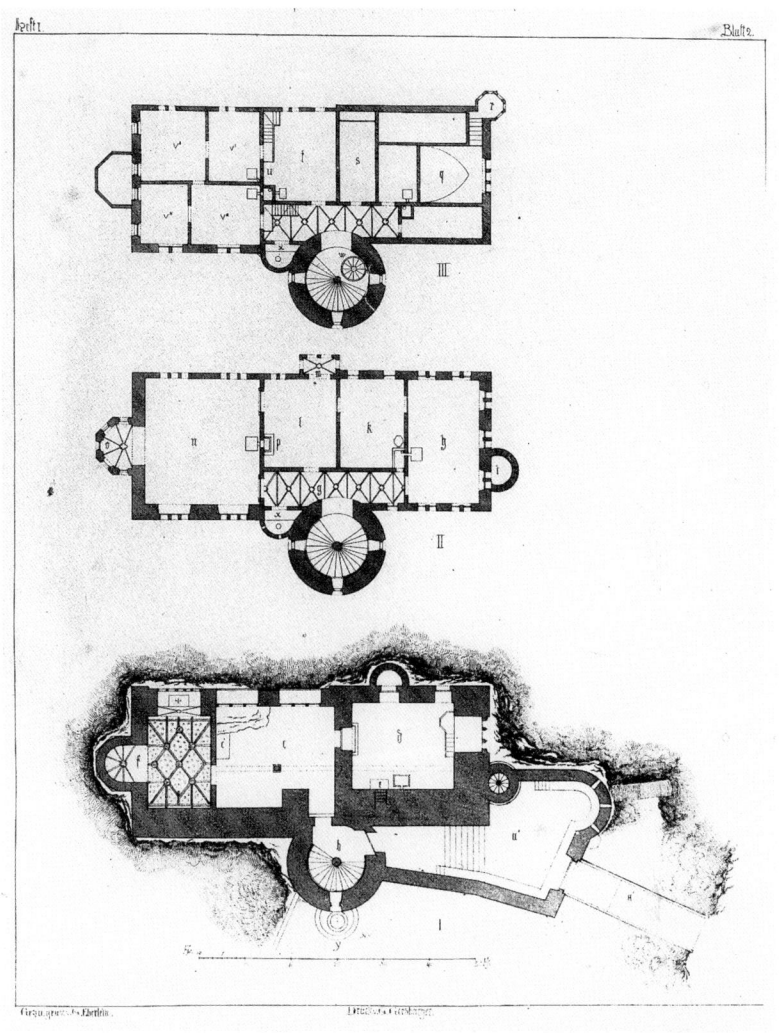

Abb. 21: Georg Eberlein: »Grundriss des Lichtenstein«. Im Unterschied zu Rupps Entwurf (Abb. 13) handelt es sich um den ausgeführten Zustand. Das Erdgeschoß folgt nur bedingt der erhaltenen, bei Rupp berücksichtigten mittelalterlichen Substanz.

Abb. 22: Zeitgenössisches Porträt von Graf Wilhelm von Württemberg als Ritter in Turnierrüstung, gemalt von dem Stuttgarter Porträtisten Franz Stirnbrand (geb. 1796), im Hintergrund seine Devise: »Recht oder gar nicht.« Mit diesem Bild wird Graf Wilhelm zu einem zweiten Herzog Ulrich (vgl. Abb. 23).

Abb. 23: Porträt von Herzog Ulrich von Württemberg (1487-1550) als Wandmalerei in der Königsstube von Carl Alexander Heideloff, darüber sein Wahlspruch »Stat animo« (»ich hab's im Sinn«). Mit diesem Wandbild ist der Held aus Hauffs Roman in der Burg dauerhaft festgehalten. Typologisch auffällig ist die Nähe zu Tizians Porträts von Kaiser Karl V.

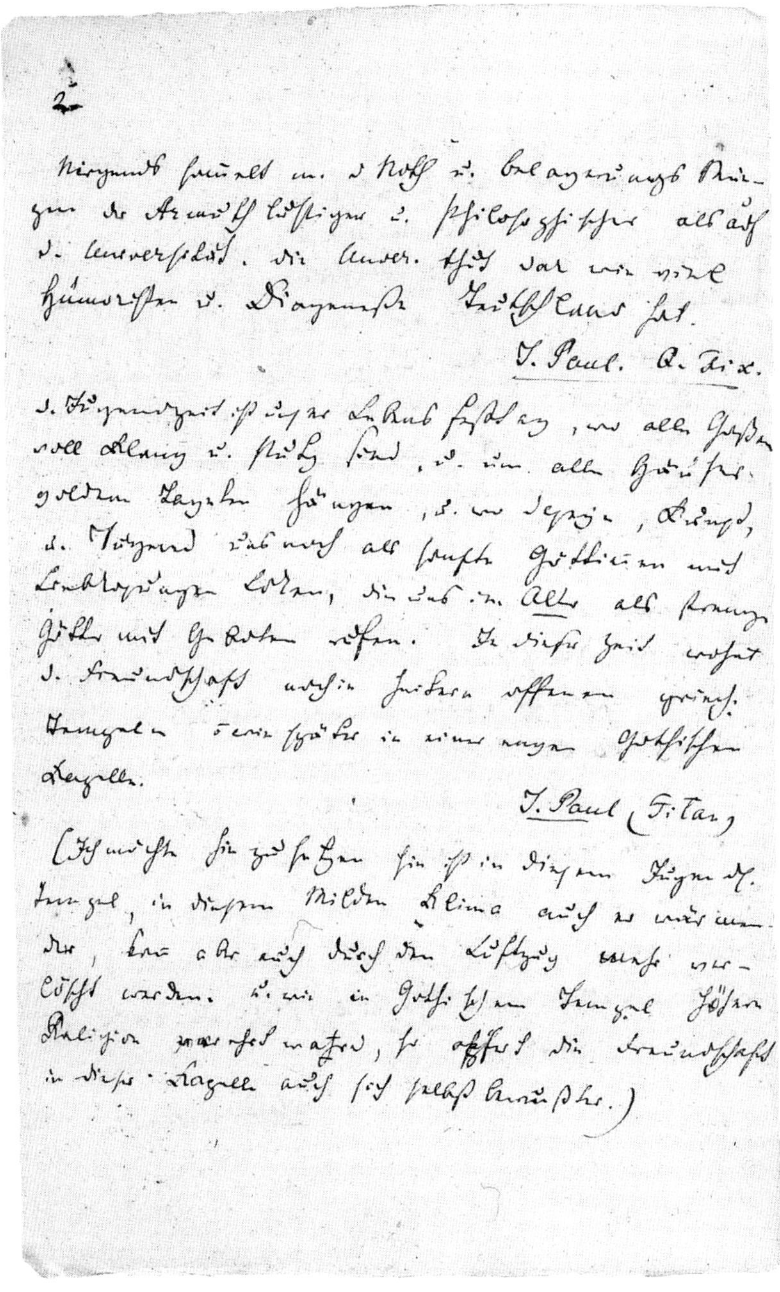

Abb. 24: Zwei Seiten von Wilhelm Hauffs Exzerptenheft »Aus teutscher Lektüre«.

Liebe für das Vaterland
Trostwein im Unglück ist
Sag, was macht dich uns so selig?
Wir gibt die Gewalt so stark
daß noch glückst unser Streit,
wie der Hoffnung harrt Gesicht
daß am Lügen sich erquickt
Längst gewichen aus d. Brust?
Reiner Seelen reine Saat
Leidenschaft der Lügen seh'n,
O'Einigkeit war dich umgband
Liebe für d. Vaterland!

      Die Griechin in Venedig.
Länder Reiz, Freundschaft, Liebe heringen
lieb mit Blümen d. Ernte, Freiheit giebt uns
war sie; aber gütig zu leben ist d. Ihrgen
                  Griechin.
       Leuktra.
Sie mußt ich lieben weil mit ihr mein Leben
zum Leben ward wie ich es nie geahnt
                 Göthe.

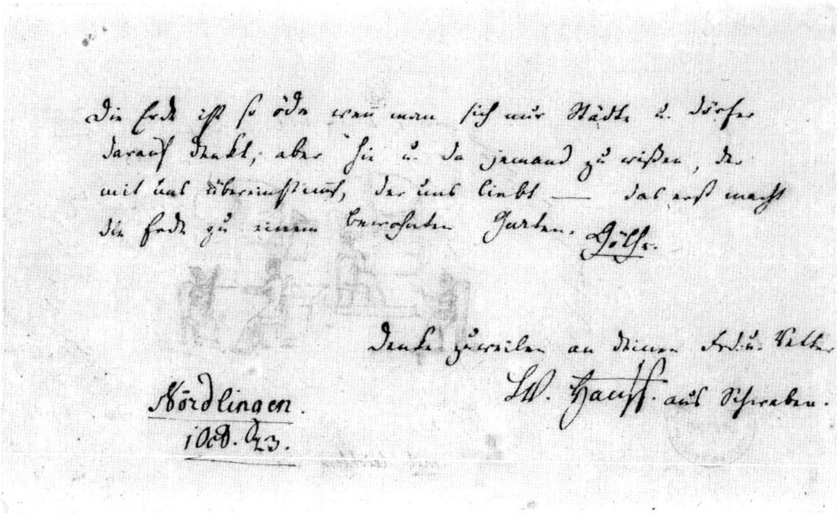

Abb. 25: Wilhelm Hauff: Stammbuchblatt für Louise Hauff, Nördlingen 1. Oktober 1823. Vorderseite.

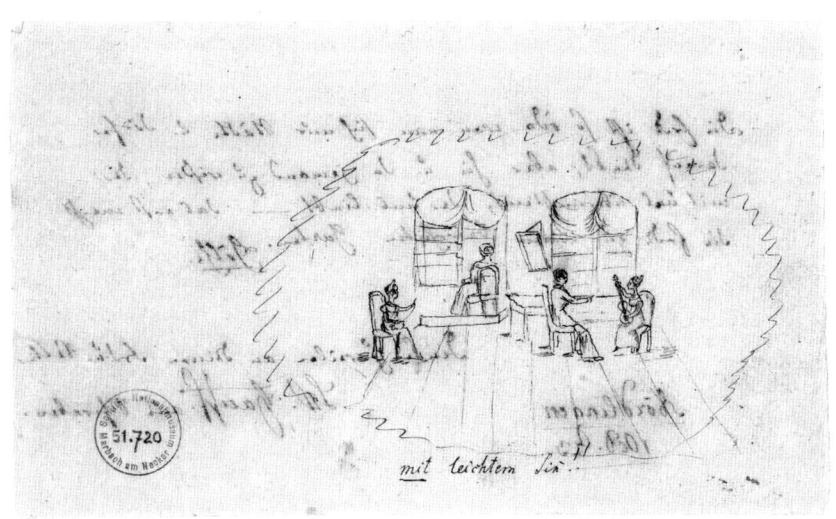

Abb. 26: Wilhelm Hauff: Stammbuchblatt für Louise Hauff, Nördlingen 1. Oktober 1823. Rückseite.

WILHELM HAUFF

Aus teutscher Lektüre
1822 u. 23

⟨1.⟩

Zum Engel d. lezten Stunde den wir so hart den Tod nennen wird uns {uns} der weichste guthmüthigste Engel gesandt damit er gelinde u. sanft das niedersinkende Herz des Menschen vom Leben abpflüke u. es in warmen Händen u. ungedrükt aus d. kalten Brust in das hohe wärmende Eden trage. S. Bruder ist d. Engel der 1ten Stunde der d. Menschen 2mal küßt, das 1te mal daß er diß Leben anfange, das 2te Mal damit er oben ohne Wunden aufwache u. in das andere Leben {ohne} {b}lächelnd komme wie in dieses weinend.
J. Paul. (Q. Fixlein.)¹

Jerusalem bemerkt schön, daß die Barbarei, die oft hart hinter dem schönsten, buntesten Flor der Wissenschaften aufsteigt, eine Art von stärkendem Schlammbad sey, u{n}. die Ueberfeinerung abwende, mit der jener Flor bedrohe. Ich glaube, daß einer, der erwägt, wie weit die Wißenschaften bey einem Stud. steigen, dem Musensohne ein gewißes barbarisches Mittelalter – das sogenannte Burschenleben – gönnen werde, das ihn wieder so stählt daß die Verfeinerung nicht über d. Gränzen geht.
idem. ibidem.²

---

1 Jean Paul: Werke, hrsg. v. N. Miller, München 1960f. Bd. 4, S. 45. *Leben des Quintus Fixlein, aus funfzehn Zettelkästen gezogen; nebst einem Mußteil und einigen Jus de tablette* von Jean Paul (1763-1825) erschien zuerst 1796.

2 Ebd., S. 72. Hauff übernahm das Zitat in die *Mitteilungen aus den Memoiren des Satan* von 1826. Hauff, Wilhelm: Sämtliche Werke in drei Bänden. Nach den Originaldrucken und Handschriften. Textredaktion und Anmerkungen von Sibylle von Steinsdorff. Mit einem Nachwort und einer Zeittafel von Helmut Koopmann, München 1970 Bd. 1, S. 385f. (nach dieser Ausgabe werden Hauffs Schriften künftig mit bloßer Band- und Seitenangabe zitiert). Der Theologe Johann Friedrich Wilhelm Jerusalem (1709-1789) war Rektor des Braunschweiger Collegium Carolinum; sein Sohn Karl Wilhelm Jerusalem (1747-1772) diente Goethe als Vorbild für die Gestalt des Werther.

⟨2.⟩

Nirgends sammelt m. d Noth u. Belagerungs Münzen der Armuth lustiger u. philosophischer als auf d. Universität. Die Unver. thut dar, wie viel Humoristen u. Diogeneße Teutschland hat.

J. Paul. Q. Fix.[3]

D. Jugendzeit ist unser Lebens Festtag, wo alle Gaßen voll Klang u. Putz sind, u. um alle Häuser goldene Tapeten hängen, u. wo Daseyn, Kunst, u. Tugend uns noch als sanfte Göttinnen mit Liebkosungen loken, die uns im Alter als strenge Götter mit Geboten rufen. In dieser Zeit wohnt d. Freundschaft noch in heitern offenen griech. Tempeln nicht wie später in einer engen Gothischen Kapelle.

J. Paul (Titan)

(Ich möchte hinzusetzen sie ist in diesem Jugendl. Tempel, in diesem Milden Klima auch erwärmender, kann aber auch durch den Luftzug mehr verlöscht werden. u. wie in Gothischem Tempel höhere Religion verehrt wa{h}rd, so o{f}pfe{r}t die Freundschaft in dieser Kapelle auch sich selbst bewußter.)[4]

⟨3.⟩

    Liebe für das Vaterland
    Trösterin im Unglük du
    Sag, was machst du uns so seelig?
    Wer gibt dir Gewalt so stark
    daß noch glü{h}hest unzerstört,
    wenn der Hoffnung stark Gefühl
    das am Längsten uns begleitet
    Längst gewichen aus d. Brust?
    Reiner Seelen reine Flamme
    Leidenschaft der Tugendhaften,

---

3 Ebd., S. 73. »Unver« meint »Universität«.
4 Ebd., Bd. 3, S. 259. Jean Pauls *Titan* erschien in den Jahren 1800 bis 1803. Den zweiten Satz des Exzerpts samt seiner eigenen Ergänzung verwendete Hauff für die Ansprache *[Freundschaft und Liebe]* (Bd. 3, S. 293) vom 21. Mai 1822 im Kreise seiner Studentenfreunde; den ersten Satz zitierte er in der Rede *[Über die Macht des Gesanges]* (Bd. 3, S. 295), die er am Neujahrstag 1826 im Stuttgarter Liederkranz hielt.

AUS TEUTSCHER LEKTÜRE

> O! beglükt wer dich empfand
> Liebe für d. Vaterland!
>
> <u>Die Griechin in Venedig</u>.⁵

> Ländl. Ruhe, Freundschaft, Liebe kränzen
> Uns mit Blumen d. Freude, Freiheit gibt uns
> Mannsinn; aber göttl zu leben ist d. 1zige Größte.
>
> <u>Klopstok</u>.⁶

> Sie mußt ich lieben weil mit ihr mein Leben
> zum Leben ward wie ich es nie gekannt
>
> <u>Göthe</u>.⁷

⟨4.⟩

Welches Entzüken gewährt d 1te Strahl des Verständnißes mit d. geliebten Gegenstand! Ehe d. Erinnerung sich zur Erwartung gesellt, ehe noch Worte d. Leidenschaft ausdrüken u. ehe noch Beredtsamkeit das, was

---

5 Der Titel des Schauspiels, dem diese Verse angehören, lautet vielmehr *Das Mädchen aus Zante*; es erschien 1822 in der Goebhardtschen Buchhandlung in Bamberg und Würzburg unter dem Pseudonym Joannides. Dahinter verbarg sich der damals in Amberg lebende Bibliothekar und Jurist Johann Christoph von Aretin (1772-1824). Vermutlich kam die zitierte Passage Hauff in einer längeren Anzeige des Stücks vor Augen, die das *Literarische Conversationsblatt* Nr. 249 vom 27. Oktober 1821 brachte und die wohl von Aretin selbst verfaßt wurde; die Anzeige gibt sich als Brief aus »A. im physischen und psychischen Norden Baierns«.
6 Das Gedicht stammt vielmehr von Friedrich Leopold Grafen zu Stolberg (1750-1819), der freilich maßgeblich von Klopstock beeinflußt war. Gesammelte Werke der Brüder Christian und Friedrich Leopold Grafen zu Stolberg. Bd. 1: Oden, Lieder und Balladen. Hamburg 1820, bei Perthes und Besser, S. 36: *Das eine Größte* (1773). Hauffs Irrtum erklärt sich dadurch, daß er die Verse in der *Morgenblatt*-Nummer 280 vom 22. November 1821 fand, wo sie, mit der unrichtigen Verfasserangabe Klopstock, als Motto figurieren. Der Kreis schloß sich, als er das Gedicht – abermals mit falscher Zuschreibung – als Motto für die *Morgenblatt*-Nummer 19 vom 22. Januar 1827 verwendete.
7 Goethe, Johann Wolfgang von: Sämtliche Werke (Frankfurter Ausgabe). Erste Abteilung, Bd. 5: Dramen 1776-1790. Unter Mitarb. v. P. Huber hrsg. v. D. Borchmeyer. Frankfurt/M. 1988, S. 787. Die Verse der Prinzessin aus dem 1790 erschienenen *Torquato Tasso* von Goethe (1749-1832) sind bei Hauff einer männlichen Sprecherrolle angepaßt. Ursprünglich lauten sie: »Ich mußt' ihn lieben, weil mit ihm mein Leben / Zum Leben ward wie ich es nie gekannt.«

man fühlt darstellt, ist in disen Augenbliken, ich weis nicht welche reizende Unbestimmtheit, ein gewißes Geheimniß d. Einbildgskraft, flüchtiger noch, aber noch himmlischer als d. Glük selbst.
Staël Corina. I,2,3.[8]

Nach der Kraft gibt es nichts so hohes als ihre Beherrschung; der innere Mensch ist, wie nach Platos Dichtung der äußere, in Mann u. Weib gespalten; aber s. Vollendung besteht in der Wiedervereinigung von Macht u. Milde; die Liebe gibt Stärke u. d. Stärke Liebe, aber die Liebe gibt am reichsten.
J. Paul. (Anhg zu Titan)[9]

(Die Liebe {gibt} nimmt alles, aber sie gibt alles.)
Jacobi. Woldemar.[10]

———

Ehe d. Menschen anfangen ihr Leben an d. Idee zu setzen wird nichts aus der Idee.
Welt u. Zeit. V.[11]

———

8 *Corinna oder Italien.* Aus dem Französischen der Frau von Staël übers. und hrsg. v. F. Schlegel [d.i. Dorothea Schlegel]. Berlin, bei Johann Friedrich Unger, 1807, Bd. 1, S. 127 (Bd. I. 3. Buch, 3. Kap.). Die Originalausgabe des Romans von Germaine Baronne de Staël-Holstein (1766-1817) erschien gleichfalls 1807.
9 Jean Paul: Werke. Bd. 3, S. 905. Das Zitat entstammt dem *Komischen Anhang zum Titan*, der in den Jahren 1800 und 1801 erschien. Hauff gebrauchte es als Motto für die *Morgenblatt*-Nummer 35 vom 9. Februar 1827.
10 So lautet der Schlußsatz des Romans *Woldemar* von Friedrich Heinrich Jacobi (1743-1819), wie er zuerst 1794 und dann umgearbeitet 1796 (jeweils Königsberg, bey Friedrich Nicolovius) in vollständiger Fassung erschien. (Die erste Ausgabe von 1779 blieb Fragment.) Bei dieser Notiz scheint ein inhaltlicher Bezug auf den vorhergehenden Eintrag vorzuliegen, wofür auch die Klammer spricht. Hauff verwendete das Zitat als Motto für die *Morgenblatt*-Nummer 41 vom 16. Februar 1827.
11 *Welt und Zeit. Fünfter Theil. Oder kalte Aufschläge für die herrschenden Kopfkrankheiten, von Jonathan Kurzrock*, Stuttgart in der J. B. Metzler'schen Buchhandlung. 1822, S. 240 (Die Menschen, Nr. 305). Verfasser dieses satirischen Großwerks, von dem zwischen 1815 und 1828 insgesamt sechs Teile erschienen, war der Frankfurter Jurist Daniel Ludwig Jassoy (1768-1831).

⟨5.⟩

Je größer d. Ausbildung <u>des Menschen</u> desto kleiner d. Einbildung.

_ _ _¹²

D. größten u. herrlichsten Menschen sind die durch deren ganzes Leben <u>eine</u> Idee läuft. Menschen ohne disen Rükrath d. Seele u. Corsette ohne Fischbein taugen wenig.

_ _ _¹³

D. Menschen achten sich d. Freiheit nicht wenn dieselbe nicht durch Gefahren Geld, Gut u. Blut erworben worden.

_ _ _¹⁴

Den Philistern kann das gesellschaftl Verhältniß nicht steif genug seyn. Der Zauber großer Leichtigkeit im Umgange u. eine rüksichtslose Herzlichkeit sind ihnen 1 Gräuel, u. sie möchten gerne aus Liebe zu ihrer sogenannten Decenz das Leben noch mit 1 besonderen Schnürbrust versehen. Wie weit sie es aber auch in dem geistigen Genuße, in d. Kunst sich zu unterhalten gebracht haben, beweißt schon d Umstand: daß ihre Gesellschaften ohne Mahlzeiten u. ohne d. tödtende Langeweile des Spiels gar nicht mehr bestehen können.

_._ _ _¹⁵

Die Menschheit hat ihre eignen Perioden in welchen sie zurük oder vorwärts im Schritte, Passe geht, trabt oder gallopirt; Stille stehen kann sie nicht! In Frankreich war sie in gestrekten Gallop gerathen u. jetzo ist sie wiederum im Schritt; In Englan[d] macht sie sonderbare Sprünge, in Spanien überwirft sie sich; in Italien nagt sie an d. Krippe, bey uns hat sie sich jezt in eine Art Hundstrab gesezt.

_ _ _¹⁶

---

12 Ebd., S. 241. (Die Menschen, Nr. 318).
13 Ebd., S. 241f. (Die Menschen, Nr. 319).
14 Ebd., S. 242. (Die Menschen, Nr. 322).
15 Ebd., S. 243. (Die Menschen, Nr. 334).
16 Ebd., S. 244. (Die Menschen, Nr. 339).

⟨6⟩

Die mittelmäßigen Köpfe befinden sich bey Erscheinung eines Geistreichen Mannes eben so in Verlegenheit, wie der Dorfbarbier in Gegenwart des Arztes.

———17

Jeder erstaunt billig eben so sehr über d. Versuch einer Knechtischen Seele den unabhängigen Geist zu spielen, als wenn er ein Schwein allein spazieren gehen sieht! –

———18

Blose Schreier sind eben sowenig gute Patrioten, als Raben gute Sänger.

———19

Das Herz bekümmert sich wenig um d. Resultate des Verstands.

———20

Die schwersten Leiden u. Entbehrungen sind die des Herzens.

———21

D. ächten Dumköpfe haben 1 Art Elephantenhaut, durch welche weder Hieb noch Stich geht!

———22

Seit Jahrhunderten sind wir zu erbärml. um eine Idee auszukämpfen, u. bleibt daher all unser Thun u. Treiben auf halbem Wege stehen.

———23

---

17 Ebd., S. 245 (Die Menschen, Nr. 348).
18 Ebd., S. 258 (Die Menschen, Nr. 444).
19 Ebd., S. 260 (Die Menschen, Nr. 463).
20 Ebd., S. 261 (Die Menschen, Nr. 467).
21 Ebd., S. 261 (Die Menschen, Nr. 468). Die beiden Sentenzen Nr. 467 und 468 benutzte Hauff als Stammbucheintrag für seinen Studienfreund Wilhelm Frisch (1802-1827) (Bd. 3, S. 407).
22 Ebd., S. 263 (Die Menschen, Nr. 486).
23 Ebd., S. 267 (Die Menschen, Nr. 517).

Unsere heutigen dummen Gesichter sind meist nur das bœuf à la mode der ehemaligen dummen Gesichter.

— — —[24]

⟨7.⟩
Die Weiber sind biß ans Grab unabläßig mit Putz u. Liebe beschäftigt. Zuerst fliken sie Herz, Geist u. Leib für d. Ehestand, dann für d. Gesellschaft, u. endl. für den Himmel zurecht.

— — —[25]

Ein wahrhaft geistiges u. originelles Buch muß man ohne Ueberdruß s. ganzes Leben lang, jedes Jahr 1mal lesen können.

— — —[26]

Wo der Soldat Bürger ist, ist auch d. Bürger Soldat.

— — —[27]

Die Lieblingswissenschaft uns. Zeit ist die Phphie des Hosensaks.

— — —[28]

D. politische Dämmerung bey d. Völkern dauert gewöhnl. nicht lange u. es wird gewönl. bald Tag, od 1 lange finstere Nacht.

— — —[29]

Es ist 1 wahre Augenweide d. herrliche Freude zu sehen {die} wenn 1 Esel dem andern unverhoft begegnet. Es gibt oft an verschiedenen Orten

---

[24] Ebd., S. 268 (Die Menschen, Nr. 531). Hauff verwendete den Satz als Motto in seinen *Memoiren des Satan* (Bd. 1, S. 407). Unter Bœuf à la mode verstand man geschmortes Rindfleisch in einer damals neuartigen Zubereitung.
[25] Ebd., S. 270 (Die Menschen, Nr. 542).
[26] Ebd., S. 313. (Allerley, Nr. 21).
[27] Ebd., S. 323. (Allerley, Nr. 78).
[28] Ebd., S. 324. (Allerley, Nr. 84). »Phphie« meint »Philosophie«.
[29] Ebd., S. 325. (Allerley, Nr. 88).

lächerl. u. abgeschmakte Menschen von wlch. man mit aller Zuversicht behaupten kann daß sie sich unendl lieben müßten, wenn sie 1ander auf ihrer Lebensbahn begegneten! –

_ _ _30

Als Preisaufgabe für Tonsetzer u. Mahler würde ich vorschlagen: einen Courszettel u. Frachtbrief in Musik zu setzen und 1 Krämer auf grs. Oehlgemählde historisch zu behandeln.

_ _ _31

⟨8.⟩
Ein schlummerndes Volk hat eben sowenig Lust sich aufzulehnen als eine des Melkens gewöhnte Kuh gegen d. Viehmagd zu rebelliren.

_ _ _32

Das ist des Mannes Ehre
Daß er fest im Wechsel bleibt,
Und die Wog' im Lebensmeere
Nicht von seiner Bahn ihn treibt.

_ _ _33

Such in der Wirklichkeit nicht Ideale
Schmerz und Erbitterung ist dein Gewinn.

_ _ _34

---

30 Ebd., S. 326 (Allerley, Nr. 96) u. S. 262. (Die Menschen, Nr. 472).
31 Ebd., S. 327 (Allerley, Nr. 101). »grs.« meint »großem«.
32 Ebd., S. 281 (Die Revolution im Fürstenthume Ypsilon).
33 Hauff entnahm diese Verse der *Morgenblatt*-Nummer 110 vom 8. Mai 1822, wo sie als Motto figurieren. Als ihr Verfasser wird Ernst Raupach (1784-1852) angegeben. Aus welchem Werk des fruchtbaren Dramatikers das Zitat stammt, habe ich nicht ermittelt.
34 Hier handelt es sich um das Motto der *Morgenblatt*-Nummer 111 vom 9. Mai 1822; Autor ist der österreichische Dichter Johann Georg Fellinger (1781-1816), dem der kennzeichnende Beiname »steirischer Körner« zuteil ward.

Manche Minister bilden sich ein, sie können den Zeitgeist wie die Kinder den Drachen steigen laßen, u. dann wiederum nach Wohlgefallen an dem Bindfaden auf d. Erde ziehen.

Welt u. Zeit. V.³⁵

Gott mit uns und unsrer Fahne – Gott mit uns in unsre Herzen
Wir mit Gott im Sieges Jubel, wir mit Gott in Todes Schmerzen.

Lieder der Griechen. 2.³⁶

> Selber will ich mich beschützen
> Gottes Himmel sey mein Dach
> Und der Freiheit Fahne folg ich
> Muthig biß zum Tode nach.

ibidem.³⁷

⟨9.⟩

> »So zerreißen wir die Ketten
> Brechen jedes Joch entzwey«;
> Und sie sprach: <u>seyd werth der Freiheit</u>
> Und ihr seyd auf ewig frey.«

Lieder der Griechen. 2.³⁸

Der Große Haufen ist mit dem Kopf so fest an die Gegenwart genagelt, daß er keine Zukunft sehen kann.

Welt u. Zeit. V.³⁹

---

35 [Jassoy]: *Welt und Zeit. Fünfter Theil*, S. 329 (Allerley, Nr. 117). Hauff verwendete den Satz als Motto für die *Morgenblatt*-Nummer 46 vom 22. Februar 1827.
36 Müller, Wilhelm: Werke.Tagebücher. Briefe, hrsg. v. M.-V. Leistner. Berlin 1994, Bd. 1, S. 233f. Das zweite Heft der *Lieder der Griechen* von Wilhelm Müller (1794-1827), dem seine philhellenischen Gedichte den Beinamen ›Griechen-Müller‹ eintrugen, erschien im März 1822. Hauff verwendete die Verse aus dem Gedicht *Die Pforte* als Motto für die *Morgenblatt*-Nummer 28 vom 1. Februar 1827.
37 Ebd., S. 234. Die Verse entstammen dem Gedicht *Der Verbannte von Ithaka*.
38 Ebd., S. 235. Aus demselben Gedicht.
39 [Jassoy]: *Welt und Zeit. Fünfter Theil*, S. 361 (Allerley, Nr. 265).

D. Erde ist 1 Zähler zu 1 unsichtbaren Nenner.

                     J. Paul.[40]

———

Ein gigantisches Schiksal schreitet in uns. Tagen über d Staaten u. Völker, u. nichts stimmt trauriger, als d. Anblik unsr Zeit, wo jedes Neue auch schon wieder Trümmer ist. In der Zeit findet man oft das Schöne in Trauer u. dann erst wird man s. ganze Allmacht gewahr.

                Memoiren des Frh. v. S–a. II.[41]

———

Freiheit ist das Element der Liebe, sie kennt keine Pflicht außer ihrer eigenen Nothwendigkeit.

                        idem.[42]

———

Wohl ihm der biß auf d. Neige rein gelebt sein Leben hat.

                        Herder.[43]

———

⟨10⟩

Ein Bild der Freundschaft:
Ein Tropfen Regenwaßer – Fiel auf ein glühend Eisen [–] Und war nicht mehr. – Er fiel auf eine Blume, – Und glänzt als eine Perle – und blieb ein Tröpfchen Thau, – Er sank in eine Muschel – zur segensreichen Stunde – Und ward zur Perle selbst.

                        Herder.[44]

———

40 Jean Paul: Werke, Bd. 1, S. 474. Der Satz entstammt dem Motto des *Hesperus* (1795), wobei es sich um ein Selbstzitat Jean Pauls aus der *Auswahl aus des Teufels Papieren* handelt. Vgl. Jean Paul: Sämtliche Werke. Zweite Abteilung, hrsg. v. N. Miller u. W. Schmidt-Biggemann, München 1974f. Bd. 2, S. 241.
41 *Memoiren des Freiherrn von S–a*. Prag und Leipzig: Im deutschen Museum. 1815. Zweiter Theil, S. 178. Der Verfasser dieses dreibändigen Romans aus der Welt der zeitgenössischen Diplomatie war der Historiker und Literat Karl Ludwig von Woltmann (1770-1817).
42 Ebd., S. 205.
43 Herder, Johann Gottfried: Sämtliche Werke, hrsg. v. B. Suphan, Bd. 29: Poetische Werke. Bd. 5, hrsg. v. C. Redlich, Berlin 1889, S. 102. Das Zitat ist dem *Lied des Lebens* entnommen, das Herder (1744-1803) zuerst 1787 in der dritten Sammlung der *Zerstreuten Blätter* veröffentlichte.
44 Ebd. Bd. 26: Poetische Werke. Bd. 2, hrsg. v. Carl Redlich, Berlin 1882, S. 406.

Handelt! durch Handlungen zeigt sich der Weise,
Ruhm u. Unsterblichkeit sind ihr Geleit;
Zeichnet durch Thaten die schwindelnden Gleise
Unsrer so flüchtig entrollenden Zeit.
Den uns umschließenden Zirkel beglüken,
Nüzen, so viel ein jeder vermag
O! das erfüllet mit stillem Entzüken
O! das entwölket den düstersten Tag.

<u>Salis</u>.[45]

———

Gewogen, nicht gezählt werden die Tage.

<u>NN</u>.
Wilhelm Hauff.[46]

⟨11.⟩

Wir gleichen Spielern am Kartentische, das Schiksal ist nicht in unserer Hand, aber die Karten.

N– – –[47]

———

Die Verse entstammen dem dritten Gedicht: *Verschiedener Umgang*, aus den *Gedanken einiger Bramanen*, das Herder erstmals 1792 in der vierten Sammlung der *Zerstreuten Blätter* publizierte.

45 *Gedichte* von J. G. von Salis. Gesammelt durch seinen Freund Matthisson. Zürich, bey Orell, Gessner, Füssli und Compagnie. 1793, S. 9. Die Strophe gehört dem Gedicht *Ermunterung* an; sein Verfasser war der Schweizer Offizier Johann Gaudenz Freiherr von Salis-Seewis (1762-1834), der auch das bekannte *Herbstlied* dichtete.

46 Diese Sentenz muß man wohl bis auf weiteres Hauff selbst zuschreiben. Hofmann, Hans: Wilhelm Hauff. Eine nach neuen Quellen bearbeitete Darstellung seines Werdeganges. Mit einer Sammlung seiner Briefe und einer Auswahl aus dem unveröffentlichten Nachlaß des Dichters, Frankfurt/M. 1902, S. 196, druckt eine ähnliche Formulierung als Stammbucheintrag Hauffs, allerdings ohne Quellenbeleg (vgl. Hauff, Bd. 3, S. 407); zugesprochen wird Hauff die Wendung aber auch in einem Stammbuchblatt seines Freundes Karl Knaus (1801-1844) von Ostern 1823: »Freund, gewogen, nicht gezählt werden die Tage! Diese Worte, die ich aus Deinem Munde zuerst aussprechen hörte, mögen Dich, so oft Du sie hier wiederliesest, an die schönsten Tage unseres Lebens u. an unsere Freundschaft erinnern.« Der Name Wilhelm Hauff unter dem Eintrag stammt von fremder Hand.

47 Diesen Eintrag übernahm Hauff mit leichter Abänderung der *Morgenblatt*-Nummer 148 vom 21. Juni 1822, wo sie als Motto dient. Als Verfasser wird der englische Theologe Jeremy Taylor (1613-1667) angegeben.

Zu Tübingen vom Schloße – Sieht man ein weites Land,
Zu Wagen, Fuß u. Roße – Bewohner mancher Hand
Und Burgen u. Capellen – Auf fernen Bergen stehn
Und unten hin d. Wellen – Des stillen Flußes gehn.
Schwab. (Romzn v. H. Christph.)[48]

―――

Der Spießbürger ist in s. Ideengang eben so sehr verschieden [von dem Weltbürger] wie das Leben des Hasen, der jeden Abend s. Lager sucht, von dem des Adlers wlchr in s. Fluge d. Erde mißt.
N– – –[49]

Freiheit u. Wahrheit ist nur da wo wirklicher Glaube ist.
Pseudo-Wilh. Meister.[50]

―――

Einige Stellen aus: Susanne v. Bademer – an meinen Sohn. Über Menschenrechte u. Freiheit:
Auch dich scheint d. Gewalt der schimmernden Ausenseite zu blenden. Deine Augen flammen, d. Herz klopft stärker – aber glaube mir d. Rausch der Einbildungskraft ist oft gefährl.er als der phys. Rausch, u. es kommt eine Zeit wo d Betäubung aufhört u. {d.} wo unser Erwachen eben so schrekl. ⟨12.⟩ ist, als für den bemitleidungswerthen Mörder der in der Trunkenheit s. Freund erschlagen. Ruhige Prüfung u. kalte Vernunft sind ein vortreffl Mittel d. Fieberhize unsr Einbildskraft biß zu 1 gesunden Wärme zu temperiren.
Wenn von einem Rechte der Menschheit d Rede ist darf jeder mitreden. gibts wohl ein allgemeines Recht d Mschheit? – d. Kamtschadale u. der

---

48 *Romanzen aus dem Jugendleben Herzog Christophs von Würtemberg. Mit geschichtlichen Belegen.* Von Gustav Schwab. Stuttgart und Tübingen, in der J. G. Cotta'schen Buchhandlung 1819, S. 24. Die Strophe enstammt dem 8. Stück: *Wie Christoph gefangen ward*. Gustav Schwabs (1792-1850) Romanzyklus war eine der Hauptquellen für Hauffs historischen Roman *Lichtenstein* (1826).
49 [Jassoy]: *Welt und Zeit. Fünfter Theil*, S. 359 (Allerley, Nr. 247).
50 *Wilhelm Meisters Wanderjahre. Dritter Theil*. Quedlinburg und Leipzig 1822, bei Gottfried Basse, S. 85. Johann Friedrich Wilhelm Pustkuchen (1793-1834) warf Goethe in seinem anonym erschienenen Pseudo-Wilhelm Meister – unmittelbar bevor die originale Erstfassung von *Wilhelm Meisters Wanderjahre oder die Entsagenden* (1821) herauskam und sodann noch in mehreren nachfolgenden Bänden – religiöse Lauheit und fehlende Moral vor.

gebildetere muß einerley Begriff von ds. Recht haben das {in} weil es in d. Natur begründet, allen verständl seyn muß. –
Mutter-etc liebe ist allen gesitteten Vlkrn heilig, aber ist es überall so? Nicht bloser Instinkt ist es, sondern ein für das Wohl der Menschheit in dem Wachsthum der Staaten und Sitten begründeter Begriff.
Sollte in den Rechten der Menschheit ein Recht über Mein u. Dein begründet seyn? Am Anfang der Welt war es nicht so. Ich finde es nur da, wo weise Gesetze unterstüzt von d. Macht d. Ruhe u. d Wohlstand des Bürgers beschüzen (Alle Revolutionen zündeten die an d. nichts als ihr Leben zu verlieren hatten.)
Ist von 1 Gleichheit d. Stände d. Rede so müßen wir auf d. Urzeit zurükgehen wo wir mit dem Urang-Utang in Gesellschft leben. Ist aber von einer Auszeichung d. Rede, wo d. vornehme Bösewicht nur weil er <u>vornehm</u> ist von dem Verbrecher in Lumpen durch mildere Strafe ausgezeichnet werden soll, so <u>empört</u> diß das Gefühl, denn Laster bleibt in jedem Stande Laster.

⟨13.⟩

D. <u>wahre</u> Freiheit ist d Macht, alles das Gute zu thun was wir nach unsr Kräften ausüben wollen, u. das Gesetz ist d Macht, alles das Böse zu hindern, was wir etwa thun könnten.

<u>Lit. Conv. Blatt. Juni 22.</u>[51]

Die eine Zeit hat Männer nöthig um zu entstehen, die andere um zu bestehen; die unsere hat sie zu beidem nöthig.

<u>J. Paul Levana</u>[52]

---

[51] Das *Literarische Conversations-Blatt für das Jahr 1822*, Leipzig. F. A. Brockhaus, brachte in seiner Nr. 150 vom 29. Juni 1822 Auszüge aus den *Zerstreuten Blättern aus dem letzten Zehntheile des abgeschiedenen Jahrhunderts* von Susanne von Bandemer, geborene von Franklin, Coblenz 1821, und zwar aus dem Aufsatz *An meinen Sohn: Ueber Menschenrechte und Freiheit. Bei Gelegenheit der Revolution in Frankreich, im Jahr 1790*. Susanne von Bandemer (1751-1828), eine Nichte Benjamin Franklins, war eine vielseitige und fruchtbare Literatin. Hauffs Exzerpt weist stärkere Abweichungen auf, teilweise geht es sogar in die Paraphrase über.

[52] Jean Paul: Werke, Bd. 5, S. 770. *Levana oder Erziehlehre* erschien zuerst 1807. Hauff verwendete das Zitat als Motto für die *Morgenblatt*-Nummer 156 vom 30. Juni 1827.

Nicht immer schmükt die Krone des Irdischen
Das schöne Ziel des heiligen Märtyrers
   Nicht immer {gilt} blüht aus vergoßenem
      Blute der Tapfern die Saat der Freiheit.
Ein dunkler Geist, voll Sturmes die Flügel, weht
Den dürren Meersand über den Rasen, auch
   wo Helden ruhn, und ihrer Loorbeern
      Spizen begrabt die erstorbene Wildniß.

Dort, Sonnenjenseits waltet der Tag, nur dort
Allwo des Lichts lebendige Quelle strömt,
   Die Zeit – des Todes ungeheurer
      Schatten, verfinstert die Bahnen dißseits.

⟨14.⟩

Doch wehen dißseits kühlende Palmen auch
Wohin der Strahl des Tags die siegenden
   Genoßen sendet, – heil'ger Glaube,
      Licht der Gedanken – des Herzens Innbrunst

Zum Licht empor! . . . .

— — —[53]

Der Bund der Geister währt in Ewigkeit.[54]

Was unter allen Titeln wie sie auch immer sich nennen mögen in die <u>Geister</u> <u>hineingebracht</u> werden will, ist mit einem Widerspruch behaftet, welcher früher oder später aufgelößt werden muß, was nur durch Verwerfg od. {göttl.} beßere Begründg des Angenommenen geschehen kann.

---

[53] Bei diesen Versen handelt es sich um eine Variante von Hauffs Gedicht *Körners Todesfeier, 26. Aug. 1822*, das er in einer Versammlung der Tübinger Burschen vortrug. (Bd. 3, S. 351f.)

[54] Nach Diktion und Kontext entstammt dieser Satz, so wie auch die nächsten beiden Einträge, der Abhandlung *Offenbarung und Theologie* von M. Gustav Ferd. Bockshammer. Pfarrer in Buttenhausen. Stuttgart, in der Metzler'schen Buchhandlung. 1822. Die genaue Stelle kann ich aber nicht angeben. Bockshammer (1784-1822) erhielt auf dem Sterbebett einen Ruf an die Universität Tübingen, wäre also beinahe Hauffs Lehrer geworden.

Daher auch jeder Versuch, durch hemmende Schranken von Außen die Vernft niederzuhalten nur ihre inwendige Federkraft zu desto gewaltigerem Streben um sich Bahn zu machen aufregt so daß Zwangsversuche zulezt noch immer – laut der Erfahrung – die entgegengesezte Wirkung statt der Beabsichtigten haben und den gepreßten Geist anreizen um alle Schranken mit empörter Kraft oft ⟨15.⟩ zügellos zu durchbrechen.

Bockshammer. Offenbarg et.[55]

Der allertüchtigste Mensch wird immer etwas wirken u. innerl kräftig handeln, wiewohl nicht immer in d Augen fallend u. daher von vielen kaum bemerkt; doch wird auch zur rechten Zeit d. innere Vortrefflichkeit seines Wesens sich unverkennbar äußern, u. solche Augenblike werden durch Begeisterung oder Vollbringung männl. Entschlüße nicht selten auch durch mächtigen Einfluß auf andr. bezeichnet seyn.[56]

Die Probe des Genußes ist seine Erinnerung.

J. Paul.[57]

Und fragst du noch warum dein Herz
Sich bang in deinem Busen klemmt?
Warum ein unerklärter Schmerz
Dir alle Lebensregung hemmt?
Statt der lebendigen Natur
{Da Gott} Worein die Menschen schuf {hinein} ein Gott
{Umgiebt} Umgeben in Rauch und Moder nur
Dich alte{r} Pergamente kalt u. todt.

Göthes Faust.[58]

---

55 Ebd., S. 2f.
56 Ebd., S. 50f.
57 Jean Paul: Werke, Bd. 4, S. 570. *Das Kampaner Tal oder Über die Unsterblichkeit der Seele; nebst einer Erklärung der Holzschnitte unter den 10 Geboten des Katechismus*, woraus der Satz entnommen ist, erschien zuerst 1797. Er diente auch als Motto für ein Gedenkblatt von einem Treffen Tübinger Burschenschafter in Göppingen am 30. September 1827. Hofmann (wie Anm. 46), druckt das für Hauff bestimmte Exemplar ab – mit Fehllesung »Perle« statt »Probe« (S. 201); ein weiteres Exemplar für Moritz Pfaff, das auch die Unterschrift Wilhelm Hauffs trägt, hat sich im Archiv der Burschenschaft Germania, Tübingen erhalten. Man darf annehmen, daß Hauff als der ausgewiesene Literat des Kreises das Zitat vorgeschlagen hat.
58 Goethe: Sämtliche Werke. Erste Abteilung. Bd. 7/1: Faust, hrsg. v. A. Schöne. Frankfurt/M. 1994, S. 34. *Faust. Ein Fragment* erschien zuerst 1790; *Faust. Eine*

⟨16.⟩

Das Pergament, ist das der heilge B{o}ronnen
Woraus ein Trunk den Durst auf ewig stillt?
Erquikung hast du nicht gewonnen
Wenn sie dir nicht aus eigner Seele quillt.

Göthe. Faust.[59]

– Hier soll ich finden was mir fehlt?
Soll ich vielleicht in Tausend Büchern lesen
Daß überall die Menschen sich gequält
Daß hie u. da Ein glüklicher geweßen?

ibidem[60]

Was du ererbt von deinen Vätern hast,
 Erwirb es um es zu besitzen,
Was man nicht nüzt ist eine schwere Last
 Nur was der Augenblick erschafft, das kann er nützen.

ibid.[61]

Hier war die Arzeney, die Patienten starben
Und niemand fragte: wer genaß?
So haben sie mit höllischen Latwergen
In diesen Thälern, diesen Bergen
weit schlimmer als die Pest {gehaußt} getobt.
Du selbst wirst Gift an Tausende noch geben
Sie welken hin, du wirsts erleben
Daß man d. frechen Mörder lobt.

Faust –[62]

Tragödie dann 1808. Die Tendenz zur Überarbeitung und damit auch zur Abweichung von Goethes Text, die man am drittletzten und vorletzten Vers der exzerpierten Passage bemerken kann, gipfelt in der vollständigen Neufassung des letzten Verses durch Hauff – bei Goethe lautet die Zeile: »Dich Tiergeripp' und Totenbein.«

59 Ebd., S. 39f.
60 Ebd., S. 42.
61 Ebd., S. 43.
62 Ebd., S. 55f. Mit einigen Abweichungen. Die ersten beiden Verse dieses Eintrags (samt den ihnen vorangehenden sechs) verwendete Hauff als Motto für die *Morgenblatt*-Nummer 115 vom 14. Mai 1827.

⟨17.⟩

Mein Geliebter! Es ist auf der Erde schwer, Tugend Freiheit u. Glük zu {verbreiten} erwerben, aber es ist noch schwerer sie auszubreiten; der Weise bekömmt alles von sich, der Thor alles von andern. Der Freye muß den Sclaven erlösen, der Weise für den Thoren denken der Glükliche für den Unglükl. sorgen u. arbeiten.

J. Paul.[63]

> Geliebter! ja! dein Auge voll Zärtlichkeit
> Hat dir mein Herz schon dazumal zugewandt,
> Als ich zum erstenmal dich sahe,
> Als ich dich sah, u. du mich nicht kanntest.
>
> Klopstok.[64]

Schaut die Sonne an, sie ist ein Dreiklang, aus dem die Accorde Sternen gleich herabschießen u. euch mit Feuerfäden umspinnen. –

Hoffmann –[65]

Seelige Tage welche auf die Versöhnungsstunden der Menschen folgen! Die Liebe ist wieder blöde und jungfräulich, der Geliebte neu und verklärt, das Herz feyert seinen May und die auferstandenen vom Schlachtfelde begreifen den vorigen vergeßenen Krieg nicht.

J. P. Flegeljahre[66]

---

63 Jean Paul: Werke. Bd. 1, S. 522. Das Zitat ist dem *Hesperus* entnommen.
64 Klopstock, Friedrich Gottlieb: Ausgewählte Werke, hrsg. v. K. A. Schleiden, München 1962, S. 15. Die mit einer Abweichung exzerpierten Verse entstammen der Ode *Auf meine Freunde* aus dem Jahr 1747, deren spätere Fassung Klopstock (1724-1803) unter dem Namen *Wingolf* herausgab. Hauff benutzte das Zitat als Motto für die *Morgenblatt*-Nummer 7 vom 8. Januar 1827.
65 Hoffmann, E.T.A.: Sämtliche Werke, hrsg. v. H. Steinecke, W. Segebrecht u.a. Bd. 2/1: Fantasiestücke in Callot's Manier. Werke 1814, Frankfurt/M. 1993, S. 24. Der Satz entstammt der Erzählung *Ritter Gluck. Eine Erinnerung aus dem Jahre 1809*, die Hoffmann (1776-1822) zuerst 1809 und dann 1814 in der obengenannten Sammlung veröffentlichte.
66 Jean Paul: Werke. Bd. 2, S. 821. *Flegeljahre. Eine Biographie* erschien in den Jahren 1804 und 1805. Hauff übernahm die Passage in Bd. 2 seiner *Memoiren des Satan* von 1827. (Bd. 1, S. 538)

Einige Menschen sind Klavire die nur einsam zu spielen sind, manche sind Flügel die in ein Conzert gehören. {F} jener konnte nur vor vielen reden, u. blieb im Duett fast zu dumm.

J. P.⁶⁷

⟨18.⟩

O wie ist der Himmel, wie die Erde voll so freudiger Stimmen! viel schöner als dort, wo einst der Chorus laut jammerte, u nur Niobe schwieg und unter dem Schleier stand mit dem unendl: Weh, jauchzen die Chöre im Himmel und auf Erden, u. nur der Allseelige ist still, und der Aether verschleiert ihn.

J. P.⁶⁸

Die starke Liebe will für Fehler nur bestrafen und dann doch vergeben. – Die höchste Liebe kennt nur Ja – und – Nein Keinen Mittelstand. Kein Fegfeuer nur Himmel u. Hölle.

J. P.⁶⁹

Man steigt den Grünen Berg des Lebens hinauf um oben auf dem Eisberge zu sterben.

J. P.⁷⁰

Armuth ist die Mutter der Hoffnung. Geh[e] mit der schönen Tochter um, so wirst du die häßliche Mutter nicht sehen.

J. P.⁷¹

– Schenken sie mir einiges Vertrauen u. laßen Sie uns auch in der Ferne verbunden bleiben. Die Welt ist so leer wenn man nur Berge Flüße u. Städte darin denkt, aber hie u. da jemand zu wißen, der mit uns übereinstimmt, mit dem wir auch stillschweigend fortleben, das macht uns ds{is} Erdenrund erst zu einem bewohnten Garten.

Göthe. W. Mst. L.⁷²

67 Ebd., S. 824.
68 Ebd., S. 867.
69 Ebd., S. 995. Hauff verwendete das Zitat als Motto für die *Morgenblatt*-Nummer 40 vom 15. Februar 1827.
70 Ebd., S. 1057.
71 Ebd., S. 1066.
72 Goethe: Sämtliche Werke. Erste Abteilung. Bd. 9: Wilhelm Meisters theatralische Sendung. Wilhelm Meisters Lehrjahre. Unterhaltungen deutscher Ausgewander-

In der Literatur wie in der Politik haben die Teutschen zu viel Achtung vor dem Ausland u. nicht genug Nationalvorurtheile.

Staël Teutschld[73]

⟨19.⟩
In Tsch. ist nichts so auffallend als der Gegensatz zwischen Empfindungen u. Gewohnheiten zwischen Talenten u. Geschmak.

Staël[74]

Ausbildung u. Natur scheinen bey uns nicht genug noch zusammengeschmolzen zu seyn. Enthusiasmus für Dichtkunst und schöne Künste unter gemeinen gesellschaftl Sitten u. Gewohnheiten.

Staël ibid.[75]

In Teutschl ist die Liebe eine Religion, aber eine poet. Religion.

ibid. –[76]

Teutschld, mit Ausname einiger Wenigen an Nachamungssucht Frankreichs kränkelnder Höfe, ließ sich nicht von der Freigeisterey der Immoralität, dem gekenhaften Leichtsinn, der den früheren natürl Charakter der Franzosen umwandelte, ansteken. Die öffentl Meinung wacht im ganzen strenger über alles was mit der Rechtlichkeit zus. hängt. Man könnte sich 10mal des Tages schlagen einem die gesunkene öffentl Meinung wieder zu erhalten (nicht so in Frankreich)

ibidem[77]

---

ten, hrsg. v. W. Voßkamp u. H. Jaumann unter Mitwirkung von A. Voßkamp. Frankfurt/M. 1992, S. 820. *Wilhelm Meisters Lehrjahre. Ein Roman* erschien zuerst 1795/96. Hauff benutzte den zweiten Satz des Exzerpts im Oktober 1823 zu einem Stammbucheintrag für seine spätere Braut Louise Hauff; außerdem gebrauchte er ihn als Motto für die *Morgenblatt*-Nummer 21 vom 24. Januar 1827.

73 *Deutschland.* Von Anne Germaine Baronin von Staël Holstein. Aus dem Französischen übersetzt [von Friedrich Buchholz, Samuel Heinrich Catel und Eduard Hitzig]. Berlin, bei Julius Eduard Hitzig 1814. Bd. 1, S. 13.
74 Ebd., S. 19. Mit Abweichungen.
75 Ebd., S. 19. Mit deutlichen Abweichungen. Diesen und den vorangehenden Eintrag verwendete Hauff als Motto für die *Morgenblatt*-Nummer 22 vom 25. Januar 1827.
76 Ebd., S. 29.
77 Ebd., S. 34. Mit deutlichen Abweichungen.

Das Ueberwiegende der Franzosen in äußerer Art u. Manier hat wohl das Ausland auf den Wahn vorbereitet, sie für Unüberwindl zu halten – es giebt nur <u>ein</u> Mittel, diesem Uebergewicht entgegen zu arbeiten; u. dieses Mittel [besteht] in einer scharf gezeichneten, festen Nationalweise u. Wendung.

Stael

(Ein sehr treffender Ausspruch einer Französinn; es könnte die Wahrheit desselben einigermaßen aus dem Beyspiel der Freiheits Kriege erhellen wo uns eine solche Wendung, Einheit u. Nationalweise auf einige Zeit den Sieg erfocht.)[78]

Das Teutsche paßt sich mehr für Poesie als für Prosa, mehr für geschriebene Prosa als für gesprochene; ein herrliches Werkzeug, wenn man alles malen, alles sagen will; aber hingleiten über Gegenstände kann sie nicht

Staël.[79]

⟨20.⟩

Die Philosophie ist den Völkern verderblich, sobald sie in ihnen d. Quelle des Enthusiasmus austroknet.

(Staël.)[80]

Woran liegt es denn daß es der T. Nation an Vollkraft fehlt, und daß sie im allgemeinen für so schwerfällig und beschränkt gilt, ungeachtet sich in ihr eine Anzahl {v:} Männer befindet, die vielleicht die geistreichsten in Europa sind? Weniger d Erziehung als d. Natur der Regierung ist der seltsame Contrast zuzuschreiben. Die intellectuelle Erziehung ist in T. trefflich; aber sie wird in der Theorie vollendet. Die pract. Erziehung hängt von der Geschäftsführung ab; nur durch Handeln gewinnt d. Characler d. nöthige Festigkeit, um sich in dem Lebenswandel zu leiten. Der Charakter ist 1 Instinkt; aber obgleich er mehr der Natur als dem Geist verwandt ist, so geben doch d. Umstände dem Menschen allein Gelegenheit ihn zu entwikeln. D. Regierungen sind eigenthüml Erzieher der Völker. Ihre Wissenschaftl. Erziehung (<u>allein</u>) bildet denkende Menschen aber keine Bürger, (Krieger, Staatsmänner)

Staël. Tschld.[81]

78 Ebd., S. 64. Mit Abweichungen. Diese Passage war ursprünglich von der französischen Zensur gestrichen worden. Der Zusatz stammt von Hauff.
79 Ebd., S. 88. Mit Abweichungen.
80 Ebd., S. 104.
81 Ebd., S. 117f. Mit Abweichungen.

In T. reicht der phlsph. Geist viel weiter als irgendwo: nichts hält ihn auf, u. selbst d. Abwesenheit einer polit. Laufbahn, wie nachtheilig sie auch der Maße ist, giebt den Denkern um so mehr Freiheit; Aber eine Unermeßliche Kluft trennt die (Denker) Geister der 1ten u. 2ten Ordnung ⟨21⟩ weil für Menschen welche sich nicht auf d. Höhe umfaßender Conceptionen erheben können, weder ein Intereße, noch 1 Gegenstand der Thätigkeit da ist. Wer sich in T. nicht mit dem Universum beschäftigt hat nichts zu thun.

Staël. Tsch.

(möchte nicht ganz wahr seyn!)[82]

Jener frey[e] Körper den d. Tsch Universitäten machen, jene allgemeine Gleichheit der Jünglinge gab einen gewißen Unabhängigkeits Sinn (verschieden von militärs. Geist) u. wenn sie nach dem Austritt aus dem Univers. Leben, den öffentl Angelegenheiten sich hätten widmen können, so würde ihre{r} Erziehung der Energie des Charakters sehr vortheilhaft gewesen seyn. Aber sie mußten zurüktreten in die eintönigen, häußl. Gewohnheiten, welche in Tsch: vorherrschen, u. verloren allmähl. den Schwung u. die Entschloßenheit, die jenes (Universt)Leben ihnen eingeflößt hatte, u. nichts blieb übrig als jene – Gelehrsamkeit.

Staël. Tschl. I.134.[83]

Die fortschreitende Civilisation in Verbindung mit der davon unzertrennl. Ausbildung der Begriffe u. der Ausbreitung polit. u. liberaler Gesinnungen u. Grundsätze zieht die Verwandlung willkührl. Regierungen in liberale constitutionelle Staatsverfaßungen unabwendl. nach. Alle Kämpfe dagegen können die Wirkung nicht verhindern wenn anders der Civilisation freyer Lauf gelassen wird; läßt man ds s. ruhigen Gang gehen, so geschieht es ohne polit. Krämpfe, u niemand wird dadurch gegen die Gebühr verletzt.

N.[84]

---

82 Ebd., S. 118. Der Zusatz stammt von Hauff.
83 Ebd., S. 119f. Mit deutlichen Abweichungen. Wie aus der hier angegebenen Seitenzahl hervorgeht, lag Hauff nicht die Originalausgabe der deutschen Übersetzung vor, sondern ein Nachdruck, der 1815 in Reutlingen bei der J. J. Mäcken'schen Buchhandlung erschien.
84 Diese Passage stammt aus der Vorrede des Herausgebers von *Europa oder Uebersicht der Lage der europäischen Hauptmächte im Jahre 1821. Von einem amerikanischen Diplomaten. Aus dem Englischen mit (im Sinne der monarchischen Grundsätze) erläuternden und berichtigenden Anmerkungen des Uebersetzers.* Bamberg 1823. Bei Carl Friedrich Kunz. Bd. 1, S. IV. Verfasser dieser Abhandlung,

⟨22⟩

Die Völker ergriffen d. Ansicht ihrer Regierungen (13) mit Enthusiasmus; dasselbe Princip der Unabhängigkeit das sie bißher bißweilen zur Wider-setzlichkeit verleitete begeisterte sie jezt für ihre Fürsten, da sie es zum Ziel ihrer Vertheidigung sezten.

Everetts. Europa. I.[85]

Haben die Ruinen nicht Epheu Kleider angezogen, um die Verwüstung der Zeit zu verdeken, gleichsam als ob die schwelgerische Fülle [darüber notiert:] Güte d. Natur einen Schleier über die Hinfälligkeit der Kunst habe verbreiten wollen.

Everett's Europa. II.[86]

Im allgemeinen ist schon das was man ein Monument eines großen Mannes nennt, eines der unwürdigsten Denkmale seiner Existenz. D. Gewohnheit solche zu {f}errichten scheint ein Ueberbleibsel der Kindheit der Civilisation zu seyn, wo die Verbindung unter den Menschen noch gering war, oder gar nicht statt fand, wo Literatur in rohem Zustand war u. es kaum ein and. Mittel gab, einen Namen auf d. Nachkommen fortzupflanzen, als daß man ihn in einen Felsen grub. »Die Welt, sagt Thucydides, ist das Monument berühmter Männer«.

Everetts. Europa. II 121.[87]

Erinnert diejenigen, welche sich um den Despotismus zu vertheidigen immer auf das Alterthum berufen daß die Regel bey den Alten die Freiheit war, und daß die Privilegien eine Erfindung neuerer Zeit sind

(Staël) Everett.[88]

---

die im Original 1822 in Boston erschien, war Alexander Hill Everett (1792-1847), amerikanischer Gesandter an mehreren europäischen Höfen, ihr deutscher Herausgeber war der Philosoph und Staatsrechtler Ludwig Heinrich von Jakob (1759-1827). Das Exzerpt enthält stärkere Abweichungen.

85 Everett: Europa. Bd. 1, S. 2. Mit der Zahl 13 ist wohl das Jahr 1813 gemeint.
86 Ebd., Bd. 2, S. 115.
87 Ebd., S. 120f.
88 Ebd., Bd. 1, S. 286. Bei dem Satz handelt es sich um eine Bezugnahme Everetts auf Madame de Staël.

⟨23⟩

Guter Wein ist ein gutes geselliges Ding, und jeder Mensch kann sich wohl einmal davon begeistern laßen.
Shakespeare.[89]

Die sündigen die uns sagen daß die Liebe sterben könne. Mit dem Leben entflieh{t}en alle{s} anderen Leidenschaften. Alle and. sind nichtig. Die EhrGeizige kann im Himmel nicht weilen, der Geiz nicht im Schlunde d. Hölle. Der Erde angehörend sterben d. Leidenschaften dort wo sie geboren sind. Aber d. Liebe kennt keine Zerstörung. Ihre heilige Flamme lodert auf ewig. Vom Himmel kam sie, sie kehrt zum Himmel zurük; auf d. Erde zu oft getäuscht und gedrükt, wird sie nur hier geprüft u. geläutert u. wird dann im Himmel ihre ewige Heimath finden. O! wenn eine Mutter dort oben das Kind findet das sie hier im zarten Alter verlor, hat sie dann nicht für Pein und Kummer, für schmerzvolle Tage für durchwachte Nächte, für alle Sorgen alle Thränen eine liebevolle Zahlung von Entzüken?
aus dem engl. des Sydney.[90]

> Defenda sua ragion ne' ceppi involto
> chi servo è, (disse) o d'esser servo è degno;
> libero i' nacqui e vissi, e morrò Sciolto.
> (mag sich d. Sclav in Feßeln Recht erwerben
> u. wer auf Freiheit sclavisch thut Verzicht
> frey ward u. lebt ich frey auch will ich sterben.)
Torq. Tasso. Befr. Jerus. V. 42.[91]

---

89 Shakspeare's *Othello*, übersezt von Dr. Johann Heinrich Voß, Professor am Weimarischen Gymnasium. Mit drei Compositionen von Zelter. Jena bei Friedrich Frommann 1806, S. 92f. Hauff milderte die in Zusammenarbeit mit Schiller entstandene Voßsche Übersetzung bei diesem Satz ab – statt »davon begeistern lassen« steht im Original »betrinken« – und verwendete sie in dieser Form als Motto für die *Phantasien im Bremer Ratskeller* von 1827. (Bd. 3, S. 5)

90 Für diesen Eintrag konnte ich weder Autor noch Titel ermitteln.

91 Torquato Tasso's *Befreites Jerusalem*. Übersetzt von J. D. Gries. Jena, bei Friedrich Frommann 1800/03. Bd. 1, S. 151 (5. Ges., St. 42). Den italienischen Originaltext konnte Hauff einer zweisprachigen Ausgabe entnehmen, die eben 1822 erschienen war: Torquato Tasso's *Befreites Jerusalem*, übersetzt von Karl Streckfuß. Mit gegenüber gedrucktem Original-Text. Leipzig: F. A. Brockhaus. Die hier exzerpierten italienischen Verse zitierte Hauff in einem Brief an seinen Vetter August Hauff vom Januar 1824. Vgl. Otto Güntter: Briefe, Gedichte und Entwürfe von Wilhelm Hauff. In: Einunddreißigster Rechenschaftsbericht des Schwäbischen Schillervereins Marbach – Stuttgart, Stuttgart 1927, S. 70.

Marte, e'rassembra te, qualor dal quinto
cielo, di ferro scendi e d'orror cinto
ibid. 44.

Mars dir gleicht er wenn du vom V.^t Himmel
von Graun umringt dich wirfst ins Schlachtgethümmel.[92]

⟨24.⟩
The Tree of Knowledge is not that of Life.
(Erkenntnißbaum ist nicht des Lebens Baum.)
Byron. (Manfred.)[93]

Das Recht ist unterschieden von der Macht u. die Pflicht von dem Zwange. Was die Freiheit darf dazu hat sie ein Recht. Das Recht ist also das Vermögen das der Freiheit durch das Gesetz der Vernunft eingeräumt ist. Was die Freiheit kann – dazu hat sie Macht. Macht ist das Vermögen das der Freiheit durch d Natur gegeben, durch bloses Naturgesetz beschränkt ist. D. Pflicht ist d Nothwendigkeit die der Freiheit durch das Gesetz der Vernunft auferlegt, u. die ebendarum kein Müßen seyn kann.

Was d. Freiheit in d. Handlung von außen her unmögl. macht das ist zwingend für sie: Zwang ist also die Nothwendigkeit, die ihr durch Naturgesetz entgegen steht, u. ebendarum in einem Müßen besteht.
Sailer Moral.[94]

Philosophie (wahre) – das rechte <u>Heimweh</u> nach der <u>rechten Wahrheit</u>.
Sailer. –[95]

---

92 Ebd., S. 151 (5. Ges. St. 44). Für den italienischen Originaltext siehe die vorangehende Anmerkung. Diese beiden Verse benutzte Hauff als Motto für seine *Memoiren des Satan* (Bd. 1, S. 351).

93 Lord Byron: The Complete Poetical Works, edited by J. J. McGann, Vol. IV, Oxford 1986, S. 53. *Manfred, a dramatic poem* von Lord Byron (1788-1824) erschien zuerst 1817. Auch hier lag Hauff eine zweisprachige Ausgabe vor: Lord Byron: Manfred. Teutsch von Adolf Wagner. Leipzig. F. A. Brockhaus 1819. Den zitierten Vers verwendete er in seinem Roman *Der Mann im Mond* (1826). (Bd. 1, S. 747)

94 *Handbuch der christlichen Moral, zunächst für künftige katholische Seelsorger und dann für jeden gebildeten Christen.* Von J. M. Sailer. München 1817. Bey Ignatz Joseph Lentner. Bd. 1, S. 21. Der katholischer Theologe Johann Michael Sailer (1751-1832) war Professor an verschiedenen bayerischen Universitäten und wurde zuletzt Bischof in Regensburg.

95 Ebd., S. 34.

Der Mensch wird zu was man ihn erziehet.

Weitzel.⁹⁶

Unsere meisten Schriftsteller ersäufen ihre mageren politischen Ideen noch in einem besondern Waßer des Vortrags. Diese Producte gleichen daher den Suppen armer Leute auf welchen selten ein Fettauge schwimmt.

Welt u. Zeit. 1.⁹⁷

⟨25.⟩
Das größte Glük der Geschichtsschreiber ist daß die Todten nicht gegen ihre Ansichten protestiren können.

ibid.⁹⁸

Elende Minister widersetzen sich der Preßfreyheit aus eben dem Grunde, wie Frdnmädchen die Straßenbeleuchtg haßen.

— — —⁹⁹

Der Geist muß durch den Geist, nicht durch Zwang bekämpft werden. Der Preßzwang ist das Faustrecht der neuern Zeit.

— — —¹⁰⁰

Solange es keinen entschloßenen Anführer giebt ist alles Volksgeschrey blos ein Froschquaken, welches nur schlechtes Wetter im Staat anzeigt.

— — —¹⁰¹

---

96 Es dürfte sich um einen Satz aus dem Werk des Publizisten und Schriftstellers Johannes Ignaz Weitzel (1771-1837) handeln. In zweiten Band seiner Erinnerungen: *Das Merkwürdigste aus meinem Leben und aus meiner Zeit*, Leipzig, F. A. Brockhaus 1823, findet sich etwa im Kapitel *Über die Ursachen und den Zweck der französischen Revolution* eine ähnliche Passage: »Was unsre Erzieher und Pfleger im Hause, in Schulen, auf Thronen, Kanzeln und Kathedern handelnd, schreibend und sprechend vermögen, ist, daß sie uns stark, gesund und frei bilden helfen, oder sklavisch und kränklich verbilden und verkrüppeln.« (S. 21). Vermutlich hat Weitzel diesen Gedanken an anderer Stelle in der von Hauff zitierten prägnanten Form ausgesprochen.

97 [Jassoy:] *Welt und Zeit. Erster Theil.* Zweite verbesserte und vermehrte Auflage. Germanien 1816, S. 14f. (Ueber Schriftstellerei und Preßfreiheit, Nr. 10).

98 Ebd., S. 16 (Ueber Schriftstellerei und Preßfreiheit, Nr. 22). Hauff verwendete den Satz als Motto in seinen *Memoiren des Satan* (Bd, 1, S. 461).

99 Ebd., S. 20 (Ueber Schriftstellerei und Preßfreiheit, Nr. 38).

100 Ebd., S. 20 (Ueber Schriftstellerei und Preßfreiheit, Nr. 41).

101 Ebd., S. 21f. (Ueber Schriftstellerei und Preßfreiheit, Nr. 50).

Bey den Alten trug Soldat und Bürger Ein Gewand[. M]it den Farben u. dem Schnitt der Röke haben sich auch bey uns d. Herzen der Staatsbewohner geändert.
Das Heer d. Alten stand immer bereit – das unsre muß vorerst der Schneidermeister schaffen

_ _ _¹⁰²

Das unleidlichste u. dümmste aller Thiere ist ein gelehrtes Vieh.

_ _ _¹⁰³

Jean Paul nennt den Mond »den Leuchtthurm am Ufer der 2ten Welt[«.]

Hesper. 1.416.¹⁰⁴

<u>Unter</u> der Erde ist Schlaf, <u>Ueber</u> der Erde ist Traum.

<u>ibid.</u>¹⁰⁵

Siehest du dort den blauglimmenden Abgrund? Sieh' wie alles so still ist drüben in d. Unendlichkeit – wie leise ziehen d. Welten, wie still schimmern d. Sonnen – der große Ewige ruht wie eine Quelle mit seiner ueberfließenden unendl Liebe, mitten unter ihnen u. beruhigt alles;

ibid.¹⁰⁶

Wir scheiden uns in der Nacht, aber wir finden uns wieder am Tage.

_ _ _¹⁰⁷

⟨26.⟩

Non si male nunc et olim sic erit.¹⁰⁸

---

102 Ebd., S. 23 (Ueber Volkstracht, Nr. 8).
103 Ebd., S. 117 (Die Menschen, Nr. 89).
104 Jean Paul: Werke. Bd. 1, S. 696. Wie aus der Seitenzahl hervorgeht, lag Hauff folgende Ausgabe vor: *Hesperus, oder 45 Hundsposttage. Eine Lebensbeschreibung von Jean Paul. Dritte, verbesserte Auflage. Berlin 1819. Gedruckt und verlegt bei G. Reimer.*
105 Ebd., S. 697.
106 Ebd., S. 698. Mit Abweichungen.
107 Ebd., S. 699.
108 Horaz: Oden und Epoden. Lateinisch und Deutsch. Übersetzt v. Christian Friedrich Karl Herzlieb und Johann Peter Uz. Bearb. v. Walther Killy u. Ernst A. Schmidt. Zürich u. München 1981, S. 156. (Carmina II.10, 17f.) Zu deutsch:

Das Vaterland ist nicht der todte <u>Boden</u>,
es sind die <u>Menschen</u> nicht; es kann dem Auge
nicht sichtbar werden, fühlbar nicht der Hand,
es ist – der unsichtbare Gottes-Geist,
wie er in einer Zeit, in einem Volke
sich offenbart. Die Menschengeister sind
des krafterfüllten Stammes Blüthentriebe
und ihren Duft u. Schmelz u. ihre Frucht
verdanken sie des Stammes regem Leben.
<u>Raupach's Erdennacht.</u>[109]

Ein sichrer Hafen ist das Grab; da fluthen
wie hoch das Meer auch schwillt, die Waßer nicht,
und, wie der Heil{s}and einst die wilde See,
bedräut der Tod den wilden Lebenssturm. –
Ein Feiger aber richtet seine Seegel
der Heimath zu, wenn sich des Gegner[s] Flagge
am Horizonte, Schlachtverkündend, zeigt.
<u>Raupach. Erdennacht. II.</u>[110]

⟨27.⟩

SALADIN:
Was für ein Glaube, was für ein Gesetz
hat dir am meisten eingeleuchtet? – – –
NATHAN.
Vor grauen Jahren lebt ein Mann im Osten,
der einen Ring von unschäzbarem Werth
aus lieber Hand besaß. Der Stein war ein
Opal, der hundert schöne Farben spielte
u. hatte die geheime Kraft, vor Gott
u. Menschen angenehm zu machen, wer
in dieser Zuversicht ihn trug. Was Wunder,
daß ihn d Mann in Osten darum nie
vom Finger ließ; u. die Verfügung traf,

Gehts heute dir nicht wohl, es wird nicht immer so bleiben. Hauff verwendete die Sentenz als Stammbucheintrag für seinen Studienfreund Friedrich Freiherr von Röder (1803-1855) (Bd. 3, S. 406).

[109] *Die Erdennacht, ein dramatisches Gedicht in fünf Abtheilungen* von Dr. Ernst Raupach. Leipzig, bei Carl Cnobloch. 1820, S. 39f.
[110] Ebd., S. 35.

auf ewig ihn bey seinem Hause zu
erhalten; nehmlich so: Er ließ den Ring
von seinen Söhnen dem Geliebtesten;
u. sezte fest, daß dieser wiederum
den Ring von seinen Söhnen dem vermache
der ihm am liebste sey; u. stets der Liebste,
ohn Ansehn der Geburt, in Kraft allein
des Rings, das Haupt, der Fürst des Hauses werde. –
So kam nun dieser Ring, von Sohn zu Sohn,
auf einen Vater endlich von 3 Söhnen,
die alle 3 ihm gleich gehorsam waren,
die alle 3 er folglich gleich zu lieben
sich nicht entbrechen konnte; Nur von Zeit
zu Zeit schien ihm bald der, bald dieser, bald

⟨28.⟩

der dritte, so wie jeder sich mit ihm
allein befand, u. sein ergießend Herz
die andern zwey nicht theilten – würdiger
des Rings; den er denn auch einem jeden
die Schwachheit hatte, zu versprechen.
Das gieng nun so, solang es gieng. Allein
es kam zum Sterben, u. d gute Vater
kömmt in Verlegenheit. Es schmerzt ihn, zwey
von seinen Söhnen, die sich auf s. Wort
Verlaßen, so zu kränken. – Was zu thun?
Er sendet in Geheim zu einem Künstler,
bey dem er, nach d. Muster seines Ringes,
2 andere bestellt, u. weder Kosten
noch Mühe sparen heißt, sie jenem gleich,
vollkommen gleich zu machen. Das gelingt
dem Künstler. Da er ihm d. Ringe bringt,
kann selbst der Vater seinen Musterring
Nicht unterscheiden. Froh u. freudig ruft
er seine Söhne, jeden ins besondre;
gibt jedem ins besondre seinen Segen –
und seinen Ring – u. stirbt. –
Kaum war der Vater todt, so kömmt ein jeder
Mit seinem Ring, u. jeder will der Fürst
des Hauses werden. Man untersucht, man zankt
Man klagt. – Umsonst; der rechte Ring war nicht

⟨29.⟩

erweislich; (fast so unerweislich, als
uns jezt – der rechte Glaube.) die Söhne
verklagten sich u. jeder schwur dem Richter
unmittelbar aus seines Vaters Hand
den Ring zu haben – Wie auch wahr! – der Vater
betheuerte jeder könne gegen ihn {n}
nicht falsch geweßen seyn; u. eh' er dieses
von ihm, von einem solchen Vater,
argwohnen laß: eh' müß er seine Brüder,
so gern er sonst von ihnen nur das Beste
bereit zu glauben sey, des falschen Spiels
beschuldigen; u. er wolle die Verräther
schon auszufinden wißen; sich schon rächen.
Der Richter sprach: wenn ihr mir nun den Vater
nicht bald zur Stelle schafft, so weis' ich euch
von meinem Stuhle.
Doch halt! Ich höre ja, der rechte Ring
besitzt die Wunderkraft beliebt zu machen;
vor Gott u. Menschen angenehm. Das muß
Entscheiden! Denn die falschen Ringe werden
doch das nicht können! Nun; wen lieben zwey
von euch am meisten? – Macht, sagt an, ihr schweigt?
Die Ringe wirken nur zurük? u. nicht nach außen?
Jeder liebt sich selber nur
am Meisten? O so seyd ihr alle 3

⟨30.⟩

betrogene Betrüger! Eure Ringe
sind alle 3 nicht echt. Der echte Ring
vermuthlich gieng verloren. Den Verlust
zu bergen, zu ersetzen, ließ der Vater
die 3 für einen machen. Aber nehmt
die Sache völlig wie sie liegt. Hat von
Euch jeder seinen Ring von seinem Vater,
so glaube jeder sicher seinen Ring
den ächten. – Möglich; daß der Vater nur
die Tyranney des Einen Rings nicht ewig
in seinem Hause dulden wollte! u. gewiß
daß er euch alle 3 geliebt, u. gleich geliebt

indem er 2 nicht drüken mögen
um einen zu begünstigen. Wohlan!
Es eifre jeder seiner unbestochnen
von Vorurtheilen freyen Liebe nach!
Es strebe von euch jeder um die Wette,
die Kraft des Stein's in seinem Ring' an Tag
zu legen! komme dieser Kraft mit Sanftmuth,
mit herzlicher Verträglichkeit, mit Wohlthun,
mit inniger Ergebenheit in Gott,
zu Hülf! Und wenn sich dann der Steine Kräfte
bey euern Kindes Kindern äußern:

⟨31.⟩

So lad ich über tausend Jahre
sie wiederum vor diesen Stuhl. Da wird
ein weisrer Mann auf diesem Stuhle sitzen
als ich; u. sprechen. –
<u>Lessings Nathan d. Weise. III.7.</u>[111]

O! wie süß ist es, seine eigene Ueberzeugung aus einem fremden Munde zu hören! Wie werden wir nur erst ganz wir selbst wenn uns ein anderer vollkommen Recht giebt.
<u>Göthe. W. Meister L.</u>[112]

Menschen die das gze Jahr weltlich sind, bilden sich ein sie müßen zur Zeit der Noth geistlich seyn, sie sehen alles Gute und Sittliche wie eine Arzney an, die man mt Widerwillen zu sich nimmt, wenn man sich schlecht befindet.* Sie sehen in d. Geistlichen, dem Sittenlehrer nur d. Arzt, den man nicht geschwind genug aus dem Hause entfernen kann.
<u>Göthe. W. Meister L.J.</u>
* Sollte sie nicht vielmehr Diät seyn, die eben dadurch zur Diät wird, daß man sie sich zur Lebensregel macht u. das gze Jahr nicht aus d. Auge läßt.?[113]

111 Lessing, Gotthold Ephraim: Werke und Briefe, hrsg. v. W. Barner u.a. Bd. 9: Werke 1778-1780, hrsg. v. K. Bohnen u. A. Schilson, Frankfurt/M. 1993, S. 555ff. Lessings (1729-1781) *Nathan der Weise. Ein dramatisches Gedicht in fünf Aufzügen* erschien zuerst 1779. Hauffs Exzerpt weist kleinere Auslassungen und Abweichungen auf. Eine Stelle aus dieser längeren Abschrift – »Betrogene Betrüger …« – fand Verwendung als Motto in den *Memoiren des Satan* (Bd. 1, S. 376).
112 Goethe: Sämtliche Werke. Erste Abteilung. Bd. 9, S. 819f.
113 Ebd., S. 837. Der Zusatz stammt von Hauff.

Wem d. Welt nicht unmttlbar eröffnet, was sie für ein Verhältniß zu ihm hat, wem s. Herz nicht sagt was er sich u. andern schuldig ist, der wird es wohl schwerlich aus Büchern erfahren die eigentl nur geschikt sind, unsern Irrthümern Namen zu geben.

Ibidem.[114]

⟨32.⟩

Ein Mensch der einen unersetzlichen Verlust fortliebend in sich tragen muß, erhält gegen einen jeden andern, aber Glüklichern, eine höhere Stellung im Handeln.

J. Paul. Komet.[115]

Trost der Greise.
Verzage nicht, edler Menschengeist, wenn deine Kräfte sich verdunkeln, weil dein Erdenleib sich vor den Jahren beugt u. entfärbt u. sich endlich niederlegt. In einer Sommernacht schimmerten einst die Blumen in ihrem Thau vor dem blendenden Monde, jede mit silbernen Perlen geschmükt; als der Morgen nahte, wurden sie trübe, die Perlen verloren den Glanz, denn d. Mond erblich u. gieng unter u. nur kalte Thränen blieben in d. Blumen. Siehe! es gieng die Sonne auf; da glänzten die Blumen wieder, aber Juwelen statt der Perlen spielten in ihnen u. schmükten den neuen Morgen. Auch dir, o Greis, wird künftig eine Sonne aufgehen u. deine verdunkelten Thautropfen verklären.

J. Paul.[116]

Der Triumphbogen der Sittlichkeit ist ein Regenbogen, durch welchen noch kein Sterblicher gezogen, u. den keiner über seinem Haupte gehabt, Einer ausgenommen, der aber selber als Sonne unter den Wolken stand.

J. Paul.[117]

---

114 Ebd., S. 837.
115 Jean Paul: Werke. Bd. 6, S. 665. Jean Pauls letzter Roman *Der Komet oder Nikolaus Marggraf. Eine komische Geschichte* erschien in den Jahren 1820 bis 1822.
116 Ebd., S. 665.
117 Ebd., S. 666. Hauff verwendete das Zitat als Motto für die *Morgenblatt*-Nummer 13 vom 15. Januar 1827. – Es folgen in dem Heft 8 unbeschriebene, noch unaufgeschnittene Seiten, danach 2 Seiten mit Bleistiftzeichnungen, zumeist Männerköpfen, danach abermals 1 unbeschriebene Seite, anschließend 1 Seite mit dem Ansatz zur Zeichnung eines Wohnungsgrundrisses sowie 1 weitere Seite mit zwei Zeichnungen von Wohnungsgrundrissen und dem Entwurf einer Schmuckinitiale, schließlich 14 weitere unbeschriebene Seiten.

⟨unpaginiert⟩

Was ich denke was ich treibe
zwischen Freude Lust u. Schmerz
wo ich wandle, wo ich bleibe
ewig nur bey dir mein Herz

unerreichbar wie d. Sterne
wonneblinkend wie ihr Glanz
bist du nah doch ach so ferne
füllest mir d. Seele ganz.[118]

Einzelblatt
⟨Vorderseite⟩

Jean Paul sagt von Walt als ihn Flitte besuchte: Sein Ich fuhr ängstl oben in allen 4 Gehirnkammern u. darauf unten in den beyden Herzkammern wie eine Maus umher, um darin ein schmakhaftes Ideen Körnchen aufzutreiben, das er ihm zutragen u. vorlegen könnte zum Imbis.

— — —

Gelehrte Stud.Stubensaßen welche d. gze Woche, Tag aus Tag ein, im Banquet u. Pikenik der feinsten, reizendsten Ideen u. Gerichte aus {b} allen Weltaltern u. Weltgegenden schwelgten, bilden sich gar leicht ein, daß der Welt u. Geschäftsmann verdrüßlich u. troken bey ihnen würde, wenn sie ihn nicht immer heiß u. fett mit Ideen übergießen am Bratenwender des Gesprächs.

J. Paul. Flegeljahre[119]

---

118 Dramatische Spiele von Pius Alexander Wolff. Berlin. Im Verlage von Duncker und Humblot. 1823, S. 91. Das Schauspiel *Preciosa*, dem die beiden Strophen entstammen – dort dem Lied *Einsam bin ich, nicht alleine* –, von dem Weimarer und später Berliner Schauspieler und Theaterautor Wolff (1782-1828) wurde von Carl Maria von Weber (1786-1826) vertont und bereits 1821 aufgeführt. Vgl. Weber, Carl Maria von: Sämtliche Werke, hrsg. v. G. Allroggen, Serie III. Bd. 9: Preciosa, hrsg. v. F. Ziegler, Mainz 2000, S. 120ff. u. 218ff. – Die nun folgende letzte Seite des Hefts ist mit mathematischen Gleichungen bedeckt.
119 Jean Paul: Werke. Bd. 2, S. 823f. Das Zitat entstammt den *Flegeljahren*. Den ersten Satz übernahm Hauff in seine *Memoiren des Satan* (Bd 1, S. 457).

Rechte gewöhnliche u. doch befriedigende Unterhaltung ist allgemein unter d. Menschen die, daß einer das sagt, was d. andre schon weiß, worauf d. aber etwas versezt, was jener auch weiß, so daß jeder sich zweimal hört, gleichsam ein geistiger Doppeltgänger.

J. Paul. Flegeljahre[120]

Im Gespräch wie im Pharao ist erwiesen der Gewinn (des Vergnügens sowie des Geldes) nie größer als der Einsatz von beyden.

ibidem.[121]

⟨Rückseite⟩

Wer voll freudiger Erwartung in d. Welt gegangen ist, findet nur zu bald, wie ganz anders sich die Ferne aus-nimmt, wenn wir ihr näher kommen.
Die Ebene wird rauh und kahl: die Zaubertinten welche ihn angezogen haben, entschwinden e{t}ntweder nach den entfernten Hügeln hin oder zeigen sich auf der Gegend die er verlaßen hat und jeder Theil der Landschaft erscheint grüner als der, auf dem er so eben verweilt.

Wsgthn Irving.[122]

Das jüngste Herz hat die Wogen des ältesten nur ohne das Senkblei das ihre Tiefe mißt.

J. Paul.[123]

---

120 Ebd., S. 824.
121 Ebd., S. 824.
122 *Bracebridge-Hall oder die Charaktere.* Aus dem Englischen des Washington Irving übersetzt von S. H. Spiker, Berlin, Im Verlage von Duncker und Humblot 1823, Bd. II, S. 69. Diese Sammlung von Skizzen und Erzählungen des nordamerikanischen Schriftstellers Washington Irving (1783-1859), damals neben Walter Scott und James F. Cooper einer der internationalen Erfolgsautoren, erschien im Original 1822.
123 Jean Paul: Werke. Bd. 3, S. 78. Das Zitat entstammt dem *Titan*.

HELMUTH MOJEM

Nachbemerkung

»Sagen Sie mir doch gelegentlich [...] wenn beide [Erzählungen] Ihnen, dem Alles Lesenden, in die Hände fielen, Ihre Meinung darüber.«[124] Der solchermaßen angeredete Wilhelm Hauff erschien offenbar selbst einem tagtäglich mit Literatur umgehenden Berufsschriftsteller und Zeitschriftenredakteur wie Willibald Alexis – denn dieser war der Verfasser des zitierten Briefes – als notorischer Vielleser. Ein derartiges Zeugnis wurde Hauff auch von anderer Seite ausgestellt, sei es von seinen Biographen, die den »unersättlichen Lesehunger« des Knaben hervorhoben, der ihn in das großväterliche Bücherzimmer und bald auch in die Leihbibliothek führte,[125] sei es von der germanistischen Quellen- und Einflußforschung, die ihm bei seinen Märchen eine Vielzahl ausgiebig benutzter Vorlagen nachgewiesen hat.[126] Aber auch die anderen Werke Hauffs zeigen Spuren extensiver Lektüre, etwa der *Lichtenstein*, dessen zahlreiche Mottos ausnahmslos schwäbischen Autoren entnommen sind, oder die anspielungsreichen, zitatengesättigten *Mitteilungen aus den Memoiren des Satan*.

Durch den hier vorgestellten Quellentext[127] kann man Hauffs literarischen Horizont nun unmittelbarer und präziser erschließen als über den Umweg der von ihm zitierten Werke: ein Heft mit Lektürenotizen, Exzerpten, »schönen Stellen«, so wie es uns aus der Familie auch von seiner Schwester Marie (1805-1842) überliefert ist, mit durchaus respektablen Einträgen von Klopstock bis Novalis, die in etwa dem gleichen Zeitraum wie die ihres Bruders entstammen.

---

124 Willibald Alexis an Wilhelm Hauff, 4. Dezember 1826. Zit. n. Güntter, Briefe, Gedichte und Entwürfe von Wilhelm Hauff, S. 126.
125 W. Hauff's Leben, von Gustav Schwab, in: Wilhelm Hauff's sämmtliche Schriften, geordnet und mit einem Vorwort versehen von Gustav Schwab, Stuttgart, Verlag der Fr. Brodhag'schen Buchhandlung 1830, Bd. 1, S. 11ff. Klaiber, Julius: Wilhelm Hauff, in: *Nord und Süd. Eine deutsche Monatsschrift*, Bd. 5 (1878), S. 212-236, hier S. 218ff.
126 Vgl. die einschlägigen Aufsätze von Barth, Johannes: Neue Erkenntnisse zu den Quellen von Wilhelm Hauffs Märchen, in: Wirkendes Wort 41 (1991), S. 170-183; *Der Zwerg Nase* und *Der gebackene Kopf*. Bemerkungen zu Wilhelm Hauffs zweitem Märchenalmanach, ebd. 42 (1992), S. 33-41; Vom Fortunatus zum Kleinen Muck. Zur Quellenfrage der Hauffschen Märchen, in: Fabula 33 (1992), S. 66-76; Neues zum Fliegenden Holländer, ebd. 35 (1994), S. 310-315, sowie die dort zitierte ältere Literatur.
127 Die Handschrift liegt im Deutschen Literaturarchiv, Marbach, wo sich überhaupt der Nachlaß Hauffs befindet.

Freilich muß man einschränkend sagen, daß Hauff kein Lesetagebuch geführt hat, in das sich alles eingetragen fände, was ihn geistig bewegte. Vielmehr hat er, in wohl sehr unterschiedlicher Intensität, einzelne Textstellen aus seiner Lektüre herausgegriffen, die er, aus welchen Gründen auch immer, für notierenswert hielt. Zudem erstreckt sich das Exzerpteheft lediglich über die Periode von Herbst 1821 – einen Anhaltspunkt hierfür liefert der fünfte Eintrag, den Hauff wohl dem *Literarischen Conversationsblatt* vom 27. Oktober 1821 entnommen hat – bis zu einem unbestimmten Zeitpunkt des Jahres 1823, bietet also nur einen Ausschnitt aus Hauffs sehr viel früher einsetzender und sicherlich bis zu seinem Tod anhaltender Lesetätigkeit.

Dennoch kann man aufgrund seiner Notizen nun genau belegen, daß Hauff diesen Autor und jenes Werk schon während seiner Universitätsjahre gelesen hat, wobei, wie nicht anders zu erwarten, die Belletristik dominiert; es findet sich daneben aber dann doch einiges Theologische – in der Hauptsache wohl Hauffs Studium geschuldet – und auch etliche Titel mit politischer Schattierung: Jassoys *Welt und Zeit*, Madame de Staëls *Deutschland*, Everetts *Europa*. Bei der Literatur mischen sich Novitäten – philhellenische Dichtung, Pustkuchens *Pseudo-Wilhelm Meister*, Raupach, Schwab – mit dem klassischen Kanon: Klopstock, Lessing, Herder, Goethe. Das Fehlen Schillers, dessen Werke Hauff wohl in einer früheren Lebensperiode intensiv rezipiert hat, fällt ebenso auf wie die insistierende Beschäftigung mit Jean Paul. Darüber hinaus ist vielleicht der Nachweis von Belang, daß Hauff die Kulturzeitschriften und Rezensionsorgane der Zeit – allen voran das Cottasche *Morgenblatt* und das Brockhaussche *Conversationsblatt* – wohl ziemlich regelmäßig zur Hand genommen hat.

Aufschlußreich ist das Heft sodann im Hinblick darauf, welche Textstellen Hauff sich notiert hat. Daß er es nicht immer zustimmend oder bewundernd getan hat, wie man für die meisten Fälle wohl doch annehmen darf, beweisen seine gelegentlichen kommentierenden Zusätze. Dem Pustkuchenschen Satz etwa, wonach Freiheit und Wahrheit nur da sei, wo wirklicher Glaube herrsche (vgl. Anm. 50), dürfte sich Hauff schwerlich angeschlossen haben, doch enthält er in der Tat die Quintessenz der antigoetheschen Kampfschrift.

Schließlich ist von Interesse, in welcher Weise Hauff diese Notizen für seine eigene schriftstellerische Tätigkeit verwendet hat; eine Frage, die bei einem Autor, dessen Werke in so bewußter und nachhaltiger Reaktion auf literarische Vorlagen entstanden, sogar das Feld des Poetologischen streift. Daß Hauff seine Einträge wirklich benutzt hat, läßt sich in vielen Fällen nachweisen. Zunächst tat er dies in privaten Zusammenhängen, in einem Brief, in Stammbuchblättern, in einer Rede vor seinem studentischen Freundeskreis, dann aber auch bei seinem öffentlichen Auftreten als Festredner im Stuttgarter Liederkranz und schließlich auch in der Literatur. Im *Mann im Mond* und in den *Phantasien im Bremer Ratskeller* findet sich jeweils ein Eintrag aus seinem Exzerpteheft wieder, einmal als Textzitat, ein andermal als Motto, in den *Memoiren des Satan* begegnet man vier Mottos und drei Textzitaten, letztere allesamt von Jean Paul. Dagegen ist, soweit ich sehe, weder in den Märchen noch in den Novellen und auch nicht im *Lichtenstein* etwas von Hauffs Notizen verwertet worden; die schwäbische Referenzliteratur für dessen Mottos hat er offenbar zu anderer Zeit rezipiert.

Damit dominiert eindeutig eine relativ zeitnahe Auswertung des Exzerptehefts in den Jahren 1824 und 1825; in der Periode davor war Hauffs Dichtung allein studentischen Kontexten verhaftet. 1826 befand er sich von Mai bis Dezember auf Reisen, wo ihm vermutlich seine Notizen nicht zur Hand waren; 1827 jedoch sollte der Literaturredakteur Hauff die alten Einträge noch einmal ausgiebig benutzen, und zwar als Reservoir für die Mottos des *Morgenblatts*. Jede der täglich außer sonntags erscheinenden Nummern trägt nämlich ein Motto mit Bezug auf den Inhalt des Hauptbeitrags, und Hauff hat nicht weniger als zwölf seiner exzerpierten Zitate verwendet, vor allem zu Anfang seiner Redaktionszeit im Januar und Februar, wo jeweils fünf solcher Exzerpte wiederkehren. So überschrieb er etwa das Blatt vom 1. Februar 1827, das die Übersetzung eines griechischen Freiheitsgedichts bringt, mit Versen aus Wilhelm Müllers *Lieder der Griechen* (vgl. Anm. 36). Die Nummern vom 15. und 16. Februar 1827, die einen Fortsetzungsroman mit dem Titel *Der Trauring* veröffentlichen, tragen als Mottos passende Sätze von Jean Paul und Jacobi: »Die höchste Liebe kennt nur Ja und Nein, keinen Mittelstand, kein Fegefeuer, nur Himmel und Hölle.« bzw. »Die Liebe nimmt Alles, aber sie gibt Alles.« (vgl. die Anm. 69 und 10). Das Plakative einer solchen Mottosetzung, das zweifellos auch in den *Memoiren des Satan* festzustellen ist, sollte nicht dazu verführen, den Autor Hauff allein auf ein oberflächliches Zitatenspiel festzulegen, zumal er, was die Herkunft seiner Exzerpte betrifft, keinesfalls wählerisch war, wie der Fall des falschen Klopstock-Gedichts beweist (vgl. Anm. 6). Es wäre etwa für den *Lichtenstein* erst noch zu prüfen, inwieweit der Roman durch seine Mottos – die nun freilich nicht dem vorliegenden Exzerpteheft entstammen – intertextuell strukturiert wird.[128]

---

[128] Für eine späte Erzählung Hauffs habe ich einen solchen Nachweis geliefert: Heimatdichter Hauff? Jud Süß und die Württemberger, in: Jahrbuch der deutschen Schillergesellschaft 48 (2004), S. 143-166.

Unter den vielen Einträgen in Hauffs Zitatenbüchlein gibt es zwei Sonderfälle. Zum einen die stark abweichende Fassung eines eigenen Gedichts; zum andern den Satz: »Gewogen, nicht gezählt werden die Tage«. Beide Male hätte sich Hauff als Autor in seine Blütenlese fremder Dichter gemischt, wobei im letzteren Fall auch die Herkunftsangabe NN berücksichtigt werden muß, die mehr auf eine Lesefrucht denn auf eine eigene Prägung schließen läßt, auch wenn ein Eintrag von fremder Hand den Ausspruch Hauff selbst zuweist.

Bei dem Exzerpteheft handelt es sich um 32 durchgehend paginierte Seiten – die ursprünglichen Seitenzahlen erscheinen nun in ⟨⟩ –, wobei die Blätter 7/8 und 9/10 lose sind und zwischen den Seiten 14 und 15 ein Blatt herausgerissen wurde. Da die Paginierung aber durchläuft, geschah dies wohl schon vor der Notierung der Einträge. Dazu kommt ein unpaginiertes einzelnes Blatt.

Die Wiedergabe des Textes erfolgte möglichst buchstabengetreu, wobei gelegentlich vorkommende unausgeschriebene Wortendungen stillschweigend ergänzt wurden. Die von Hauff regelmäßig verwendeten Zeichen habe ich aufgelöst. Er benutzte in unterschiedlicher Häufigkeit Symbole für »nicht«, »durch«, »alles«, »ist« bzw. »wird«, »gleich« und »verschieden« und gebrauchte diese Zeichen durchaus auch in Verbindung mit Buchstaben, indem er etwa das Wort »dadurch« mittels der Vorsilbe »da« und dem Zeichen für »durch« darstellte. In einem anderen Fall gab er das Wort »gleicht« wie folgt wieder: »=t«. Ein zusammenhängendes Beispiel für diese Praxis bietet etwa Hauffs Notation des Jassoyschen Satzes: »Der Geist muß durch [Zeichen] den Geist, nicht [Zeichen] durch [Zeichen] Zwang bekämpft werden [Zeichen].« (vgl. Anm. 100)

Hingegen wurden alle Abkürzungen und Zahlensymbole im Text belassen, auch wenn es sich dabei um Zusammensetzungen handelt wie etwa »1zige« oder »1ander«. Von Hauff gestrichene Wörter oder Wortteile stehen in {...}, Ergänzungen von meiner Seite in [...].

Ich zähle nachfolgend alle Texteingriffe auf; der Einfachheit halber zitiere ich nach der Nummer der zum Eintrag gehörigen Anmerkung.

Nr. 16: versehentliches »Englan« habe ich zu »Englan[d]« ergänzt.

Nr. 44: habe ich einen Gedankenstrich eingefügt. Hauff hat die Herderschen Versumbrüche durch Gedankenstriche dargestellt, diesen einen aber weggelassen, weil er mit seiner Abschrift selbst gerade ans Ende einer Zeile gelangt war.

Nr. 49: hat Hauff beim Abschreiben aus Versehen die drei Worte »von dem Weltbürger« weggelassen. Sie wurden gemäß der zitierten Vorlage eingefügt.

Nr. 67: hat Hauff das Wort »sind« zweimal geschrieben. Eines davon habe ich gestrichen.

Nr. 71: hat Hauff einen Satz in der zweiten Person Plural begonnen – »Geht« – und in der zweiten Person Singular beendet. Statt »Geht« steht nun wie auch in der zitierten Vorlage »Geh[e]«.

Nr. 78: hat Hauff beim Abschreiben aus Versehen das Worte »besteht« weggelassen. Es wurde gemäß der zitierten Vorlage eingefügt.

Nr. 83: habe ich bei dem Adjektiv »Jener frey Körper« sinngemäß und in Anlehnung an die Vorlage das »e« ergänzt: »Jener frey[e] Körper«.

Nr. 88: hat Hauff versehentlich das Relativpronomen verdoppelt: »Erinnert diejenigen die, welche«. Das überflüssige »die« habe ich weggelassen.

Nr. 102: habe ich gemäß der Vorlage einen Punkt eingefügt und den darauffolgenden Satz mit einem Großbuchstaben beginnen lassen: »Gewand[. M]it«.

Nr. 104: wurden die von Hauff vergessenen Anführungszeichen geschlossen und der Satz durch einen Punkt beendet.

Nr. 110: habe ich ein von Hauff vergessenes Genitiv-s gemäß der Vorlage ergänzt.

Die Einträge des Exzerptehefts sind durchwegs mit einer bräunlichen Tinte geschrieben. An einigen wenigen Stellen lassen sich jedoch Bleistiftkorrekturen ausmachen, die ihrem Charakter nach von Hauff selbst, vielleicht bei einer späteren Durchsicht des Heftes, angebracht wurden. Zweimal handelt es sich um die Verdeutlichung eines Buchstabens (Nr. 4 und Nr. 15), einmal um eine orthographische Verbesserung (Nr. 8), in einem anderen Fall markiert ein Doppelstrich die Stelle, wo – auch durch bloßes Lesen erkennbar – beim Abschreiben einige Worte ausgefallen sind (Nr. 49). Bei dem Eintrag Nr. 96 findet sich eine Anstreichung; das Horaz-Zitat (Nr. 108), das auch oben etwas über den sonst üblichen Seitenspiegel hinausragt, ist vollständig mit Bleistift geschrieben, also vielleicht später eingetragen worden. Bei dem Exzerpt aus Goethes *Faust* (Nr. 58) mit dem abgewandelten Schlußvers leistet eine Bleistiftkorrektur die grammatische Angleichung an die neue Pluralform. Statt »Umgiebt in Rauch und Moder nur« und, wie Goethe schrieb, »Dich Tiergeripp' und Totenbein« oder, wie Hauff ansetzte, »Dich alter Pergamente …«, steht nun: »Umgeben in Rauch und Moder nur / Dich alte Pergamente kalt u. todt.«

Hauff ist nahezu bei allen Einträgen in seinem Exzerpteheft von der Vorlage abgewichen; meist sind es durch Flüchtigkeit bedingte kleinere

Ungenauigkeiten, zuweilen vereinfacht oder kürzt er einen Satz beim Abschreiben, hie und da gibt es aber auch signifikante Varianten (vgl. etwa Nr. 58). Nur diese sind im Kommentar vermerkt. Daß Hauff dieses Notizheft bei seiner eigenen schriftstellerischen Arbeit tatsächlich als Zitiervorlage gebrauchte, geht aus den Übernahmen solcher Abweichungen hervor. Der zweite Eintrag des Heftes lautet ursprünglich bei Jean Paul:

»*Jerusalem* bemerkt schön, daß die Barbarei, die oft hart hinter dem buntesten Flor der Wissenschaften aufsteigt, eine Art von stärkendem Schlammbad sei und die Überverfeinerung abwende, mit der jener Flor bedrohe. Ich glaube, daß einer, der erwägt, wie weit die Wissenschaften bei dem Primaner steigen – vollends bei einem Patriziers-Sohn aus Nürnberg, dem die Stadt 1000 fl. zum Studieren schenken muß –, ich glaube, daß ein solcher dem Musensohne ein gewisses barbarisches Mittelalter (das sogenannte Burschenleben) gönnen werde, das ihn wieder so stählt, daß seine Verfeinerung nicht über die Grenzen geht.«

Dagegen Hauffs Abschrift (ich hebe auffälligere Abweichungen hervor):

»Jerusalem bemerkt schön, daß die Barbarei, die oft hart hinter dem *schönsten*, buntesten Flor der Wissenschaften aufsteigt, eine Art von stärkendem Schlammbad sey, u{n}. die *Ueberfeinerung* abwende, mit der jener Flor bedrohe. <u>Ich</u> glaube, daß einer, der erwägt, wie weit die Wißenschaften bey *einem Stud.* steigen, dem Musensohne ein gewißes barbarisches Mittelalter – das sogenannte Burschenleben – gönnen werde, das ihn wieder so stählt daß die Verfeinerung nicht über d. Gränzen geht.«

In den *Memoiren des Satan* heißt es dann (abermals mit meinen Hervorhebungen):

»Jerusalem bemerkt schön, daß die Barbarei, die oft hart hinter dem *schönsten*, buntesten Flor der Wissenschaften aufsteigt, eine Art von stärkendem Schlammbad sei, *um* die *Überfeinerung abzuwenden*, mit der jener Flor bedrohe; ich glaube, daß einer, der erwägt, wie weit die Wissenschaften bei *einem Studierenden* steigen, dem Musensohne ein gewisses barbarisches Mittelalter – das sogenannte Burschenleben – gönnen werde, das ihn wieder so stählt, daß die Verfeinerung nicht über die Grenze geht.«

Die vier hier herausgestellten Abweichungen bei Hauffs Abschrift – das zusätzliche Adjektiv »schönsten«, »Überfeinerung« statt »Überverfeinerung«, »Stud.« statt »Primaner« und die Parenthese in Gedankenstrichen statt in Klammern – kehren in der Fassung der *Memoiren des Satan* sämtlich wieder, von der gleichfalls übernommenen generellen Kürzung des Zitats ganz abgesehen. Weiterhin hat Hauff – und dies belegt die Benutzung seines Exzerptehefts bei der Niederschrift des Romans zusätzlich – das »u.« mit gestrichenem »n« aus seiner Abschrift später wohl als »um« gelesen und dementsprechend die Konstruktion des Satzes abgeändert.

Gleichfalls als Beispiel kann der Eintrag Nr. 24 dienen. Bei Jassoy lautet er: »Unsere heutigen frommen Gesichter sind meist nur das bœuf à la mode der ehemaligen dummen Gesichter.«

Hauff machte daraus: »Unsere heutigen *dummen* Gesichter sind meist nur das bœuf à la mode der ehemaligen dummen Gesichter.«

Das Motto in den *Memoiren des Satan* hat schließlich die Form: »Die heutigen *dummen* Gesichter sind nur das bœuf à la mode der früheren dummen Gesichter.«

Von den Änderungen einmal abgesehen, die das Zitat auf dem Weg vom Exzerptheft zu den *Memoiren des Satan* durchlaufen hat – »die« statt »unsere«, »früheren« statt »ehemaligen«, der Wegfall von »meist« –, bleibt der Wechsel von Jassoys »frommen Gesichtern« zu Hauffs »dummen Gesichtern« bemerkenswert. Ob es sich dabei um ein schlichtes Versehen handelt oder ob Hauff doch beabsichtigte, dem Aphorismus eine allgemeinere Tendenz zu verleihen, sei dahingestellt; daß das Exzerptheft als Zitiervorlage für die *Memoiren des Satan* diente, steht außer Frage.

Durch die im Kommentar beigefügten Stellennachweise sind solche Abweichungen im einzelnen überprüfbar. Die Anmerkungen fügen sich nach Möglichkeit stets dem gleichen Schema. Dem Stellennachweis in einer gängigen Ausgabe folgt die Angabe des Werks und des Autors, dessen Lebensdaten ebenso wie das Erscheinungsjahr des jeweiligen Titels die literaturgeschichtliche Erstreckung von Hauffs Lektüre verdeutlichen sollen; sie reicht im wesentlichen ungefähr fünfzig Jahre zurück. Angegeben wird ferner, ob und wo Hauff das Zitat in seinen eigenen Schriften verwendet hat; sachliche Erläuterungen erwiesen sich nur in wenigen Fällen als notwendig.

Helmuth Mojem

Andy Hahnemann und David Oels

Heun vs. Hauff
Die *Kontrovers-Predigt* vor dem preußischen Oberzensurkollegium

Das hier erstmals vollständig mitgeteilte Dokument befindet sich im Geheimen Staatsarchiv Preußischer Kulturbesitz Berlin unter der Signatur: I. HA Rep. 101 Oberzensurkollegium und Oberzensurbericht E-Zensursachen Lit. C. Nr. 12: Die von dem Geheimen Hofrathe Heun in Berlin unter dem Namen H. Clauren herausgegebenen belletristischen Schriften, und die dagegen erschienenen Schmähschriften, 1826-1828, Blatt 1-5.[1] Unleserliche Worte oder Wortteile wurden durch Auslassungszeichen gekennzeichnet, unsichere Lesungen in eckige Klammern gesetzt und Ergänzungen oder Ersetzungen der Herausgeber zusätzlich kursiviert. Beigefügt wurde die ursprünglich dem Dokument zugehörige Rezension der Hauffschen *Kontrovers-Predigt* von Moritz G. Saphir.[2]

zum Journal d. 23/10. 1826.

214.

1 Brief:
1 Heft

Seit länger denn 15. Jahren, sind mehrere Schriften im belletristischen Fache, von mir, unter dem Anagramm meines Namens, H. Clauren, erschienen, die vom Publikum so günstig aufgenommen worden sind, dass sie sich eines nicht unbedeutendem Absatzes erfreuen, und in der Regel, zwei und drei, einige sogar vier und fünf Auflagen erlebt haben.[3]

---

[1] Teilabdruck bei Houben, H. H.: »Wer im Glashause sitzt .....«. Eine Schmutz- und Schundgeschichte, in: Preußische Jahrbücher Bd. 231 (1933), S. 69-79.
[2] Auch eine kleine Edition ist auf Unterstützung angewiesen. Wir danken Roland Berbig, Erhard Schütz, dem Geheimen Staatsarchiv Preußischer Kulturbesitz in Berlin und besonders Christel Wendtland.
[3] Vgl. zu H. Clauren und seinen Schriften: Fritzen-Wolf, Ursula: Trivialisierung des Erzählens. Claurens »Mimili« als Epochenphänomen, Frankfurt/M. u.a. 1977, S. 40-46; 108-118.

Dieser letzter Umstand veranlasste den Buchhändler Frankh zu Stuttgart, vor Kurzem, ein, von einem gewissen Hauff daselbst verfasstes Werk: <u>der Mann im Monde</u> betitelt, in dem der p Hauff sich bemüht hatte, meine Schreibart nachzuahmen, unter meinem oben erwähnten anagramatischen Namen H. Clauren, herauszugeben.

Des p Frankh Absicht bei dieser Unternehmung war offenbar, das Publikum durch die Vorspiegelung, dass ich der Verfasser dieses Buches sei, zu täuschen, und somit diesem seinem Verlags[unter*nehmen*] einen recht schwunghaften Absatz zu verschaffen.

Ich kam gegen dieses betrügliche, mir und meinem Verleger gleich nachtheilige Verfahren, bei des p Frankh gerichtlichen Behörde in Stuttgart beschwerend ein, und nach beendigtem Criminal[en] Prozeß ward der p Frankh zu einer Strafe von 50 rh., zur Tragung sämtlicher Prozeßkosten, und zur Zurücknahme aller ihm wieder zurückzugebenden Exemplare des fraglichen Werkes, gegen Wiedererstattung des Kaufpreises verurtheilt, und dieses Urtheil ward, zur Benachrichtigung des Publikums, in mehreren öffentlichen Blättern bekannt gemacht.[4]

Die gesetzlichen Folgen dieses Erkenntnisses sollen dem Frankh, wie man sagt, einen Schaden von mehr denn 1000 rh. bereitet haben.[5]

---

4   Vermutlich ist das Urteil (zumindest vollständig) nicht veröffentlicht worden, schon gar nicht auf Betreiben Franckhs. Vgl. Allgemeine Zeitung Nr. 119 vom 19.05.1826, S. 473: »Der Buchhändler Herr Frankh zu Stuttgart scheint sein dem Publikum gegebenes Versprechen, das in der von H. Clauren wider ihn anhängig gemachten Untersuchung-Sache erfolgte Erkenntniß öffentlich mittheilen zu wollen, gänzlich vergessen zu haben.« Vgl. a. Pfäfflin, Friedrich: Nachwort. Kein Mann hinterm Mond, in: Hauff, Wilhelm: Der Mann im Mond. Roman, Ostfildern 1983, S. 223-229, hier S. 228.

5   Neben den vielfach bezeugten 50 Talern Strafe mußte Franckh, folgt man Ottmar Hinz (O.H.: Wilhelm Hauff mit Selbstzeugnissen und Bilddokumenten, Reinbek 1989, S. 46), Prozeßkosten in Höhe von 300 rheinischen Gulden zahlen, was nach Susanne Fischer rund 136 Talern entspricht; vgl. Fischer, Susanne: Wilhelm Hauffs Korrespondenz mit Autoren, Verlegern und Herausgebern. Aspekte literarischer Tauschbeziehungen im literarischen Leben um 1825, in: Archiv für die Geschichte des Bücherwesens 37 (1992), S. 99-166, hier S. 161. Da Franckh seiner Verpflichtung, das Urteil zu publizieren, nicht nachkam, müßten bei dem von Heinrich Houben kolportierten Verkaufspreis von drei Talern (Houben, Glashaus, S. 74) immerhin 271 Leser ihren Pseudo-Clauren bei Franckh zurückgegeben haben.

Ueber diesen ganz unerwarteten Ausgang der Sache bis auf das Höchste erbittert, hat jetzt der p Hauff, im Verlage des Frankh, unter dem Titel: Controvers-Predigt über H. Clauren und den Mann im Monde[6] die ganz gehorsamst beigefügte, gegen mich gerichtete Schmäh-Schrift herausgegeben, von der vorgestern Abend, an jede der hiesigen Buchhandlungen, mehrere Exemplare von Leipzig aus, eingegangen sind.

Fast auf jedem Bogen dieses Pasquills sind die gröblichsten Verletzungen meiner persönlichen Ehre enthalten, so, dass ich mich genöthigt sehe, den p Hauff bei seiner gesetzlichen Behörde, *injuriarum* zu belangen.[7]

Der sich gegenwärtig, zum Besuch der Buchhändler-Messe, in Leipzig aufhaltende Redakteur der hiesigen Schnell-Post, Saphir, dem dort diese boshafte Broschüre in die Hände gefallen ist, hat zwar in der beigeschlossenen No. 39. seines Blattes, den Standpunkt angegeben, aus dem dieser Gallen-Erguss des von mir nie angegriffenen, nie beleidigten, Hauff anzusehen ist;[8] Da mir aber die Verbreitung der, meine öffentliche Ehre u. meinen guten Namen so niedrig brandmarkende Lästerschrift, auf hiesigem Platze, in der Mitte meiner Mitbürger, deren wohlwollende Achtung zum Höchsten meiner Lebensgüter mit gehört, nicht gleichgültig sein kann; so stelle ich Ew. Exzellenz und Einem hohen Ober-Censur-Collegio, in dessen Schutz gegen kränkende Misshandlungen roher Rachsucht ich mich hiermit [förmlich] begebe, ehrerbietigst anheim,

1)[9] es hochgefälligst zu veranlassen, dass den, wahrscheinlich morgen früh schon zu erwartenden Buchhändler-Anzeigen, dass gedachte Kontrovers-Predigt erschienen, und hier zu haben sey, das Imprimatur der hiesigen Zeitungs-Censur, verweigert werde.

---

6 Hauff, Wilhelm: *Kontrovers-Predigt über H. Clauren und den Mann im Monde* (1827), in: ders.: Sämtliche Werke in drei Bänden. Nach den Originaldrucken und Handschriften. Textredaktion und Anmerkungen von Sibylle von Steinsdorff. Mit einem Nachwort und einer Zeittafel von Helmut Koopmann, München 1970, Bd. 1, S. 795-824. Nach dieser Ausgabe wird im folgenden zitiert.
7 Von einer Anzeige Heuns gegen Hauff ist nichts bekannt.
8 Siehe unten: Moritz Saphir: *Controverspredigt über H. Clauren und den Mann im Monde*.
9 von fremder Hand eingefügte Entwurfsanweisung – wie auch die folgende »2)« –, auf die in den Vota Bezug genommen wird.

2) Ob gegen den Verkauf dieses, lediglich mit persönlichen Invektiven angefüllten, und in manchen Stellen den Preussen-Hass laut anrathenden Werkes, ein Verbot zu erlassen seyn dürfte, gebe ich Ew. Exzellenz und Eines hohen Ober-Censur-Collegii erleuchtetem Ermessen submissest anheim, und erlaub mir nur, gehorsamst zu bemerken, dass durch ein solches Verbot, Niemand, als höchstens der Kalumniant, verlieren, die Aufrechterhaltung der Ehre eines bis dahin unbescholtenen rechtlichen Mannes aber bewirkt werden würde.

> Mit der unbedingtesten Ehrfurcht verharre ich zeitlebens
> Ew. Exzellenz und Eines hohen Ober-Censur-Collegii
> Berlin 22. oct. 1826.   treu gehorsamster
> Mohrenstr. 26   Carl Heun
>   Geheimer Hofrath.

ad 214.
Votum.

Das Ober Censur Collegium hat durchaus nichts mit der Ertheilung des Imprimatur oder dessen Verweigerung zu thun. Herr Geh. HR. Heun hätte sich mit seiner Bitte *sub* 1 an das Ober Präsidium wenden müssen, von welchem es abhängt, dem Censor der Zeitungs Ankündigungen die Weisung wegen Unterdrückung einer solchen Ankündigung zu ertheilen.[10]

Was aber den Antrag wegen Erlassung eines Verbotes der eingereichten Schrift betrifft, so würde, wenn darauf eingegangen werden sollte, an das vorgesetzte Hohe Ministerium des Innern und der Policei berichtet werden müssen.[11] Ich habe indessen keinen Grund entdecken können, von Staats wegen gegen diese Schrift einzuschreiten. Sie ist allerdings eine ehrverletzende, boshafte Spott- und Streitschrift, welche die Censur nicht hätte passieren sollen und im Preussischen nicht würde haben gedruckt werden dürfen; allein, nachdem sie im Auslande erschienen, kann ihr Debit nicht als unzulässig betrachtet werden.

---

10   Oberpräsident der Provinz Brandenburg war 1827 Magnus Friedrich Graf von Bassewitz (1773-1858), der verantwortliche Zensor vermutlich Johann Bogislaw Grano (1766-1831).

11   Preußischer Innenminister war 1827 Friedrich Freiherr von Schuckmann (1755-1834).

Hiernach dürfte Herrn GHR. Heun zu überlassen seyn, sich, wenn er es nicht vorziehen sollte, überhaupt kein Aufhebens von der Sache zu machen, an das Policei Ministerium unmittelbar zu wenden.

L. [M.]
Beckedorff[12]
den 24.Oct.1826.

Mit de[n] vorstehend entwickelten Berichten ganz einverstanden, würde ich nur noch dafür halten, dass die Vorstellung *br.m.*[13] an das O.Pr. zur Verfügung auf den ersten Antrag vo[r] der diesfälligen Bescheidung des Bittstellers abgegeben werden könnte. Übrigens kann H. [Grth.] Heun wohl schwerlich im Ernst erwarten, dass seine sehr unsittliche Muse hier Schutz finden werde.

[…] Behrnauer[14] 24/10.

Mit dem Vorschlage die eingereichte Vorstellung nebst Beylagen wegen des Gesuchs 1) an den Herrn Ober Präsidenten zur Verfügung *br.m.* abzugeben ist Unterzeichneter völlig einverstanden. Auf ein Verbot der Hauffischen Schrift anzutragen finde ich ebenfalls keinen hinlänglichen Grund. Es wird nicht Herrn p Heuns Persönlichkeit, sondern seine <u>Schriften</u> direct darin angegriffen, und diese Schriften gegen die gemachten Vorwürfe zu vertheydigen möchte ich nicht unternehmen. Hauffs Ton ist nicht zu billigen, und seine Triebfeder bey dieser Schrift mag nicht die reinste seyn. Aber wenn die Cabinets Ordre vom 28. Dec. 1824. auf diese Schrift anwendbar seyn sollte, so könnte diess nur der Fall seyn

---

12 Der Pädagoge, Theologe und Mediziner Georg Philipp Ludolf von Beckedorff (1778-1858) verdankte seine Berufung ins Oberzensurkollegium der Flugschrift *An die deutsche Jugend. Über der Leiche des ermordeten August von Kotzebue* (1819). Laut Heinrich H. Houben (Der gefesselte Biedermeier. Literatur, Kultur, Zensur in der guten, alten Zeit, Leipzig 1924, S.149) war er »unstreitig der schlimmste Reaktionär des Kollegiums«.

13 brevi manu (kurzerhand). Diese Bezeichnung wurde in der Regel verwendet, wenn ein Schreiben nicht abschriftlich, sondern – der Einfachheit halber – im Original an eine andere Behörde weitergesandt wurde.

14 Karl Gottlieb Behrnhauer (1765-1831), Jurist und Oberregierungsrat, Mitglied der auch mit den Zensursachen befaßten Section 1 des Innenministeriums, war nach Houben »ein Mann, der mit der Feder ›noch etwas mut‹ hatte, dem persönlichen Ansehen gegenüber aber sogleich nachzugeben pflegte.« Houben, Biedermeier, S. 149.

wenn sie in hiesigen Landen gedruckt wäre.[15] Da sie aber in einem deutschen Bundesstaate gedruckt und censiert ist, so kann ich mich nicht überzeugen, dass es der Preussischen Regierung geziemen sollte für Herrn Heuns Schriftstellerey Parthey zu nehmen.

Körner[16] 25/10 26.

Ich würde dem Gh. Heun 1) selbst überlassen, ob er sich an den H. Oberpräsidenten wenden will, u. (da er vielleicht seine Ansicht berichtigt) nicht seitens des OCC. die Sache dahin abgeben.

2) Lässt sich gegen Inhalt u. Tendenz der Schriften des H. Heun so ungemein viel erinnern, dass es ein Verdienst ist mit scharfer Kritik dagegen aufzutreten. Zum Verbot der Controverspredigt ist gar kein genügender Grund vorhanden. Wenn einiges davon zu rügen, so könnte man noch eher den preuss. Censoren Vorwürfe machen, die so manches in des Claur. Schriften stehen liessen was gewissen Anstoss giebt; und wenn H. Saphir sich, wie geschehen, äussern durfte[17], so ist es billig dass man auch erlaube den angeklagten Hauff zu hören[18] od. seine Schrift zu lesen.

v. Raumer[19] 26/1[0] 26.

---

15 Mit der Kabinettsorder vom 28.12.1824 wurde der bereits in den Wöllnerschen Edikten garantierte Schutz der persönlichen Ehre als Verbotsgrund wieder eingeführt. Vgl. Gesetzessammlung für die preußischen Staaten (1825) N. 1, S. 2-3; Houben, Biedermeier, S. 176-181.

16 Christian Gottlieb Körner (1756-1831), der vor allem wegen seiner guten Freundschaft zu Schiller, mithin auch zu Goethe, bekannte Vater Theodor Körners, war zunächst Regierungsrat im preußischen Polizeiministerium, dann Geheimer Oberregierungsrat im Unterrichtsministerium. Zu ihm liefert Houben, wohl wegen seiner unzweifelhaften Verdienste um die deutsche Literatur (bes. die Ausgaben der Werke Schillers und seines Sohnes Theodors), keine abfällige Charakteristik.

17 Zu Raumers äußerst negativer Einschätzung der Unterhaltungspresse und -kritik, deren populärster Berliner Vertreter 1826 Moritz Saphir war, vgl. einen Brief an Ludwig Tieck v. 30.10.1826, in: Raumer, Friedrich von: Lebenserinnerungen und Briefwechsel, Bd. 2, Leipzig 1861, S. 204.

18 Möglicherweise spielt Raumer auf Hauffs Lesung der *Kontrovers-Predigt* in der Berliner *Mittwochsgesellschaft* am 11.10.1826 an.

19 Der Historiker und Rektor der Berliner Universität Friedrich von Raumer (1781-1873) war bis zu seiner (unehrenhaften) Entlassung 1833 Mitglied im Oberzensurkollegium. Nach Houben hat Raumer »die Wahl ins Oberzensurkollegium über sich [...] ergehen lassen, in der Hoffnung, dort im Sinne der Literatur wirken zu können. Da er sich getäuscht sah, blieb er schon seit 1822 den Sitzungen fern« (vgl. Houben, Biedermeier, S. 150). Wobei anzumerken ist, daß in den Jahren 1824-1828 nur insgesamt sieben Sitzungen stattfanden. Vgl. Kapp, Friedrich: Die

ich würde wünschen, dass die Schrift des Hauff recht viele Leser fände, weil sie dazu beitragen kann, der verderblichen Claurenschen Schriftstellerei Einhalt zu thun. Von einem Verbot kann daher m.E. nicht die Rede seyn.

Die Ankündigung einer nicht verbotenen Schrift in den Zeitungen zu unterdrücken, ist eine [Maass]regel, die zwar zuweilen ergriffen wurde, die sich aber doch auf kein Gesetz, am wenigsten auf das Censurgesetz gründet und zunächst nicht zum Geschäftskreise des OCensur Collegiums gehört.[20]

Dieses und dass sich das Collegium nicht veranlasst finden könne, ein Verbot der Schrift in Antrag zu bringen, würde [dem] p. Heun zu [bescheiden] seyn.

Sack[21]

B.d. 26. Oct. 1826

Resultat der Abstimmung
1 Zwei Vota sind für Abgabe an das O.P., wegen Verbots der Anzeige.
2 Ein Votum war deutlich dagegen.
3 Das vierte und fünfte nicht dafür.
4 Ich würde dagegen sein.
5 für Antrag auf Verbot der Schrift ist kein Votum, auch das meinige nicht.

v. Raumer[22]

den 27 oct 1826

preußische Preßgesetzgebung unter Friedrich Wilhelm III. (1815-1840). Nach den Akten im Königl. Preußischen Geh. Staatsarchiv, in: Archiv für Geschichte des Deutschen Buchhandels 6 (1881), S. 185-249, hier S. 208.

20 Sack könnte auf einen brisanten Zensurfall aus dem Jahr 1821 anspielen: Das bei Brockhaus in Sachsen anonym erschienene Werk *Friedrich Wilhelm der Dritte* hatte wegen der offenen Parteinahme für die konstitutionelle Monarchie Mißfallen erregt, das Oberzensurkollegium konnte sich indes nicht auf ein Verbot verständigen. Verboten wurden allerdings die Zeitungsankündigungen, und zwar auf persönliche Initiative des Königs. Diesen hatte »es am meisten verdrossen, daß man ein Werk mit seinem Namen in Berliner Zeitungen ›ausgeboten habe wie Häringe und Neunaugen und mitten unter diesen Objecten‹« Zit. nach Houben, Biedermeier, S. 162.

21 Der Geheime Oberjustizrat und Präsident des Obertribunals Friedrich Ferdinand Adolf Sack (1788-1842) »blieb bis 1833 unter ›allerhöchster Zufriedenheit‹ Mitglied des Kollegiums.« Houben, Biedermeier, S. 150.

22 Der Wirkl. Geh. Legationsrat und Mitglied des Staatsrats, Karl Georg von Raumer (1753-1837), war seit der Gründung 1819 bis zu seinem Tode Präsident des Oberzensurkollegiums, »dem er seine durchaus reaktionäre Richtung mit Erfolg aufzuzwingen suchte«. Houben, Biedermeier, S. 148.

in den 214.
Ex Concluso:

An den K.G.H.R.
Carl Heun
Hochwohlgeboren
Das K.O.C.C. hat E.p. Eingabe betreffend ihr[e], anbey, mit dem Sapphirschen Blatt, zurückgehende Schrift, sorgfältig erwogen, findet aber, gesetzlich, sich weder berechtigt noch bewogen, die Anzeige zu verbieten, noch auf ein Verbot der Schrift selbst anzutragen.
                        Berlin den 27 Oct. 1826.
                        K.Pr.O.C.C.
                        v. Raumer

Moritz Saphir

Controverspredigt über H. Clauren und den Mann im Monde, gehalten vor dem deutschen Publikum, in der Herbstmesse 1827, von Wilhelm Hauff. Stuttgart, bei Gebrüder Frank, 1827
[Berliner Schnellpost. Beiwagen für Kritik und Antikritik. No. 39 vom 18.10.1826, S. 1f.]

Freue dich, Deutschland! Triumphire, lesende Welt! Jauchze, Literatur! und du menschlich Tugend und du weibliche Zartheit schlagt in die Hände, jubelt, jubelt allesamt! Es ist ein Mann aufgestanden, ein Prediger in der Wüste, ein Heiliger und Held, ein Dichter und Gottesgelahrter, ein Apostel und Bekehrter, ein Nimrod und Paulus – Herr Wilhelm Hauff! Er will fegen Deutschland mit dem Besen der Moral, scheuern die Literatur aus dem Troge der Sittlichkeit, poliren das Publikum mit den Lappen der Frömmigkeit, restauriren den Geschmack aus der Wärmpfanne der Aesthetik. Kuriren die weiblichen Gebrechen mit der Trepaniernadel der Satyre; kurz, er will ein Licht heraufführen über unsere Hemisphäre, will wie ein Sturmwind reinigen unsere Luft, Heil und Segen bringen über uns und unsere Kindeskinder, unser zeitiges und ewiges Wohl herstellen, uns retten aus dem Fegefeuer und uns bei lebendigem Leibe ins Paradies bringen, wenn wir – – – – – wenn wir – – – wenn wir – – – ja! wenn wir Klaurens Mimili nicht lesen! Hättest du geglaubt, o Welt, daß deine höchste Seligkeit so wohlfeil zu erringen seie!? Doch nein, so wohlfeil kommst du nicht weg, du sollst auch – höre und staune! – du sollst auch das Vergißmeinnicht nicht lesen! Es wird bewiesen, daß das Vergißmeinnicht die Quelle ist aller Laster, der Born des Schlechten, der Auswurf des Geschmackes und des Letzten Allerletztes! Wodurch wird es bewiesen? Dadurch, daß »Trüffelpasteten,« »Austernschmus-« und »Herzpumpern« darinnen vorkommen! ja ein Austernschmaus ist allerdings etwas gefährlich für Staat und Literatur! Doch, diese Zeilen sind nicht geschrieben um Clauren und seine Schriften zu vertheidigen, das ist eine Sache für sich, ich mag weder alle Trüffelpasteten noch Austernschmause, die Herr Clauren Preis gab, bezahlen, noch das Herzpumpern seiner Leserinnen verantworten, es handelt sich hier um die Art und Weise, wie Herr W. Hauff gegen Clauren zu Felde zieht und welche Waffen er in diesem heiligen Befreiungskrieg der Literatur führt. Ist er etwa der ehrliche alte Haudegen einer tiefen Würde, kräftig und eindringend? O nein! Ist er etwa der Pfeil der Satire, der keck vom Bogen springt und schwirrend durch die Luft in das Herz des Feindes dringt? O nein! Ist es etwa das zweischneidige glattgeschliffene Schwerdt des Ernstes und des Scherzes, das unwiderstehlich in die Brust des Gegners dringt? O nein! Was sind es denn für Waffen? Es sind die Kolben der Gemeinheit, die Kieselschleuder eines persönlichen Unmuthes, die breite Tratsche der Selbstrache, die überlaufenden Zorntöpfe eines heißkochenden Grolls und die stumpfen Hakenstiele eines schlecht verborgenen Ingrims gegen die Person. Einige Proben mögen dem Leser zeigen, daß wir ein Recht haben, eine Polemik so hart anzugreifen, dessen Verfasser wir in seinen Memoiren des Satans volle Gerechtigkeit wiederfahren lassen. Der Anfang ist: »Ich weiß, daß er bei euch allen der Mann des Tags geworden ist; grade und ebendeswegen (sic!) will ich seinen Namen aussprechen, er nennt sich Clauren. *Anathema sit*!« Das *Anathema sit* bezeichnet nun schon im Voraus hinein das Gemüth unseres Predigers und man weiß, welche Salbung man von ähnlichen Predigten zu erwarten hat! – »Von solchen Thorheiten sollte man nicht im Scherze sprechen, sie verdienen es nicht, denn wahrer bitterer Ernst ist es, daß solche Niederträchtigkeiten, solche Wirtshauspoesie solche Dichtungen *à la Carte*, wenn sie ungerügt jede Messe wiederkehren dürfen, die Würde unserer Literatur vor uns selbst und dem Auslande, vor Mit- und Nachwelt schänden!« Halt ein, heiliger Eif'rer, halt ein! man sieht ja aus jeder Silbe, daß du erbost bist, und wer sich erbost hat, behält Unrecht. Wer wird so mit Niederträchtigkeit um sich werfen! Auch die Mit- und die Nachwelt wird ungeschändet bleiben, selbst wenn Mit- und Nachwelt diese Predigt nicht gehört hätten! Doch weiter: »Man wirft, nicht mit Unrecht, den Schwaben und Schweizern vor, daß sie nicht sprechen wie sie schreiben, aber wahrhaftig, es gereicht Herrn Clauren zu noch größerm Vorwurf, daß er so gemein schreibt, wie er gemein und unedel zu sprechen und zu denken scheint. König Salomo, wenn er noch lebte, würde diesen Menschen mit einem Freudenmädchen vergleichen u.s.w.« König Salomo, wenn er diese Predigt überlebt hätte, würde sagen: Es giebt noch schlechtere Dinge als ein Weib: schlechte Predigten! O Herr Hauff, mit jeder Silbe schlagen Sie einen Theil Ihrer Sache todt, selbst wenn sie gerecht ist, warum erbosen Sie sich! warum verfallen Sie in den Fehler, den Sie rügen? warum werden Sie selbst gemein und beinahe injuriöse? das verschlimmert Ihre Sache! »So kam es, daß Clauren zu wiederholten Malen angegriffen, getadelt, gescholten, verhöhnt, bis in den Staub erniedrigt wurde; er – schüttelte den Staub ab, antwortete nicht; ging singend und wohlgemuth seine Straße. Wußte er doch; daß, wenn ihm der ernste Vater mit Verachtung vor die Thüre geworfen, wie ein räudiger Hund, der seine Schwelle nicht verunreinigen soll, das Töchterlein oder die Hausfrau eine Hinterthür willig öffnen werde u.s.w.« Lieber Leser, ein

Mann der so schreibt, schreiet gegen Gemeinheit und Unsittlichkeit! In diesen wenigen Zeilen hat Herr Hauff alles zusammengefaßt, was roher Grimm, grimmige Rohheit und ekle Trivialität nur aushecken können. Pfui, wer wird einen räudigen Hund und eine Hinterthüre auftischen? Herr Clauren kann mit Maria Stuart sagen: »Man kann uns niedrig behandeln, nicht erniedrigen.« Nun aber, damit man nicht glaube: Herr Hauff sei wirklich von der Sache so begeistert, zündet er uns gütigst eine Flamme an, erzählt ganz naiv, wie ihn Herr Clauren verklagt, ob der Annahme seines Autornamens, und wie er, wahrscheinlich zur Strafe angehalten, nun über den guten Clauren herztiefinnigst erbost ist und sich auf so edle Weise an ihn, und leider auch an die lesende Welt rächt! Es ist nicht die Sacher der Literatur, die er zu seiner Sache macht; es ist seine Sache, die er zur Sache der Literatur machen will! Und nun noch ein Zuckerpröbchen dieser edlen, zarten und witzigen Polemik: »Wenn aber der Gerichtshof H. Clauren als wirklich vorhanden angenommen hat, so hat er damit nur erklärt, daß man Claurens Namen nicht führen dürfe, daß es unrechtmäßiger Weise geschehen sei, daß man die 8 Buchstaben, die das *non Ero* [!] bezeichneten, H.C.L.A.U.R.E.N., in derselben Reihefolge auch auf ein anderes Werk gesetzt habe. In einer anderen Reihefolge wäre es also durchaus nicht unrecht gewesen, und wie viele Anagramme sind nicht aus jenen mystischen 8 Buchstaben zu bilden, z.B. Hurenlac oder Harnceul.« – Wie edel! wie sittlich!! wie patriarchalisch!! und nun wie witzig! o wie witzig, ja ja witzig! fast eben so witzig, als wenn man aus Hauff »Hu Aff'« machen wollte! O wie konnte die Frankh'sche Buchdruckerei so etwas drucken, ohne daß die Dinte vor Scham erblich, das Papier erröthete, und selbst der Preßbengel aus Zartgefühl die Dienste versagte? Genug von dieser unweltlichen Predigt, die nichts als der heftigste Ausbruch eines tiefeingefleischten Ingrims ist, und deshalb in sich selbst und in ihrem Nichts zerfällt.

ANDY HAHNEMANN UND DAVID OELS

Nachwort

Der Antrag des Geheimen Hofrat Carl Heun an das preußische Oberzensurkollegium war bereits der dritte Akt eines »Criminalrechtsfalls im Bereich der schönen Literatur«,[23] der seinerzeit einiges Aufsehen erregte und bis heute Anlaß zu verschiedenen Spekulationen gibt. Dabei hat dieser dritte Akt den Vorteil, daß die Originaldokumente erhalten geblieben sind, während die für die Hauff-Forschung ungleich interessanteren ersten Akte – der Prozeß Carl Heun gegen den Verleger Franckh in Esslingen und die Revision Franckhs vor dem Stuttgarter Obertribunal – nur mittelbar überliefert sind.

Der Nachteil dieser Gewichtung ist freilich, daß dieser dritte Akt bisher meist nicht als selbständiges Hauptstück verhandelt worden ist, sondern Aufschluß geben sollte über die beiden ersten Akte, sei es als erläuternde Zufügung oder als Rezeptionszeugnis für Hauffs *Kontrovers-Predigt*.

Aus ganz anderen Gründen litt bereits Heinrich H. Houbens erste auszugsweise Edition der Zensurakten unter einer eingeschränkten Perspektive. Hatte sich Houben bereits mit mehreren Publikationen zur literarischen Zensur hervorgetan und konnte ohne Zweifel als Experte auf dem Gebiet des Preußischen Oberzensurkollegiums gelten, so sind seine Darstellungen doch oft höchst parteiisch. Neben der prinzipiellen Zensurfeindschaft mögen im vorliegenden Fall besonders Houbens ausgesprochene Vorliebe für den Historiker und Mitglied des Oberzensurkollegiums Friedrich von Raumer[24] und die ebenso ausgesprochene

---

23 [Eduard Hitzig]: Criminalrechtsfall im Gebiet der schönen Literatur, in: Zeitschrift für die Criminal-Rechts-Pflege in den preußischen Staaten Bd. 2 (1826), S. 405f.; Bd. 3 (1826), S. 194f.; Bd. 5 (1827), S. 465–470; Bd. 12 (1827), S. 450–460. Vgl. zum Fall und seiner Interpretation den Aufsatz von Erhard Schütz in diesem Band.
24 Bspw. schreibt Houben über den selbstredend bewunderten Heine: »Der Haß, den Heinrich Heine […] gegen den Historiker Friedrich v. Raumer […] zum Ausdruck bringt, beruht wahrscheinlich auf einer hartnäckigen Verwechslung« mit Karl Georg von Raumer (Houben, Biedermeier, S. 148). Davon ist indes kaum auszugehen, bezieht Heine sich doch auf konkrete Schriften Raumers und konkrete Vorgänge um seine Person, auch lange nach dem Tode Karl Georgs. Vgl. z.B. Heine, Heinrich: Historisch-kritische Gesamtausgabe der Werke, hrsg. v. M. Windfuhr, Bd. 4, Hamburg 1985, S. 24; Bd. 11, Hamburg 1978, S. 61-64. Besonders pikant in diesem Zusammenhang ist Heines *Vorrede zu den Französischen Zuständen*, in deren erster deutscher Ausgabe die preußische Zensur eine weitere Bemerkung zu Raumer: »Von allen mittelmäßigen Schriftstellern ist er noch der beste, und dabei ist er nicht ganz ohne Salz und er hat eine gewisse äußere Gelehrsamkeit

Geringschätzung des Publizisten Moritz G. Saphir[25] seinen Blick getrübt haben.

Auch Bettina Clausen, die die Akten ebenfalls im Original eingesehen hat, verbucht den Vorgang ihren Interessen entsprechend. Die »Umlaufakten der (der *Mittwochsgesellschaft* mehr oder weniger assoziierten) entscheidungsbefugten Juristen des Ober-Censur-Collegiums« werden zum Exempel für den öffentlich erfolgreichen Strategiewechsel Hauffs – »vom Amoranten zum Clauren-Exorzisten« – reduziert.[26] Weder lassen sich jedoch explizite Belege finden für die freilich nicht unmögliche Verbindung des Oberzensurkollegiums mit der *Mittwochsgesellschaft*,[27] in deren Sitzung Hauff seine *Kontrovers-Predigt* am 11.10.1826 vorgetragen hatte,[28] noch handelte es sich bei den Mitgliedern des Kollegiums ausschließlich um Juristen. Diese Verwirrungen und Parteilichkeiten, die die Publikation der Zensurakten Heun gegen Hauff bisher begleitet haben, lassen es geboten erscheinen, den Kontext dieses Dokumentes kurz zu skizzieren.

Der erste Satz des ersten Votums zu dem Antrage Heuns lautet: »Das Ober Censur Collegium hat durchaus nichts mit der Ertheilung des Imprimatur oder dessen Verweigerung zu thun.« Was aber war die Funktion der zentralen preußischen Zensurbehörde?

und gleicht daher einem alten trockenen Hering, der mit gelehrter Makulatur umwickelt ist«, zu dem Satz verstümmelte: »Von allen Schriftstellern ist er noch der beste, und dabei ist er nicht ganz ohne Salz und er hat eine gewisse äußere Gelehrsamkeit.« Ebd. Bd. 12/1, Hamburg 1980, S. 69; Bd. 12/2, Hamburg 1984, S. 683, 685. Der Grund für Houbens Vorliebe liegt wohl u.a., in den zensurkritischen Äußerungen Raumers. Vgl. Raumer, Lebenserinnerungen, bes. S. 99-117.

25 Bei Houben heißt es etwa: »Wenn der Berliner Journalismus Saphir seinen Vater nennt, so hat er wenig Ursache, auf diese Vaterschaft stolz zu sein.« (Houben, Biedermeier, S. 189) Oder: Saphir sei ein »Talent [...] übelster Sorte« gewesen (ebd., S. 202).

26 Clausen, Bettina: Schriftstellerarbeit um 1825. Autonomes und kopiertes Wert-Verständnis am Muster Wilhelm Hauff, in: Vom Wert der Arbeit. Zur literarischen Konstitution des Wertkomplexes ›Arbeit‹ in der deutschen Literatur (1770-1930), hrsg. v. H. Segeberg, Tübingen 1991, S. 159-193, hier S. 179f.

27 Vgl. Anm. 17.

28 Das Mitglieder-Verzeichnis der *Mittwochsgesellschaft* von 1827 führt keines der Oberzensurkollegiums-Mitglieder (vgl. Dichter lesen I. Von Gellert bis Liliencron, Marbach am Neckar 1984, S. 124-126), und personelle Verbindungen lassen sich auch nicht in den von Roland Berbig angeführten Publikationen der *Mittwochsgesellschaft* aufzeigen (vgl. Berbig, Roland: Mittwochsgesellschaft [Berlin], in: Handbuch literarisch-kultureller Vereine, Gruppen und Bünde 1825-1933, hrsg. v. W. Wülfing/K. Bruns/R. Parr, Stuttgart/Weimar 1998, S. 326-332).

In der Folge der Karlsbader Beschlüsse mit Kabinettsorder vom 25.11.1819 gegründet, sollte das Kollegium als Schlichtungsinstanz zwischen Verlegern und Zensoren dienen, über die Ausführung des Zensurgesetzes wachen und in Streitfragen klärend Bescheid erteilen. Überdies durfte jedes außerhalb Deutschlands gedruckte Buch nur mit »ausdrückliche[r] Erlaubnis« des Kollegiums in Preußen verkauft werden.[29] Allerdings konnte ein tatsächliches Buchverbot ausschließlich von einem Ministerium, hier dem Innenministerium, verfügt werden, das Oberzensurkollegium ein solches Verbot dagegen allein beantragen.

Was der Idee nach eine mächtige, schlagkräftige Zensurinstanz sein sollte, war in der Praxis jedoch kaum mehr denn ein weitgehend handlungsunfähiges, »wenig rühmliches und ziemlich nutzloses«[30] Gremium, dessen Mitglieder nicht bezahlt wurden, dem keine Räume, keine Mitarbeiter und kein Etat zur Verfügung standen. Selbst die zu zensierenden Schriften mußten teilweise von Berliner Buchhändlern entliehen – und möglichst unbeschädigt – also unaufgeschnitten – zurückgegeben werden.[31]

Während für die in Preußen gedruckten Schriften bei den Oberpräsidien und für die im ›wirklichen‹ Ausland erschienenen beim Oberzensurkollegium eine umfassende Vorzensur stattfand, gestaltete sich die Zensurierung von Schriften, die in anderen Bundesstaaten zensiert und gedruckt worden waren, ungleich komplizierter.[32] Während Österreich auch diese Schriften wie die im Ausland erschienenen behandelte, galt die Vorzensur in Preußen nur, insofern »auf dem Titel nicht der Name einer bekannten Verlagshandlung« stand.[33] Die *Kontrovers-Predigt* konnte also zunächst in Preußen verkauft werden. Doch hätte das Oberzensurkollegium nachträglich ein Verbot befürworten können, das dann vom Innenministerium hätte erlassen werden müssen. Diese uneindeutige und unklare Zensurpraxis gründete in der Illusion, die die Bundesbeschlüsse zur Pressegesetzgebung von 1819 genährt hatten: Man habe nunmehr in allen deutschen Staaten ein einheitliches Zensurrecht. Doch

---

29 Kapp, Die preußische Preßgesetzgebung, S. 203.
30 Ebd., S. 206.
31 Ebd., S. 206ff.
32 Vgl. dazu und im folgenden: Eisenhardt, Ulrich: Wandlungen von Zweck und Methoden der Zensur im 18. und 19. Jahrhundert, in: »Unmoralisch an sich …«. Zensur im 18. und 19. Jh., hrsg. v. G. Göpfert/E. Weyrauch. (= Wolfenbütteler Schriften zur Geschichte des Buchwesens 13), Wiesbaden 1988, S. 1-35, hier bes. S. 4-18.
33 Kapp, Die preußische Preßgesetzgebung, S. 203.

waren in den Beschlüssen nur Mindeststandards festgelegt, die vor allem sicherstellen sollten, daß nicht von einem Staate aus Schriften verbreitet würden, die »die Würde und Sicherheit anderer Bundesstaaten verletzt[en], die Verfassung oder Verwaltung derselben an[]griffen«.[34] Schärfere Zensurgesetze konnte jeder Staat nach Gutdünken erlassen und prinzipiell auch Schriften verbieten, die außerhalb seiner Grenzen erschienen waren. Solche nachträglichen Verbote waren jedoch nur äußerst schwer durchzusetzen und im schlimmsten Falle kostspielig, wie Houben für den Streit Preußens mit dem Verleger Brockhaus nachgewiesen hat.[35] Vermutlich wählte man einen solchen Schritt nur bei sehr ernsten, staatliche Belange berührenden Vorgängen, die mühsame diplomatische Interventionen bei den Regierungen anderer Staaten rechtfertigten. Ein Streit zwischen Unterhaltungsschriftstellern konnte dafür kaum einen geeigneten Gegenstand darstellen.

Noch vorsichtiger geworden war man beim Eingriff in die Zensurpraxis anderer Bundesstaaten wahrscheinlich nach der 1824 nur mühsam zustande gekommenen Verlängerung der Karlsbader Beschlüsse. Im vorliegenden Falle galt das vermutlich verstärkt, da gerade Württemberg zu den höchst unsicheren Kandidaten gehört hatte.[36]

Zudem waren die rechtlichen Voraussetzungen für das Verbot einer außerhalb Preußens erschienenen Schrift durchaus andere als für inländische Erzeugnisse, wie die Voten Beckedorffs und Körners zeigen. Zwar verfügte Friedrich Wilhelm III. 1824, daß »Schriften, welche auf Kränkung der persönlichen Ehre und des guten Namens anderer abzielen, die Druckerlaubnis [nicht] erhalten sollen«, doch galt diese Bestimmung nur für die genuin preußische Vorzensur und nicht für eine mögliche Nachzensur.[37] Auch wenn Beckedorff also feststellte, daß die *Kontrovers-Predigt* eine »ehrverletzende, boshafte Spott- und Streitschrift« sei, war damit de facto noch keine Gesetzesgrundlage für ein Verbot gegeben. Freilich hätte bei der weiten und unspezifischen Fassung der Zensurvorschriften ein Verbotsgrund leicht unterstellt werden können – Heun legt das mit dem frei erfundenen Vorwurf »Preussen-Hass« nahe –, wäre das wie auch immer motivierte Interesse der Kollegiumsmitglieder hinreichend groß gewesen.[38]

---

34 Houben, Biedermeier, S. 170.
35 Ebd., S. 162-174.
36 Eisenhardt, Wandlungen der Zensur, S. 9.
37 Gesetzessammlung 1825 (wie Anm. 15), S. 2.
38 Eine Spekulation darüber entwickelt Houben, Glashaus, S. 78f.

Aber wollte Heun mit seiner Denunziation nicht vornehmlich die Unterdrückung der Zeitungsanzeigen vom Oberzensurkollegium erreichen? Als ehemaliger Herausgeber der *Preußischen Staatszeitung*, als seit »länger denn 15 Jahren« erfolgreicher Schriftsteller, als Herausgeber eines vielgelesenen und zensurierten Almanachs mußte er um die entsprechenden Zuständigkeiten der preußischen Zensurbehörden wissen. Deshalb handelt es sich vermutlich weniger um die Kurzschlußhandlung eines ›Rasenden‹[39] oder »aufs tiefste [V]erletzt[en]«[40] als vielmehr um ein zwar gewagtes aber immerhin strategisch durchdachtes Manöver.

Nimmt man zunächst an, Heun habe tatsächlich ein Werbeverbot für die *Kontrovers-Predigt* angestrebt, so war ihm der Weg zum Oberpräsidium verstellt durch seinen eigenen Kronzeugen: Moritz G. Saphir und dessen Besprechung der *Kontrovers-Predigt*. Vom Oberpräsidium wäre sein Antrag nämlich unweigerlich zu dem berüchtigten Zensor Grano gelangt, einem Intimfeind Saphirs,[41] der es sich gewiß nicht hätte nehmen lassen, eine Saphir offenbar nicht genehme Schrift trotzdem bewerben zu lassen.

Wahrscheinlicher ist indes, daß der Antrag auf Verbot der Zeitungsannoncen eine Finte war, mit der Heun das ungleich wichtigere Anliegen, das Verbot der *Kontrovers-Predigt*, dem Oberzensurkollegium en passant nahelegen wollte.[42] Direkt ans Innenministerium zu treten wäre womöglich als Anmaßung aufgefaßt worden, standen doch nicht im geringsten Belange von staatlichem Interesse in Rede. Die einzige Möglichkeit bot also das Oberzensurkollegium. Daß es Heun trotzdem nicht gelang, auch nur den Antrag auf ein Verbot zu erwirken, ist bei den unsicheren gesetzlichen Voraussetzungen und den – wie aus den Voten deutlich wird – noch unsichereren Wertmaßstäben der Kollegiumsmitglieder nicht verwunderlich. Es war dies indes seine letzte Chance. Zumal die einzige tatsächliche Beleidigung, die nicht explizit auf H. Clauren, sondern zumindest ebenso auf Carl Heun zutraf, die Verballhornung seines Namens zu »Harnceul« und »Hurenlac«,[43] in der geradezu harmlosen Variante »Hu Aff« auf Hauff gemünzt, die preußische Zensur soeben

---

39 Vgl. ebd., S. 74.
40 Clausen, Schriftstellerarbeit, S. 179.
41 Von 22 Seiten über Grano widmet Houben allein 18 den Auseinandersetzungen mit Saphir. Houben, Biedermeier, S. 187-205.
42 Diese Leseweise legt auch Houben unterschwellig und mit falschen Argumenten nahe. Vgl. Houben, Glashaus, S. 77. Es haben sich trotz des nicht ergangenen Verbots keine Anzeigen der *Kontrovers-Predigt* in Berliner Zeitungen finden lassen.
43 Hauff, Kontrovers-Predigt, SW 1, S. 820.

passiert hatte. Hinzu kam, daß ein weiterer Prozeß in Württemberg gegen Hauff höchst ungewisse Aussichten hatte. Waren die dortigen Richter doch schon einmal auf seine Schadensersatzklage wegen Ehrverletzung nicht eingegangen, sondern hatten nur ein polizeilich relevantes Vergehen festgestellt, was die weitere Verbreitung des *Mann im Monde von H. Clauren* nicht behindert hatte.[44]

Entscheidend für die grundsätzliche Ablehnung von Heuns Anliegen war ohne Zweifel das Votum Körners, der erstens die gesetzlichen Grundlagen präzisiert hatte, daß trotz konstatierter Ehrverletzung kein Verbotsgrund vorliege, und damit zweitens der nur (ab)wertenden Einlassung seines ehemaligen Vorgesetzten im Innenministerium, des Oberregierungsrats Behrnauer, die Entscheidungsgründe nachlieferte. In diesem Sinne war das Votum Behrnauers, der dem Gremium angehörte, das im Innenministerium den Verbotsantrag hätte entscheiden müssen (»Übrigens kann H. [Grth.] Heun wohl schwerlich im Ernst erwarten, daß seine sehr unsittliche Muse hier Schutz finden werde«), nicht auf das Oberzensurkollegium, sondern auf die zu erwartende Entscheidung im Innenministerium bezogen. Mit dem dritten Votum hatte der Antrag also endgültig keine Aussicht auf Erfolg mehr. Dem von Houben überschätzen Friedrich von Raumer[45] kam nur zu, die (vermutlich überflüssige) Weitergabe des Gesuchs an das Oberpräsidium abzulehnen, wobei die eigentliche Entscheidung aber sein Onkel Karl Georg kraft der präsidialen Autorität traf, freilich nachdem der Jurist Sack klargestellt hatte, daß das Oberpräsidium für eine solche Entscheidung keine rechtliche Handhabe besitze. Das Votum Friedrich von Raumers erweist sich bei genauerer Lektüre also als die folgen- und für die Entscheidungsfindung belangloseste Äußerung im Zensurverfahren gegen die *Kontrovers-Predigt*.

---

44 Vgl. Hitzig, Criminalrechtsfall, H. 12, S. 455-457.
45 Vgl. Houben, Glashaus, S. 77f.

Abbildungsnachweise

Deutsches Literaturarchiv Marbach
  Frontispiz, Abb. 24, 25, 26
Staatsgalerie Stuttgart, Graphische Sammlung, Heideloffs Skizzenbuch »Lichtenstein« von 1841, Inv.Nr. 2202
  Abb. 1: fol. 10; Abb. 2: fol. 18; Abb. 3: fol. 2; Abb. 4: fol. 20; Abb. 5: fol. 21; Abb. 6: fol. 26; Abb. 7: fol. 33; Abb. 8: fol. 34; Abb. 11: fol. 5(b); Abb. 12: fol. 6; Abb. 16: fol. 8 (Fotos: Staatsgalerie Stuttgart, Archiv Ferdinand Werner, Worms)
Hauptstaatsarchiv Stuttgart GU 99
  Abb. 9, 10, 13 (Fotos: HstA Stuttgart)
Schiller-Museum, Marbach, Max Schefold: Alte Ansichten aus Württemberg. Stuttgart 1956
  Abb. 14: Kat.Nr. 4475 (Foto: Schillermuseum Marbach); Abb. 20: Kat.Nr. 4470: (Foto: Archiv des Instituts für Kunstgeschichte, Universität Regensburg)
M. Carl Christian Gratianus, Die Ritterburg Lichtenstein, Tübingen 1844
  Abb. 17 (Foto: Hans-Christoph Dittscheid)
Stadtmuseum Ludwigsburg, Inv.Nr. 930, Max Schefold: Alte Ansichten aus Württemberg. Stuttgart 1956, Kat.Nr. 4553
  Abb. 18
Georg Eberlein: Der im mittelalterlichen Styl neu erbaute Lichtenstein, Burg Sr: Erlaucht des Herrn Graven Wilhelm von Württemberg. Reutlingen 1852, Heft 1, Bl. 2
  Abb. 21 (Repro: Hans-Christoph Dittscheid)
Katharina Hild/Nicola Hild: Lichtenstein. Reutlingen 2000
  Abb. 22, 23
Abb. 15, 19 (Fotos: Hans-Christoph Dittscheid)

Dank

Der vorliegende Band verdankt seine Existenz einer ganzen Reihe von Personen und Institutionen, denen an dieser Stelle herzlich gedankt sei. Das Buch basiert auf einer internationalen Forschungstagung, die vom 10. bis 13. Oktober 2002 unter dem Titel »Wilhelm Hauff. Zur Signifikanz eines Autors für eine unterbestimmte Epoche« im Deutschen Literaturarchiv Marbach sowie auf Burg Lichtenstein stattgefunden hat. Finanziert wurde diese Veranstaltung von der Deutschen Forschungsgemeinschaft und dem Institut für deutsche Literatur der Humboldt-Universität zu Berlin.

Dabei sind die Autorinnen und Autoren dieses Bandes in den Genuß der Gastfreundschaft des Herzogs von Urach gekommen, der nicht allein entsprechende Räumlichkeiten auf Burg Lichtenstein zur Verfügung gestellt, sondern überdies Zugang zu Teilen der Burg gewährt hat, die der Öffentlichkeit sonst nicht zugänglich sind. Prof. Dr. Hubert Krins hat die Tagungsteilnehmer durch die Burg geführt und weitreichende Einblicke in die Bau- und Architekturgeschichte eröffnet. Innerhalb des Deutschen Literaturarchivs Marbach, das uns seine Räume, seine Infrastruktur und seine kostbaren Bestände zur Verfügung gestellt hat, gebührt unser besonderer Dank dessen damaligem Direktor Prof. Dr. Ulrich Ott sowie Dr. h.c. Friedrich Pfäfflin für seine mannigfache Unterstützung.

Die Möglichkeit zur Publikation dieses Buches verdanken wir der großzügigen finanziellen Unterstützung durch die Wüstenrot Stiftung, die einen Großteil der Druckkosten getragen hat.

Einen weiteren namhaften Betrag hat Herr Hans Röder im Namen der DBM Holding GmbH noch unmittelbar vor seinem plötzlichen Tod angewiesen. Dem Gedächtnis dieses langjährigen Förderers des Instituts für deutsche Literatur der Humboldt-Universität zu Berlin sei dieses Buch gewidmet.

Die Autorinnen und Autoren

Roland Berbig, Prof. Dr. phil., geb. 1954, Studium der Germanistik, Anglistik, Amerikanistik und Pädagogik an der Humboldt-Universität zu Berlin, Promotion über die Hölderlin-Rezeption in der Lyrik der DDR, Habilitation zu Schriftstellerprofilen und literarischen Vereinigungen in Berlin des 19. Jahrhunderts, Arbeitsschwerpunkte zum literarischen Leben und zu Autoren des 19. und 20. Jahrhunderts (Theodor Fontane, Uwe Johnson) und zu den deutsch-deutschen Literaturbeziehungen nach 1945.

Hans-Christoph Dittscheid, geb. 1950, Studium der Kunstgeschichte, Archäologie, Vor-und Frühgeschichte und Vorderasiatischen Archäologie in Saarbrücken, Promotion über Kassel-Wilhelmshöhe und die Krise des Schloßbaus am Ende des Ancien Régime, Habilitation über Antikenrekonstruktion und Erneuerungstendenz in der Renaissancearchitektur von Alberti zu Palladio, seit 1990 Professor für mittlere und neuere Kunstgeschichte an der Universität Regensburg. Arbeitsschwerpunkte: Antikenrezeption; Architekturgeschichte und Ikonographie von der Renaissance bis zum Historismus.

Andy Hahnemann, geb. 1975, wissenschaftlicher Mitarbeiter im Forschungsprojekt: »Das populäre deutschsprachige Sachbuch im 20. Jahrhundert« an der Humboldt-Universität zu Berlin. Arbeitsschwerpunkte: Geschichte und Poetologie des Sachbuchs; Unterhaltungsliteratur im 20. Jahrhundert; Technik und Literatur.

Wolf-Daniel Hartwich, Priv.-Doz. Dr., lehrt Germanistik (Neuere deutsche Literatur) an der Universität Heidelberg, Heisenberg-Stipendiat der DFG, Monographien über »Die Sendung Moses. Von Schiller bis Thomas Mann«, »Deutsche Mythologie« und »Romantischer Antisemitismus« (i.E.), Mitherausgeber von Thomas Manns »Josephs«-Romanen in der neuen kommentierten Gesamtausgabe. Forschungsschwerpunkte: Bibel- und Mythosrezeption; Literatur- und Kulturgeschichte des deutschen Judentums; Kunstreligion und politische Theologie in der Moderne; Librettistik, Musikliteratur und Ästhetik des Musiktheaters.

Peter von Matt, geb. 1937, em. Prof. für Neuere deutsche Literatur an der Universität Zürich. Zu seinen Büchern gehören »… fertig ist das Angesicht. Zur Literaturgeschichte des menschlichen Gesichts« (1983/1989), »Liebesverrat. Die Treulosen in der Literatur« (1989/1991), »Verkommene Söhne, mißratene Töchter. Familiendesaster in der Literatur« (1995/1997), »Öffentliche Verehrung der Luftgeister. Reden zur Literatur« (2003).

Helmut Mojem, Dr. phil., geb. 1961, Mitarbeiter in der Handschriftenabteilung des Deutschen Literaturarchivs, Marbach. Arbeitsschwerpunkte: Literatur des 19. Jahrhunderts; Literatur im deutschen Südwesten.

David Oels, M.A., geb. 1972, Studium der Germanistik, Philosophie, Psychologie und Anglistik in Bochum und Berlin, derzeit wissenschaftlicher Mitarbeiter am Institut für deutsche Literatur der Humboldt-Universität zu Berlin. Arbeitsschwerpunkte mit einigen Aufsätzen und Editionen: literarische Fälschungen; das populäre Sachbuch im 20. Jahrhundert; Hugo von Hofmannsthal.

DIE AUTORINNEN UND AUTOREN

GÜNTER OESTERLE, Prof. für Neuere deutsche Literatur an der Justus-Liebig-Universität Gießen, Sprecher des Graduiertenkollegs Klassizismus und Romantik im europäischen Kontext. Forschungsschwerpunkte: Die nicht mehr schönen Künste (das Groteske, Hässliche, die Arabeske, Burleske, das Capriccio); deutsch-französische Literaturbeziehungen; Erinnerungskulturen; Intermedialität.

ERNST OSTERKAMP, geb. 1950, Prof. für Neuere deutsche Literatur an der Humboldt-Universität zu Berlin. Forschungsschwerpunkte: deutsche Literatur der Frühaufklärung; der Klassik und der klassischen Moderne; die Wechselbeziehungen zwischen den Künsten (Dichtung und bildende Kunst, Oper).

GERHARD PLUMPE, geb. 1946, Prof. für Germanistik an der Ruhr-Universität Bochum. Arbeitsschwerpunkte: Ästhetik und Literaturtheorie; Geschichte der Literatur des 19. Jahrhunderts; Literatur und Medien.

ANDREA POLASCHEGG, geb. 1972, wiss. Mitarbeiterin am Institut für deutsche Literatur der Humboldt-Universität zu Berlin, Studium der Literaturwissenschaft, Linguistik und Islamwissenschaft, Promotion zum deutschen Orientalismus im 19. Jahrhundert. Arbeitsschwerpunkte: Deutscher Orientalismus; Theorien der Alterität; Hermeneutik (in) der Literatur; Schrift und Schriftlichkeit; Bibelrezeption in der Literatur; Textanfänge.

ERHARD SCHÜTZ, geb. 1946, Prof. für Neuere deutsche Literatur an der Humboldt-Universität zu Berlin. Arbeitsschwerpunkte: Literatur und Medien-/Technikgeschichte des 20. Jahrhunderts, insbes. Weimarer Republik und ›Drittes Reich‹; Kulturjournalismus und lit. Publizistik; Literatur in Berlin.

MARC SILBERMAN, geb. 1948, Prof. für German Studies und Affiliate Professor für Theater und für Filmwissenschaft an der University of Wisconsin (Madison). Arbeitsschwerpunkte: Politik in/auf dem Theater (Bertolt Brecht, Heiner Müller); deutsche Filmgeschichte; Literatur und Kultur der DDR. Gastprofessuren in Los Angeles (UCLA), Freiburg, Berlin (FU).

RÜDIGER STEINLEIN, geb. 1943, Prof. für Neuere deutsche Literatur (Schwerpunkt: Kinder- und Jugendliteratur) an der Humboldt-Universität zu Berlin. Arbeitsschwerpunkte: Kinder- und Jugendliteratur des 18.-20. Jahrhunderts (v.a. Aufklärung, Romantik, Weimarer Republik, DDR); Literatur und Sozialisation; Literatur und Geschichte; insbesondere NS/Holocaust; Literaturverfilmung.

CLAUDIA STOCKINGER, geb. 1970; Juniorprofessorin für Deutsche Philologie (Neuere deutsche Literaturwissenschaft) an der Georg-August-Universität Göttingen; Veröffentlichungen zur Literatur des 17.-20. Jahrhunderts (zur Kasuallyrik, Kanondebatte, Autortheorie, Audiologie der Affekte, zum Problem der Epochalität, zu Moritz, Schiller, Tieck, Fouqué, Immermann, Martin Kessel, Wilhelm Genazino, zum romantischen Drama, zur Lyrik des 19. Jahrhunderts, zum New Historicism); zur Zeit u.a. Vorbereitung eines Forschungsprojekts zum polemischen Traditionsverhalten von Autoren seit dem beginnenden 18. Jahrhundert.

Bibliografische Information Der Deutschen Bibliothek
Die Deutsche Bibliothek verzeichnet diese Publikation in der
Deutschen Nationalbibliografie; detaillierte bibliografische Daten
sind im Internet über http://dnb.ddb.de abrufbar.

© Wallstein Verlag, Göttingen 2005
www.wallstein-verlag.de
Vom Verlag gesetzt aus der Adobe Garamond
Umschlaggestaltung: Basta Werbeagentur, Steffi Riemann.
Die Abbidlung zeigt das Schloss Hohenschwangau, Glasmalerei in einem Fenster
des Haupttreppenturms von Burg Lichtenstein (vgl. auch Abb. 19, S. 315)
Druck: Jütte-Messedruck Leipzig GmbH
ISBN 3-89244-860-4